IDEAL LIBRARY

지식의 최전선 3

사회공동체, 열린 세계를 향하여

강명세
김명섭
김비환
김태현
문순홍
박승희
박시종
박여성
엄한주
오명석
이진우
이혁구
장경로
전재성
정영화
조하현
조효제
최혜실
홍준기
황희영

이상의 도서관 13

한길사

이상의 도서관 13

지식의 최전선³

사회공동체, 열린 세계를 향하여

지은이 · 조효제 외 19명 공동집필
펴낸이 · 김언호
펴낸곳 · (주)도서출판 한길사

등록 · 1976년 12월 24일 제74호
주소 · 413-756 경기도 파주시 교하읍 문발리 520-11
    www.hangilsa.co.kr
    E-mail: hangilsa@hangilsa.co.kr
전화 · 031-955-2000~3   팩스 · 031-955-2005

상무이사 · 박관순 | 영업이사 · 곽명호
기획 및 편집 · 이현화 윤은혜 박근하 | 전산 · 김현정 | 저작권 · 문준심
마케팅 및 제작 · 이경호 | 관리 · 이중환 문주상 장비연 김선희

출력 · 지에스테크 | 인쇄 · 타라 TPS | 제본 · 일광문화사

제1판 제1쇄 2008년 5월 10일

값 16,000원
ISBN 978-89-356-5878-7 03300

• 잘못 만들어진 책은 구입하신 서점에서 바꿔드립니다.

이 도서의 국립중앙도서관 출판시도서목록(CIP)은
e-CIP 홈페이지(http://www.nl.go.kr/cip.php)에서 이용하실 수 있습니다.
(CIP제어번호: CIP2008001404)

:: 헬무트 안하이어

지구시민사회라는 용어의 확산은
우리 사회 저변의 현실을 반영한다.
1990년대 들어 우리는 시민단체,
사회운동, 개인들이 각종 정부 행
위자 및 기업과 대화, 토론, 충돌,
협상하는 사회적 · 정치적 참여의
초국적 영역의 출현을 목격해왔다.
사회복지나 환경에 관한 국제연합
회의에서 코소보의 분쟁까지, 상호
투자협정에 대한 지구화된 저항에
서 멕시코 · 버마 · 티모르의 현지
인권활동까지, 그리고 지구를 대상
으로 하는 미디어기업들에서 인터
넷상의 원주민 캠페인에 이르기까
지, 이들이 활동하는 범위와 종류
가 오늘날만큼 넓은 적이 없었다.

:: 데이비드 헬드

현대의 지구화는 과거의 지구화 단계들과 유사한 요소도 가지고 있지만, 과거와는 다
른 독특한 방식으로 조직되어 있다. 이렇게 창조된 세계 속에서는 인간관계 및 네트워
크가 폭넓게 확장되어 사회생활의 다양한 국면에 걸쳐 강력하고 신속한 영향을 미친다.

::: 아르준 아파두라이

현대적인 것은 시간과 관련된 것이고 지구적인 것은 공간
과 관련된 것이라고 단순하게 상정할 수는 없다. 사회에
서 지구적인 것은 그들이 현재 맞닥뜨려야 하는 시간적
물결이듯이, 현대성은 다른 곳에서 온 것이다. 세계화는
엘리트들 간의 거리를 축소시켰고 생산자와 소비자 간의
관계를 변화시켰으며, 노동과 가족생활 간의 연계를 파괴
시켰고 일시적인 장소들과 국가에 대한 상상적 소속감 간
의 경계를 모호하게 만들었다.

::: 조지프 나이

미국의 힘이 영원히 지속되리라는 보장은 없다. 오만과 무관
심이 어우러진 가운데 자신의 소프트 파워를 헛되이 낭비한
다면 미국의 취약성은 커지고 기본 가치는 경시되며 우월성
은 급속히 잠식될 것이다.

::: 악셀 호네트

투쟁은 자신의 목적이 개
인적 의도의 지평을 넘어
집단적 운동의 토대가 될
수 있을 정도로 일반화될
수 있는 경우에만 '사회
적' 성격을 띨 수 있다.

여성적 원리의 회복은 여성과
자연에 대한 지배와 파괴, 폭력
과 종속, 강탈과 폐기라는 가부
장적 악개발에 대한 지적·정
치적 도전이다.

어떤 미래사회로 갈 것인가란 물음의 답은 다음의 선택에 달려 있다. 상품으로서의 노
동이 다양한 활동으로 구성된 삶의 한 구성요소로 통합될 것인가. 아니면 다양한 활동
들이 노동의 한 유형으로 통합될 것인가? 노동하는 시간이 다차원적 삶의 분화된 일시
성으로 통합될 것인가 아니면 삶의 리듬들이 수익가능성이란 자본의 필요 그리고 유
연성이란 기업의 필요에 종속될 것인가? 한마디로 살아 있는 다양한 활동들의 힘에 사
회적 생산과정을 종속시킬 것인가 아니면 이 활동들을 생산기구와 과정에 더 철저히
노예화할 것인가?

원칙은 권리를 명시해놓은 명제이며, 정책
은 목적을 명시해놓은 명제들이다.

지성의 키를 키우는 새로운 지식의 향연

• 책을 펴내며

『新지식의 최전선』은 1999년에 발간된 『지식의 최전선』과 2002년에 발간된 『월경하는 지식의 모험자들』을 지적으로 계승한 후손이다. 한국 사회의 지성 독자층에 신선한 자극과 경이로운 개안의 경지를 제공했다는 평을 들은 앞선 두 책이 나온 후, 거의 10년 만에 펴내는 『新지식의 최전선』은 전작을 계승한 전면 개정판이면서 완전히 새로운 기획물이라고도 할 수 있을 것이다. 다시 말해 온고지신(溫故知新)을 실천한 저작이다.

『新지식의 최전선』에서는 이전에는 최신 연구결과로 제시되었다가 이미 사회의 주류 담론으로 자리매김한 주제들을 빼고, 새롭게 부상한 문제의식과 첨단논의를 추가하였다. 우리는 전체 기획과정을 '지성의 지도제작'(intellectual cartography)이라고 상상하면서 기존의 지형을 보완하고, 새로운 영토를 측량하고 기록하였다. 이런 과정을 거쳐 전체적으로 얼추 30~40퍼센트의 원고가 새롭게 추가되거나, 변화한 현실에 맞추어 대폭 개정을 거쳤다.

두껍게 한 권씩으로 나왔던 기존 판본의 형태가 총 네 권의 산뜻한 시리즈로 탈바꿈하였다. 내용도 바뀌고 자태도 바뀐 것이니 '환골탈태'

(換骨奪胎)를 실천한 셈이다. 우리 기획자들은 '온고지신'과 '환골탈태'의 정신이 현대 학문의 근본적 연속성과 영구적 진화성을 동시에 보여준다고 믿는다. 그 정신이 이 출판기획에 처음부터 끝까지 속속들이 배어 있음은 두말 할 필요도 없다.

『新지식의 최전선』은 모두 네 권으로 구성되어 있다. 각 권은 인문·문화·사회·과학 영역을 다룬다. 이 네 영역의 꼭지들은 모두 21세기 현대학문의 '성장판'에 해당하는 주제를 포괄하고 있다. 성장판이 자극을 받으면 키가 자라는 것처럼, 이 책에 실린 글들은 현대 학문의 첨단 이론과 논의를 통해 독자들의 상상력을 자극하여 독자들의 '지성의 키'를 키울 목적으로 기획되었다. 돈과 성공을 향한 맹목적 질주가 삶의 전부인 것처럼 생각되는 시대에 이 같은 지성의 기획은 결코 만만한 시도가 아닐 것이다.

또한 이 책은 모든 학문의 자양분이 될 수 있는 기본적 교양학문과 직업적 성격의 응용학문을 대별하여 주로 전자에 주의를 기울였다. 이것은 넓은 의미의 인문교양, 즉 문과(文科) 학문과 이과(理科) 학문을 모두 포괄하되, 기초학문으로서의 교양을 중시하는 자유교양교육 또는 인문교양교육(liberal arts education)을 지향한다는 의미가 될 수 있다. 기획자들은 한국 대학교육에서 앞으로 더욱 중요해질 인문교양교육의 경계와 폭을 미리 제시한다는 의욕을 갖고 필진 선정과 원고 청탁에 만전을 기울였다.

인문학 영역에서 독자들은 21세기를 열어갈 새로운 사상의 향연을 만나게 된다. 지성적 사유의 웅숭함을 맛보고 인간의 집단적 기억이자 미래적 포부이기도 한 '역사학'의 앞날을 미리 내다본다. 또한 인간의 상징체계를 규정하는 문화의 다층적 코드와 의외성을 탐구하는 시간을 가질 것이다. 이런 예비적 고찰을 터전으로 하여 '여성'이라는 아이콘의 구체성과 전복성을 발본적으로 사색하는 기회를 경험하게 된다. 그리하여 독자들은 문화와 신성과 속성이 어우러지는 경지, 즉 현 존재로서의 인간과 초월 존재로서의 신성이 개별적이고도 복합적인 '세계 텍스트' 내에서 교호하는 현장을 목격하게 될 것이다. 인문학이 학문체계에서 차지하는 길잡이로서의 위치를 우리는 늘 기억하면서 이 꼭지들을 선별하였다. 그리하여 인문학의 1권을 마칠 때쯤 우리 독자들의 지적 상상력이 네 권 전체의 여정을 너끈히 감당할 만큼 확대되어 있을 것을 기획자들은 희망한다.

새 술은 새 부대에 담아야 한다. 이것이 문화 영역을 다룬 2권의 기본적인 접근이다. 우리는 이제 문화현상의 외연 자체를 새롭게 형성되는 하나의 지속적 생성체로 보아야만 하겠다. 문화는 인간 활동을 가르는 전통적인 구분들이 새롭게 규정되고 융합되고 재주조되는 지속적 미완의 영역이다. 그런 의미에서 기술과 과학이 생활의 현장에서 문화로 기술되고 해석되는 과정을 우리는 하나의 통과의례로 이해할 필요가 있다. 우리는 환경을 적극적으로 창출하고 그것의 문화적 의미를 재구성하는 디자인이라는 영역에 보다 적극적인 지적 관심을 기울일 때가 되었다고 믿는다. 그와 함께 우리의 육성과 표현에 21세기형의 구체적인 옷을 입혀주는 디지털 내러티브란 것이 있을 수 있는가 하는 질문을 우리는 던진다. 그 대답을 우리는 미디어 · 광고 · 애니메이션 · 인터넷 · 게임 등의 키워드를 통해 알아보려고 한다.

세계를 1세계, 2세계, 3세계로 나누는 것은 이제 과거의 일이 되었다. 포스트식민주의 시대의 현 세계는 서구-선진 '소수'의 세계와, 비서구-개발도상 '다수'의 세계로 구분된다. 과거 제3세계의 대체어인 '다수세계'(Majority World)는 모순의 세계다. 인구로는 다수세계이면서도 부와 영향력에 있어 소수세계적 특성을 갖고 있는 것이다. 선진국의 대체어인 '소수세계'(Minority World) 역시 모순성을 가지고 있다. 수적으로 소수이면서도 헤게모니 · 군사 · 정치 등에서 엄청난 영향력을 가진 메가급 세계인 것이다. 이제 세계는 다수세계가 창조하는 수많은 작은 문화들과, 소수세계가 생산하는 대량소비 문화의 혼종과 변이를 목격하고 있다. 이것은 다시 지구화라는 거대한 과정 속에서 갈등 · 생존 · 혼효 · 배제 · 인입의 화학작용을 거치고 있는 중이다. 이제 우리는 이 책갈피 안에서 미술관에서, 스크린에서, 카메라의 렌즈를 통해, 이미지의 융합을 통해 새로운 자국-세계 문화의 제내적(inter-mestic) 창조를 목도하고 그것을 이끌어갈 일군의 예술가들을 만나게 된다.

사회를 다룬 3권은 우선 정치지리학의 궁극적 범위인 '행성적 과정'(planetary process), 즉 지구화의 윤곽을 그려본다. 지구화에 대한 이념적 논쟁의 수준을 높인 이번 기획에서 필진들은 지구화의 역사적 특수성과 장기지속성, 그리고 그것의 지정학적 권력의 속성을 짚어내고 분석한다. 또 한편, 인간이 궁극적으로 사회 내의 존재라면 그것의 물적 존재기반과 생산의 문제는 인류가 생존하는 한 영원히 지속될 수밖에 없는 질문이다. 여기서 우리는 노동, 자본, 자치, 다원주의의 꼭지점을 통해 인간의 물적 토대를 규정하는 체제의 디자인을 간파할 수 있다.

물적 토대에 대한 질문은 자연스레 그 토대가 작동하는 상징체계와 상부구조에 대한 관심으로 이어진다. 그것이 브랜드이건, 마케팅이건, 상품에 대한 새로운 기표(記表)이건 우리에게 이미 상품화사회의 압도적 영향력은 현실 이전의 존재론적 전제가 된 듯하다. 상품화사회에 대한 비판적 상상력으로 충전한 우리의 지성은 상품화사회의 인간화, 재인간화에 관심을 기울이지 않을 수 없다. 그것은 한편으로 탈상품화로, 다른 한편으로 복지체제의 재구성으로 이어진다. 민주화 이후의 민주주의를 모색하는 한국 사회에서 아마 가장 강력한 정치적 키워드 중의 하나가 '인간화된 사회' 즉 '복지사회'라고 할 때 그것에 대한 우리의 첨예한 의식은 이 시대 정치의식의 고갱이가 된다.

만일 복지가 인간욕구의 권리적 성격과 그것의 충족에 대한 공동체의 의무로 이루어진 독특한 체계라면 그것을 구체화할 정치의 영역은 여전히 우리의 본질적 물음이 되지 않을 수 없다. '인간은 정치한다', 이 명제를 통해 우리는 정당 · 대중민주주의 · 자유주의 · 현실주의의 오늘과 내일을 그려보고 상상해야 할 지적 의무를 진다. 사회 영역의 마지막은 '경제인'(Homo Economicus)의 탐색으로 장식할 것이다. 경제인은 '이성인'인가? 이성적 인간의 정의는 무엇인가? 인간이 사회적 동물이라면 인간의 집단적 속성과 개별단자로서의 합리성 사이에 존재할 수밖에 없는 긴장을 어떻게 해석할 것인가? 경제학은 이러한 도전에 어떻게 답하고 있으며 인간의 법 체계가 이런 응답의 중요한 일부가 되는가?

한국의 우주인 이소연이 우리의 지구귀속적 의식의 한계를 과감히 벗겨주었다면 이제 우리는 더욱 더 정치한 과학의 눈으로 우리의 존재조건과 환경을 생각해봐야 하겠다. 우주를 향한 이벤트형 관심이 우리의 출발점이었다면 이제는 우주 속의 우리 존재에 관해 이번 기획이 선사하는 지적 성찰에 몰입할 시점에 이르렀다. 우주의 신비가 무엇이며, 우주의 시나리오로 우리 미래를 예측하는 것이 가능한가? 이런 질문은 당연히 과학의 본질에 관한 역사학적 · 인문학적 · 철학적 질문으로 이어진다. 인간과 비인간의 이분법을 넘어서고 근대와 비근대의 단층선도 넘어서는 어떤 지점에서 과학의 미래 궤적을 꿈꿀 수 있는 것일까?

또한 우리는 우리 내부의 우주, 인간 의식의 코스몰로지(cosmology)에 시선을 줄 필요가 있다. 우리가 우리 스스로를 바라보고 인지하게 하는 뇌, 그것은 인간의 재귀적 속성(reflexivity)을 궁극에서 규정하는 기관이다. 뇌를 향한 우리의 탐구가 도달하는 지점은 무의식의 세계이다. 자아와 개인성은 정신분석학의 대상에서 이제 포스트 정신분석학적 탐구의 대상으로 전화하느냐 하는 분기점에 놓여 있다.

그런가 하면 과학은 이제 순수한 상상력과 유희와 기쁨과 탐색이 융합하는 영역으로도 발전하고 있다. 나노의 극미세계가 주는 흥분과 로봇과학이 선사하는 SF적 유토피아(또는 디스토피아?)를 한자리에서 음미할 수 있는 기획은 흔치 않을 것이다. 이제 우리는 장구한 여정의 끝자락에 도달하여 인간의 육신적 한계, 생로병사의 비밀을 과학의 렌즈로 규명한다. 게놈 프로젝트가 생명의 미래를 예시하고 있는가? 생명과학의 윤리와 과학 발전의 해묵은 질문은 신과학의 개척지 앞에서 어떻게 진화하고 있는가?

우리는 독자들이 『新지식의 최전선』 전 네 권을 독파할 때쯤이면 21세기형 새로운 지식의 나무에서 뿌리내린 새로운 질문과 의문과 비판적 모색의 불면의 밤이 펼쳐질 것으로 예상하고 있다. 이것이야말로 기획자들의 의도가 성공했는지의 바로미터가 될 것이다. 새로운 의문과 비판에 대해 『新지식의 최전선』이 앞으로 어떤 모습으로 독자들을 만나게 될지, 그것은 순전히 독자들이 이 책을 통해 어떠한 경지의 깨달음에 도달하느냐의 여부에 달려 있다고 하겠다.

"인류를 제대로 연구하려면 책을 보면 된다." 알도스 헉슬리의 말이다. 인류가 쌓은 문명의 금자탑의 수준은 바로 책이라는 매체의 수준과 통한다는 뜻이다. 우리는 『新지식의 최전선』이 헉슬리의 금언을 입증해줄 진지한 모색이었음을 믿고 싶다.

2008년 5월
조효제 · 황희경 · 최혜실 · 이우경

지식의 최전선³
사회공동체, 열린 세계를 향하여

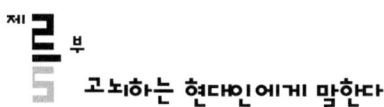

제 3 부
가장 자신 있는 것으로 소통한다

제 6 부
더 합리적으로, 더 인간적으로

21세기 지정학적 관심사

지정학의 르네상스

김명섭
연세대 교수 · 정치외교학

세계화시대, 다시 주목받는 지정학

히틀러가 바그너의 음악을 좋아했다고 해서 바그너를 음악사에서 지워버릴 수 없고, 원자폭탄을 만드는 데 악용되었다고 해서 원자물리학 자체를 부정할 수 없듯이, 나치 독일에 의해 오용되었다는 이유로 지정학 자체를 폐기할 수는 없다. 영국 노동당보다 더 좌파적이라고 할 수 있는 사회주의노동자당(Socialist Workers Party)의 이론가 알렉스 캘리니코스(Alex Callinicos)가 세계화시대의 지정학에 주목하고 있는 것은 시사하는 바가 크다(Callinicos, 2007).

전 세계적으로 지정학이 다시 르네상스를 맞이하고 있는 이유는 무엇인가? 비판적 지정학은 고전적 지정학과 어떤 점에서 같고, 어떤 점에서 다른가? 왜 로마의 교황과 중국의 천자, 그리고 일본의 천황은 지정학적 중심을 표방했을까? 그리고 북한의 김일성과 김정일은? 지정학이 그와 같은 중심주의적 지배체제의 해체를 꿈꾸는 한, 21세기의 지정학은 반동적이기는커녕 급진적이다. 한반도의 분단과 통일, 한미동맹과 한일관계, 한중관계, 한러관계, 국토 균형발전, 지역주의 등의 쟁점을

" 세계화시대 사람들의 활발한 외국 이주는
특정한 공간에 공존하고 있는 소수집단에 대한
지정학적 관심을 증폭시키고 있다.
이들을 문화적으로 통합하는 과정에서도 곳곳에서
충돌이 발생하고 있으며, 세계화의 진전에 따라
이러한 충돌은 가속화될 전망이다.
이런 현상으로 인해 특정 국가 내의 외국민을
타국 내의 자국민과 비교해서 고찰하는
역지사지의 지정학이 더욱 중요해지고 있다. **"**

지정학적으로 사유해보면 좌·우의 논쟁은 그보다 상위에 있는 지성적
담론으로 승화될 수 있을 것이다.

고전적 지정학에 대한 새로운 성찰

비판적 지정학은 고전적 지정학에 뿌리를 두면서도, 그것을 새롭게 극
복해내고 있다. 지정학(地政學, geopolitik, geopolitics)이라는 학문적
명칭은 스웨덴의 요한 루돌프 헬렌(Johan Rudolph Kjellén, 1864~
1922)이 저술한『생물로서의 국가』(1916)의 제2장 '영토의 경륜: 지정
학'에서 발견된다. 고전적 지정학은 "지리적 속성이 국가가 당면하고
있는 정치적 문제에 어떠한 영향을 미치는가를 연구하는 것"이었다. 헬
렌에 앞서 라이프치히 대학의 지리학 교수였던 프리드리히 라첼
(Friedrich Ratzel, 1844~1904)은『정치지리학』(*politische geogra-
phie*)이라는 책을 저술하여 헬렌에게 깊은 영향을 끼친 바 있다. 이후
카를 하우스호퍼(Karl Haushofer)에 이르러 독일어권의 지정학은 한
국가의 대외정책을 위한 지리적 학문체계라는 의미로 발전했다.

요한 루돌프 헬렌. 지정학이라는 학문적 명칭은 그의 저작『생물로 서의 국가』에서 발견된다.

　최근 지정학의 부활에 공헌하고 있는 미국의 사울 코헨은『세계체제 의 지정학』(Geopolitics of the World System)에서 지정학을 "한편으로 는 지리적 환경과 관점, 그리고 다른 한편으로는 정치과정 사이의 상호 작용에 대한 분석"이라고 정의했다(Cohen, 2003). 프랑스의 이브 라코 스트는 지정학이 "공간과 인간에 대한 권력 경쟁에 관한 모든 것들"을 지칭한다고 본다(Lacoste, 2006).

　어떻게 정의하든 지정학이 정치학의 한 분야라는 점에는 이견이 없다. 따라서 정치학의 한 분야로서 지정학도 권력의 문제를 다룬다. 권력은 "한 인간 혹은 인간집단이 다른 인간 혹은 인간집단으로 하여금 자기가 원하는 방향으로 생각하거나 행동하게 만드는 힘"이다. 지정학은 인간의 권력관계를 다루되, 그것과 시공간 사이의 상관성에 주목한다. 따라서 지정학의 주요 연구대상은 공간, 시간, 그리고 인간이다.

　세계화의 진행은 역설적으로 지정학의 르네상스를 촉진시키고 있다. 프랑스 소르본대학교에서 지정학을 강의하고 있는 아이메릭 쇼프라드

미국의 사울 코헨은 그의 저서 『세계체제의 지정학』에서 지정학을 "한편으로는 지리적 환경과 관점, 그리고 다른 한편으로는 정치과정 사이의 상호작용에 대한 분석"이라고 정의했다.

(Aymeric Chauprade)는 브레진스키의 『거대한 체스판』, 헌팅턴의 『문명의 충돌』, 그리고 월러스틴의 『세계체제론』 등이 모두 지정학의 부활을 반영한다고 본다(Chauprade, 2007). 쇼프라드에 의하면 지정학의 요체는 인간과 역사에 대한 단선론적 해석을 멀리하는 것이며, 이념의 역할을 인정하면서도 이념적 해석은 멀리하는 것이다. 그리고 학제간 접근을 통한 지식의 수렴과 재수렴을 통해 진리에 가까이 가는 것이다.

공간에 관한 연구로서의 지정학 - 지리학과의 통섭

정치학의 초점인 권력관계는 공간적으로 한 인간을 둘러싸고 있는 가족, 동리, 국내적 지역, 국가, 국제적 지역 등 다층적인 동심원 구조와 연결되어 있다. 과거의 지정학이 국제적 공간을 주로 다룸으로써 국제정치와 많은 연관성을 지녔다면, 이제는 국내적 공간 역시 점점 더 많은 지정학적 연구의 대상이 되고 있다. 도시와 농촌 간의 권력관계, 소도시와 대도시 간의 권력관계, 지역 간의 갈등과 협력 등이 국내적 공간에 관한 지정학적 연구 주제로 다루어진다. 국가 간의 경계가 모호해지고, 국내의 특정 지역이 지니는 국제성이 커짐에 따라 지정학을 국제정치적 분야로 한정하기는 점점 더 어려워지고 있다.

미국의 지정학자인 콜린 플린트(Colin Flint)는 지정학적 연구대상으로서의 공간에 관해 다음과 같이 설명한다.

우리가 즐기거나 괴로워하는 경제적 · 정치적 · 사회적 관계에는 상이한 공간을 위한 상이한 역할이 개재(介在)되어 있다. 두 가지 평범한 예를 들어보자. 큰 파티를 개최하고자 할 때, 그것을 도서관 안에서 하지는 않는다. 학생으로서 대학교 강의실에 들어가면 강단에 서기보다 청중석의 한 줄에 앉는다. 이와 같은 평범한 예들은 우리 사회가 어떻게 공간적으로 조직되어 있고, 그것이 지리적 상상의 하부에 어떻게 뿌리박혀 있는지를 보여준다. 아울러 이러한 두 예는 사회의 공간적 조직화가 정치 내지 권력의 관계를 반영하고 있음을 보여준다. 강단에 서 있는 것은 단순히 '개인적 공간'에 대한 침해일 뿐만 아니라 권위에 대한 도전이다. 그것은 기존 교실의 공간적 조직을 파괴함으로써 학생-강사 간 권력관계에 대해 도전하는 것이다(Flint, 2007).

지정학에서 다루는 공간은 앙리 르페브르(Henri Lefebvre, 1901~91)의 공간 개념을 통해 좀더 잘 이해될 수 있다. 르페브르는 수학적 · 물리학적 공간 개념과는 달리 역사적으로 형성되는 '사회적 공간'의 개념을 제안했다. 사회적으로 생산된 사회적 공간은 사상과 행동의 도구로서 기능한다. 그것은 통제와 지배, 그리고 권력의 수단이다.

역사적으로 보면 일정한 공간 내에서 발생하는 크고 작은 사건에 대한 정보는 중앙으로 취합되며, 중앙은 정보를 통해 그 사건들을 통제한다. 정보영역의 확장은 공간의 확장으로 이어지며, 반대로 공간의 확장이 정보의 증대와 심화를 가져온다. 로마제국은 정보의 흐름을 돕는 도로와 함께 발전했으며, 페르시아제국과 몽고제국 역시 정보를 실어나르는 파발조직과 더불어 성장했다. 지식이 정복을 낳고, 다시 정복은(정복자를 중심으로) 지식을 체계화했던 것이다.

서유럽을 중심으로 한 공간의 정복 과정은 근동(Near East/Proche Orient), 중동(Middle East/Moyen Orient), 극동(Far East/Extrême Orient)과 같은 지리 개념을 탄생시켰다. 이와 같은 지리적 구분은 동쪽보다는 서쪽을 통해 동아시아에 이르렀던 미국인들에 의해 '극동'이라는 개념에 대한 수정의 노력(Fairbank, Reischauer and Craig, 1976)이 가해지기 전까지 당연한 것으로 받아들여졌으며, 일부에서는 아직까지도 그러하다.

지도와 지정학

지리학과 지정학은 공간을 다룬다는 점에서 상통한다. 지리학에 의해 만들어지는 지도(map)는 공간을 표상하며, 지정학의 주요 도구가 되어 왔다. 지리학의 지도는 둥그런 지구를 평면 위에 올바로 표현해주는 자연지리학, 올바른 경계와 지명을 설정해주는 인문지리학, 그 외에 지질학과 해양학 등의 발전 수준을 반영한다. 반면 지정학은 지도가 표상하는 공간뿐만 아니라 그것이 표상하는 인식과 권력관계에 주목한다.

유럽의 세계지도에는 유럽이 중심에 그려져 있고, 한국의 세계지도에는 한국이 지도의 중심에 있다. 지정학은 자국이 중심에 그려져 있는 세계지도가 타국의 입장에서 보면 지리적 왜곡이고, 또한 권력관계를 표상한다는 점에 주목한다. 지도는 가치중립적이고 객관적으로만 보이기 쉽지만 인간의 인식을 만들어낼 뿐만 아니라 인간들의 인식에 의해 만들어진 것이다. 지도는 전쟁과 정복의 도구인 동시에, 전쟁과 정복을 통해 탄생하고 변화된다(Géré, 2005). 지도 제작의 중심이 어떻게 이

앙리 르페브르는 수학적, 물리학적 공간 개념
과는 달리 역사적으로 형성되는 '사회적 공
간'의 개념을 제안했다.

동했는가를 보면 정복의 중심, 그리고 인식의 중심이 어떻게 이동했는
가를 알 수 있다.

시간에 관한 연구로서의 지정학 - 역사학과의 통섭

일찍이 마윅(Arthur Marwick)은 "역사학과 지리학 간에는 유서 깊
은 유대가 있으며, 국가사는 적절한 지리적인 맥락 속에서 파악되어야
한다"고 주장한 바 있다. 듀란트 부처(W. J. Durant & Ariel Durant)
역시 "지리는 역사의 자궁이요, 역사를 젖먹이는 어머니이자 역사를 훈
육하는 가정이다"라고 말한 바 있다. 이렇듯 시간과 공간은 밀접히 연
결되어 있다.

시간의 자연적 흐름은 동서고금을 통해 동일하지만, 시간에 대한 개
념, 각각의 시간 개념에 입각하여 시간을 재기 위해서 마련된 척도, 그
척도에 대한 사회적 약속으로서의 제도는 아주 상이하다. 오늘날 세계

의 많은 사람들이 7일을 주기로 한 일주일이라는 시간 단위에 따라 출·퇴근을 하고 있다. 이는 고대 바빌로니아로부터 유래되어 기독교·유대교·이슬람교가 공통으로 인정하는 창세기의 시간 개념에 의해 확립된 것이며, 대서양적 표준의 확산 과정에서 자리 잡은 것이다(김현일, 2000).

아메리카 원주민 문명의 시간적 개념이 유럽의 시간적 개념 안으로 흡수된 것은 각각의 시간적 개념 자체의 우열에 근거한 것은 아니었다. 아메리카 원주민 문명 중 하나였던 마야 문명의 시간적 표준이 지닌 정치(精緻)함은 4년에 한 번씩 윤달을 삽입해야 하는 오늘날의 서양력에 비교해볼 때도 놀라운 것이지만, 당시 유럽의 시간적 개념과는 비교할 수도 없을 만큼 진보된 것이었다. 마야의 역법을 계승한 아즈텍인은 천체의 운동에 대한 면밀한 관찰에 기초해서 1년을 260일, 52개 주(5일을 1주로 함)로 정한 달력과 362일을 1년으로 정한 달력의 사이클이 겹치는 52년 주기를 상정하고 있었다. 아즈텍인은 이 52년 주기의 마지막 해에 인류의 종말이 올 것이라는 숙명론적 신앙을 가지고 있었다.

지정학은 역사학과 불가분의 관계에 있다(Lacoste, 2006). '역사학의 아버지'로 일컬어지는 헤로도토스(Herodotos, 기원전 484?~425)가 저술한 『역사』(Historiai)나 투키디데스(Thucydides, 기원전 460?~398?)가 저술한 『펠로폰네소스 전쟁사』 등은 이미 지정학적 내용을 포함하고 있었다. 흔히 역사는 과거로서의 시간을 다루는 것으로 알려져 있으나, 랑케(Leopold von Ranke, 1795~1885)에게 있어서 중요했던 것은 "그것이 과연 어떠했는가"(wie es eigentlich gewesen ist)였다. 그러나 크로체(Benedetto Croce, 1866~1952)가 정식화한 바와 같이 "모든 진정한 역사는 현재의 역사"이다.

카(E. H. Carr, 1892~1982)에게 있어서 역사는 "과거와 현재 사이의 부단한 대화"였다. 카에게 있어서 "살아 있는 현재적 관심만이 우리에게 하나의 가버린 사실을 연구하도록 충동하기 때문"에 역사는 과거가 아니라 현재에서부터 시작된다는 것이다. 또한 "역사는 과거의 사건과 점차적으로 출현하게 되는 미래의 목적과의 대화"라는 것이 카의 생각이었다. 시간에 대한 지정학적 관심은 "현재를 지배하는 자가 과거를 지배하며, 과거를 지배하는 자가 다시 미래를 지배한다"는 점에 착안한다. 공간과 밀접한 관련을 맺고 있는 과거 시간에 대한 권력관계가 미래 시간에 대한 권력관계로까지 이어지기 때문이다.

인간에 관한 연구로서의 지정학 – 인문학과의 통섭

공간과 시간은 무한하지만, 시간을 인식하는 인간은 유한하다. 앞에서 언급한 바와 같이 인간 연구로서의 지정학은 '나'와 타인이라는 개인적 인간으로 회귀한다는 점에서는 철학이나 심리학, 혹은 신학과 통섭하며, 사회적 존재로서의 인간을 연구한다는 면에서는 정치학 및 사회학과 통섭한다. 지정학은 영토를 비롯한 공간에 관해 연구하는 학문으로 발전했지만, 결국 그 영토에 살고 있는 사람들에 관한 연구이기도 하다. 지정학이 시간에 관한 학문이라고 했을 때, 또한 중요한 것은 특정 공간의 사람들이 특정 시간을 어떻게 기억하는가 하는 문제이다.

정도의 차이는 있지만 모든 인간은 자기중심적이다. 자기중심적인 개인들이 군집하여 공존하기 위해 이타심을 조장하기도 하고, 개인적 자기중심주의를 집단적 자기중심주의로 확대하기도 한다. 이를 위해 가장 효과적인 방법은 공간적으로 '안'과 '밖'을 설정하여, 자기와 구별되는 타자를 설정하는 것이다.

고대 로마인들의 확대된 자기중심주의는 '나는 로마시민이다'(Civis Romanus sum)라는 말로 대표된다. 이 말은 자신을 가장 고귀하게 정의하는 방법이었으며, 자존심의 근원이었고, 여러 사람들의 선망의 대상이었다. 로마시민으로서의 지위는 제국 권력의 사명감을 합리화시켜

주는 문화적 우월성의 표현이었다. 비록 로마 태생이 아니더라도 로마 시민의 자격을 획득할 수 있었는데, 그것은 로마의 지배를 합리화시켜 주었을 뿐만 아니라, 이방인들로 하여금 제국의 구조에 포섭되고 동화 되기를 열망하게 만들었다(Brzezinski, 1997).

중국제국의 통합성은 로마제국의 경우와 마찬가지로 강력하고 깊게 뿌리박힌 자기중심주의에 의해 강화·지속되었다. 유교는 중국의 집단 적 자기중심주의와 밀접히 연관되어 있다. 유교는 조화와 서열, 그리고 절도를 강조하는 철학으로서 천자를 중심으로 하는 중국제국의 유지에 기여하였다. 천자의 제국이라고 불리기도 했던 중국은 우주의 중심으로 간주되었고, 변방과 외부세계는 야만으로 취급받았다. 영국의 조지 3세 가 사신을 통해 영국산 물품을 선물로 제공하면서 교역관계를 수립하고 자 했을 때, 중국의 황제가 보낸 답서에는 이러한 자기중심주의가 배어 있었다(Brzezinski, 1997).

과거 로마인들이나 중국의 천자가 표방했던 것과 같은 자기중심주의 는 오늘날 모든 개인이 표방할 수 있다. 문제는 어떻게 다중의 개인적 중심주의가 서로 충돌하지 않도록 조화시키느냐이다. 개인적 중심주의 를 집단적 중심주의로 확대시키는 것은 개인 간의 충돌을 완화시키는 효과가 있다. 그러나 집단 간의 충돌은 개인 간의 충돌보다 더 위험하 다. 그것은 곧 전쟁으로 치달을 수도 있기 때문이다. 비판적 지정학은 역지사지의 관점에서 개인적 혹은 집단적 타자에 대한 인식의 고양을 통해 상호충돌의 가능성을 미연에 방지하고자 한다.

세계화시대 사람들의 활발한 외국 이주는 특정한 공간에 공존하고 있 는 소수집단에 대한 지정학적 관심을 증폭시키고 있다. 중요한 것은 이 들을 하나의 국민으로 통합하는 것인데, 혈통적 표준(jus sanguinis)을 따를 것인가, 아니면 속지적 표준(jus soli)을 따를 것인가가 여전히 문 제가 된다. 혈통적 표준이 점차 약화되는 추세에 있는 반면, 국민에 관한 속지적 표준에서는 조세 및 병역의무의 이행 및 최소한의 문화적 표준에 대한 충족(교육의 의무)이 중요하다. 이들을 문화적으로 통합하는 과정에서도 곳곳에서 충돌이 발생하고 있으며, 세계화의 진전에 따라 이러한 충돌은 가속화될 전망이다. 이런 현상으로 인해 특정 국가 내의 외국민을 타국 내의 자국민과 비교해서 고찰하는 역지사지의 지정학이 더욱 중요해지고 있다.

지정학의 최전선

현대 지정학계에 나타난 주목할 만한 동향에는 다음과 같은 것들이 있다. 독일 지정학의 피해자였던 프랑스에서는 폴 드망종(Paul Demangeon)과 같은 학자가 나치 독일에 의해 오용되었던 지정학에 맞서 유럽 통합의 이론적 기초로서 지정학을 발전시켰다. 냉전시기 프랑스에서 지정학은 매우 독특하게 부활했다. 좌파 지성의 성채였던 파리 8대학을 중심으로 1976년부터 『에로도트』(Hérodote)라는 지정학 학술지를 이끌었던 라코스트는 『누벨 옵세르바퇴르』지가 1999년에 선정한 프랑스의 10대 지성 중 한 명으로 선정되기도 했다. 라코스트학파의 좌파적 색채는 역설적으로 지정학에 대한 프랑스의 상흔을 치유하고, 지정학에 대한 감정적 저항을 완화시키는 데 매우 효과적이었다.

아이메릭 쇼프라드의 역작 『지정학: 역사에서의 지속과 변동』은 프랑스 지정학의 제왕 라코스트에 대한 도전이다. 파리 1대학 팡테옹 소르본에서 지정학을 강의하고 있는 쇼프라드의 이 대작은 프랑스의 애증이 교차하는 지정학적 사유가 소르본대학교에 입성했음을 상징한다.

한편 브레진스키는 미국의 절대적 우위에 도전할 가능성이 있는 유라시아 국가들을 견제하기 위한 유라시아 미국의 지정전략을 제시했다. 고전적 지정학자들과는 달리 브레진스키는 유라시아의 어떤 지점이 대륙적 지배를 위한 출발점이 되어야 할 것인가, 혹은 대륙국가가 해양국가보다 더 중요한가 아닌가 하는 문제가 더이상 중요하지 않다고 본다. 지정학의 대상은 지역적 차원에서 세계적 차원으로 바뀌었다는 것이다. 오늘날 비유라시아 국가인 미국이 세계 제일의 지위를 누리고 있으며, 유라시아 대륙의 세 주변부에 군사력을 배치해놓고 이 세 주변부로부터 유라시아의 중심부에 자리 잡고 있는 국가들에 대해 강력한 영향력을 행사하고 있다. 브레진스키에게 있어서 유라시아는 미국에의 잠재적 도전국이 서서히 모습을 드러낼 가능성이 가장 높은 지역이다.

따라서 브레진스키는 두 단계에 걸쳐 유라시아에 대한 미국의 지정학적 이익을 장기적으로 관리해야 한다고 주장한다.

첫째, 역동적인 지정전략을 구사함으로써 국제적 역학관계에 커다란 변화를 초래할 가능성이 있는 유라시아 국가들을 변별해내고, 각국의 정치 엘리트들이 추구하고 있는 중요한 대외정책 목표를 파악할 것. 그리고 그러한 목표를 성취하기 위한 그들의 노력이 빚어낼 여파를 측정할 것. 이어서 다른 지정전략적 게임참가자들의 행동과 지역적 환경에 촉매 역할을 할 수 있는 지정학적 위치를 지닌 지정학적 중심에 주목할 것.

둘째, 미국의 이익을 보전하고 신장시키기 위한 목적에서 위의 국가들을 통제하거나 포섭하고, 그들의 노력을 상쇄시키기 위한 미국의 특수 정책을 수립할 것, 그리고 세계적 수준에서 특수한 미국 정책들 간의 상관관계를 조율할 수 있는 더욱 포괄적인 지정전략을 수립할 것.

브레진스키는 유라시아의 지도 위에서 적어도 다섯 개의 지정전략적 게임참가자와 다섯 개의 지정학적 중심이 존재한다고 본다. 프랑스, 독일, 러시아, 중국, 그리고 인도 등이 역동적인 게임참가자이며, 우크라이나, 아제르바이잔, 남한, 터키, 그리고 이란 등이 중요한 지정학적 중심이다(Brzezinski, 1997).

하버드대학 교수인 사무엘 헌팅턴은 미국의 냉전 이후 지정학적 전략

고전적 지정학자들과는 달리, 브레진스키는 지정학의 대상이 지역적 차원에서 세계적 차원으로 바뀌었다고 주장했다.

수립을 위해 문명충돌론을 발표했다. 헌팅턴은 1993년 『퍼린 어페어즈』(*Foreign Affairs*)지를 통해 발표된 논문을 통해 세계를 여덟 개의 문명권역으로 나누고 상호 충돌이라는 관점에서 냉전 이후의 국제정치를 전망했는데,(Huntington, 1993-1) 이후 이 논문은 한 권의 책으로 발전되었다(Huntington, 1996). 냉전 종식 이후 미국은 냉전시대의 지정학에 기초한 조지 케난의 봉쇄전략을 대신하는 새로운 국가전략을 필요로 했고, 이러한 요구에 부응하여 헌팅턴의 문명권역에 기초한 지정학적 성찰이 개진된 것이다.

문명충돌론의 기본 개념은 미국기업연구소(AEI)가 주최하는 브래들리 강좌에서 처음 발표된 이후 하버드대학의 존 올린 전략연구소(John M. Olin Institute for Strategic Studies)가 주관하는 '변화하는 안보환경과 미국의 국가이익'이라는 제목의 프로젝트를 위해 제출된 것이었다(Huntington, 1968, 1986, 1991-1, 1993-1). 헌팅턴 자신은 9·11사건을 '문명의 충돌'로 볼 수 없다고 했지만, 9·11사건의 발발과 더불어 헌팅턴의 문명충돌론은 찬반 두 진영으로부터 새로운 주목을 받았다.

어떤 학자는 헌팅턴의 논문이 마치 9·11사건 이후에 쓰여진 것 같다고 하면서, 지금은 헌팅턴의 시기라고까지 평가했다.

문명 패러다임에서 다루어지고 있는 시공간적 범위는 미세한 바늘구멍을 통해 세계를 보는 것을 미덕으로 삼는 이른바 '과학적' 접근법의 시공간적 범위와는 전혀 다르다. 많은 정치학자들이 '나누기'(splinter) 방식의 접근을 통해 국제관계의 실체에 접근하고자 한다면, 문명 패러다임에서는 '합치기'(lumper) 방식의 접근을 통해 세계를 읽고, 거기에서 얻어지는 통찰(intuition)을 중시한다. 어느 한 지역이나 시기, 또는 사건에 한정하여 그 단면에 남겨진 무늬를 읽어내는 것이 아니라, 시공간적 중첩과 연속을 포착하여 거대한 세계적 흐름을 읽어내고자 하는 것이다.

새롭게 나타난 지정학의 개념들

지경학(geoeconomics)은 지정학의 한 갈래로서 공적인 경제 이익의 창출을 극대화하기 위해 공간(space)과 거리(distance)를 어떻게 정책적으로 재편할 것인가에 관한 주제를 다룬다. 여기에는 도로나 운하의 건설, 산업 클러스터, 하천과 해양의 관리, 그리고 국제적 공간의 활용 등과 관련한 정치경제학적 주제들이 포함된다.

지경학은 경제지리학과 유사하면서도, 차이가 있다. 경제지리학은 인문지리학의 한 부문으로서 경제의 지리적 배치를 설명하고, 경제를 지리적으로 연구하는 것을 목적으로 한다. 경제지리학은 경제 현상의 분포, 공장 등의 입지, 물자나 인구의 지역간 이동, 산업의 지역적 분화 등을 다루면서 발전해왔다.

지경학은 경제지리학과 여러 측면에서 유사하지만, 특정 공동체(지역자치단체, 국가, 국제적 지역공동체 등)의 공적인 경제 이익에 초점을 맞춘 정책학적 성격을 지닌다는 점에서 경제지리학과는 구별된다. 미국의 에드워드 루트워크(Edward Luttwark)와 프랑스의 파스칼 로로(Pascal Lorot) 등이 지경학적 관심을 발전시켜왔다. 로로에 따르면, "지경학은 국가적 경제전략을 다루는 학문"이다. 여기서 말하는 국가적 경제전략이란 각국이 자국의 경제를 보호하기 위한 목적, 혹은 상품의 생산과 판매를 위해 각국의 기업이 신기술을 획득하거나 세계적 시장지분을 획득하도록 돕기 위한 목적으로 결정하는 전략을 의미한다. 로로는 1997년 이후 『géoéconomie』라는 학술지를 발간해오고 있다.

한 국가는 국익(national interest)에 따라 행동하며, 또 그렇게 행동해야 하는 것으로 간주된다. 그렇다면 국익은 어떻게 정의되는가? 누가 국익을 정의하는가? 민주성의 원리가 국제사회의 주요한 원리로 등장한 이후, 국익은 한 명의 군주나 일군의 귀족에 의해 정의되지 않으며, 다수의 국민에 의한 동의의 과정을 거친다. 그런데 아무리 많은 돈을 주더라도 부르카(burka, 이슬람교 여자가 착용하는 머리부터 발끝까지를 가리는 두건과 겉옷)를 입고 일생을 보내려고는 하지 않는 국민이 있는가 하면, 아무리 많은 돈을 주더라도 부르카를 벗으려 하지 않는 국민이 있을 수 있다. 이것은 이익이 문화에 따라 다르게 인식되고 정의될 수 있음을 의미한다.

문화는 국민을 구성하는 한 개인의 삶을 영위하는 방식이나 가치관, 사유체계 등과 직결된다. 문화는 삶과 죽음을 바라보는 방식으로서, 한 개인의 과거와 현재, 미래를 매개하는 연결고리이기도 하다. 문화는 또한 개인과 개인을 연결하는 매개의 역할도 한다. 서로의 의사전달을 가능하게 해주는 언어, 서로의 가치관을 연결시켜주는 종교는 문화의 핵심 요소이다. 문화는 특정한 시공간과 밀접하게 연관되어 있다. 피레네 산맥의 한편에서는 문명인 것이 다른 한편에서는 야만으로 받아들여진다.

문화는 또한 공간적으로 한 개인을 둘러싸고 있는 가족 · 동리 · 지방 · 국가 · 국제 지역 등 다층적 동심원 구조와 연결되어 있다. 시간적으로 문화는 개인의 수명·세대·기억·역사·교육 등과 밀접한 관련이 있다. 모든 문화는 변화하지만, 중요한 것은 그 변화와 시간의 관계이다. 세계화의 진행에 따른 시공간의 압축은 정체성에 대한 성찰에 기초한 지문화(geoculture) 연구를 촉진시키고 있다. 예를 들면 왈러스타인의『Geopolitics and Geoculture』(1991)와 같은 책이 있다. 지문화연구는 또한 문화다양성에 기초한 보편적 표준이 국제정치에 있어서 지니는 중요성을 강조한다.

우주시대의 지정학

지정학은 제국주의 열강들 간에 벌어졌던 공간에 대한 경쟁의 산물이기도 했다. 오늘날 인류는 지구를 넘어 우주로 진출하고 있다. 스티븐호킹은 다음과 같이 말했다.

우주는 영원히 존재해왔던 것이 아니라, 약 150억 년 전에 그 출발점이 존재했다고 생각된다. 아마도 이것은 근대 천문학에 있어서 가장 뛰어난 발견일 것이다. 우주의 출발점에 대한 인식은 대체로 공유되고 있는 반면, 우주의 종착점이 존재할 것인가에 관해서 우리는 아직 확신하지 못하고 있다.

미국과 소련이 주도했던 우주개발은 냉전시대의 군사기술과 밀접한 관련을 지닌 것이었다. 최근의 미사일 방어망계획 역시 미국의 우주산업과 밀접한 관련을 맺고 있다. 미국의 군수산업은 당장의 이익을 가져다주지 못하는 우주공간으로의 확장을 뒷받침해주는 최대의 버팀목이다.

과거 대서양 횡단을 통해 유럽의 지정학적 공간이 넓어지기 시작했던때와도 유사하게, 인류는 새로운 우주공간을 향해 나아가고 있다. 1957년초에 인간은 우주로 위성을 발사함으로써 지구를 벗어나기 시작했다.

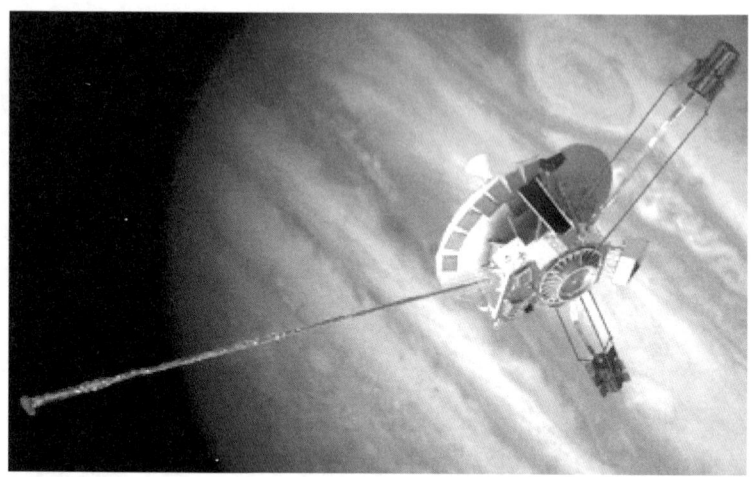

과거 대서양 횡단을 통해 유럽의 지정학적 공간이 넓어지기 시작했던 때와도 유사하게, 인류는 새로운 우주공간을 향해 나아가고 있다. 우주시대의 지정학이 인식적 지평 위로 새롭게 떠오르고 있는 것이다.

이후 15년간 인류는 무인탐사선을 가장 가까운 행성들(금성, 수성, 화성, 목성)에 보냈고, 달에 발을 디뎠다.

1970년대에 미국은 더 큰 임무를 지닌 네 대의 우주선을 발사했다. 이들의 첫 번째 임무는 우리의 태양계 내에 있는 가장 먼 네 개의 행성(토성, 천왕성, 해왕성, 명왕성)을 방문하는 것이다. 이들 행성은 모두 우주선이 이미 도달한 지구에서 가까운 행성들에 비해서 엄청나게 멀리 떨어져 있다. 이들의 두 번째 임무는 지구로부터 외계로 보내는 인사말을 싣고 태양계의 가장자리를 벗어나서 우주의 미탐사지역 깊숙이 비행해 가는 것이다. 파이오니어 10호와 파이오니어 11호는 1972년과 1973년에 각각 발사되었다. 이 우주선들은 1979년에 목성과 토성을 통과했다. 보이저 1호와 보이저 2호는 둘 다 1977년에 발사되었는데, 1979년과 1981년 사이에 목성과 토성을 방문하고, 보이저 2호는 비행을 계속해서 최초로 천왕성(1986)과 해왕성(1989)을 방문한 우주선이 되었다.

보이저 2호가 1989년 8월 해왕성의 뒷면을 촬영하여 지구로 전송했을 때, 명왕성은 실제로는 해왕성보다 태양에서 더 가까이에 있었다. 이 시점부터 네 대의 우주선은 우리의 태양계를 넘어서 비행했는데, 인간이 예전에 만든 어떠한 물체보다 지구로부터 멀리 떨어져서, 1년에 5억 킬로미터의 속도로 비행해갔다. 1990년 2월에 수신된 보이저 2호의 마지막 사진은, 지구로부터 4,800만 킬로미터나 떨어져 있는 춥고 어두운 곳에 존재하는 인간 역사의 새로운 공간을 담고 있었다.

1993년 5월 보이저호는 태양계와 항성간 우주를 구분해주는 경계선의 증거를 탐지해냈다. 파이어니어호나 보이저호는 인간 역사가 끝나버린 아주 먼 미래에 우리들이 아직 모르는 문명과 생물체를 만나게 해줄지도 모른다. 우주시대의 지정학이 인식적 지평 위로 새롭게 떠오르고 있는 것이다.

김명섭 파리 8대학에서 DEA를 마치고 파리 1대학 팡테옹 소르본에서 정치학 박사학위를 받았다. 한국국제정치학회 연구이사를 역임했고, 현재 연세대학교 정치외교학과에서 '전쟁과 평화', '국제정치사', '지정학' 등을 강의하고 있다. 저서 및 편저로『해방전후사의 인식 4, 6』『대서양문명사』『동아시아의 전쟁과 평화』『Northeast Asia and the Two Koreas』 등이 있고, 역서로는『거대한 체스판』『제국의 선택』등이 있다. 최근 국제학술지에 게재된 논문으로「The Politics of Troop-Dispatch」「Increasing Distrust of the USA in South Korea」「On Huntington's civilizational Paradigm」「Korea as a clashpoint of civilizations」등이 있다.

탈냉전기 국제정치

미국의 힘이 영속되리라는 보장은 없다

전재성
서울대 교수 · 외교학

미국패권주의에 대한 준엄한 비판자

국제정치학이 하나의 학문분과로 자리 잡게 되는 것은 제1차 세계대
전이 끝나는 20세기 초반과 그 시기를 같이한다. 이전까지는 지역별로
나뉘어 있던 국제정치가 유럽과 미국, 아시아, 중동, 아프리카가 참가하
는 대전쟁을 계기로 명실공히 세계정치로 변화되고, 그러면서 국제정치
학도 본격적인 학문분과로 자리 잡게 된 것이다.

20세기 초에는 유럽에 의해 주도되던 국제정치학이, 제2차 세계대전
의 종식, 냉전의 시작, 초강대국 미국의 등장 등 큼직한 사건들과 더불
어 주무대를 미국으로 옮기게 된다. 이후 많은 미국의 국제정치학자들
은 자국의 입장에서 국제정치학을 재조명하고 국제정치를 보는 거대이
론들을 만들고 발전시키게 되는데, 그 가운데 중요한 역할을 해온 학자
로서 조지프 나이(Joseph Nye) 교수를 들 수 있다.

현재 하버드대학교 존 F. 케네디 정치학대학원 교수로 재임 중인 나
이 교수는 학자로서, 그리고 미 행정부의 대외정책에 참여한 고위관료
로서 학계와 관계에서 많은 활동을 해왔다. 그는 프린스턴대학교, 옥스

" 경제적으로는 다극체제이고, 민족주의가 성장하고, 상호의존주의도 증대되며, 초국가적 행위자의 삶이 더 중요해지면서 전 세계에 걸쳐 권력에 대한 확산이 발생할 것이다. 신세계는 깔끔하지는 않겠지만, 거기서 당신은 살아야 한다. **"**

▶ 조지프 나이

퍼드대학교에서 학사와 석사과정을 마치고, 하버드대학교에서 정치학 박사학위를 받은 이후 1964년부터 현재까지 하버드대학교 정치학과와 같은 대학교 국제문제연구소, 케네디대학원에 재직해왔으며 이런 교수로서의 활동과 더불어 미 연방정부에서 약 5년간의 관료생활을 겸한 경력을 보여주고 있다. 뿐만 아니라 카터 행정부 당시 1977년부터 1979년까지 안보 · 과학 · 기술 분야의 국무부 차관보를 역임하면서, 핵확산금지분야 국가안전보장위원회의 의장으로도 활동하였다. 이후 학교로 돌아왔다가 클린턴 행정부 당시인 1994년부터 1995년까지 국방부 국제안보담당차관보와 국가정보위원회의 의장의 업무를 수행하였다. 당시 일명 '나이 보고서'로 더 잘 알려져 있는 'EASR'(East Asia Strategic Report; United States Security for the East Asia Pacific Region, 아시아 · 태평양 지역에서의 미국의 안보전략)을 구상하여, 동아시아의 안보정책 결정과정에 있어 중요한 역할을 수행하기도 하였다.

다시 말해 나이 교수는 다양하고도 선구적인 학문적 주제를 개발하고 연구하는 동시에 이를 정책연구와 연결시키고, 때로는 직접 정책결정과정에 참여하여 영향력을 발휘하는 등 학문과 실천의 양분야를 조화시킨 보기 드문 학자 가운데 한 명이라 할 수 있다.

그는 20여 권에 달하는 저서와 편저서 및 100편에 달하는 많은 논문들을 저술하였는데, 그의 주요 연구주제들을 대별하여 살펴보자면, 1970년대에는 복합적 상호의존론과 자유주의 국제정치이론, 1980년대에는 미국패권의 성격 및 쇠퇴에 관한 이론, 1990년대에는 동아시아국제정치 및 민주주의정부론, 2000년대에 들어서서는 정보화 및 세계화 시대의 국제정치 및 미국패권 등의 주제를 집중적으로 다루어왔다. 각각의 주제를 연구한 뒤에 내놓은 나이 교수의 저작들은 모두 각 시대의 문제들에 중요한 시각을 제공해준 주목할 만한 업적으로 평가받는다.

1977년에 출간된 『권력과 상호의존: 변화하는 국제정치』(*Power and Interdependence: World Politics in Transition*, 코헤인 교수와 공저)는 당시 구미의 국제정치학계를 풍미하던 현실주의 국제정치이론을 비판한 역저로서, 이후 국제정치학도들에게 두루 읽히는 교과서가 되었다. 1990년에 출간된 『주도국일 수밖에 없는 미국: 미국 국력의 변화하는 본질』(*Bound to Lead: The Changing Nature of American Power*)은 1980년대 말 제기된 미국패권 쇠퇴론에 대한 중요한 시각을 제공해주었고, 1997년에는 『국민은 왜 정부를 믿지 않는가?』(*Why People don't Trust Government*)를 저술하여 현대세계에서의 정치불신을 학문적으로 분석하였으며, 이후 정보화 시대의 국내 및 국제정치에 대한 일련의 주요 편저들을 출간하는 한편, 2002년에는 『미국의 힘의 역설: 왜 세계 유일의 초강대국은 홀로 지속될 수 없는가』(*The Paradox of American Power: Why the World's Only Superpower Can't Go it Alone*, 국내에는 『제국의 패러독스』로 번역, 출간됨)를 저술하여 21세기 미국패권의 나아갈 바에 대한 나름의 견해를 피력하고 있다.

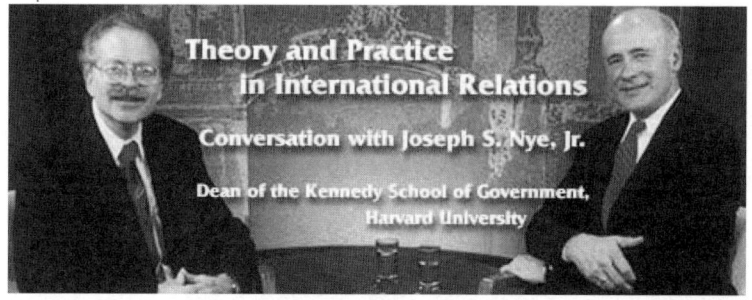

현재 하버드대학교 존 F. 케네디 정치학대학원 교수로 재임 중인 나이 교수는 학자로서, 그리고 미 행정부의 대외정책에 참여한 고위관료로서 학계와 관계에서 많은 활동을 해왔다.

미국과 냉전을 넘어선 실천적 연구

나이 교수의 국제정치학의 특징은 첫째, 미국이 당면한 주요 국제정치의 문제를 정확히 파악하여 이를 학문적으로 정리하고 나름의 해결책을 제시하고자 한다는 점 둘째, 대다수의 견해에 좌우되지 않고 독창적인 연구로 균형잡힌 결론을 도출하고자 시도한다는 점 셋째, 현실 정책 결정과정에 참여한 자신의 경험을 바탕으로 실천적이고 현실적인 연구주제를 설정하여 이론과 현실 간의 끊임없는 연계를 시도한다는 점 넷째, 새롭게 다가오는 미래의 국제정치를 선도하기 위해 앞선 연구주제를 설정하여 공동연구를 통해 성과를 추구한다는 점 등을 들 수 있겠다.

나이 교수의 연구주제와 주요 저작들이 시기별로 변천해온 일련의 흐름을 살펴보면, 냉전기의 초강대국으로서 그리고 탈냉전기 세계유일의 패권국으로서 미국의 고민이 무엇인지, 미국이 당면하여 풀고자 하는 최우선 과제가 무엇인지를 알 수 있다. 그만큼 나이 교수는 미국이 당면한 긴박한 문제와 세계정치가 풀어야 하는 숙제들을 정면으로 다루어나가면서 자신의 연구성과에 기반하여 나름의 결론을 도출해내고 있다.

냉전이 한창 진행 중이던 1960년대에 박사학위를 받은 나이 교수는 아프리카 신생독립국들의 정치상황과 경제적 발전에 관한 연구주제를

조지프 나이는 다양하고 선구적인 학문적 주제를 개발하고 연구하는 것은 물론, 이를 정책연구와 연결시키고 학문과 실천을 조화시키는 흔치않은 학자이다.

선택하였는데, 이는 자신이 말하고 있는 바처럼 슘페터(Joseph A. Schumpeter)의 『자본주의, 사회주의, 민주주의』(*Capitalism, Socialism and Democracy*)에 영향을 받은 것으로, 정치와 경제를 통합적으로 보는 정치경제학적 시각에 입각한 본격적 연구의 첫 결과였다.

나중에 『범아프리카주의와 동아프리카 통합』(*Pan Africanism and East African Integration*)이라는 단행본으로 출간된 이 초기 연구는, 동아프리카 공동시장 즉 케냐, 탄자니아, 우간다가 공동시장을 형성하여 경제적 부흥을 추구하는 것이 옳은가, 그리고 신생독립국인 아프리카 국가들의 정치적 상황이 경제적 통합에 부정적 영향을 미칠 것인가에 관한 연구였다. 이후 과테말라에 거주하면서 중미의 공동시장에 대한 연구와, UNCTAD(국제연합무역개발회의)와 유럽 공동시장에 대한 연구를 진행하여 지역내 국제제도, 경제통합, 국가간 경제적 의존관계

나이 교수는 이제 국제정치가 경제력, 자원, 국가간 협력, 지역 내 통합이 중시되는 새로운 시대의 국제정치에 진입했다고 논하고 있다.

를 연구하게 된다.

　1970년대의 국제정치는 그 이전의 세계와 구별되는 특징을 보인다. 미국과 중국 간의 데탕트로 냉전의 성격이 서서히 변화되었으며, 1973년에 발발한 중동의 석유위기와 중동국가들의 자원무기화, 이에 따른 미국의 난관은 안보와 군사문제를 중심으로 국제문제를 바라보던 기존의 시각에 대한 중대한 변화를 요구하였다. 이른바 '고위정치'의 분야라 하여 군사력이 국력의 제1지표이며 안보에 모든 자원을 집중하는 것이 당연시되던 당시의 국제정치에, 오히려 기존의 적대국 간의 안보협력의 가능성은 높아지고, 상대적으로 '저위정치'의 영역이라고 생각되어왔던 경제분야의 갈등과 협력이 국력을 좌지우지하는 중요한 이슈로 등장한 것이다.

　나이 교수는 코헤인 교수(Robert Keohane)와 함께『권력과 상호의존』이라는 저서를 발표하고, 이제 국제정치는 현실주의 국제정치학자들이 말하는 것처럼 안보 위주, 군사력 위주, 개별국가 위주의 국제정치가 아니라, 경제력, 자원, 국가간 협력, 지역내 통합이 중시되는 새로운 시대의 국제정치에 진입했다고 논하고 있다. 이른바 '복합적 상호의존'(complex interde-pendence)이라는 개념을 내세워 국가간 다차원적이고 상호적인 의존관계가 형성되었으며, 강대국이라 하여 모든 이슈 영역에서 일방적인 힘을 행사할 수는 없다는 것이다.

각 영역 내에서 고유하고 상이한 힘이 작동하고 있으므로, 때로는 강대국이라 해도 약소국에 의존하고 협상에서 열세에 처하는 일도 있을 수 있다는 것이다. 기존의 현실주의 국제정치학 이론이 국제정치를 논하면서 독립적인 국가들이 군사력을 매개로 하여 상호작용한다는 이른바 '당구공모델'을 제시한 데 비해, 나이 교수는 복합적 상호의존을 주요개념으로 한 '거미줄모델'을 제시했다고 볼 수 있다. 나이 교수와 코헤인 교수의 『권력과 상호의존』은 이후의 국제정치학도들에게 자유주의 국제정치학의 기본적인 필독서로 자리잡게 된다.

1987년 역사학자인 폴 케네디(Paul Kennedy) 교수는 『강대국의 흥망』(*The Rise and Fall of the Great Powers*)이라는 저작을 내놓는다. 이 책은 16세기 이후 존재했던 패권국들이 어떻게 부흥하고, 이어 멸망하게 되었는가에 대한 원인과 패턴을 세세히 밝혀놓은 책으로, 제2차 세계대전 이후 미국이 누려왔던 패권의 지위도 결코 영속적일 수 없고 과거의 패턴을 따르게 될 것이라는 분석을 제시하였다. 1980년대 소련과의 신냉전을 거치면서 재정적자와 무역적자에 시달리는 등 경제적 어려움을 겪게 된 미국은 자국의 패권적 지위가 영속적이지 않을지도 모른다는 불안을 겪고 있었던 바, 케네디 교수의 저작과 여타 많은 국제정치학자들의 분석들은 이른바 '미국쇠퇴론'에 대한 격렬한 논쟁을 불러일으켰다.

미국이 세계의 경찰, 혹은 자유민주주의 세계의 수호국으로서 군사적 과대팽창을 하게 되고 이를 뒷받침하기 위해 필요한 비용을 지불하느라 허덕이는 한편, 경제적으로도 자유무역과 안정된 금융레짐 등 경제적

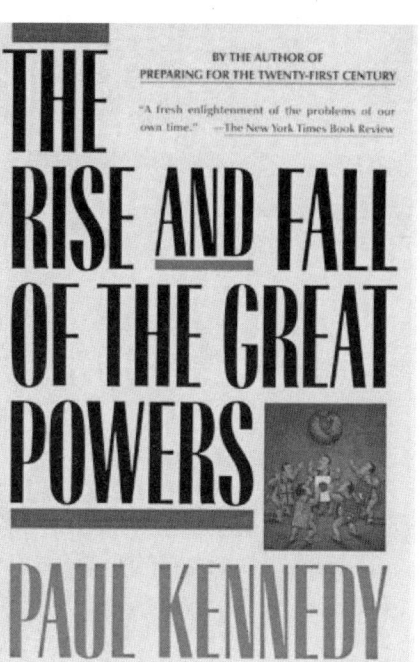

폴 케네디 교수는 『강대국의 흥망』이
라는 저작에서 미국의 누려왔던 패권
의 지위도 결코 영속적일 수 없을 것
이라는 분석을 제시하였다.

공공재를 제공하느라 국력을 소모하는 사이, 일본과 독일은 최소한의
안보비용만을 들이면서 강대국으로 서서히 성장하였으며, 네 마리 용
이라고 불린 신흥공업국들(한국, 대만, 홍콩, 싱가포르)은 미국의 시장
을 마음껏 공략하며 놀라운 발전을 보여왔다.
  1980년대 후반부터 미국은 공정무역, 타국의 수입시장 개방, 금융자
유화 등 자국의 경제발전에 필요한 공격적인 정책을 요구하는 한편, 북
미자유무역지대(NAFTA)의 추진 등 지역주의적 성향도 보이게 된다.
이러한 미국의 정책전환은 미국패권의 쇠퇴라는 문제의식을 불러일으
키고 많은 논자들은 그 증거를 속속 제시하였다. 이즈음 이른바 쇠퇴론
자들(declinists)의 논의를 정면으로 반박한 저서가 나이 교수의 『주도
국일 수밖에 없는 미국』이었다.

1977년 출간된 이래 국제정치학도들
에게 두루 읽히는 교과서가 된 나이
교수의 저서 『권력과 상호의존』(로버
트 코헤인 공저).

미국은 지속될 수밖에 없는가

나이 교수는 케네디 교수의 저서 및 여타 쇠퇴론자들이 논하는 패권
국의 국력개념을 비판하면서, 국력이란 단순히 상대방을 자신의 의지대
로 강제하는 군사력과 경제력 등의 경성권력(hard power)뿐 아니라,
상대방을 문화적·이념적·제도적으로 설득하여 동의를 이끌어내는 연
성권력(soft power)을 함께 고려하여 측정해야 하는데, 이들을 고려해
볼 때 미국의 패권적 지도력은 지속될 가능성이 훨씬 높다는 것이었다.
사실 1990년대에 들어서면서 미국은 경제 운영방식의 혁신과 정보기술
의 발전에 힘입은 생산력의 증가로 패권적 지위를 공고히 지켜나가고
있다.

1994년 클린턴 행정부에 들어가면서, 나이 교수는 동아시아 안보에 대

THE PARADOX OF

AMERICAN

POWER

WHY THE WORLD'S ONLY SUPERPOWER
CAN'T GO IT ALONE

JOSEPH S. NYE Jr

『제국의 패러독스』라는 제목으로 국내
에도 번역 소개된 이 책에서 조지프 나
이는 21세기 미국패권의 나아갈 바에
대한 나름의 견해를 피력하고 있다.

한 정책입안 과정과 이후 많은 논문들에서 자신의 구상을 피력한 바 있다.
클린턴 행정부의 세계전략 및 동북아전략은 '개입과 확대'(engagement
and enlargement)로 표현되어왔다. 이것은 미국이 추구하는 인권외교,
민주주의, 시장자본주의를 확산하여 이전의 공산권 국가들과 여타 국가
들을 미국 주도의 제도 및 구조에 편입시킴으로써, 공고한 상호관계와
제도적 틀을 유지하는 전략이라고 볼 수 있다. 나이 교수는 동아시아 안
보정책을 입안함에 있어 일본과 중국에 대해 어떠한 정책을 펴나갈 것인
지, 동아시아에 주둔하는 미군의 병력을 탈냉전기에 어느 정도 유지할
것인지, 냉전기에 형성된 미일동맹 및 한미동맹을 어떻게 할 것인지에
대해, 연구와 실천을 병행하는 모습을 보여주었다.

　　나이 교수는 탈냉전기 안보상황이 냉전기의 안보상황보다 훨씬 복잡

하고 불명확하다는 전제 아래 미국이 세계의 경찰역할을 자임하거나 과도하게 팽창하여 모든 일에 개입하면 안 된다는 견해를 피력하는 한편, 미국은 유럽, 아시아, 걸프 지역에서 핵심적인 안정자 혹은 균형자 역할을 하고 있으며, 이는 유럽과 아시아에 주둔하고 있는 각 10만의 군사, 걸프 지역에 주둔하고 있는 2만의 군사로 지탱되고 있다고 본다. 또한 이러한 지역적 안정은 역내 국가들에게 이익이 될 뿐 아니라 미국의 국익에도 도움이 되기 때문에 명확한 원칙에 입각한 개입이 필요하다고 본다. 동아시아의 경우, 새롭게 부상하고 있는 중국에 대해서 과거 미국이 사용했던 대소봉쇄정책과 같은 봉쇄정책은 사용하지 말아야 한다고 주장하고 있다.

중국은 1940년대의 소련처럼 팽창주의적 공산주의 이데올로기로 무장된 국가가 아니고 주변국들에게 명백한 위협을 가하는 국가도 아니며, 더구나 미래의 중국을 정확히 예측할 수 없는 상황에서 중국을 적대시하며 봉쇄해서는 안 된다는 것이다. 다만 중국이 일본과 연합하여 반미적 입장을 견지하지 못하도록 미일동맹을 강화하는 한편, 중국이 책임 있는 지역강국이 될 수 있도록 유도하는 정책을 추진해야 한다는 의견을 개진했다. 동아시아에 대한 이러한 견해는 '나이 보고서'로 알려져 있는 EASR(East Asia Strategic Report)을 통해 동아시아 내 개입과 확장 정책에 많은 영향을 미친 바 있다.

국민은 왜 정부를 믿지 않는가

나이 교수는 한 인터뷰에서 국제정치학자인 자신이 국내정치, 혹은 국민과 정부와의 관계에 대해 관심을 가지게 된 계기에 대해 이렇게 말하고 있다. 즉, 정부에 있었던 5년 동안 민주화, 정보화, 세계화와 같은 중요한 사회·경제적 변화가 정부의 역할에 어떠한 영향을 미치는가, 정부에 대한 국민의 신뢰에 어떠한 영향을 미치는가에 관심을 가지게 되었다는 것이다.

　나이 교수는 현대정치에 있어 정부에 대한 국민의 신뢰가 상당히 저하되었다는 문제의식을 가지고 그 원인을 다각도로 분석하고자 공동연구를 수행하고, 그 결과 『국민은 왜 정부를 믿지 않는가?』라는 저작을 내놓았다. 다양한 가설을 검토한 끝에, 나이 교수는 우선적으로 제도에 대한 일반 국민의 신뢰가 전반적으로 하락하였다는 점을 제시하고 있다. 민주주의는 개인주의와 공동체주의가 일정한 긴장관계와 보완관계를 유지하면서 지속되는 것인데, 상대적으로 개인주의가 강화되면서 제도 및 정부에 대한 국민의 신뢰와 지지가 하락하는 특징을 보이고 있다는 것이다. 이와 더불어 정부의 국정수행에 대한 미디어의 비판적 관점이 정부에 대한 국민의 비판적 시각을 고착화시키는 역할을 한다고도 지적하고 있다.

　냉전이 미국의 승리로 마무리되면서, 패권국으로서 세계를 이끌어가는 미국 앞에는 실로 많은 장애들이 놓여 있다. 어떤 논자들은 미국이 역사상 존재했던 어떠한 제국이나 패권보다 강력하고 이념적 정당성도 갖추고 있으므로, 미국패권의 쇠퇴는 당분간 오지 않을 것이라는 낙관적 견해를 피력하고 있다. 또 어떤 논자들은 미국패권의 쇠퇴를 막기 위해서는 미국의 사활적 이익이 걸리지 않은 이슈에 개입하는 것을 자제하고, 비록 일방주의적 위험이 있다 하더라도 미국의 국익을 위해선 강력한 정책을 추진해나가야 한다고 주장하기도 한다.

　나이 교수는 『미국의 힘의 역설』 및 전후의 많은 논문들을 통해 미국이 세계를 주도하는 주도국의 지위를 유지하기 위해서는 타국과의 협조 및 설득에 기반해야 한다고 충고하고 있다. 미국은 군사적으로는 현재 타국의 추종을 불허하는 패권국의 지위를 누리고 있지만, 경제적으로는 유럽, 일본과 경제적 주도권을 분점하고 있으며, 더구나 문화적·이념적으로는 다원적이고 대립적이기도 한 복잡한 상황에 놓여 있다는 것이

나이 교수는 『국민은 왜 정부를 믿지 않는가?』라는 저작에서 현대정치에 있어 정부에 대한 국민의 신뢰가 저하된 원인을 다각도로 분석했다.

다. 또한 세계는 냉전기와 같이 단순한 대립구도에 의해 움직여나가는 것이 아니라 정보화, 세계화, 민주화의 기류를 타고 한층 복잡해져가고 있으며, 미국이 해결해야 하는 문제도 환경 · 난민 · 테러 · 마약 등과 같이 국경을 넘나들고, 한 나라가 해결하기 어려운 문제들로 이루어져 있다는 것이다.

따라서 미국은 자국의 이익을 더욱 광범위하게 정의하고 타국과의 협조를 모색하는 한편, 다자주의적인 외교정책을 통해 미국의 주도권을 유지해나가야 한다는 점을 강조한다. 이를 위해서는 자유주의적인 무역질서를 통해 세계경제를 안정시키고, 일방주의보다는 국제제도에 대한 지지를 보여야 하며, 세계적으로 해결이 어려운 분쟁에 대한 평화조성자 혹은 중재자의 역할을 해나가야 주도국의 지위를 유지해갈 수 있다는 것이다.

탈냉전기 국제정치는 새로운 경향과 낯선 위협들에 직면해 있다. 국제정치학은 현재와 미래의 국제정치를 좌우할 중대한 흐름을 정확하게 파악하여 연구주제화하고, 이에 대한 명확한 해결책을 제시함과 동시에, 모든 국가들이 공감할 수 있는 다자주의적이고 협력적인 가치관을 제시할 책임도 가지고 있다. 나이 교수는 자신의 학문적·실천적 역정을 통해 일면으로는 세계의 주요 흐름을 명확히 하여 국제정치학의 한 흐름을 주도하는 한편, 일면으로는 미국적 문제의식을 중심으로 타국과의 협력도 모색하는 실천적 지식인의 면모를 보여주었다고 할 수 있다.

전재성 서울대 외교학과를 졸업하고, 미국 일리노이주 노스웨스턴대학교에서 「Classical Realists as Skeptics: Reinhold Niebuh, E. H. Carr, Hans Morgenthau」로 정치학 박사학위를 취득하였다. 현재 서울대학교 외교학과 부교수로 재직하고 있다. 주요 연구논문으로는 「E. H. 카아의 비판적 현실주의 국제정치이론」 「현실주의 국제제도론을 위한 시론」 「19세기 유럽협조체제에 대한 국제제도론적 분석—현실주의와 구성주의 제도론의 시각에서」 등이 있고, 공저 『거버넌스의 정치학』 등이 있다.

세계주의적 민주주의
지구화는 이미 뿌리내린 현실이다

조효제
성공회대 교수 · 사회과학부 겸 NGO대학원

데이비드 헬드, 지구화와 민주주의의 미래를 논하다

데이비드 조너선 앤드류 헬드(David Jonathan Andrew Held)는 1951년 영국에서 태어났다. 그의 집안은 제2차 세계대전이 발발하기 전에 유럽에서 영국으로 이주해온 유대인 가계였다. 헬드는 유년시절을 두고 넉넉하지는 않았지만 책을 좋아하는 분위기에서 성장했다고 회고한 바 있다. 자신의 가족 배경에 대해 언급하는 일이 드물지만, 헬드는 경제전문지 『파이낸셜 타임즈』의 대기자인 마틴 울프와 신자유주의 지구화를 놓고 논쟁이 벌어졌을 때 자신과 울프는 유대계 출신으로 고생 끝에 입신했다는 점에서 보면 비슷한 경우지만 신자유주의에 대한 평가는 서로 극과 극이라는 말을 남기기도 했다.

헬드는 청소년 시기에 친척들이 있는 유럽으로 건너가 프랑스와 독일에서 공부하기도 했고, 1973년에 맨체스터대학의 정치학과를 우등으로 졸업했다. 그는 대학에서 정치학과 사회학을 복수전공한 거나 다름없을 정도로 사회학, 특히 사회이론 과목을 열심히 청강했다. 이 때문에 헬드의 정치학은 정치사회학적 성격을 강하게 띠고 있으며, 정치이론과 사

❝ 현대 지구화가 야기하는 각종
문제에 대한 헬드의 처방은 초국적·
국제적 차원에서 민주주의를
재정립하는 것이다. 세계주의적
민주공동체는 시민들이 다중적
시민자격과 권리를 향유할 수 있는
세계의 청사진을 제시할 수 있는
공동체다. 시민들은 일국의 시민일
뿐만 아니라 자신의 대륙과 세계적
질서의 일원이라는 자각을 가져야 한다. ❞

▶ 데이비드 헬드

회이론이 종횡으로 교차되는 독특함으로 정평이 나 있다.

헬드는 영국에서 대학을 졸업한 후 케네디기념재단의 장학금을 받아 미국의 매사추세츠공과대학(MIT) 정치학과 대학원에 진학했다. MIT의 정치학과에서 그는 정치학과 사회학의 종합을 지향하는 유럽식 학풍을 견지하고 있던 마일즈 모건 교수의 지도하에 「사회과학에서의 이론과 실천: 막스 베버와 마르크스주의의 응답」이라는 학위논문을 작성하였다. 약 250페이지에 달하는 이 논문은 베트남전쟁 후 미국 학계에서 큰 관심거리였던 사회과학의 학문적·실천적 성격을 다룬 것이었다. 헬드는 이 논문을 기반으로 하여 프랑크푸르트학파의 비판이론을 전면에 내세운 이론서인 『비판이론 입문: 호르크하이머에서 하버마스까지』를 1980년 허친슨 출판사에서 출간하였다. 그후 이에 관해 헬드는 자기가 정치사회학자로 출발했기 때문에 주류 정치학 이론을 정리하기 위해 『민주주의의 모델』을 집필했다고 밝힌 적이 있다.

MIT의 유학생활 중 헬드에게 큰 영향을 끼친 사건 하나를 꼽자면, 미국에 강연을 왔던 영국 사회학자인 앤서니 기든스(Anthony Giddens)

를 만난 것이 있다. 기든스는 헬드보다 13세 이상 나이가 많은 선배였지만 두 사람은 금세 의기투합하여 그후 지금까지 동학이자 '동업자'로 친밀한 교분을 유지하고 있다. 헬드는 기든스를 자신의 선배이자 멘토와 같은 존재라고 말한다.

학위를 마치고 영국으로 돌아온 헬드는 개방대학교(Open University)의 정치학과 강사로 학계에 첫발을 내딛었다. 개방대학교는 1960년대 영국 노동당의 윌슨정부가 야심차게 추진했던 대학교육 대중화 사업의 결실로 맺어진 교육기관이었다. 이곳에서 헬드는 정치이론과 민주주의 이론을 가르치면서 여러 교과과정을 디자인하고 교재를 출간하였다. 개방대학교는 전통적으로 학생들의 욕구에 정확히 부응하는 수준 높은 교재와 교과서 개발로 이름이 높았다. 이때의 경험 덕분에 헬드는 학술서라 하더라도 대중이 읽기 쉽고(readability), 명료하게 이해할 수 있는(clarity) 저술방법을 체득하였다. 이는 난해함을 수준 높음으로, 평이함을 수준 낮음으로 혼동하곤 하는 우리 학계에도 참고가 될 만한 이야기가 아닐 수 없다.

헬드는 처음부터 대단히 왕성한 다작의 학자로 이름을 떨치기 시작했다. 앞에서 말한『비판이론 입문』외에 기든스와 함께 편집한『계급, 권력, 갈등』이 1982년에 나왔고 1983년에는 단독으로『국가와 사회』를 저술했다. 1987년에는 민주주의 이론에 관한 독창적인 정리라는 평을 들은『민주주의의 모델』의 초판을, 1989년에는『정치이론과 근대국가』를, 1991년에는『현대 정치이론』을 출간하였다. 그후 1995년에 헬드의 독창적인 민주주의 이론을 담은『민주주의와 전 지구적 질서: 근대국가에서 세계주의적 거버넌스로』가 발간되었다. 이때부터 헬드는 세계주의적 민주주의 이론의 개척자로 불리게 된다.

그 외에도 헬드는 1998년에 다니엘 아치부기, 마틴 쾰러와 공동편집한『정치공동체의 재발명』을 내놓았다. 세계주의적 민주주의의 관점을

Democracy
and the
Global Order

From the Modern State to Cosmopolitan Governance

DAVID HELD

1995년에 『민주주의와 전 지구적 질서: 근대국가에서 세계주의적 거버넌스로』가 발간되었다. 이때부터 헬드는 세계주의적 민주주의 이론의 개척자로 불리게 된다.

여러 각도에서 분석한 문제작이었다. 1999년에는 앤서니 맥그루, 데이비드 골드블라트, 조너선 페라톤과 함께 지구화의 이론과 실제를 다룬 기념비적 대작인 『전 지구적 변환』을 세상에 선보였다. 이 책의 서평을 쓴 마이클 만은 "지구화와 관련한 수많은 저작 중 단연 최고"라는 찬사를 보냈고 울리히 벡은 "전 지구적 조명을 받을 가치가 있다"는 말로 이 책의 중요성을 요약하였다. 『전 지구적 변환』의 출간을 계기로 헬드는 당시 기든스가 총장으로 있던 런던정경대학교(LSE) 정치학과의 그레이엄 월러스 석좌교수로 초빙되었다.

　런던정경대에 부임한 이래 헬드는 놀랄 만한 필력으로 지구화와 전 지구적 거버넌스, 세계정치에 관한 저술을 소나기처럼 내놓고 있다. 지난 몇 년간 출간된 헬드의 저술·편저·공저들은 제목만 열거하기에도 숨이 가쁠 정도다. 이 시기의 대표적인 저작으로 『지구화의 통치』(2002), 『지구화의 교화』(2003), 『지구화하는 세계?』(2004), 『지구화 논쟁』(2005), 『민주주의의 모델 제3개정판』(2006), 『전 지구적 불평등』(2007), 『지구화/반지구화 제2개정판』(2007), 『지구화의 이론』(2007), 『진보적 외교정책』(2007), 『지구화 시대의 문화정치』(2008) 등을 꼽을 수 있다. 현재 헬드 교수는 런던정경대의 전 지구적 거버넌스연구센터의 소장과 데이비드 밀리밴드 기념강좌의 조직위원장을 맡고 있으면서, 지구화와 민주주의의 미래에 관한 국제적 논의를 주도해가고 있다.

인문사회과학을 선도하는 폴리티 출판사

헬드를 거론할 때 빠뜨릴 수 없는 업적이 그의 사업적 이력이다. 헬드는 1984년 기든스, 존 B. 톰슨과 함께 영국 케임브리지에 폴리티(Polity Press)라는 작은 출판사를 차렸다. 정치학, 사회학, 문화연구 분야에서 세계적인 명성을 인정받고 있던 세 사람의 연구자가 의기투합하여 문화사업을 시작했던 것이다. 좋은 원고를 선별하고 편집할 수 있는 지적 역량을 가진 사람들이 직접 책을 내보자는 의도였다고 한다.

작은 사무실에 비서 한 명과 전화 한 대로 출발한 단출한 출판사였지만 폴리티는 창설 당시부터 세 가지 뚜렷한 목표를 가지고 있었다. 첫째, 인문사회과학의 전문출판사를 지향하며 독창적이고 새로운 학문적 성과를 책으로 엮어낸다. 둘째, 현대 유럽대륙의 지적 전통을 영미권 독자에게 소개한다. 그것을 위해 종합적이고 체계적인 번역작업을 수행한다. 셋째, 일반 독자와 학생들을 위해 수준 높으면서도 읽기 쉬운 입문서와 텍스트북을 내놓는다.

폴리티 출판사는 처음부터 출판기획, 필자선정, 원고청탁, 원고편집까지만 자체적으로 맡고 도서제작, 배포판매, 홍보광고, 저작권 사항 등은 외주를 주는 방식을 채택하여 작은 출판사로서 가볍게 운신할 수 있는 체제를 유지하였다. 현재도 폴리티 출판사의 도서제작은 블랙웰 출판사가, 북미 지역의 배포는 미국 스탠포드대학교 출판부가 대행하고 있다.

그동안 폴리티는 창사 때 지향했던 목표치보다 훨씬 더 큰 성과를 낳았다. 예를 들어, 부르디외, 하버마스, 아도르노, 벤야민, 엘리아스, 바우만, 보드리야르, 리오타르, 벡, 루만, 보비오, 바티모, 데리다, 리쾨르 등 유럽대륙의 쟁쟁한 이론가·학자·사상가들이 폴리티를 통해 영미권에 소개되었고, 이것은 이들이 다시 전 세계로 전파되는 데 큰 몫을 했다. 헬드, 기든스, 톰슨의 주 저작들이 모두 폴리티에서 나온 것은 물론이며 영미권 사회과학계의 베스트셀러 교과서들이 폴리티에서 대거 출판되었다. 1989년 초판이 나온 이래 현재 제5개정판까지 나온 기든스의 『사회학』은 전 세계적으로 약 100만 권이 판매된 것으로 추산되며, 한국에도 개정판이 나올 때마다 번역본이 간행되어 전국 여러 대학의 사회학 개론서로 쓰이고 있다.

폴리티는 새로운 학문 경향을 선도하고, 좋은 필진을 발굴하며, 외부인사가 스스로 투고한 원고라 하더라도 되도록 빨리 원고검증을 거쳐 출판 여부를 신속하게 알려주는 발 빠른 대응력으로 유명하다. 창사 25주년을 눈앞에 두고 있는 폴리티 출판사는 이제 세계 유수의 출판사와 어깨를 겨루는 지명도 높은 회사로 성장했고, 특히 인문사회과학 출판계에서는 열 손가락 안에 꼽히는 존재로 확실히 자리매김하였다. 이는 인문학의 위기담론이 팽배해 있는 한국의 출판계에 하나의 교훈이 될 만한 성공사례라 하겠다.

지구화와 전 지구적 거버넌스

헬드는 『전 지구적 변환』에서 지구화를 이해하는 입장으로 과대지구화론, 회의론, 변환론 등이 있다고 분류하면서 지구화를 왜 변환론적 관점에서 이해하는 것이 적절한지를 실증적으로 밝혔다. 지구화는 단순한 직선적 발전논리로 설명할 수 없기 때문이다. 전 지구적 상호연결성의 증가로 인해 수많은 복잡한 관계의 네트워크가 형성되었고 국가공동체를 둘러싸고 탈영토화와 재영토화가 이루어지고 있다. 이런 점에서 지구화는 원거리 권력관계의 구조화 및 재구조화를 의미하는 거대한 역사사회학적 과정이다.

그런데 2001년 9·11사태 이후 지구화에 대한 여러 가지 새로운 형태의 회의론이 대두하였다. 이들 신 회의론자들은 9·11을 계기로 지구화시대가 끝났다고 단언한다. 이들은 지구화 담론 자체가 애초부터 취약한 기반 위에서 형성되었기 때문에 9·11사태와 같은 급변을 맞아 민족주의 담론이 재부상하고, 힘의 정치가 재등장했으며, 지구화론 자체에 대한 강한 반감과 비관론이 출현했다는 급진적 탈지구화론을 개진하였다. 이들의 주장은 얼마나 타당한가?

헬드는 2007년에 출간한 『지구화의 이론』에서 신 회의론은 설익은 이론이라는 입장을 취했다. 현재 전 세계의 경제적 상호의존도는 범위나 강도의 측면에서 10년 전보다 훨씬 더 강고하며, 전 세계의 다양한 사회적 세력들이 여전히 전 지구적으로 상호 연결되어 있다는 것이다. 9·11사태는 그런 추세를 꺾지 못했다. 헬드는 다중적 형태의 지구화가 사회적·제도적으로 여러 방면에 대단히 깊게 침투해 있기 때문에 현재의 국면은 '속속들이 뿌리내린 지구화'로 보는 것이 옳다고 본다.

그렇다면 현재의 지구화를 밀고나가는 힘은 무엇인가? 그것은 여러 가지 힘들의 총합이다. 즉, 전 지구적 커뮤니케이션 기술의 발전, 전 지구적 시장의 형성, 전 세계적 정보확산 시스템, 다국적 기업에 의한 전 지구적 분업체제, 냉전종식과 민주주의 가치 확산, 소비자의식의 제고, 경제조건과 인구구성과 환경훼손으로 인한 이주자의 증가 등이 현재 지구화의 '심층적 추동자들'(deep drivers)이다. 이렇게 볼 때 지구화는 국가와 사회와 정치공동체와 경제를 이해하는 틀 자체를 바꾸는 '심층

헬드는 『전 지구적 변환』에서 지구화를 왜 변환론적 관점에서 이해하는 것이 적절한지를 실증적으로 밝혔다.

적으로 구조화된 과정'인 것이다. 즉, 9·11 이후 일각에서 제기한 지구화 종언론에도 불구하고 지구화 과정은 지금 이 순간에도 다면적이고 다중적으로 이루어지고 있다.

헬드는 지금까지 지구화에 대한 논쟁이 네 가지 상이한 학문적 물결의 형태로 나타났다는 주장을 제기한다. 첫째는 이론적 물결이다. 이론적 물결은 지구화의 개념을 규정하고, 전 세계적 사회변동인 지구화가 초래한 정치 · 경제 · 사회적 동학과 구조적 결과를 주로 다루었다.

둘째는 역사적 물결이다. 이는 지구화에 관한 역사사회학적 접근이라고 할 수 있으며, 현재의 지구화가 지구화의 역사 속에서 어떤 특성과 지위를 가지고 있는지에 대해 관심을 집중한다. '현재의 지구화는 새로운 시대인가?', '그것은 구조적 변환을 초래했는가?', '현재의 지구화가 인류의 해방을 위해 어떤 진보적 가치를 실현할 수 있는가?' 등이 역사적 접근이 제기하는 질문이다.

셋째는 제도적 물결이다. 이 관점은 지구화로 인해 기존의 정치·경제·사회제도와 규칙이 변화했는가, 변화했다면 얼마나 변화했는가를 연구한다. 또한 지구화로 인해 일국적 자본주의, 국가의 구조, 문화활동 등이 전 세계적으로 수렴하게 되었는지 혹은 분기하게 되었는지에 초점을 맞춘다.

넷째, 해체적 물결(deconstructive wave)은 탈구조주의 또는 구성주의적 이론의 영향을 받았다. 이 관점은 지구화를 역사적 과정으로 이해하든 패권적 담론으로 이해하든, 또는 지구화·반지구화·탈지구화 등 어떤 관점에 초점을 맞추든 간에 행위 주체들의 사상·의사소통·서사방식이 중요하다고 본다. 이렇게 본다면 현재의 역사적 국면은 여러 대안적 지구화들이 경쟁하는 '지구화의 충돌' 시대로 이해해야 옳다고 한다.

이러한 중요한 차이에도 불구하고 이론적·역사적·제도적·해체적 물결은 모두 다음과 같은 점에 동의한다. 첫째, 지구화는 특정한 경제적·정치적·사회적 원인으로만 환원시킬 수 없는 복합적이고 총체적인 과정이며 인과론적으로 유의미한 체계적인 특성을 보유하고 있다. 둘째, 지구화 논쟁에 있어 합의가 어려운 이유는 규범적·윤리적 입장 차이가 지구화의 이해에 결정적인 요인으로 작용하기 때문이다. 지구화에 대해 서로 상이한 규범적인 사고와 윤리적 평가가 존재한다. 이러한 입장 차를 좌파나 우파의 차이에서 기인한 것으로 보기보다는 '이념적' 사고와 '탈이념적' 사고의 차이에서 기인한 것으로 보는 것이 더 정확하다. 즉 지구화는 완전히 새로운 사고와 방법론을 요구하는 '새로운 사태'(rerum novarum)인 것이다.

세계주의적 민주주의의 정립

그렇다면 이러한 현대 지구화가 야기하는 각종 문제에 대한 헬드의 처방은 무엇인가? 그것은 한 마디로 초국적·국제적 차원에서 민주주의를 재정립하는 것이다. 여기에서 헬드의 독특한 세계주의적 민주주의(cosmopolitan democracy) 이론이 등장한다. 주지하다시피 민주주의 이론은 전통적으로 국민국가를 중심으로 발전해왔다. 국제적 차원의 민주주의는 잘 해야 자유주의적 국제주의의 규범적 토대 위에 놓여 있었을 뿐이다.

헬드는 국제관계 전문가가 아닌 정치학자로서 국제관계론에서 발전된 자유주의적·제도주의적 국제질서를 넘어 새로운 형태의 민주주의 이론을 제출해왔다. 헬드는 이것을 '세계주의적 기획'이라고 부른다. 이것은 현재 "민주적 통제의 외곽에서 작동 중인 권력의 소재지와 권력형태에 책무성을 부여할 수 있는 원칙과 제도를 규정"하는 목적을 갖고 있다.

우선 세계주의는 시민 한 사람 한 사람을 중시한다. 시민들의 중재 역할이 있어야 초국적 민주주의가 작동할 수 있다는 것이다. 시민들이 타인의 시각으로 사고할 줄 알게 될 때 중첩되는 운명공동체를 만드는 초경계적 이슈를 공평하게 해결할 수 있게 된다. 세계주의적 민주공동체는 시민들이 다중적 시민자격과 권리를 향유할 수 있는 세계의 청사진을 제시할 수 있는 공동체다. 시민들은 일국의 시민일 뿐만 아니라 자신의 대륙과 세계적 질서의 일원이라는 자각을 가져야 한다.

이런 관점에서 본다면 세계주의적 민주주의는 '이중적 민주화 과정'으로 이해될 수 있다. 그것은 한 국가 내의 민주주의와 초국경적 민주주의를 동시에 심화시키는 것이다. 이를 위해 전통적인 정치경계인 국가와 국가를 가로지르는 민주주의의 의식과 실천이 필요하다. 어떤 문제는 여전히 자치정부와 국민국가의 책임 아래 남아 있어야겠지만, 영역에 따라서는 새로운 초국적 제도와 기구의 책임 아래 해결되어야 할 문제도 있을 수 있다. 예를 들어 환경문제, 전 지구적 안보, 세계적 보건·의료문제, 국제적 경제활동 규제 등이 후자에 속할 것이다. 이것을 위해 우리는 정치적 상상력을 발휘할 필요가 있으며 유럽연합은 이러한 상상력의 구체적인 사례를 제공해준다. 그러므로 우리가 금과옥조처럼 다루는 여러 정치적 조건, 전제, 원칙들을 새롭게 사고하고 새롭게 주조할 (re-casting) 필요가 있다.

이러한 정치공동체의 새로운 디자인을 위해 NGO를 비롯한 각종 비국가행위자의 역할을 전향적으로 인정해야 한다. 이들이 초국적 민주주의 체제 내에서 실질적인 의사결정권을 가질 수 있어야 하며, 전 지구적인 사회방어 제도로 초국적 자본을 통제할 수 있어야 하겠다. 단기적으로는 유엔안전보장이사회에 개도국을 포함시키고 유엔총회에 양원제를 도입하며, 정치적 지역화 강화를 위해 초국적 시민투표제를 도입하는 것을 생각할 수 있겠다. 국제인권 향상을 위해 초국적 사법기능을 도입하고, 경제활동의 민주화를 위해 유엔 차원의 규제메커니즘을 창안하며, 전 지구적 수준에서의 사회정책을 시행해야 한다. 이는 전 지구적 사회민주주의의 이념과 맥을 같이 하는 관점이다. 장기적으로는 정치·사회·경제 영역에서 전 지구적 권리헌장을 채택하고, 전 지구적 의회를 창설하며, 국가의 통제와 무관한 지구시민사회 활동을 장려해야만 할 것이다. 요컨대 세계주의적 해법은 지구화라는 문명사적인 도전을 감당하면서 그것을 동시에 극복하려는 지성적·정치적 기획이라 할 수 있다.

헬드의 세계주의적 민주주의 이론은 네오 칸트적 보편주의를 기반으로 하여 일국주의적 정치기획과 국제주의적 정치기획, 그리고 완전한 의미에서의 세계정부 기획을 모두 초월하는 새로운 형태의 민주주의 이론이다. 즉 정치적 보편주의로써 경제 지구화를 통제할 수 있는 방안을 제시하는 이론인 것이다. 지구화 시대에 시대착오적인 일국주의, 그리고 비현실적인 국제주의의 기획을 모두 극복하려는 야심찬 시도라고 할수 있다. 그런 의미에서 어떤 평자는 세계주의적 민주주의 기획을 '현실적 유토피아' 사상이라고 말하기도 한다.

헬드의 세계주의적 민주주의 이론이 제시하는 규범적 이상과 논리적정합성이 얼마나 설득력이 있는가 하는 점은 논외로 하더라도, 그것이국민국가 중심의 구질서와 신자유주의적 탈국가주의의 신질서가 야기하는 문제점을 동시에 해결하려는 미래지향적 방안이라는 점에는 이론의 여지가 없다. 바로 이 때문에 헬드가 주창하고 있는 세계주의적 기획그리고 방법론적 세계주의(methodological cosmopolitanism)가 21세기 사회과학의 새로운 지평을 열고 있다고 말할 수 있다. 이는 동아시아의 민주적 질서를 희구하는 우리에게도 의미심장한 지성적·정치적 자극을 제공해준다고 하겠다.

조효제 성공회대학교 사회과학부 겸 NGO대학원 교수이다. 저서로『인권의 문법』『Human Rights and Civic Activism in Korea』가, 역서로『직접행동』『세계인권사상사』『전 지구적 변환』『지구시민사회』등이 있다. 옥스퍼드대학교 비교사회학 석사, 런던정경대학교(LSE) 사회정책학 박사이며 하버드대학교 인권펠로우를 역임했다.

시민사회의 이론과 현실
우리는 지구시민사회를 꿈꾼다

조효제
성공회대 교수 · 사회과학부 겸 NGO대학원

지구시민사회의 실천적 연구자, 헬무트 안하이어

오늘날 전 세계에서 시민사회와 NGO 영역의 가장 뛰어난 이론가이자 연구가를 꼽자면 존 킨(John Keane)과 함께 헬무트 안하이어(Helmut Anheier)를 들 수 있을 것이다. 이들 중 안하이어는 북미와 유럽의 학풍을 넘나들며 지난 10여 년간 연구 분야를 꾸준히 넓혀왔다는 점에서 더욱 폭넓은 시민사회 연구자로 보는 사람들이 많다. 실제로 안하이어의 학문적 관심은 기부문화와 지구시민사회, 선진국과 개발도상국을 동시에 아우르는 전 방위적 특징을 보여주고 있다. 지금까지 안하이어가 실증적인 연구를 한 나라가 거의 50개 국에 달하는 것만 보더라도 그의 지적 조망이 얼마나 글로벌한지를 알 수 있을 것이다. 그는 조직론과 정책 분석, 시민사회, 비영리섹터, 비교 사회연구방법론 등 공공정책 분야에 밝은 실천적 연구자이기도 하다. 이 때문에 세계적인 사회학자 앤서니 기든스(Anthony Giddens)는 안하이어를 '응용 사회과학의 모범적인 학자'라고 극찬하기도 하였다.

1954년생인 안하이어는 미국의 예일대학에서 사회학으로 박사학위

" 안하이어는 지구시민사회가 불균질하고
불완전하긴 하지만 현재 새롭게
떠오르고 있는 지구적 현실이라고
결론짓는다. 또한 이러한 지구시민사회는
그 과정에 참여하는 모든 행위자의
역량에 따라 그 윤곽과 궤적이
결정되는 가변적인 것이다.
지구시민사회의 형성을 통해 인류는
국민국가 시대를 초월하여 진정한
의미의 세계시민의 공간을
창조할 수 있을 것이다. "

▶ 헬무트 안하이어

를 받았고 학계에 발을 들여놓기 전에 유엔의 사회문제 담당관을 지낸
경력이 있다. 이러한 국제 행정관료의 경험이 그를 지리적으로 넓은 관
심분야와 구체적인 정책연구에 밝은 학자로 만들었다고 생각된다. 학위
를 받은 후 예일대학에서 잠깐 교편을 잡았고 독일의 쾰른대학과 베를
린의 사회과학연구소에서 연구활동을 벌였다. 안하이어는 그후 미국의
럿거스대학에서 사회학을 강의하면서 같은 대학 사회조사센터의 소장
을 지냈다.

　하지만 안하이어의 학문적 명성이 전 세계에 알려지게 된 것은 존스
홉킨스대학의 정책학연구소 선임연구원으로서 레스터 샐러먼(Lester
Salamon)과 공동 연구를 진행하면서부터이다. 이때 안하이어는 '존스
홉킨스 비영리섹터 비교연구 프로젝트'(Johns Hopkins Comparative
Nonprofit Sector Project)로 알려진 대규모 국제연구 사업을 진행하면
서 그 전까지만 해도 거의 불모지에 가까웠던 비영리섹터의 실증적인
연구에서 새로운 차원을 개척하였다.

　이 당시 샐러먼과 함께 존스홉킨스 프로젝트를 추진하면서 내놓은 연

구 실적 중 대표적인 것을 들어보면 1997년의 『비영리섹터의 국가간 분석』(*Defining the Nonprofit Sector: A Cross-national Analysis*)과 1998년에 간행된 『개발도상권의 비영리섹터 비교연구』(*The Nonprofit Sector in the Developing World: A Comparative Analysis*)가 있다. 이때 개발된 비영리섹터 분석틀은 그후 여러 나라의 사례 연구를 위한 시금석이 되었고 각국별 비영리섹터 연구의 자극제가 되었다.

또한 안하이어는 샐러먼, 제레미 캔덜(Jeremy Kendall) 등과 함께 비영리섹터 전문학술지인 『볼룬타스』(*Voluntas*)를 창간했다. 볼룬타스는 오늘날 비영리섹터·시민사회·NGO 분야에서 중요한 학술지로 손꼽히고 있다. 학문적 절정기에서 명성을 떨치던 안하이어는 1998년 영국의 런던정경대학(LSE) 사회정책학과 부설 시민사회연구소(Centre for Civil Society)의 초대소장에 취임했다. 런던정경대학이 기존에 활동 중이던 자발조직연구소(Centre for Voluntary Organizations)를 시민사회연구소로 확대 개편하면서 안하이어를 소장으로 초빙한 것이다. 이것은 안하이어 개인적으로 활동반경의 확장이라는 의미뿐만 아니라, 미국형 비영리섹터 담론과 유럽형 자발섹터 담론, 그리고 시민사회 담론의 조우라는 면에서 학계에서도 상징적인 사건이었다.

안하이어는 시민사회연구소에 재직하면서 같은 대학의 전 지구적 거버넌스 연구소(Centre for the Study of Global Governance)와 함께 2001년부터 『지구시민사회 연감』(*Global Civil Society Yearbook*)을 펴내기 시작했다. 그후 안하이어는 캘리포니아대학(UCLA) 공공정책대학원의 교수로 재직하면서 런던정경대학의 백주년 석좌교수를 겸임하고 있다. 현재 안하이어 교수는 UCLA 부설 시민사회연구소(Center for Civil Society) 그리고 지구화정책연구센터(Center for Globalization and Policy Research)의 소장이기도 한다. 아래에서는 안하이어 교수의 최근 학문적 관심을 크게 네 분야로 나누어서 간략하게 소개하고자 한다.

『시민사회저널』의 간행

안하이어는 위에서 설명한『볼룬타스』저널을 창간한 이래 비영리섹터를 넘어 시민사회론을 지구화·민주화·지역 연구의 전통과 접목할 수 있는 방법을 모색해왔다. 그러한 모색의 결실이 구체적으로 표현된 것이『시민사회저널』(*Journal of Civil Society*)이다. 안하이어가 책임편집인을 맡은『시민사회저널』은 2005년 5월 창간호가 나왔고, 현재 연 3회 발간되고 있다. 편집진에는 기든스, 메어리 칼도어, 벤자민 바버, 크레이그 칼훈, 진 코언, 래리 다이어먼드, 마이클 에드워즈, 스테판 퇴플러, 존 킨 등 학계의 쟁쟁한 인물들이 참여하고 있다.

『시민사회저널』은 전통적으로 비영리섹터 연구가 치중하던 조직·자원·구조·거버넌스·인적 동원 등의 영역을 훨씬 뛰어넘어 시민사회를 역사적·지리적 맥락에서 거시적으로 이해하려고 한다. 따라서 세계 각 지역의 시민사회를 대륙·국가·지역사회의 차원에서 상세하게 연구하고, 비교연구를 통해 다양한 시민사회의 특징·표현형·함의·영향력을 탐색한다. 또한 거버넌스와 지구화, 사회운동, 사회자본, 사회정의, 사회적 불평등에 대해 시민사회가 어떠한 변수로 작용하는지를 고찰하는 것도 이 저널의 목표이다.

『시민사회저널』이 창간된 후 전 세계 시민사회 연구는 과거의 행정학·경영학적 비영리섹터 연구와 사회학적 개념으로서의 시민사회 연구가 수렴되는 경향을 보이기 시작했다. 예를 들어, 개도국의 근대화 과정에 시민사회의 참여가 어떤 역할을 하는지, 특정 국가의 시민사회운동이 어떤 이념과 형태로 기능하고 있는지, 자본과 기업과 시민사회가 동반자 관계를 유지하는지 아니면 후견인 관계로서 지배-종속의 권력 관계를 유지하는지, 국제 NGO의 출현으로 국제관계이론보다 전 지구적 거버넌스이론이 왜 더 적절한 이론틀로 부상되고 있는지 등 다양한 학제간 연구가 본격적으로 등장한 것이다.

『시민사회저널』은 전통적으로 비영리섹터 연구가 치중하던 조직 · 자원 · 구조 · 거버넌스 · 인적 동원 등의 영역을 훨씬 뛰어넘어 시민사회를 역사적 · 지리적 맥락에서 거시적으로 이해하려고 한다.

안하이어는 『시민사회저널』을 전 세계 시민사회 연구의 중심적 매체로 이끌면서 그것을 통해 시민사회를 21세기의 새로운 이념으로 명실공히 자리매김하겠다는 실천적 포부도 숨기지 않고 있다. 20세기 후반부에 급부상한 시민사회론이 하나의 섹터적 분석대상이 아니라 고유한 내적 논리와 변혁의 잠재력을 지닌 이념으로 승화될 수 있을지는 대단히 중요한 문제가 아닐 수 없다.

비영리섹터 · 자선 · 재단

비영리섹터란 무엇인가? 지난 30년간 전 세계적으로 비영리조직(Non-profit Organization)이 급증하였다. 그것의 형태가 자선단체이든, 공익단체이든, 재단이든, 비정부기구(NGO)이든 간에 비영리섹터를 이해하지 않고서는 현재 전 지구적으로 일어나고 있는 거대한 정치적 · 사회적 변환의 의미를 제대로 포착할 수 없다. 한마디로 비영리섹

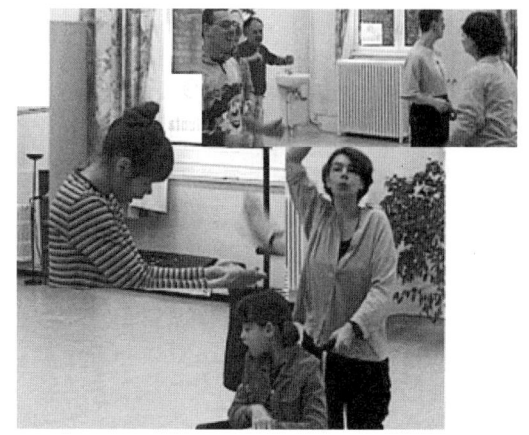

기본적 공공 인프라 제공부
터, 구호제공과 인권증진에
이르기까지 비영리섹터의
역할은 다양하다.

터는 이제 정치·경제·사회적 변화과정에서 점점 더 핵심적 역할을 수
행하고 있는 것이다.

비영리섹터의 역할은 실로 다양하다. 대의민주주의 정치의 활성화와
정상적 시장기능 수행을 위한 기본적 공공 인프라 제공으로부터, 구호
제공과 인권 증진에 이르기까지 비영리섹터가 수행하는 역할은 극히 다
변화되어 있다. 이들 활동을 개념적으로 이해하면 우선 국가가 할 수 없
는 일을 감시하고(monitoring), 국가가 하기 싫어하는 일을 주창하며
(advocacy), 국가에게 미진한 부분을 혁신하고(innovation), 국가가
필요성을 인정하면서도 할 여력이 없는 부분에 서비스를 제공(service
provision)하며, 마지막으로 국가의 활동에 정당성을 부여하는(legitima-
tion) 일을 한다.

비영리섹터가 이렇게 중요한 역할을 수행하고 있음에도 불구하고 그
것을 이해할 수 있는 정교한 이론틀은 개발되어 있지 않았고, 그것에 대
한 실증적인 연구도 전무한 형편이었다. 이러한 배경 속에서 안하이어
는 샐러먼과 함께 비영리섹터의 국제적 비교연구에 착수했던 것이다.
그 결과 그들은 각국마다 비영리섹터의 고유한 특성, 그리고 공통적 특성이 공존하고 있음을 밝혀내었다.

비영리섹터는 나라별 정치 발전의 궤적, 사회적 참여의 유형, 종교의 역할, 복지국가의 발전 양상, '신뢰'(trust)를 포함한 사회적 자본의 형성 정도 등에 따라 다양한 모습을 보인다. 일례로 비영리섹터의 중요한 행위자인 재단(foundations)만 하더라도 프랑스에는 의료기관, 아일랜드에는 공공주택조합, 네덜란드에는 국제구호기관, 스페인에는 문화재단이 각각 발전하는 특징을 보인다.

안하이어는 비영리섹터의 특징을 확인하고 분류하는 데에서 그치지 않고 비영리섹터와 국가 및 시장과의 관계에서 다음과 같은 근본적인 질문을 제기한다. 첫째, 누가 자원의 사용을 결정할 것인가? 자원과 부의 활용과 분배를 개개인에게 허락할 수 있는가? 아니면 국가가 자원 사용의 최종 결정권을 가져야 하는가? 둘째, 누가 공공재의 생산과 수행을 맡아야 하는가? 사회보장이나 복지·교육·문화 등의 영역에서 정부가 더 이상 공공재의 생산과 관리에 일차적인 책임을 지지 않는다면 공익을 위한 활동의 정당성을 누가 보장할 수 있는가? 셋째, 비영리섹터가 어느 정도나 정치적 의제에 영향력을 가할 수 있는가? 만일 비영리섹터의 공공정책 참여가 늘어난다면 그들이 정치적 책무성을 어느 정도나 질 수 있는가? 이 같은 질문은 모든 시민사회 활동의 궁극적인 정당성을 묻는 질문으로서 현실적으로나 학술적으로 가치가 크다고 하겠다.

최근 안하이어는 '창의적 자선'(creative philanthropy)이라는 개념을 선보이면서 각종 사적 자선행위에 참여하는 재단을 현대사회의 중핵적인 제도로 파악하고 있다. 안하이어는 각종 재단이 국가와 시장을 뛰어넘는 영향력과 사회 변화의 추동력을 제공하면서 새로운 도전과 가능성과 긴장을 자아내고 있다고 본다. 그러므로 이러한 잠재력을 감안할 때 이제 '재단이 좋은 일을 하는 제도인가?'라는 질문을 할 게 아니라 '현 상황에서 재단이 최고의 역량의 발휘할 수 있는가?'라는 질문을 해야 한다고 주장한다.

그와 동시에 안하이어는 '빌 게이츠나 워렌 버펫과 같은 재력가들이 왜 재단을 통해 새로운 형태의 자선기업적 활동을 하는가?' 특히 '왜 현대적 재단의 활동에서 창의적 자선 개념이 중요한가?' 그리고 '창의적 자선을 위해 어떤 경영기법을 재단이 도입해야 하는가?' 그리고 '창의적 자선이 기존의 국가를 통한 사회문제 해결책과 시장을 통한 사회문제 해결책을 넘어서는 어떤 비교우위를 보유하고 있는가?' 하는 점을 묻고 있다. 한국사회에서도 기업과 재벌의 사회공헌, 재단 설립, 기업 사회책임 경영이 시대적 대세로 부상하면서 다양한 해석과 가능성, 문제점을 동시에 낳고 있다. 이런 추세 속에서 안하이어의 비영리섹터 연구는 극히 중요한 이론적 분석틀이자 실증적 연구의 지침이 될 수 있을 것으로 보인다.

시민사회의 실증적 연구

비영리섹터 담론이 경제적 생산과정의 관점을 강조한다면 시민사회 담론은 정치적 관점에서 개인의 자율적 영역에 더 초점을 두는 입장이다. 안하이어는 비영리섹터의 연구에서 한걸음 더 나아가 시민사회(civil society)의 발전을 직접 측정할 수 있는 실증적 연구에 진력하였다. 이 연구는 시민사회지표(Civil Society Index)라는 개념으로 집대성되었고, 시민사회 발전의 인프라를 지원하는 전문 NGO인 시비쿠스(CIVICUS)가 이 개념을 적극적으로 받아들여 각국에 활발하게 전파했다. 한국에서는 성공회대학교 NGO대학원이 아시아 5개국을 대상으로, 한양대학교 제3섹터연구소가 한국사회를 대상으로 시민사회지표 연구를 진행한 바 있다.

그렇다면 어떻게 시민사회의 존재와 성숙도를 구체적으로 확인할 수 있는가? 안하이어는 시민사회는 구조(Structure), 공간(Space), 가치

세계적인 NGO 시
비쿠스는 시민사회
지표 개념을 적극적
으로 받아들여 전파
하고 있다.

(Value), 영향력(Impact)의 네 가지 요소를 가진다고 본다. 이 4대 요
소를 모두 고려해야 시민사회의 전모를 그려낼 수 있다고 보는 것이다.
시민사회의 '구조'는 시민들이 시민사회단체에 가입하는 양상, 시민의
참여 정도, 시민사회단체의 분포, 시민사회단체의 연대체 구성, 그리고
시민사회단체의 물적 자원 조달 등을 들 수 있다. 시민사회의 '공간'은
시민사회단체 활동이 다루는 법률과 규제, 정부와의 관계, 시민활동에
대한 사회문화적 규범 등으로 이루어진다. 시민사회의 '가치'는 시민사
회가 지향하는 정신으로서 관용 · 인권 · 성적 평등 · 지속가능한 발전 ·
사회정의에 대한 관심을 뜻한다. 더 나아가 시민사회단체의 투명성과
책무성, 내부 민주주의 등도 시민사회의 가치가 시민사회단체 내에서
체현되고 있는지를 알아볼 수 있는 항목이다. 마지막으로 시민사회의
'영향력'은 공공정책 과정에 참여하는 정도, 소외계층의 대변 능력, 시

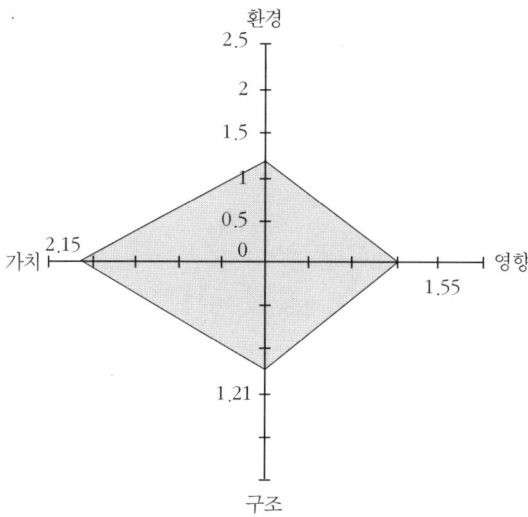

시민사회지표로 측정한 한국의 시민사회 다이아몬드. ⓒ 한양대학교 제3섹터 연구소

민사회단체 활동의 효과성 등으로 이루어진다.

시민사회지표의 중요성은 이것을 통해서 그 사회 내의 시민사회가 총체적으로 발달해 있는 양상을 확인할 수 있고, 그것을 시각적으로 좌표상에 드러낼 수 있다는 점이다. 4대 요소를 x, y축에 각각 표시하여 점수화하면 이른바 시민사회 다이아몬드를 그릴 수 있다. 이 다이아몬드의 모양에 따라 어느 요소가 가장 발전했고 어느 요소가 가장 발육미달인지를 쉽게 찾을 수 있다. 그리고 다이아몬드의 형태와 유형에 따라 그 시민사회의 강점과 약점을 지적할 수 있고, 어느 요소를 발전시킬지에 관해 시민사회단체들의 토론과 행동계획(Action Plan) 작성이 가능하다.

시민사회지표는 지표 작성 참여자들의 인지적 · 주관적 판단에 의한 수량화이므로 국가간 단순 비교가 어렵고, 참여자의 시민사회 관점에 따라 큰 차이가 날 수도 있다는 한계가 지적된다. 그러나 기존의 시민사회론이 시민사회에 규범적·당위적으로 접근하는 방식이었다면, 시민사회지표 방식은 시민사회를 실증적으로 입증하고 구체적으로 발전시킬 수 있는 프로그램적 가치를 갖고 있다는 평가를 내릴 수 있다.

지구시민사회론

안하이어가 런던정경대학에 부임한 후 야심적으로 추진한 기획이 바로 『지구시민사회 연감』의 발행이었다. 이는 그의 연구 범위가 진정한 의미에서 글로벌한 관점을 띠게 되었다고 볼 수 있는 일이며, 일국적 (national) 시민사회론에서 초국적(transnational) 시민사회론으로 시민사회 담론이 발전해나가는 경향을 선도하고 있다는 의미를 부여할 수도 있다. 2001년부터 시작하여 매년 가을 출판되는 『지구시민사회 연감』은 이 방면의 필수자료로 이미 유엔의 인간개발보고서(Human Development Report)에 비견될 만한 반향을 얻고 있다.

지구시민사회(Global Civil Society)는 여러 가지 방식으로 이해된다. 이를 시애틀이나 프라하의 시위대 또는 초국적 기업에 대항하는 NGO들의 행동으로 해석하는 사람들이 있다. 즉 지구적 자본주의의 대항세력으로 보는 것이다. 또한 이 말을 여러 나라에 걸쳐 있는 전문직 결사체, 소비자단체, 이익집단의 증가로 보는 입장도 있다. 아니면 국제아동구호기금(Save the Children) 또는 국경없는의사회(Médécins sans Frontières)와 같은 그룹이 인도적 지원을 하는 활동으로 파악하는 사람들도 있다. 마지막으로 이를 그저 인터넷상의 평화·환경·인권 운동가들의 네트워크나 유학생 커뮤니티, 지구적 미디어와 같은 시민의 연결성 증가로 보는 관점도 있다.

그 관점이 무엇이건 간에 지구시민사회 개념은 일국적·지역적·지방적 사회를 초월한 사회적 영역, 즉 지구적 차원에서의 시민사회의 존재를 가정한다. 그렇게 가정할 수 있는 근거가 있는가? 안하이어는 '지구시민사회'라는 용어의 확산이 사회 저변의 현실을 반영한다고 믿는다. 또한 지구시민사회는 지구화의 직접적 결과로서 출현한 안티테제이자 보완적 형태의 사회적 구성물이라는 것이다. 안하이어는 이 점을 입증하기 위해 지구적 차원의 데이터 소스를 다음과 같이 나누었다. 국제 NGO에 관한 데이터, 병행회의(Parallel conference)에 관한 데이터, 지구시민사회의 연대기, 그리고 질적인 정보 등이 그것이다.

안하이어는 지구시민사회라는 신개념을 입증하기 위한 과제로서 세 가지 점을 지적한다. 첫째, 지구시민사회의 분석 단위는 무엇이며, 그 중심적인 측면을 파악하고 측정하기 위해 개념적·경험적 한계를 어떻게 설정할 것인가? 지구시민사회 개념이 '전 지구화', '정보사회', '사회자본', '제3부문' 및 '사회운동'과 같이 사회과학에서 근접한 통념과 용어들에 어떻게 연결되어 있는가? 둘째, 지구시민사회의 중심적인 측면을 묘사하는 데 적합한 최상의 실제적 지표와 측정치들은 어떤 것인가? 셋째, 지구시민사회를 입증할 수 있는 자료 범위와 가용성은 무엇인가?

그리고 이 문제의 답변을 위해 안하이어는 네 가지 가정을 세운다. 지구시민사회에 대한 어떤 측정도 측정하고자 하는 개념의 풍부함, 다양성 및 복잡성보다 더 단순하고 덜 완전할 것이라는 것이 첫째 가정이다. 두 번째 가정은 지구시민사회는 다면적으로 출현하는 현상이고 그것의 조작화에는 이러한 본질적 특성이 고려되어야 한다는 것이다. 다음으로 지구시민사회는 본질적으로 규범적인 개념이라는 것이 세 번째 가정이다. 즉, 지구시민사회는 가치로부터 자유로운 개념이 아니라 좀더 인간적이고 포괄적인 세계에 대한 규범적인 기대와 윤리적 동의의 가능성에 의존한다. 마지막 가정은 지구시민사회의 조작화와 측정에는 전략적인 발전의 차원이 있다는 것이다.

이러한 가정 설정을 통해 안하이어는 지구시민사회가 불균질하고 불

Global Civil Society 2007/8
COMMUNICATIVE POWER AND DEMOCRACY

『지구시민사회 연감』의 발행은 헬드가 야심적으로 추진한 기획으로, 유엔의 인간개발보고서에 비견될 만한 반향을 얻고 있다.

완전하긴 하지만 현재 새롭게 떠오르고 있는 지구적 현실이라고 결론짓는다. 또한 이러한 지구시민사회는 그 과정에 참여하는 모든 행위자의 역량에 따라 그 윤곽과 궤적이 결정되는 가변적인 것이다. 지구시민사회의 형성을 통해 인류는 국민국가 시대를 초월하여 진정한 의미의 세계시민의 공간을 창조할 수 있을 것이다.

최근 안하이어는 지구화로 인한 문화 변동에까지 관심을 확장하여 지구화가 정치문화 · 예술전승 · 문화산업에 미치는 영향과 그것의 시민사회적 함의를 추적하고 있다. 그것을 위해 각종 문화적 지표를 고안하고, 이것을 통해 전 지구적 문화들의 열린 교류, 상호학습, 상호이해가 전 세계적 평화와 안전보장의 열쇠가 될 수 있음을 시사하고 있다.

지금까지 본 것처럼 안하이어의 연구는 비영리섹터의 실증적 규명으로부터 출발하여 시민사회의 연구로, 그리고 지구시민사회의 탐색으로 그 외연을 넓혀왔다. 최근 그는 국제 NGO의 활동을 전 지구적 문제의

사적 규제(private regulation) 경향으로 보면서 그것의 함의를 추적하고 있으며, 지구시민사회가 지구화 경향의 '교화'를 이끌어갈 새로운 변화의 힘이 될 수 있는지를 모색하고 있다. 안하이어의 연구는 점점 더 중요성을 더해가는 시민사회의 역할과 연관되어 많은 사람들의 주목을 받고 있다. 그가 제기한 문제의식은 이미 확실한 학문적 토대를 구축했고, 그가 설정한 분석틀은 시민사회의 연구에 있어 앞으로 최소한 한 세대 정도는 그 영향력이 지속될 것으로 보인다.

조효제 성공회대학교 사회과학부 겸 NGO대학원 교수이다. 저서로 『인권의 문법』 『Human Rights and Civic Activism in Korea』가, 역서로 『직접행동』 『세계인권사상사』 『전 지구적 변환』 『지구시민사회』 등이 있다. 옥스퍼드대학교 비교사회학 석사, 런던정경대학교(LSE) 사회정책학 박사이며 하버드대학교 인권펠로우를 역임했다.

현대세계의 문화 현상

탈지역화가 새로운 지역화를 만든다

오명석
서울대 교수 · 문화인류학

세계화에 대한 아파두라이의 접근

인도 출신의 인류학자로 현재 시카고대학 교수인 아르준 아파두라이
(Arjun Appadurai)는 세계화 과정의 문화적 역동성에 주목하면서 탈
국가론을 제시한 학자로 잘 알려져 있다. 그는 세계화 과정이 국제자본
의 이동이나 국제기구의 형성과 같은 경제적 · 정치적인 측면뿐 아니라,
이미지와 '상상'이 국가의 경계를 넘나들며 새로운 정체성을 형성하고
일상적 삶을 변화시키는 문화적 측면을 지니고 있음에 주목하였다. 그
는 근대 이후 사람들의 삶에 막대한 영향을 미쳐왔던 국민국가(nation-
state)라는 제도적 · 관념적 틀이 현재 심각한 위기에 처해 있다고 진단
하면서, 현대 세계의 특징을 '지구적 현대'(global modern)라는 개념
을 통해 이해할 것을 제안한다.

세계화 과정에 대한 아파두라이의 접근방식은 문화적 또는 국가적 경
계를 넘어서서 움직이는 다양한 흐름의 성격과 관계를 파악하는 것으
로, 이러한 흐름을 다섯 가지의 영역으로 구분하여 제시하고 있다. 첫
째, 민족지형(ethnoscapes) 둘째, 기술지형(technoscapes) 셋째, 금

> 아파두라이는 세계화를 중심국의 문화가 주변국으로 일방적으로 확산되는 과정이 아니고, 다양한 지역과 국가, 그리고 초국가적 조직 사이의 상호작용을 수반하는 과정으로 파악한다. 그는 초국가적인 연대와 거버넌스가 앞으로 더욱 중요한 역할을 수행할 것으로 기대하고 있다.

▲ 아르준 아파두라이

융지형(financescapes) 넷째, 미디어지형(mediascapes) 다섯째, 이념지형(ideoscapes)이 그것이다.

여기서 '–지형'(地形, -scape)이란 접미사가 사용된 의도는 이들 영역이 고정된 모습을 띠는 것이 아니고, 다양한 주체들의 행위에 의해 변모하는 유동적인 양태를 갖고 있음을 지적하기 위한 것이다. 위에서 제시한 다섯 가지의 지형은 각각 사람, 기술, 자본, 이미지와 정보, 정치적 이념들이 끊임없이 움직이며 그 관계가 변화하는 영역을 가리킨다. 예를 들어, 민족지형은 관광객 · 이민자 · 망명객 · 피난민 · 이주노동자들의 이동에 의해 인구의 구성과 관계가 변화하는 지형이다.

아파두라이는 오늘날의 지구적 흐름(global flow)이 이들 지형 간에 괴리가 심화되는 상황에서 이루어진다는 점에서 과거와는 구분되는 특징적인 모습을 찾고 있다. 이러한 괴리는 사람 · 기술 · 자본 · 이미지와 이념의 흐름이 각각 서로 다른 속도와 상이한 기원과 종착점을 갖는 이질적인 궤적을 보이는 데에서 발생한다. 다양한 흐름들 간의 괴리와 착종을 수반하는 세계화는 따라서 일부 학자들이 주장하듯이 문화적 동질화의 과정이 아니며, 매우 복잡한 양상으로 나타나게 된다.

아파두라이는 세계화시대의 문화적 역동성과 관련하여 상상의 역할을 강조한다. 그에 의하면 상상은 현대 세계에서 중요한 사회적 힘으로 작동하며, 현대적 주체성을 구성하는 요소이다. 앤더슨(B. Anderson)이 현대 국가를 '상상의 정치공동체'로 규정하였던 논리를 확대하면서, 아파두라이는 상상이 현대적 국민국가에 대한 대안을 창출하는 새로운 통로가 되고 있음을 주장한다.

현대 사회에서의 상상은 대중매체를 통해 유통되는 이미지와 정보, 상품의 소비를 통해 체득되는 취향, 스타일, 정서를 통해 형성되며, 전 세계 사람들의 일상적 삶의 일부가 되고 있다는 점에서 더욱 광범위한 영향력을 갖는다.

대중문화는 실천적 기반이다

대중문화는 현실로부터의 탈출이라는 환상을 불러일으킨다고 주장하는 프랑크푸르트학파를 위시한 마르크스주의 문화비판가의 입장과 거리를 두면서, 아파두라이는 대중문화에 의해 촉발된 대중적 상상이 환상과는 달리 구체적 일상을 변화시키는 새로운 실천을 가능케 하는 기반이 된다는 점에서 긍정적 평가를 내리고 있다. 또한 이러한 상상의 공유에 의해 형성되는 집단의식은 초국가적 또는 탈국가적 성격을 갖는 것으로 국민국가의 구속을 벗어나서 좀더 코즈모폴리턴적인 세계를 만드는 데 기여할 수 있다는 것이다.

현대 세계에서 상상이 작동하는 방식과 관련하여 아파두라이가 특히 주목하고 있는 현상은 대중매체의 급격한 발전과 디아스포라(diaspora: 이민자, 망명객, 피난민, 이주노동자 등) 집단의 규모가 전세계적으로 확대되고 있다는 것이다. 앞에서 제시한 다섯 가지 지형 중 미디어지형과 민족지형에서 발생하는 변화라고 할 수 있는데, 그가 이 현상을 중요

인제대학부설 국제올림픽문화교류연구소 학술대회에 참여한 아파두라이.

시하는 이유는 양자 모두 국가의 경계를 넘어서서 '탈지역화된 문화'(deterritorialized culture)를 유통시키고 매개하는 데 주요한 기제가 되고 있다는 점에서이다. 대중매체는 인쇄매체로부터 전자매체(텔레비전, 영화, 인터넷)에 이르기까지 다양한 방식에 의해서 전 세계의 일반 대중에게 공통된 이미지와 이야기의 레퍼토리를 제공하며, 이들의 취향, 정서, 스타일, 꿈을 형성하고 변화시키는 데 주요한 수단이 되고 있다. 전자매체는 기존의 미디어 영역에 혁신적인 방법을 도입함으로써 시공간의 장벽을 뛰어넘어 사람들이 자신과 세계를 상상하는 방식에 강력한 영향력을 미치는 것으로 오늘날의 세계화 과정에서 특히 주목하여야 할 현상으로 다루고 있다.

아파두라이는 대중매체가 현대 세계에서 갖는 막강한 영향력을 인정하면서도, 그 효과는 단순하지도 일방적이지도 않음을 강조한다. 즉 대중매체의 소비자인 일반 대중이 그것에 의해 전달되는 이미지를 그대로 받아들이는 수동적인 수용자가 아니라, 그러한 이미지와 현실 사이에 내재되어 있는 괴리와 모순을 읽고, 때론 이를 바탕으로 저항적 이미지를 창조하는 주체적인 수용자라는 것이다. 현대 세계에서 대중적 상상이 현실 세계를 변화시키는 데 긍정적인 역할을 수행할 수 있다는 아파두라이의 주장은 바로 이러한 가능성을 인정하는 데에서 비롯된다.

아파두라이에 의하면 경제적 또는 정치적 이유로 조국을 떠나 다른 나라에 정착한 디아스포라 집단은 대중매체의 발전과 상호연관되면서 세계화시대의 문화적 역동성에 중요한 주체로 등장하고 있다. 이들은 대중매체에 의해 유통되는 이미지와 감각을 소비하는 탈지역화된 수용자라고 할 수 있다.

필라델피아의 한국인들이 위성중계를 통해 1988년 서울 올림픽을 시청하고, 시카고의 파키스탄 택시 운전사가 이란의 이슬람 사원에서 녹음한 설교 오디오 테이프를 듣는 현상은 대중매체에 의한 이미지와 정보의 유통이 중심국에서 주변국으로 일방적으로 움직이는 것이 아니고 그 역이 될 수도 있으며, 여기에 디아스포라 집단이 중요한 매개자의 역할을 하고 있음을 보여준다.

디아스포라 집단에 대한 기존의 연구들은 이들이 주재국의 사회와 문화에 어떻게 적응하느냐 하는 문제에 초점을 맞추었던 것에 반해, 아파두라이는 이들이 국가적 경계를 넘어서는 문화적 흐름에 개입하는 양상에 관심을 갖고 있다. 이들은 주재국에서 그들의 본국에 대해 갖는 이미지와 여론 형성에 영향을 미치는 압력 집단이 되기도 하고, 본국으로의 정기적 방문과 송금, 자신의 친척이나 친지와의 지속적인 교류, 인터넷을 통한 정보 교환 등을 통해 본국에서 발생하고 있는 문화적 변화에 직접적으로 개입하기도 한다. 디아스포라 집단의 이러한 활동을 아파두라이는 디아스포라 공적 영역(diaspora public sphere)이라고 지칭하면서, 오늘날의 탈국가적 정치질서의 중요한 축으로 인식하고 있다.

'지역성'에 대한 새로운 의미

아파두라이가 현대 세계의 문화 현상을 분석하는 데 활용하는 또 다른 중요한 개념은 '탈지역화된 문화'이다. 인류학의 전통적인 문화 정의에 의하면 문화란 지리적으로 구획된 특정한 공간에 사는 사람들이

영문이 아닌 한글로 간판을 한 미국의 커피 프랜차이즈.

공유하는 고유한 생활양식이며 의미체계이다. 탈지역화된 문화란 개념
은 문화와 공간을 서로 분리할 수 없는 것으로 인식하는 기존의 관점과
대치되는 것이라고 할 수 있다. 그는 탈지역화를 현대 세계의 특징적인
측면의 하나로 인식하며, 전통적인 문화 개념은 탈지역화된 맥락 속에
서의 문화 현상을 이해하는 데 부적절하며, 지역적 경계를 넘나드는 문
화의 흐름이 현대 문화연구의 중요한 주제가 되어야 한다는 것을 강조
한다. 대중매체는 탈지역화된 문화를 생산하고 유통시키는 주요한 기
제이며, 디아스포라는 이러한 문화를 소비하고 매개하는 주요한 집단
으로서 역할을 한다. 현대 세계의 문화는 더이상 특정한 지역에 뿌리박
은 고유한 전통과 관습으로 파악될 수 없으며, 공간적 기원을 달리하는
문화들이 혼재하며 끊임없이 변화하는 것으로 인식할 필요가 있다는
것이다.

　하지만 아파두라이가 현대 세계에서 '지역성'(locality)이 아주 소멸

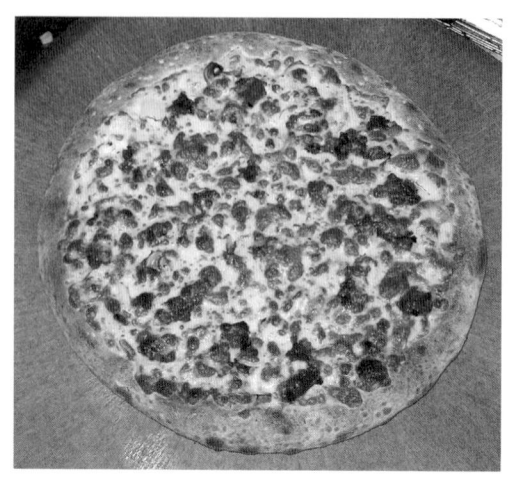

한국의 전통 음식 불고기와 서구의 피자를 혼합하여 만든 불고기피자. '세계화 속의 지역화'라는 아파두라이의 논의에 대한 예로 생각해볼 수 있다.

되었다고 보는 것은 아니며, 지역성을 탈지역화된 맥락과의 관계 속에서 새롭게 파악할 것을 제안한다. 그는 지역성을 지리적으로 특정한 공간에 원래 주어진 속성들로 보는 기존의 관점을 거부하고, 지역성은 사람들의 실천적 행위에 의해 역사적으로 만들어지는 것이라는 구성주의적 입장을 취한다. 여기서 지역성이 구성되는 사회적 맥락이 중요시되는데, 그러한 맥락으로 '이웃집단'(neighborhoods: 특정한 공간에 위치하며, 성원들간에 긴밀한 사회적 상호작용을 갖는 실제적인 사회집단을 가리키는 독특한 의미로 사용됨), 국민국가, 그리고 지구적 네트워크를 제시하고 있다.

근대적 국가의 형성 시기에 국민국가가 법·무력·이데올로기 등의 수단을 통해 국가 내부에 존재하는 지역적 차이를 표준화하고 통합함으로써 새로운 국가적 정체성을 수립하려는 시도를 하였는데, 이 과정에서 지역성을 둘러싼 '이웃집단'과 국가 간의 갈등과 긴장이 발생하고 분리주의 운동에서 보듯이 현재까지 지속되고 있다.

아파두라이는 이러한 긴장관계에 더하여 현대의 세계화시대에는 대중매체를 통한 '가상공동체'와 디아스포라 집단을 축으로 하는 지구적 네트워크가 '지역성'의 구성에 개입함으로써 좀더 복잡한 양상이 전개되고 있음을 지적한다. '지역성'의 구성도 더이상 특정한 지리적 공간이나 국가의 수준에서 파악할 수 없으며, 탈지역화로 특징지어지는 현대의 지구적 맥락을 고려해야 한다는 아파두라이의 이러한 인식은 국민국가의 주권적 지배력이 약화되고 있다는 그의 주장과 일맥 상통하는 것이다.

민족지형, 기술지형, 금융지형, 미디어지형, 이념지형 사이에서의 괴리, 탈지역화된 문화의 유통과 지구적 네트워크의 형성, 국민국가의 경계를 넘어서서 작동하는 '상상'의 역할, 지구적 맥락에서의 '지역성'의 생산, 국민국가의 위기에서 현대의 세계화 과정의 특성을 찾는 아파두라이의 입장은 세계화를 문화의 동질화 또는 미국문화의 헤게모니화 과정으로 인식하는 입장과 큰 차이를 보인다. 그는 세계화를 중심국의 문화가 주변국으로 일방적으로 확산되는 과정이 아니고, 다양한 지역과 국가, 그리고 초국가적 조직 사이의 상호작용을 수반하는 과정으로 파악한다.

세계화는 문화적 동질화와 이질화의 양 측면을 동시에 수반하는데, 이러한 상반된 경향성이 상호 긴장관계에 있으며 그 구체적인 전개방식은 지역에 따라 매우 다양한 모습을 띠게 된다고 본다. 이러한 세계화의 양상에 대한 아파두라이의 평가는 다분히 긍정적이다. 그는 근대 이후 사람들의 삶을 규정해온 국민국가의 족쇄를 푸는 데 초국가적인 연대와 거버넌스(governance)가 앞으로 더욱 중요한 역할을 수행할 것으로 기대하고 있다.

환경·인권·노동·여성·소수민족과 같은 문제에 대해 비정부기구(NGO), 국제기구, 디아스포라 집단들이 국제적으로 영향력을 행사하는 중요한 여론 집단으로 등장하는 것에 주목하며, 이러한 현상은 오늘

현대 사회에서 탈지역화된 문화 형성을 주도하는 가장 거대한 매체 가운데 하나는 대중 스포츠이다. 세계인은 월드컵, 올림픽, 미국의 메이저리그 등을 통해 지구적 네트워크를 형성하고 있다.

날의 세계화 과정 그 자체에 의해 촉발된다고 본다.

지구적 현대에 의한 세계화의 이해

세계화에 대한 지금까지의 논의는 현대성(modernity)을 인식하는 아파두라이의 독특한 관점과 깊은 연관을 갖는다. 그는 근대화이론가들이 전통사회와 현대사회를 이분법적으로 분류하고, 근대화 과정을 단선적이고 보편적인 변화과정으로 인식하는 방식을 비판하고, 오늘날의 세계에서 현대성은 이러한 이론이 상정하는 것보다 훨씬 복잡하고 불균등하게 경험되고 있다고 주장한다. 또한 대부분의 제3세계에서 독립 이후 정치적 지도자들에 의해 현대화가 정치적 수사로 선전되고 국가가 현대화를 성취하는 데 규율적 힘을 행사함으로써 현대성과 국민국가는 서로 분리될 수 없는 것처럼 인식되었는데, 현재의 현대성은 탈지역화, 탈국가로 특징지어지는 세계화의 맥락 속에서 새로운 모습을 띠게 된다는 것이다. 그리고 그러한 현대성은 엘리트 중심의 국민국가의 규정에서 벗어나 대중적인 세계화(vernacular globalization)의 힘에 의해 주조되고 있음을 주장한다.

아파두라이는 지구적인 것은 현대적인 것이며, 현대적인 것은 지구적인 것이라는 새로운 감각이 현대 세계의 문화적 역동성에 특징적으로 나타나며, 오늘날의 현대성을 이해하기 위해서 '지구적 현대'라는 개념에 의해 '국민국가적 현대'라는 기존의 관념을 극복할 필요가 있음을 역설한다.

오명석 호주 모나시대학에서 인류학 박사학위를 받고 말레이시아에서 현지조사를 했으며, 동남아시아의 문화, 종족관계, 소비문화, 역사인류학에 관심을 갖고 있다. 저서로『동남아의 화인사회』(공저),『처음 만나는 문화인류학』(공저), 논문으로「이슬람 경제의 시각에서 본 말레이시아의 경제위기」「이슬람, 아닷, 근대화 속에서의 말레이 여성의 정체성 변화」등이 있다. 현재 서울대 인류학과 교수로 재직 중이다.

제 2 부
고뇌하는 현대인에게 말한다

다원주의 시대의 비판이론

불확실성의 고통과 인정투쟁

이진우

계명대 교수 · 철학

비판부재 시대의 비판이론

'새로운 것'을 허용하지 않을 정도로 급변하는 21세기는 어떤 의미에서 철학에 적대적이다. 21세기를 상징하는 '속도의 시대'는 한편으로 철학적 사유의 필수조건이라고 할 수 있는 반성의 여유를 허용하지 않기 때문이며, 다른 한편으로는 현재를 비판적으로 조명할 수 있는 미래를 불투명하게 만들기 때문이다. 만약 우리가 지금 무엇을 위해 무엇으로부터 해방되어야 하는지를 모른 채 스스로를 역사적 과정에 내맡기고 있다면, 21세기는 철학은커녕 어떤 비판적 사회이론도 용납하지 않는 것처럼 보인다.

철학이 현실을 포착하지 못할 때, 철학은 종종 특정한 이론과 학파의 발전과정을 정리함으로써 스스로를 골동품으로 만드는 경향을 보인다. 한때 철학적 사유 자체를 비판적 행위로 활성화시켰던 '비판이론' 역시 새로운 시대가 출현함으로써 현대의 고전으로 분류되어 이미 과거 속으로 사라지고 있는 것처럼 보인다. 프랑크푸르트학파를 세웠던 호르크하이머(M. Horkheimer), 아도르노(Th. W. Adorno), 마르쿠제

> 호네트는 비판이론의 내부적 결함을 명쾌하게 분석함으로써 비판적 사회이론의 가능성을 탐색하고 있다. 호르크하이머와 아도르노는 인간의 활동을 '자연지배'의 도구적 차원으로 축소시킴으로써 사회의 내면적 관계를 올바르게 포착하지 못하였다는 것이다.

▶ 악셀 호네트

(H. Marcuse)와 같은 1세대 비판이론가들의 지적인 업적은 이제 역사적 기억 속에서나 간신히 명맥을 유지하고 있으며, 그들에게 이론적 성찰의 계기를 제공하였던 문제의식과 역사적 경험은 점차 잊혀져가고 있다.

오늘날 그들과 우리 사이를 가로지르는 역사적 이질감은 그들이 당시 독일 관념론의 마지막 대변인들에 대해 느꼈던 것과 비교될 수 있다. 전화와 영화의 첫 세대라고 할 수 있는 1세대 비판이론가들이 후기 셸링의 사진을 바라보면서 혼란스러운 감정을 가졌던 것처럼, 컴퓨터로 검색하는 과정에서 빌헬름 2세 시대의 실내장식을 배경으로 한 청년 호르크하이머의 사진과 맞닥뜨리게 되면 우리는 똑같이 당황하게 될 것이다. 낯설게 느껴지는 그들의 얼굴에서 잊혀진 역사적 경험들의 흔적을 읽어낼 수 있는 것처럼, 그들의 이론과 사상 속에는 과거의 전제조건들이 훨씬 더 강하게 남아 있다.

호르크하이머에서 하버마스(J. Habermas)에 이르는 모든 비판이론가들은 한결같이 '역사 속에서 작용하는 하나의 이성'을 신뢰하였다.

그렇기 때문에 세계화와 세속화의 과정에서 문화적 다원성을 경험한 새로운 세대들에게 사회비판을 철학적으로 정당화하려는 비판이론보다 더 낯설게 느껴지는 것도 없을 것이다.

문화적 다원성이 이미 이성의 다양성을 함축한다면, 어떻게 비판이론처럼 합의를 이끌어낼 수 있는 하나의 이성을 전제할 수 있단 말인가? 그뿐만 아니라 사회적 발전과 합리성의 연관관계가 불투명하다면, 이성의 진보가 사회의 자본주의적 장치에 의해 봉쇄되고 단절된다는 주장은 더이상 사회비판의 동기가 되지 않는다. 비판과 억압으로부터의 해방을 추구하였던 비판이론의 '해방적 관심'은 이미 낡은 이념이 된 것처럼 보인다.

이러한 상황에서 2세대 비판이론가인 하버마스에게서 프랑크푸르트 대학 철학과 교수직을 물려받은 악셀 호네트(Axel Honneth)는 3세대 비판이론가로서 두 가지 과제에 직면하고 있다. 하나는 후기 자본주의 사회의 변화된 여건에서도 어떻게 사회비판이 가능한가를 보여주는 것이며, 다른 하나는 하버마스가 끊임없이 추구한 비판이론의 규범적 토대를 어떻게 마련할 것인가 하는 것이다. 이러한 과제들은 결국 '다원주의 시대에 사회비판이 무엇을 해야 하며, 또 무엇을 할 수 있는가?'라는 물음으로 압축된다.

비판이론의 창조적 계승

비판이론이 변화된 시대적 환경에서도 여전히 타당한가를 검토하는 작업은 필연적으로 비판이론 자체에 대한 반성을 요구한다. 악셀 호네트는 『권력의 비판』(1985)에서 비판이론의 내부적 결함을 명쾌하게 분석함으로써 비판적 사회이론의 가능성을 탐색하고 있다. 그에 의하면 호르크하이머와 아도르노는 『계몽의 변증법』에서 인간의 활동을 '자연지배'의 도구적 차원으로 축소시킴으로써 사회의 내면적 관계를 올바르

악셀 호네트가 직면한 과제는 '다원주의 시대에 사회비판이 무엇을 해야 하며, 또 무엇을 할 수 있는가?' 라는 물음으로 압축된다.

게 포착하지 못하였다는 것이다. 자연을 파괴함으로써 자연의 강압을 분쇄하려는 모든 시도는 더욱 깊이 자연의 강압 속으로 빠져들어간다는 1세대 비판이론가들의 역사철학적 인식은 사회적 지배형식들마저 자연 지배에서 파생하는 것으로 파악함으로써 사회가 조직되는 방식을 바르게 인식하지 못하였다는 것이다. 이런 관점에서 호르크하이머와 아도르노에 대한 호네트의 비판은 '사회적인 것의 배제'라는 간단하고 명료한 명제로 요약된다.

호네트는 1세대 비판이론가들이 간과하였던 사회를 구성하는 '사회적인 것'을 행위이론의 관점에서 재구성함으로써 비판적 사회이론의 토대를 구축하려고 시도한다. '사회적인 것의 재발견. 푸코와 하버마스'라는 『권력의 비판』 제2부의 제목이 말해주는 것처럼, 그는 푸코가 발전시킨 '투쟁'의 패러다임과 하버마스가 발전시킨 '상호이해'의 패러다임을 결합시킴으로써 한편으로는 비판이론의 사회학적 결함을 극복하고, 다른 한편으로는 사회를 비판할 수 있는 규범적 척도를 발전시키고

자 한다. 간단히 말해 호네트는 비판이론을 '사회행위'의 관점에서 재구성하고 있는 것이다.

호네트는 물론 비판이론의 근본정신을 수용한다. 이 정신에 의하면 비판이론은 단순한 이론이 아니라 인간을 억압하고 굴종시키는 모든 사회적 관계의 변혁을 추구하는 사회적 실천이다. 이런 관점에서 호네트는 비판이론이 다양한 관점과 경향에도 불구하고 세 가지 공통분모를 가지고 있다고 분석한다. 첫째, 사회적 병리현상은 합리성의 결함과 관련이 있다. 둘째, 사회비판은 사회적 합리성의 결함을 야기한 역사적 과정을 분석하는 것이다. 셋째, 비판이론은 이 결함에서 기인하는 사회적 고통을 지양하는 비판적 실천이다. 그에 의하면 비판이론은 이처럼 '사회적 병리학과 합리성의 연관관계', '합리성 결함의 역사적 과정', '이론과 실천의 유기적 관계'로 압축된다는 것이다.

첫째, 비판이론은 항상 사회의 병리적 현상으로부터 출발한다. 사회의 병리현상은 좁은 의미에서는 사회의 정의 원칙을 침해하기 때문에 부정적으로 인식되지만, 넓은 의미에서는 '좋은 삶'과 '잘 이루어진 삶'을 불가능하게 만들기 때문에 부정적으로 인식된다.

호르크하이머가 말하는 사회의 '비이성적 장치', 아도르노의 '관리된 세계', 마르쿠제의 '일차원적 사회', 그리고 하버마스가 말하는 '생활세계의 식민지화'는 모두 우리가 극복해야 할 사회 병리적 현상을 지칭한다. 그러나 어떤 이론이 사회의 부정적 현상을 분석한다고 비판이론이 되는 것은 아니다. 호네트에 의하면 비판이론의 첫 번째 특징은 이러한 사회적 병리현상이 근본적으로 합리성의 결여에서 기인한다는 인식에 있다. 사회발전을 통해 축적된 이성의 잠재력이 충분히 실현되지 않을 때 사회적 병리현상이 발생한다는 것이다. 비판이론은 이처럼 사회적 합리성의 결여가 자본주의 사회의 병리현상을 야기한다고 분석한다.

호르크하이머의 고유한 점으로는 비판적 이론의 위상에 관한 규정, 심리적 요소를 포함시킴으로써 예리해진 역사와 현재에 대한 시각, 철학적 문제들에 대한 사회이론적 해석을 꼽을 수 있다.

　둘째, 비판이론은 이러한 합리성의 결여가 역사적으로 형성된 것이라고 본다. 사회적 병리현상은 사회가 발전된 이성의 잠재력을 억압할 때 비로소 발생하지만, 사회의 구성원들은 이런 상태를 좀처럼 문제삼거나 비판하지 못하는 경향이 있다. 그것은 사회적 병리상태와 비판의 부재 사이에는 일종의 인과적 관계가 성립하기 때문이다. 마르크스가 일찍이 분석한 것처럼 자본주의적 병리현상을 산출하는 사회적 여건들은 동시에 이러한 현상을 은폐하는 구조적 특성을 가지고 있다. 비판이론이 이러한 현상을 은폐하도록 만드는 역사적 과정을 설명하고자 하는 까닭이 여기에 있다. 그렇기 때문에 비판이론은 사회 병리현상으로부터 출발한다는 점에서 '사회 병리학'이며, 이러한 병리현상의 역사적 형성과정을 해명한다는 점에서 '사회 병인론(病因論)'이다. 인간의 이성이 역사적 학습과정을 통해 발전한다면, 우리는 합리성의 결함이 어떻게 발생하였는가를 역사적으로 해명함으로써 사회적 고통을 극복할 수 있다는 것이다.

Die Frankfurter Schule

프랑크푸르트학파의 거장들.
호르크하이머를 프랑크푸르
트학파의 수장으로, 가운데의
아도르노를 비판이론의 중심
인물로 그렸다.

셋째, 비판이론은 이론과 실천의 유기적 연관성을 강조한다. 비판이론은 헤겔 좌파의 전통을 계승하여 사회적 병리현상의 극복을 실천적 과제로 설정한다. 만약 사회적 합리성의 결여가 여러 병리적 징후들을 야기한다면, 우리는 행위 주체의 고통으로부터 사회적 상태를 추론할 수 있다. 많은 사람들이 일반적이고 공동체적인 목표의 상실에 고통을 당한다면, 즉 불확실성으로 고통을 당한다면, 그것은 사회적 병리현상을 야기할 것임에 틀림없다. 모든 사람들이 동의할 수 있는 사회적 합리성의 결여는 결국 자기실현의 가능성을 축소시킬 것이기 때문이다. 이렇게 우리가 주관적으로 경험하고 또 객관적으로 서술할 수 있는 사회적 고통은 이러한 고통으로부터의 해방을 동시에 산출한다. 호네트는 우리가 이성적 의사소통을 통해 파괴되지 않은 합리성을 회복할 때에만 비로소 이러한 해방이 실현될 수 있다고 말한다. 이성에 대한 관심이 이러한 고통의 경험을 통해 산출된다는 것을 만약 우리가 증명할 수 없다면, 비판이론의 기획은 21세기에 지속될 수 없을 것이라고 호네트는 단언한다.

왜 현대인은 자기실현을 하지 못하는가

호네트는 21세기의 현대인들이 겪는 사회적 병리현상이 '불확실성으로 인한 고통'으로 압축된다고 진단한다. 왜 많은 현대인들은 자신에게 주어진 법적 자유와 도덕적 자유를 가지고서도 자기실현을 하지 못하는가? 우리가 자유를 통해 우리의 삶을 구체적으로 실현하기보다는 우리의 자유가 단지 형식적으로, 추상적으로만 보장되어 있다고 느낀다면, 무엇이 자기실현에 기여할 수 있는 이성의 잠재력을 억압하는가? 호네트는 우리의 자유가 내용적으로 규정되어 있지 않았기 때문에 발생하는 고통을 헤겔의 의미에서 '불확실성으로 인한 고통'으로 규정한다. 만약 우리가 불완전한 법적 자유 또는 도덕적 자유를 자유 자체로 이해한다면, 그것은 주체들의 자기관계 및 상호관계에 심각한 결과를 초래한다는 것이다.

호네트는 이러한 사회적 병리현상을 진단하고 분석하고 극복하기 위하여 그의 대표작인 『인정투쟁』(1992)에서 푸코의 '투쟁 모델'과 하버마스의 '상호이해 모델'을 결합시켜 인정투쟁 이론을 발전시킨다. 그는 헤겔의 '이성적 일반자의 이념', 즉 모든 사람이 이성적으로 실현할 수 있는 일반적인 것이 있다는 관점으로부터 출발하여 이러한 이념은 오직 협동적 자기실현을 통해 성취될 수 있다고 주장한다. 그에 의하면 공동체의 구성원들은 공적으로 실천된 인륜적 관습 속에 각자의 특수성이

The
STRUGGLE
for
RECOGNITION

The Moral
Grammar of Social
Conflicts

AXEL HONNETH

호네트는 자신의 대표작 『인정투쟁』에
서 푸코의 '투쟁 모델'과 하버마스의
'상호이해 모델'을 결합시켜 인정투쟁
이론을 발전시킨다.

상호주관적으로 표현되어 있음을 인식할 수 있다는 것이다. 하버마스는
의사소통적 행위만이 사회구성원들의 자율적 자기실현의 기회를 증대
시킨다는 관점에서 이성의 절차적 합리성을 강조하지만, 호네트는 사회
적 행위가 근본적으로 협동적 자기실현을 목표로 한다고 강조함으로써
칸트보다는 헤겔에 의지한다.

사회의 구성원들은 이미 인륜적으로 상호결합되어 있기 때문에 구성
원 사이의 실천적 투쟁은 만인에 대한 만인의 '생존투쟁'이 아니라 저
급한 인륜성의 상태에서 더 성숙한 인륜적 관계로 나아가는 '인정투쟁'
이다. '인정'은 자기 자신에 대해 동시에 타자로 존재할 수 있는 능력을
가지고 있는 인간에게 자기 자신에 대한 긍정적 의식을 가지게 하는 정
체성의 심리적 조건이자, 자신의 삶을 협동적으로 실현시킬 수 있는 정

의의 사회적 조건이다.

호네트는 헤겔이 인륜성의 발전과정으로 파악한 '가족', '시민사회', '국가'의 도식에 따라 인정관계를 미드(G. H. Mead)의 사회심리학에 따라 '사랑', '권리', '연대'의 세 모델로 재정립한다.

첫째, 인정관계는 주체들이 서로를 필요한 욕구의 존재로 인정하게 되는 '사랑'이다. 타자와 정서적으로 결합하는 사랑의 관계에서 중요한 것은 공생을 위한 자기포기와 개인적인 자기주장 사이의 긴장을 어떻게 상호 주관적으로 해결하는가 하는 것이다.

둘째, 인정관계는 모든 구성원이 도덕적 판단능력을 가지고 있다는 가정에서 출발한 '권리'의 동등한 인정이다. 주체는 권리인정을 통해 스스로를 담론적 의사 형성과정에 참여할 수 있는 인격체로 간주하게 된다.

셋째, 인정관계는 타인의 특수한 능력과 가치를 인정하게 만드는 '연대'이다. 연대는 개인들의 차이를 상호주관적으로 표현할 수 있는 매체를 보장한다는 점에서 개인에게 사회적 가치를 부여하지만, 보편적인 목표설정과 관련하여 자신들의 가치와 생활방식을 부각시키기 위한 상징적 수단을 둘러싼 영원한 투쟁 아래 놓여 있다.

인정투쟁은 두 가지 측면에서 진행된다. 행위주체의 내면적 관점에서 보면, 인정투쟁은 개인화의 주체인 '주격 나'와 사회화의 산물인 '목적격 나'의 갈등으로 진행된다. '주격 나'가 나의 모든 현재적 행위의 규정되지 않은 원천이라면, '목적격 나'는 타인이 가지고 있는 나에 대한 상이다. 따라서 정체성은 한편으로는 나에 대한 타인의 관점이 내면화되고, 다른 한편으로는 일반화된 타자에 끊임없이 주격 나의 요구를 제시함으로써 이루어진다. 호네트에 의하면 주체들은 이렇게 투쟁을 통해 자신에게 상호주관적으로 보장된 권리의 범위를 지속적으로 확장하고, 이를 통해 개인적 자주성의 정도를 고양하려 한다는 것이다.

푸코(왼쪽)와 하버마스(오른쪽)는 호네트 이론의 뿌리가 되었다.

　사회적 관점에서 보면, 인정투쟁은 상호인정의 내재적 규칙들을 훼손함으로써 발생한다. 호네트에 의하면 인정관계와 마찬가지로 인정의 유보나 박탈을 표현하는 '무시' 역시 세 가지 양태로 나타난다.

　첫 번째 무시형태인 '신체적 학대'는 사랑을 통해 형성된 한 개인의 기본적인 자기믿음을 파괴한다. 두 번째 무시형태인 '권리 부정'은 도덕적 판단능력이 있는 주체로 인정받으려는 상호주관적 기대를 훼손함으로써 개인의 자기존중을 파괴한다. 마지막으로 세 번째 무시형태인 '가치 부정'은 개인에게서 그들 자신의 고유한 능력에 사회적 가치를 부여할 수 있는 가능성을 박탈한다. 이러한 무시 경험들은 결국 개인에게 분노와 수치심의 심리적 반작용을 일으키게 한다. 그뿐만 아니라 개인적 무시경험이 한 집단 전체의 전형적인 핵심 체험으로 해석될 때에는 인정관계의 확장에 대한 집단적 요구로 발전할 수 있다는 것이다.

　오늘날 우리가 겪고 있는 가장 커다란 고통 가운데 하나는 협동적 자기실현을 보장하는 공동체적 인륜성의 파괴에서 기인한다. 현대사회는 모든 개인에게 분명 법적 자유와 도덕적 자율성을 보장한다. 그러나 우리가 원자화된 개인의 관점에서 자유를 이해하는 한, 현대사회는 개인에게 협동적 자기실현의 가능성을 충분히 보장하지 못한다. 현대사회에서는 도덕적 자주성뿐만 아니라 개인의 자기실현이 문제가 되고 있는 것이다. 개인들은 자기실현을 통해 타인의 자기실현에 윤리적으로 어떻게 기여할 수 있는가? 그것은 인정투쟁 모델의 이론적 문제일 뿐만 아니라 사회적 투쟁을 통해 그 윤곽을 드러낼 미래의 문제인 것이다.

이진우 1956년생으로 연세대학교 독문과를 졸업했다. 1981년 독일 아우크스브루크대학으로 유학을 떠나 독문학을 주전공으로, 철학과 사회학을 부전공으로 택하여 공부하던 중 '독문학자로서의 삶'에 회의를 느끼게 되었고, 주전공을 철학으로 바꾸게 된다. 1985년 「마키아벨리 정치 사상에 나타난 권력과 이성」으로 철학 석사학위를, 1988년 「허무주의의 정치철학: 정치학과 형이상학의 관계에 관한 니체의 재규정」이라는 논문으로 박사학위를 취득했다. 1989년 이래 계명대학교 철학과 교수로 재직하고 있으며, 현재는 총장직을 맡고 있다. 지은 책으로는 독일어로 출판된 석사 및 박사학위 논문 외에 『탈이데올로기 시대의 정치철학』『탈현대의 사회철학』『도덕의 담론』『녹색 사유와 에코토피아』『이성은 죽었는가』『한국 인문학의 서양 콤플렉스』『이성정치와 문화민주의』,『도덕의 담론』 등이 있으며, 옮긴 책으로는 『책임의 원칙』『현대성의 철학적 담론』『인간의 조건』『도덕의 상실』 등이 있다.

자유가 극대화된 자치공동체를 꿈꾼다

문순홍
전 대화문화아카데미 바람과물연구소 소장

사회생태학의 개척자, 머레이 북친

21세기는 인간생명을 담보로 하는 핵실험, 생물조작, 지구생태계의 파괴 및 인간 삶의 파괴 등 여러 가지 위기의 징후로 얼룩져 있다. 이는 기존 위기들과는 근본적으로 다른 것인데, 그 이유는 인간 삶의 조건이 달라졌음을 알리고 이 변화된 존재조건 속에서 "생명이란 무엇인가", "좋은 삶, 의미있는 삶이란 무엇인가"란 물음을 던지기 때문이다. 생태사상은 이 위기의 징후들을 생태위기로 명명하고, 위기의 탈출구를 인간중심성에서 생태중심성이나 생물중심성 또는 약한 인간중심성에 기반한 삶의 조건 창출에서 찾으려는 일련의 지적 · 실천적 시도들인 것이다. 이 가운데 사회생태학은 약한 인간중심성의 관점에서 좋고 의미있는 삶의 조건들을 풀어내려 한다.

사회생태학의 개척자인 머레이 북친은 1921년 뉴욕에서 유대계 러시아인 가정에서 태어났다. 유년기의 그는 러시아 차르체제 아래에서 사회주의 혁명운동가이자 준무정부주의적 인민운동가였던 외할머니로부터 많은 영향을 받았다. 1930년대 미국이 공황으로 깊이 빠져들어가고 있

" 자연에 대한 인간중심적 지배는
'지배가 만연되어 있는 사회'에
그 뿌리를 두고 있다. 그래서 생태학은
모든 지배에서 벗어나려는 자유의
생태학이어야만 한다.
자유 이념에 기반한 생태학을 정립하고,
사회 도처에 스며들어 있는 지배주의
문화를 고발하는 것, 이것이 북친
사회생태학 작업의 핵심이다. **"**

▶ 머레이 북친

을 때, 그는 주물공장 노동자로서 공산주의운동 청년조직에 가담하였
고, 실업자들을 조직화하기도 하였다. 1935년 스탈린주의와 단절한 후
그는 트로츠키주의자로, 이후엔 자유극대화론적 사회주의자로 전향한
다. 당시 북친의 저술들은 주로 이 집단들의 대변지인 『당대 이슈』에 발
표되었다.

그의 생태위기에 대한 직감적 인식은 52년경에 비롯되는데, 이는 「음
식물에 포함된 화학첨가제의 문제점」이란 논문의 발표로 구체화되었다
(이것은 나중에 독일에서 책으로 발간되었다). 또한 1956년 영국의 핵폐
기물처리 시설이 있는 윈저스케일에서 발생한 집단적인 암발생 및 기형
가축 사건과 1963년 뉴욕 레이번스우드 핵발전소 사고를 계기로 북친은
현재까지 핵발전소 반대운동에 꾸준히 가담하고 있다. 이후 뉴저지에 소
재한 라마포대학(Ramapo College)에서 강의하였고, 현재 이 대학 환경
학부 명예교수이자 버몬트(Vermont)에 있는 사회생태학 연구소의 명예
연구소장이다.

그의 지적인 성숙과정에 영향을 미친 사상가들은 대략 세 부류로 나눌

수 있다. 그 한 부류는 막스 베버, 막스 호르크하이머, 테오도어 아도르노, 칼 폴라니 등으로 이들은 지배의 문제와 이성·과학·기술로 인한 현대의 위기를 연결시키는 과정에서 북친에게 상당한 영향을 주었다.

다음으로 윌리엄 모리스, 피터 크로포트킨 등 무정부주의자들의 유토피아적인 전통과 자연적 호혜주의는 북친의 핵심 테제인 인간사회와 자연의 재타협에 대한 희망, 상부상조적인 관계로서의 자연에 대한 재조망, 위계질서에 대한 증오와 새로운 기술론 등에 영향을 주었다.

세 번째로 그의 역사관, 이성관 그리고 자연관의 형성에는 아리스토텔레스에서 헤겔 그리고 요나스에 이르는 유기체론적 전통이 영향을 미친 것으로 보인다.

그의 저술에 일관되게 나타나고 있는 주제는 "인간에 의한 자연지배는 인간에 의한 인간지배로부터 비롯된다"는 것과 위계질서와 지배에 대한 비판 및 거부가 현 생태위기 해결의 첩경이란 것으로, 이러한 주장은 1960년대 이후, 특히 『우리의 종합적 환경』(1963)에서부터 나타났다. 이 즈음에 그는 사회생태학이란 용어를 처음 사용하기 시작하였다. 당시 미국의 사회는 반문화적인 히피이즘이 젊은 층의 반향을 얻고 있었고, 베트남전쟁으로 인한 반전문화가 형성되어 있었다. 동일한 시기의 유럽을 살펴보면, 궁극적으로 1968년 전 유럽에서 학생운동 고양을 가능케 한 이론은 신좌파들의 것이었다. 이를 배경으로 그의 사회생태학은 일면 자연지배에서 인간지배가 출발하며 사회비판을 위한 분석의 초점을 자본주의, 국가 그리고 계급에 맞추어야 한다고 주장하는 신좌파와 대결하고, 다른 한편으론 반문화운동에 뿌리를 두고 있던 카프라 등을 정점으로 하는 근본생태학(생물중심주의), 가렛 하딘/파울 에러이히 등의 신맬서스주의, 그리고 허만 칸 등의 미래주의와 대결해야 했다.

21세기는 핵실험, 생물조작, 지구생태계의 파괴 및 인간 삶의 파괴 등 여러 가지 위기의 징후로 얼룩져 있다.

사회생태학과 근본생태학의 결별, 자유의 생태학으로

이후 오늘에 이르기까지 이들과의 논쟁은 그의 사회생태학에 논리적인 치밀성을 부여하였다. 1971년 발간된 『탈빈곤의 무정부주의』는 1964년 이후 발표해온 글들을 모은 것으로, 현 생태위기의 연원을 역사적인 위계조직의 등장과정으로부터 설명하고, 조화로운 생태사회를 만들어낼 수 있는 수단으로서의 이성과 감성 그리고 실천을 명료히 하려는 시도들로 점철되어 있다. 따라서 이 책이 지니는 의미는 마르크스주의자들과는 대조적으로 사회분석 및 논의의 강조점을 계급에서 위계질서로, 착취에서 지배로, 국가의 단순한 폐지보다는 해방을 위한 제도들로, 정의보다는 자유로, 그리고 행복보다는 즐거움으로 옮겼다는 데 있다.

1970년대는 생태학의 시대라 불릴 정도로 생태문제가 인류의 미래와 관련된 이슈로 부각되던 시대이다. 1973년 노르웨이의 안 네스 등은 환

자연에 대한 인간중심적 지배는 '지배가 만연되어 있는 사회'에 뿌리를 두고 있다. 그래서 생태학은 모든 지배에서 벗어나는 자유의 생태학이어야 한다.

경주의와 생태학을 대별시키고 생태위기를 그 근원성에서 접근하라고 요구한다. 그런데 이 요구가 사회에서 수용되었을 때는 기존사회의 구성, 즉 파편화 · 중심화된 지배적 위계질서 속에서 변형된 모습으로 나타났다. 예를 들면, 기술에 대한 논의는 기술의 제조처인 기업이나 대학으로만 포섭되고, 이의 실질적 영향 대상자들인 주민사회 속으로 침투하지 못하였으며, 궁극적으로는 새로운 기술관료의 등장으로 이어졌다. 또한 근본생태학이 제기한 자연과의 일체화 체험은 생태학의 신흥종교화 및 보수종교와의 결탁을 가져왔고 환경교육과 명상용품의 상품화로 이어졌다.

왜 생태론자들이 던진 물음과 이의 사회적 수용형태는 다른 것인가? 이 물음은 생태적 사유와 운동에 '사회로의 전회'를 만들어주었고, 북친의 사회생태학이 근본생태학과 갈라서는 계기가 되었다. 이러한 결별은 1982년『자유의 생태학』을 중심으로 뚜렷이 나타난다.『자유의 생태학』

은 위계질서와 지배의 등장뿐만 아니라 '자유의 유산'을 인류학적으로 역사적으로 설명한 책이다. 생태문제는 인간사회로 인해 발생한 문제이며, 자연에 대한 인간중심적 지배는 '지배가 만연되어 있는 사회'에 그 뿌리를 두고 있다. 그래서 생태학은 모든 지배에서 벗어나려는 자유의 생태학이어야만 한다. 자유 이념에 기반한 생태학을 정립하고, 사회 도처에 스며들어 있는 지배주의 문화를 고발하는 것, 이것이 북친 사회생태학 작업의 핵심이다. 때문에 사회생태학이 설정한 과제는 문화가 자연 진화와 관련을 맺고 있음을 전제로 문화의 뿌리를 자연 속에서 탐구하고, 이를 통해 1차 자연에서 2차 자연에 이르는 진화과정을 확인하는 것, 그리고 자연 내 인간의 위치를 바라보는 방식이 사회세계를 조직하는 방식과 밀접히 관련되어 있음을 밝히는 것이다.

변증법적 자연주의 맥락에서 생태위기를 진단하다

그러면 사회분석의 전제로서 자연은 무엇인가? 사회생태학이 설정한 자연 개념은 오늘날의 위기를 자초한 경제학, 심리학, 사회학 등이 설정하고 있는 인간사회와는 분리된 단순한 '대상'이나 '자원의 저장고', 아니면 동물적 본능의 영역으로 전락하거나 적자생존의 경쟁으로 획일화된 다원적인 자연 개념이 아니다. 근본생태학의 '신성으로 얼어붙은 자연' 개념이나 마르크스주의, 고전 역물리학이 설정한 필연영역으로서의 자연 개념도 아니다.

그의 자연 개념은 그 안에 이전의 세계가 갈라놓은 존재와 관념, 육체와 정신, 자연 개물과 인간이 긴장 속에서 공존하는 것이다. 이 긴장이 자연을 변화 · 발전하게 하고 살아있게 한다. 그래서 그에게 자연은 자기선택에 의한 진화과정 그 자체이다.

이 진화과정은 발전적이고 변증법적이어서 단순한 것에서 복잡한 것으로, 추상적이고 동질적인 것에서 특수하고 분화된 것으로, 더 큰 개체

윌리엄 모리스가 직접 디자인한 그 자신의 시집. 북친은 모리스의 자연적 호혜주의의 영향을 받았다.

성과 주관성의 등장으로, 궁극적으로 1차 자연에서 2차 자연으로 움직여 왔다. 이 과정은 처음부터 결정된 것이 아니다. 현재 우리 인류는 2차 자연에서 3차 자연으로의 분화 · 발전기에 놓여 있고, 그 징후가 생태위기다. 이러한 자연관은 1986년 출판된 『현대의 위기』와 1995년 개작되어 출판된 『사회생태학의 철학』에서 집중적으로 논의되고 있다. 특히 후자의 책에서 북친은 이 자연관을 변증법적 자연주의라 칭하였다.

이 변증법적 자연주의에서 인간은, 지력 · 도덕적 능력 · 도구조작 능력이란 관점에서, 자연진화가 생산해낸 가장 진화된 생명체로 이해된다. 그래서 인간의 자연세계 개입은 자연의 진화적 구성의 한 부분이면서 자연스러운 것이고, 인간의 역사는 자연사와 별개의 것이 아니다. 역사는, 인간사든 자연사든, 자유라는 유산과 지배라는 유산이 얽히고설키면서

헤겔의 형이상학적 철학은 북
친의 자연관 형성에 영향을
미쳤다.

진보해온 과정이다. 그럼에도 불구하고 그 속엔 연속적인 어떤 것이 있
다. 그것은 다름 아닌 자유에의 갈망이다.

　이런 맥락에서 인간의 개입이 생태적으로 이로운 것인가 해로운 것인
가는 결정되지 않은 물음으로, 인간이 어떤 종류의 사회를 창조하는가에
달려 있다. 동시에 생태위기라는 현재의 역사적 상황에는 자유가 만개한
사회의 가능성이 내재해 있다. 인간 · 역사 · 문명에 대한 이러한 논의는
『사회생태학의 철학』1장과 5장에 집약되어 있다.

　이 자유가 만개한 사회가 생태사회다. 이 사회는 인간사회의 발전을 생
물적 발전과 재통합하고, 인간공동체를 생태공동체와 재통합한 사회다.
이 사회는 곧 진화하는 자연이 보여주는 다산성, 상보성 그리고 돌연변이
에 의한 종의 풍요로움이 사회윤리적으로 해석되고, 사회구성원리적으로

재해석된 사회이다. 전자의 생태사회가 윤리로서의 자유(자기선택)가 만개한 사회라면, 후자의 생태사회는 다름(차이)이 평등의 근거가 되고 모든 구성원들의 참여가 당연한 권리로 인정되는, 참여와 공생의 사회구성 원리에 기초한 사회이다. 이 생태사회의 제도적 외형을 북친은 자유가 극대화된 자치주의(Libertarian Municipalism)라 부른다.

이 참여·공생의 원리와 자유의 윤리는 기존 사회에 만연해 있는 지배와 위계질서를 철저히 부정하도록 부추긴다. 연장선상에서 생태위기의 원인론과 관련된 그의 초기적 관심이 지속성을 갖게 되고, 앞에서 지적한 사회생태학의 두 가지 핵심 테제는 기타 다른 사회영역으로 확장된다. 그는 『생태사회를 향하여』 『시장경제인가? 도덕경제인가?』 『근대도시의 등장과 시민권의 몰락』 그리고 『재구성되는 사회』에서 가족·경제·정치 그리고 국가의 등장을 역사적으로 탐구하고 이를 통해 현재와 같은 '통치가들의 게임으로 전락한' 정치의 왜곡 현상을 분석한다. 나아가 오늘의 도시위기를 도시화 과정의 출현과 고대도시의 의미 쇠락화에서 찾고, 대안적인 생태사회를 이끌 이념으로서의 자유에 대한 새로운 논의 필요성을 사회정의 개념의 역사적 변형과정을 들어 비판적으로 살핀다. 또한 자본주의시장의 익명성 강화와 윤리성 상실 등을 상품의 선성 상실에 초점을 맞추어 논구하고 있다.

기술의 측면에서 이 사회는 생태기술과 신중하게 적용된 기존 기술을 섬세히 조합한 탈결핍-기술의 바탕 위에 구성된 사회이다. 이 사회에 도달하기 위해 사회생태학은 생태감수성의 복원과 상호보완성의 윤리를 강력하게 강조하면서, 사회적·정치적인 활동에 참여하여 생태파괴적 현실에 저항하길 요구한다.

현재 우리 사회에는 서로 고리지워진 세 가지 지배유형과 이로부터 벗어나려는 세 가지 저항이 표출되고 있다. 전자가 남성에 의한 여성지배, 인간에 의한 인간지배, 인간에 의한 자연지배라면, 후자는 가부장제에서 벗어나려는 여성해방운동이며, 억압적인 국가 · 종교 · 경제로부터 벗어나려는 민주화운동이고, 인간중심주의에서 벗어나려는 생태운동이다. 이 세 가지 운동은 우리들을 3차 자연 곧 '자유로운 자연'이 만개한 세계로 나아가게 한다.

문순홍 베이비붐 시대에 태어나 한강과 그 언저리 모래둑을 놀이터 삼아 자랐다. 성균관대학에서 정치학을 공부했지만, 동양철학, 자연과학 그리고 여성학 관련 서적에 더 흥미로워 했다. 배우고자 하면 어디든지 가며 누구에게든지 배울 수 있다고 생각한 그는, 결국 생태사상 분야로 학위를 받았고 1990년대 이후 김지하, 울리히 벡, 존 드라이젝과의 대화 캠프에 머물렀다. 대화문화아카데미의 바람과물연구소 소장으로 일하며 대안 전문가의 양성에 힘썼다.

노동기반사회를 넘어선 다활동기반사회

근대형 노동에 종말을 고하라

문순홍
전 대화문화아카데미 바람과물연구소 소장

고르의 지적 발전과정

1924년 오스트리아 빈에서 태어난 앙드레 고르(André Gorz)는 10대 후반 사르트르, 헤겔, 마르크스의 저작에 몰두하였다. 22세에 사르트르와 보부아르를 만나 프랑스로 이주하여, 『현대』(*Les Tepms Moderne*), 『르 누벨 옵세르바퇴르』(*Le Nouvel Observateur*) 등에서 미셸 보스케란 필명으로 일하였다.

1950년대와 60년대를 전후한 프랑스 사회주의 논쟁에서 명성을 얻기 시작하면서 프랑스 지식인 사회에서 자신의 위치를 확고히 하였다. 그의 초기 사상은 사르트르의 실존주의 철학에 더해 마르크스와 헤겔을 받아들였다는 평을 받지만, 후기로 갈수록 사르트르 실존주의의 성향이 강해지면서 이를 생태학과 결합하고 있다.

고르의 모든 저작에서 살아 움직이는 관심은 개인의 자유와 자율 경험에 대한 사회적 부정이다. 초기 자본주의의 사회적 억압성과 독단적 마르크스주의의 정책들을 비판하였고, 중·후기 미시전자혁명 및 자동화로 대표되는 기술과 고용삭감 그리고 생태위기에 초점을 맞춰 자본주의

❝ 고르가 그리는 새로운 대안사회는
근대형 노동에 종말을 고함으로써
물질적 욕구를 충족시키기 위해 일해야만
하는 노동시간을 단축시키고, 창조적
잠재력을 실현하기 위한 자유시간을
늘리는 것이다. 이를 위해서는 본래적인
노동의 의미를 회복함으로써
'노동기반사회'를 넘어선 '다활동기반사회'의
미래를 열어가야 한다. **❞**

▲ 앙드레 고르

에 좀더 근본적으로 물음을 제기하고 시간의 정치를 전 사회적으로 요구
할 수 있었던 것도 다름 아닌 이 개인적 자유에의 참여적 관심 때문이다.

고르의 지적 발전과정의 변화는 자본주의 위기 유형과 혁명주체에 대
한 논의를 중심으로 살펴볼 수 있다. 고르에게 자본주의 위기론은 다섯
유형, 즉 '과잉축적의 위기', '재생산의 위기', '생태 위기', '국가경제
체제의 위기' 그리고 '합리성의 위기'를 요체로 하는 근대성 위기로 진
화한다.

그러나 후기 저작에 이르면 생태위기와 국가경제체제의 위기는 재생
산 위기에 속하고, 이 재생산 위기는 과잉축적 위기가 생태·사회체제로
전이한 것이고, 이 과잉축적 위기는 근대성 위기의 핵심인 근대형 이성
과 합리성 위기에 뿌리를 두고 있는 것으로 통합된다. 이것이 왜 고르가
개인의 자유 곧 자율과 자기결정성을 타율노동으로부터의 해방을 통해
회복하려 하는가를 이해할 수 있게 해준다. 또한 혁명주체에 대한 고르
의 논의는 1960년대 주목했던 노동계급에서 비계급으로 이동한다.

콘라드와 제레미가 저술한 『앙드레 고르』.
이 책에서 그들은 고르의 정치적·철학적
발전과정에 주목했다.

자본주의를 벗어나는 생태사회주의의 길

1975년 『정치로서의 생태학』에서 고르는 자본주의 경제의 발전과정
에서 등장하는 과잉성장의 위기가 물리적 한계와 결합하면서 재생산 위
기와 생태 위기로 변형되는 과정을 밝히고, 위기에서 벗어나기 위해 야
만적인 기술관료적 사회가 아닌 '탈산업적 사회주의' (Post-industrial
Socialism)의 길을 택할 것을 주장하였다. 이런 논점은 이후 생태사회주
의의 이념적 구체화와 생태마르크시즘의 형성·분화에 영향을 주었다.

1980년에 출간된 『노동계급이여 안녕』에서는 자본주의의 과잉축적과
재생산 위기가 환경파괴와 실업문제를 양산시킴으로써 이것을 내재화하
기 위한 사회적 비용을 나선형적으로 상승시키게 되는데, 여기서 벗어나
기 위해 우파와 좌파 보수주의자들(노동조합과 사회민주주의자들)이 선

택한 전략이 결과적으로 노동의 이원화 현상을 낳는다고 비판하고 있다.

다시 말해 미시전자혁명과 제3부문화 그리고 신케인즈적인 사회민주 프로그램의 조합을 통한 일련의 시도들은 투자 증대와 자본생산성 향상을 가져오지만, 일자리는 오히려 줄어들고 전문직 노동자와 주변화된 비숙련 노동자라는 노동의 이원화 현상을 가져온다는 것이다.

여기서 노동의 이원화 현상이란 소수 엘리트 전문가와 다수 일반노동자 간의 분리는 물론, 전일제 직장에 다니는 노동자와 실업상태 또는 부분고용 상태에 있는 노동자 간의 분리를 의미한다. 이 노동의 이원화 문제를 통해 고르가 주장하려는 것은 소수의 엘리트 노동자들이 다수의 노동자 대중 위에 군림한다는 것과 고소득 엘리트 노동자들이 자신의 여가시간 확보를 위해 실업상태의 노동자들을 경제합리성에서 벗어날 정도의 저임금으로 재고용함으로써 비계급 집단으로 새로운 프롤레타리아 계급을 만들어낸다는 것이다.

이런 상황에서 노동 엘리트들은 고용이 보장해주는 권력과 사회적 위신을 포기하려 하지 않는다는 점에서 보수적이며, 동시에 노동조합과 사회주의 정당은 사라져가는 일자리를 복원하는 일에 노동운동의 일차적 목적을 맞춤으로써 신케인즈주의의 생산주의와 완전고용 이데올로기 그리고 노동윤리의 덫에 빠져버려 해방적 잠재력을 상실해버렸다. 이것이 고르가 지적하는 오늘날 좌파의 문제이자 구노동계급의 위기인 것이다.

따라서 자본주의의 사회적 억압성에서 벗어나는 길은 생산관계나 산업 생산수단보다는 임금노동 자체의 축소·폐기가 필요하다고 주장한다. 또한 노동계급은 이미 자본주의적 지배질서 속으로 편입되어 자본의 복제품이 되었기 때문에 더이상 혁명주체로서 역할을 수행하지 못하는 만큼 노동계급과 결별을 고해야 하며, 대신 혁명주체로서의 역할은 비계급(Non-Class) 즉 비노동자, 노동시장 분화에 의해 주변화된 자, 노동할 수 없는 자, 자동화로 인해 직장을 잃은 자들에게서 찾아야 한다고 주장한다.

노동으로부터의 해방, 시간의 정치

고르는 1985년 『파라다이스로 가는 길』에서 탈산업적 사회주의에 대한 전망을 좀더 구체화시키고 있다. 새로운 주체들이 타율영역 외곽에 자율영역을 창조 · 확대함으로써 자본주의를 넘어서는 대안체제가 가능해진다고 주장한다. 여기서 자율영역은 자율활동과 자활노동(Work for Oneself)의 영역으로 구성된다. 이 자율영역을 확대하기 위한 사회적 전제조건으로 고르는 임금노동의 축소와 사회소득 개념을 제시하고 있다.

이러한 논의는 『경제이성비판』(1989), 『지금 어디로 가고 있는가』(1991), 『자본주의, 사회주의 그리고 생태학』(1994), 『노동교정하기: 노동기반사회를 넘어서』(1998)로 이어지는 일련의 작업들을 통해 진화하고 더욱 구체화된다. 자율영역, 사회소득, 혁명주체로서의 비계급과 이들에 의한 새로운 정치, 탈산업사회주의 혹은 생태사회주의를 통해 도달하려는 대안사회에 대한 그의 논의는 '다양한 활동', '기본소득', '시간의 정치', 그리고 '노동을 넘어선 사회'로 재개념화되고, 자본주의의 위기는 궁극적으로 합리성의 위기 즉 경제이성 및 경제합리성의 위기로 귀결된다. 고르에게 이 경제합리성에 대한 반제는 생태합리성이다. 후에 이는 사회주의적 합리성으로 사용되기도 한다.

그는 노동자 계급이 혁명주체가 될 수 없는 이유로 노동자들이 경제합리성에 따른 '근대형 노동개념'에 기반하여 경제성장과 완전고용의 믿음에서 벗어나지 못했기 때문이라고 본다. 따라서 대안사회는 '노동기반사회를 넘어선' 다활동기반사회여야 하며 이에 도달하기 위해선 '노동 안에서의 해방'이 아니라 '노동으로부터의 해방'의 정치와 시간의 정치가 필요하다. 노동으로부터의 해방의 정치는 새로운 합리성에 기반하여 노동을 새롭게 정의하고, 노동시간을 줄이며, 자유시간과 자기생산을 확대시키는 것을 내용으로 한다. 또한 '노동으로부터의 해방'을 추구하고, 부(富)를 재정의 · 재분배하는 정치인 것이다. 또한 시간의 정치는 이 노

정보사회에서는 비현실 공간이 확장되어 의사소통적 공간이 넓어지는 반면, 현실공간은 점점 더 좁아진다. 지식 · 정보 생산자의 노동공간을 표현한 표트르 코발스키의 「타임머신」(1981~82).

동시간 지배사회에서 우리 삶을 해방시키고 시간을 다양한 활동들로 재분배하는 것을 목적으로 한다. 이 새로운 정치는 기존 좌파와 그 지지세력과의 단절을 통해서만 가능하다.

고르의 새로운 정치에서 자율영역의 확대와 그 전략적 거점으로 사적영역과 자활노동은 주요한 위치를 차지한다. 고르는 사회를 세 차원, 즉전 사회를 관통하여 조직화된 타율적인 '거시적 사회노동 영역', 지역차원에서 자기조직화 된 자발적 참여에 근거한 '미시적 사회노동 영역', 그리고 가족 등 작은 집단의 특수 욕구에 상응하는 '자율활동 영역' 등으로나눈다.

여기서 두 번째 수준인 미시사회노동 영역은 가족과 시민사회 간의사회조직망을 구성해주는 곳이기도 하다. 따라서 사적 영역은 세 번째영역으로 함몰되지 않는다. 오히려 "사적 영역은 개인의 영역이 아니라오히려 개인들이 협력하여 지식과 기술을 발견 · 발전시킬 수 있는 권역"이다.

자활노동은 고르가 구분하고 있는 인간활동의 세 가지 영역들, 즉'타율노동', '자율활동', 그리고 '자활노동' 가운데 하나지만, 그 성질

산업사회의 전형적 노동공간에서 텔레비전을 조립하는 젊은이.

은 필요에 의해 강제되는 타율노동과 스스로 목적이 되는 자율활동이
결합한 것이며 동시에 개인적이면서도 미시사회적인 성격을 가지고 있
다. 또한 자활노동은 경제적 이성에 의해 작동하기보다는 자기충족성의
원칙에 의해 지배되는 것이다.

가사노동의 자율성에 주목하라

　고르가 사적 영역에 속해 있는 가사영역의 자활노동에 주목하는 이유
는 자활노동이 자율영역 확장의 원천이 되고 미시사회관계망 복원의 근
간이 되기 때문이다. 다시 말해 이 영역이 경제적으로 합리적인 노동세
계로부터 분리되어 있어서 경제적인 효율성에 따라 합리화되지 않고 자
활활동을 재생산하고 보호할 수 있다는 것이다. 따라서 경제이성에 의
한 식민화에 저항할 수 있는 영역이었지만, 노동기반사회의 '완전고용'
이란 허구적 목표가 국가, 노조 그리고 기업 모두에 의해 정당한 현상으
로 받아들여지고 나아가 여성해방론자들의 '가사노동의 사회화'라는 주
장이 결합되면서 가사영역의 상업화, 합리화가 이루어지고 있다. 이로

인해 자활노동이 상업화된 서비스 부문으로 이전하고, 엘리트 노동자들이 시간을 절약하기 위해 가사영역 내 자기노동을 하층노동자 고용으로 대체함으로써 이 자활노동이 자율활동으로 기능할 수 있는 가능성은 경제이성에 의해 식민화되었다.

이로써 자율을 위한 공간과 시간이 사라져버렸고, 자율·해방 등의 실존적 관심도 사라져버렸다. 대신 타율성이 사적영역으로까지 확장되어 개인의 자율적 자아정체성과 실존적 욕구를 도모할 공간이 사라지고 사회로부터 단절된 개인들은 고립된 가족이기주의나 경력쌓기를 통해 자신의 의미와 정체성을 추구하는 '사적 개인주의'로 후퇴하게 된다. 결국 사회의 경영은 자본과 국가의 힘에 의해 유지되는 엘리트 전문가 층에게로 넘겨지고 개인들은 더이상 사회의 정치현상에 관심을 가지지 않은 채 탈정치화되면서, 시민사회 속의 공공영역은 축소하거나 왜곡되는 것이다.

노동기반사회를 넘어 다활동기반사회를 향하여

이미 선진 자본주의사회는 차치하고 한국사회에서도 공공영역에서의 소통적 관심이 기능적 관심으로 대체되어버린 지 오래다. 고르는 이를 경제합리성에 의한 사회잠식으로 보고 있다. 이미 앞에서 지적한 바 있듯이 고르의 새로운 사회주의 프로젝트는 '노동으로부터의 해방'에 초점을 맞추어 타율노동을 자활노동으로 변형하는 것이다.

그 방법으로 "노동자 스스로 자신의 노동을 문화적으로 재정의하는" 문화 프로젝트에 초점을 맞추고, 사회와 사적 개인들의 영역 그 사이에 있어야 하지만 상실되어버린 필요영역을 회복할 수 있도록 우리들이 살고 노동하는 미시사회적 공동체를 강화할 것을 주장하고 있다. 이것은 사적생활영역의 후퇴로 노동과 사회가 타율성의 영역으로 넘겨진 현실사회에서 중요한 과제라 할 수 있다.

앙드레 고르의 『파라다이스로 가는 길』. 그는 이 책에서 탈산업적 사회주의에 대한 전망을 더욱 구체화시키고 있다.

고르가 그리는 새로운 대안사회는 근대형 노동에 종말을 고함으로써 물질적 욕구를 충족시키기 위해 일해야만 하는 노동시간을 단축시키고, 창조적 잠재력을 실현하기 위한 자유시간을 늘리는 것이다. 이를 위해서는 모두에게 충분하면서도 무조건적인 기본소득을 보장해야 하며, 새로운 협력적 경제구조를 통해 본래적인 노동의 의미를 회복함으로써 '노동기반사회'를 넘어선 '다활동기반사회'의 미래를 열어가야 한다. 개인적 자율성과 다활동기반사회에 대한 고르의 주장은 오늘날 신좌파들에게 많은 영향을 주고 있다. 특히 '기본소득' 개념은 제3의 사회주의를 모색하는 좌파 학자와 실천가들에 의해 현장에서 실험되고 있다.

물론 이러한 새로운 사회를 열어갈 주체는 앞에서 언급한 것처럼, 자본주의적 합리성에 길든, 생산 자동화 사회에서 특권화된 기존의 프롤레타리아들이 아니라 새로운 탈산업사회의 신프롤레타리아인 비계급 집단이다. 자본주의 사회의 경제합리성으로부터 훨씬 자유로운, 새로운 주체들을 중심으로 하여 고르는 자본주의의 침투력에 대항하기 위한 다양한 범주의 개인 및 집단들을 포용하는 해방프로그램들을 구성하고자 노력하였다. 공장보다는 지역적이고 자율적인 새로운 사회운동집단, 문화단체, 공동체조직들 그리고 권리가 박탈되고 소외된 집단들에서 새로운 사회주의 정치의 가능성을 발견하고자 한 것이다.

문순홍 베이비붐 시대에 태어나 한강과 그 언저리 모래둑을 놀이터 삼아 자랐다. 성균관대학에서 정치학을 공부했지만, 동양철학, 자연과학 그리고 여성학 관련 서적에 더 흥미로워 했다. 배우고자 하면 어디든지 가며 누구에게든지 배울 수 있다고 생각한 그는, 결국 생태사상 분야로 학위를 받았고 1990년대 이후 김지하, 울리히 벡, 존 드라이젝과의 대화 캠프에 머물렀다. 대화문화아카데미 바람과물연구소의 소장으로 일하며 대안 전문가의 양성에 힘썼다.

생태위기를 극복하는 여성적 원리

자본주의는 인간의 몸까지 정복하고 있다

문순홍
전 대화문화아카데미 바람과물연구소 소장

생물다양성 보호를 위한 여성적 원리의 회복

근대세계는 인간과 환경, 여성과 남성, 제1세계와 비1세계, 공(公)과 사(私) 등 여러 개로 조각나고 분열된 세계다. 이 분열된 세계에서 생태학이 인간과 '환경'으로 갈라진 세계 내의 인간중심주의에 물음을 제기했다면, 여성주의(페미니즘)는 남성과 여성으로 분리된 세계 내의 남성중심주의에 의문을 제기했다.

생태학과 여성주의가 만난 생태여성주의는 오랫동안 여성주의가 초월하고자 했던 여성성, 그것도 여성에게만 주어져 있다는 속성——생물학적 근거로 확인된 것이든 아니든——에 적극적인 의미와 역할을 부여한다는 점에서 새롭다. 왜냐하면 생태재난은 이성과 합리성(곧 남성성)에 대한 근대의 신념을 뒤흔들었고, 이의 반작용으로 새로운 사회는 여성성(또는 여성적 원리)을 사회구성의 원리로 포용해내야 하기 때문이다. 이 여성적 원리에 의거한 생태여성주의를 주창하고, 서구형 과학기술문명과 이에 기반한 서구 발전모델(근대화)을 가부장제적 기획이며 악개발이라고 비판한 이가 반다나 시바(Vandana Shiva)다.

" 과학기술 문명은 여성과 자연으로부터
창조성, 주체성, 생산성을 빼앗아
남성과 생산으로 귀속시켰다.
이 기획에서 자연과 여성은 과학과
남성성에 종속되고 타자, 즉 수동적인
비-자아로 제시된다. 구체적으로
'어머니 대지'인 자연은 기계와
생산원료로 전락하고 만 것이다. **"**

▶ 반다나 시바

시바의 생태여성주의는 다음과 같은 몇 가지를 배경으로 해서 형성된
것으로 보인다. 우선은 남녀평등적이고 전원적인 양육배경을 들 수 있
다. 1952년 히말라야 산맥 자락에 위치해 있는 인도의 북부 도시 데라
둔(Dehra Dūn)에서 시바는 삼림관리원이었던 아버지와 여자전문대학
의 강사였던 어머니 사이에서 태어났다. 그의 아버지는 어린 시절 그녀
와 함께 말을 타고 히말라야 산 속을 돌아다녔으며 그의 어머니는 인도
여성들의 의무인 세탁·음식 같은 허드렛일에서 그녀를 면제시켜 주었
다. 두 번째로 지적할 수 있는 배경은 박사학위 분야가 과학철학이란 점
이다. 박사과정에서 그녀는 머천트, 하딩 등 과학철학을 다루는 여성학
자들의 책을 접하였다. 그후 1978년 그녀는 캐나다 토론토에서 과학철
학 분야의 박사학위를 취득한다. 세 번째 배경은 1980년대에 나무둥치
를 껴안고 대규모 벌목에 저항한 가왈지역 여성들의 시위를 목도하게 된
일이다. 칩코(Chipco) 운동으로 알려진 이 운동은 그녀를 전 세계적으
로 유명하게 만들었을 뿐 아니라 그녀 인생에 극적인 전환점을 만들어주
었다. 아카데미 과학자에서 행동하는 지식인으로 사회적 위치를 바꾼 것

이다. 1983년 그녀는 뉴델리에 '과학, 기술, 그리고 자연자원 연구재단'을 세운다. 이 재단은 산림, 농업 그리고 어업 내 중앙집권화된 단일경작 시스템으로부터 주민들의 삶과 환경에 관한 권리를 보호하고 생물다양성을 보호하는 일을 하고 있다. 현재 시바는 이 재단의 이사장으로 재직하고 있다.

사상으로서 생태여성주의는 그녀의 저서 『살아남기』(1987)와 『에코페미니즘』(2000, 마리아 미즈와 공저)에 가장 잘 나타나 있다. 시바의 사상은 서구의 과학기술문명과 이에 기반한 서구발전모델(근대화)을 '가부장적 기획'으로 보는 데서 출발한다. 그녀의 눈에 유럽의 과학기술은 세계에 대한 이해를 전일적 접근방식에서 환원주의적 방식으로 바꾼 것이다. 환원주의적 방식이란 선형적이고 목적-지배적인 사고양식과 행동양식을 의미하는데, 이는 남성지배적인 연구집단에서 지배적으로 자리 잡고 있다.

이 과학기술 문명은 여성과 자연으로부터 창조성, 주체성, 생산성을 빼앗아 남성과 인간사회(생산)로 귀속시켰다. 이 기획에서 자연과 여성(성)은 과학과 남성성에 종속되고 '타자', 즉 수동적인 비-자아로 제시된다. 구체적으로 '어머니 대지'인 자연은 기계와 생산원료로 전락한다. 이 과학기술 문명에 기반한 발전모델은 자연, 여성, 그리고 제3세계 주민들에게서 창조와 생산의 능력을 박탈하고 이들을 인간, 남성, 그리고 제1세계의 자본에 부여한다.

그녀는 이런 생각들을 구체적인 사례에 적용해 설명하는데, 이 가운데 대표적인 것이 여성들의 토착지식과 문화에 관한 문제다. 그래서 서구발전모델에 대한 그녀의 비판은 바로 여성지식의 비전문화와 파괴에 대한 저항이기도 하다. 일례로 시바는 인도의 숲이 식민지화되는 과정에서 숲의 파괴와 더불어 임업에 관해 여성들이 갖고 있던 전문지식도 파괴됐다고 본다. '과학적 임업'이란 실제로는 이윤 극대화를 위한 서구적 욕심에서 비롯된, 여성을 배제하는 임업에 불과한 것이다. 인도 가왈지역 여성들의 칩코 운동은 이런 '배제'에 대한 저항이었다. 그래서 여성과 자연의 시각에서 이 발전모델은 악개발에 불과한 것이다. 악개발에서 벗어나는 유일한 길은 발전과 과학기술에서 여성성과 '여성적 원리'(프라크라티)를 회복하는 것으로, 이것이 1986년 출간된 『살아남기』의 내용이다.

자연친화적인 여성의 지식이 비전문적이라고 무시되는 것은 이뿐만이 아니다. 『에코페미니즘』은 남성 과학자 · 의학자들에 의한 모성(母性) 파괴를 다루고 있다. 시바는 제3세계의 산파술이 제1세계의 산과학으로 전환하면서 여성이 남성 과학자 · 의학자의 시술대상으로 전락했다고 주장한다. 예를 들어, 원래 아이에 대한 최고의 전문가는 어머니다. 그럼에도 불구하고 과학의 합리성을 내세운 의사들은 어머니의 지식을 무시하며 산모를 무지한 '몸뚱이'로 간주한다. 의사만이 지식을 갖춘 정신이다. 시바는 이런 이율배반적 과학을 거부하며 모성의 회복을 강조하였다.

1989년 탈고된 『녹색혁명의 폭력』에서 여성과 이들의 지식 · 문화는 토착주민과 이들의 지식 · 문화로 확장된다. 이 책은 과학기술이 제3세계의 자연과 주민들에 얼마나 폭력적 · 파괴적이었는가를 녹색혁명에 관한 경험적 자료들에 근거해 밝히고 있다. 녹색혁명은 1960년대 이후 아시아에서 인구가 급증하고 식량부족이 일어나자, 다수확 품종을 개발하고 제초제와 화학비료 사용을 늘림으로써 식량생산을 증대시키려는 일련의 시도였다. 그런데 이 녹색혁명이 아시아 지역에서 초래한 것은 토양 및 식량 오염, 토착종 다양성의 상실, 전통적인 농경기술 및 토착지식의 상실이었고, 나아가 가난한 농민들을 값비싼 화학품에 의존토록 만들었다는 것이다. 시바의 시대인식에서 이러한 상황은 1990년대를 넘어서며 더욱 악화되는 것으로 이해된다.

시바의 삶은 1980년대 후반에서 1990년대 전반기로 넘어가는 동안 두 번째 전기를 맞는다. 이 시기에는 생명공학기술과 이 기술이 야기할 사회·경제·정치적 영향들이 새로운 사회문제로 부각되기 시작하였다. 다음으로 지난 20여 년 동안 대립해온 환경보호와 경제발전이 지속가능한 발전이란 이념으로 타협되고 생물다양성 협약을 비롯한 다양한 협약협상이 진행되고 있었다. 끝으로 신자유주의적 세계화가 1994년 WTO 발족을 기점으로 급속화되었다. 이 일련의 진행과정을 지켜보면서 시바는 가부장제적 기획에 대한 투쟁의 새로운 화두를 발견하게 된다. 생물다양성 보호, 생명공학기술과 생명특허, 생명체를 담보로 한 생명산업, 이들에 의한 제3세계·자연·여성·토착지식 및 문화의 파괴 등이 그것이다.

생물다양성을 위한 전쟁 선언

1993년을 전후하여 WTO체제 아래 종자특허법(1994년 통과)이 준비되기 시작하자, 시바는 이를 '신식민주의'라 부르고 "자유무역체제와 유전자조작기술의 도움으로 국제적인 기업들이 종자시장에 대한 통제를 획득하려는 음모"라고 비판한다. "종자는 신성한 것이다. 종자는 공동체의 재산이며 자연의 선물이므로, 이윤을 목적으로 하는 상품이 될 수 없다." 이것이 그녀의 신념이다. 같은 해 시바는 이 신식민화에 저항하는 나브다냐(Navdanya) 운동을 인도 전역에서 일으켰다. 이 운동으로 인도 전역에서 16개 공동체 종자은행이 출발하였고, 토착농업기술(방식)에 대한 보전과 지속가능한 농업방식에 대한 농민교육이 진행되었다. 이 활동으로 1993년 시바는 '정의로운 삶을 기리는 상'(Right Livelihood Award)을 수상하였다. 이 상은 1979년 노벨상에 생태학 부문을 도입하자는 제안이 거부당하자 그해에 독일-스웨덴의 언론인인 야콥 폰 웩스퀼(Jakob von Uexkuell)이 이에 대응하여 처음 제정하였다.

시바가 이런 생명공학기술, 생명특허, 생명산업체의 등장 및 이들에 의한 종자시장의 독점화를 글쓰기로 고발한 것이 『생물다양성: 사회적 &

소외된 인간에 대한 애정과 해체되는 가족을 향한 안타까움을 그리는 제인 캠피언의 영화『스위티』는 생명과 여성을 회복하려는 시바의 관점과 맥락이 닿는다.

생태적 영향』(1992), 『자연과 지식의 약탈자들』(1997), 『도난당한 추수』(2000), 그리고『내일의 생물다양성』(2000)이다. 특히 1997년『자연과 지식의 약탈자들』은『살아남기』와『에코페미니즘』에서 주장하였던 것들을 여성의 몸만이 아니라 생물 하나하나가 자기발생적이고 유기체적인 지식을 갖고 있다는 주장으로 확장하였다. 자연을 약탈한다 함은 자연의 몸을 무지한 것으로 간주하고 마음대로 침범하는 것을 의미한다. 이 책에서 시바가 주장하는 '생물해적질'은 이런 행위를 지칭한 것이다. 또한 시바는 특허라는 명목으로 생명체의 소유권을 갖는 이 생물해적질이 서구 자본의 새로운 '식민지 발견'에 불과할 뿐이라고 주장한다. "지리상의 대발견이 신대륙에 깃발을 꽂고 외부세계로 식민지 확대의 길을 열어주었다면, 생명공학기술의 발견은 유전자 지도 위에 깃발을 꽂고 인간 내부로 식민지를 확대했다."

그녀에 따르면, 서구의 자본은 이제 여성·식물·동물의 내부공간(즉 육체)이라는 새로운 식민지를 만들어 약탈하기까지 이르렀다. 서구의 발달된 유전공학은 모든 생명체가 지닌 유전자 코드를 식민화한 것이다. 일례로 미국의 미리어드 제약회사는 진단과 검사를 독점하기 위해 여성의 유방암 유전자에 대한 특허를 냈다. 여성의 몸의 일부를 제약회사가 사유화한 것이다. 파푸아 뉴기니의 하가하이 인디언의 세포주에 대한 특허는 미국 상무부가 가지고 있다. 이러한 저술은 2000년에 발간된 두 권의 책『도난당한 추수』그리고『내일의 생물다양성』에서 더 논리화되고 구체화된다.

2002년에 출간된『물전쟁: 사유화, 오염, 그리고 이윤』은 국가·지역·공동체 간의 물무역, 댐건설, 그리고 양식어장 등을 검토하면서 공동체의 물에 대한 권리가 역사적으로 어떻게 붕괴되어왔는가, 지구의 파괴와 세계의 가난한 자들의 권리(공민권)가 어떻게 빼앗겨왔는가를 분석한다. 이 분석을 통해 그녀는 자원갈등이 정치갈등, 인종갈등, 종교 갈등 등으로 위장되고 있지만 기실 패러다임과 문화의 갈등이라고 말한다. 특히 물과 관련하여 두 개의 패러다임, 즉 물을 신성한 것으로 간주하고 물의 제공을 생명보존을 위한 의무로 다루는 패러다임(예로 인도는 물론 우리나라에서도 물을 사먹는다는 것은 낯선 것이다)과 물의 소유 및 상거래를 기업의 기본권리로 생각하는 상품으로서의 물 패러다임이 충돌하고 있다고 주장한다. 이 책을 통해 시바는『살아남기』에서『도난당한 추수』에 이르기까지 논의해온 지식·문화의 획일화 과정과 가부장제 기획에 대한 저항을 이제 지식·문화를 약탈하는 패러다임에 대항한 인간사회와 자연의 생물적·문화적 다양성 보호 패러다임의 전쟁으로 선언한 것이다.

생태여성주의자로서 시바의 중요성은 여성을 단순한 희생자로 부각하지 않는다는 점에 있다. 그녀는 여성, 나아가 자연과 토착민 공동체가 높은 수준의 지식과 창조성과 생산성을 가지고 있음을 보여주었다고 평가받는다. 그러나 시바는 여성적 원리를 강조함으로써 여성을 다시 전통적인 대지(자연)인 어머니의 이미지로 묶어두는 위험을 남겼다. 또한 그녀의 지적·실천적 비판활동이 아직 인도 내부의 카스트 제도의 문제로 눈을 돌리지 않는다는 점에서 아쉬움이 남는다.

문순홍 베이비붐 시대에 태어나 한강과 그 언저리 모래둑을 놀이터 삼아 자랐다. 성균관대학에서 정치학을 공부했지만, 동양철학, 자연과학 그리고 여성학 관련 서적에 더 흥미로워했다. 배우고자 하면 어디든지 가며 누구에게든지 배울 수 있다고 생각한 그는, 결국 생태사상 분야로 학위를 받았고 1990년대 이후 김지하, 울리히 벡, 존 드라이젝과의 대화 캠프에 머물렀다. 대화문화아카데미 바람과물연구소의 소장으로 일하며 대안 전문가의 양성에 힘썼다.

정신분석학 · 철학 · 사회이론 · 대중문화의 만남

일상의 문화에서 변혁의 가능성을 찾는다

홍준기
한국정신분석상담연구소 소장

억압된 무의식을 돌보는 유일한 학문, 정신분석학

정신분석학은 '억압된' 무의식에 원칙적으로, 그리고 지속적으로 주목하는 유일한 학문이다. 프로이트가 발견했듯이 신경증은 무의식적인 욕망과 이것의 의식화를 억압하는 초자아와의 갈등에서 발생한다. 한때 서양에서 정신분석학은 인간의 행위와 사고의 모든 동인을 성(性)에서 찾으려 하는 판섹슈얼리즘에 지나지 않는다는 오해를 받은 적이 있지만, 이러한 오해가 불식되자마자 정신분석학은 서양 학문의 주도적인 패러다임으로 자리를 확고히 굳혔다. 20세기, 그리고 21세기는 정신분석학의 시대이다. 철학, 예술 문화이론, 사회이론 등 인문학 분야는 물론 심리학, 정신의학에 이르기까지 적어도 '인간의 문제'를 다루는 분야에서 직 · 간접으로 정신분석학의 영향을 받지 않은 학문분야는 거의 없다 해도 과언은 아니다.

정신분석학이 우리를 매혹하는 것은, 의식으로부터 억압된 '금지된 세계', 즉 무의식의 영역에 눈을 돌릴 것을 꾸준히 요구하는 유일한 학문이기 때문이다. 여기에서 억압은 크게 두 가지 의미로 이해할 수 있

66 지젝은 대중문화를 존중하고, 여기에서 사회변혁에 대한 희망의 단서를 발견하는 진보적인 학자이다. 좀더 나은 삶에 대한 희망은 우리의 삶과 동떨어진 공허한 이론에서가 아니라, 우리가 일상적으로 만나는 구체적인 문화적 현상으로부터 그 추동력을 얻어야 한다는 것이다. **99**

▲ 슬라보예 지젝

다. 정신질환을 발생시키는 좁은 의미의 억압, 즉 임상적 의미에서의 억압과 넓은 의미의 억압, 즉 정치적·사회적 억압이 그것이다. 프로이트가 입증하고 라캉이 다시 한 번 확인했듯이 이 두 가지 억압은 서로 다른 종류의 것임에 틀림없지만 그럼에도 동시에 서로 긴밀히 연결되어 있다. 한 개인이 진정으로 해방되기 위해서는 사회적 해방을 필요로 하며, 동시에 사회적·정치적 해방은 개인적 차원의 해방이 없다면 공허한 것이 되고 말 것이다.

프로이트는 신경증의 치료는 억압된 무의식을 의식화함으로써만 가능하다고 보았다. 라캉에 따르면 증상이란 '전능한'——억압적인——타자에 대한 주체의 반응으로서, 무의식의 세계에 무언가 문제가 있다는 것을 보여주는 일종의 신호이다. 그러므로, 프랑크푸르트학파의 철학사상에서 잘 드러났듯이, 서양사회에서 정신분석학이 사회 비판적인 여러 이론들과 결합해 '인간과 삶의 총체적 해방'을 추구하는 진보적 사상의 한 흐름으로 확고히 정착한 것은 결코 우연이 아니라고 하겠다.

지젝은 개인을 억압하는 전체주의를 거부하고 진정한 개인의 해방을 실현해야 한다고 주장한다(사진: Kate Milford).

라캉은 계몽주의자다

최근 세계적으로 각광을 받고 있는 슬라보예 지젝(Slavoj Zizek)에 우리가 주목하는 것도 바로 이러한 맥락에서이다. 지젝은 사회주의 지역이었던 슬로베니아 출신의 정신분석학자이며 철학자이다. 그는 구 사회주의 국가 출신의 학자답게 처음에는 알튀세(Louis Althusser) 등 진보적인 마르크스주의 이론가들에 관심을 가졌으나, 이후 연구분야를 라캉의 정신분석학으로 옮겨갔다. 그의 초기 저작에서 이미 잘 드러나듯이 지젝의 출발점은 '전체주의 비판'이었으며, 계속 이어지는 그의 저작에서 또한 반복적으로 확인되듯이 그의 귀착점 역시 그러하다.

지젝의 이론을 한마디로 요약하면, '보수적 이데올로기 비판'이라고 말한다 해도 큰 잘못은 아닐 것이다. 하지만 잘 알려져 있듯이 그의 관심은 좁은 의미의 정치 혹은 사회철학에 국한되지 않는다. 지젝은 자신의 연구 영역을 철학·영화·대중문화 등 더욱 광범위한 분야로 확대했고, 이를 바탕으로 자신의 독특한 라캉론을 전개했다. 때문에 특히 젊은 층 사이에서 지젝은 영화와 대중문화에 대한 그의 열정으로 인해 '컬트적인 인물'로도 통하고 있다.

지젝의 학문작업이 포괄하는 영역은 매우 광범위하므로 이를 간략히 요약하기란 어렵지만 그럼에도 우리는 그의 초기 저서 『가장 숭고한 히

알튀세는 이데올로기가 개인을 억압한다고 역설하지만, 그 외부에 존재하는 의식을 부정하였다.

스테리 환자—헤겔이 통과하다』『이데올로기의 숭고한 대상』 등에서 지젝의 학문적 방향에 대한 청사진을 읽어볼 수 있다. 지젝은『이데올로기의 숭고한 대상』의 서론에서 이 책의 목표를 다음 세 가지로 정리한다.

첫째, '후기구조주의'라는 라캉에 대한 왜곡된 이미지를 정정하면서 라캉 정신분석학의 기본개념을 소개하고, 더 나아가 비합리주의자로 왜곡된 라캉의 이미지에 반대해 계몽주의적 전통 속에 라캉을 자리매김한다.

둘째, 라캉 정신분석학의 기초 위에서 헤겔 변증법을 새로 읽는다. '관념론적 일원론'이라는 헤겔 해석은 전적으로 오해이며, 헤겔이 말하는 '절대적 지식'이란 상실, 혹은 결핍의 승인을 의미할 뿐이라는 것을 밝힌다.

셋째, 상품 물신성과 같이 잘 알려진 고전적 모티프에 대한 새로운 독해, 그리고 일견 이데올로기론과 상관없어 보이는 '고정점', '숭고한 대상', '잉여향유' 같은 라캉의 개념에 대한 새로운 독해를 통해 이데올로기론의 정립에 기여한다.

요컨대, 지젝에 따르면 라캉 정신분석학은 비합리주의적 이론이 아니라 오히려 반대로 계몽주의 전통의 계승으로서 그 가장 급진적인 형태이다. 그리고 이미『가장 숭고한 히스테리 환자—헤겔이 통과하다』에서 주장한 바와 같이 라캉 이론은 독일 관념론, 특히 헤겔 논리학을 바탕으로 더 정확히 해명될 수 있다. 헤겔의 절대적 지식이란 절대적 지식의 불가능성과 결핍, 달리 말해 라캉이 말하는 욕망에 다름 아니라는 것이다. 지젝은 또한 라캉 정신분석학과 알튀세, 그리고 프랑크푸르트 학파의 이론을 결합시킴으로써 오랫동안 사회이론가들의 주요 관심사였던 이데올로기 개념을 명확히 하는 데 기여한다. 지젝의 이데올로기론은 알튀세의 유명한 글인 「이데올로기와 이데올로기적 국가장치」의 속편이라고 말할 수 있다.

주체의 자기성찰 없는 사회변혁은 성공할 수 없다

지젝은 정신분석학과 철학을 접목시키고 개인과 사회의 관계라는 난제 앞에 좌초한 기존의 사회이론에 대해 신선한 대답을 제공함으로써 현대의 가장 중요한 '포스트마르크스주의자'로서의 위상을 확보했다. 인간 주체의 사회 변혁능력을 강조하는 휴머니즘적 마르크스주의는 개인의 사회 변혁능력을 과대평가한 나머지, 사회 변혁을 통해 모든 사회적 억압을 제거할 수 있을 것이라는 역사주의적 오류에 빠졌다. 지젝에 따르면 현실 사회주의는 사회주의가 실현되었음에도 불구하고 항상 반복되는, '비역사적인' 외상적 중핵——인간은 무의식을 가지고 있다는 사실로부터 연유하는, 제거할 수 없는 항구적인 억압 현실, 달리 말하면 상징적 질서로 흡수될 수 없는 실재로서의 외상——을 마치 존재하지 않는 것처럼 무시했기 때문에 전체주의 국가로 전락했다.

이와 반대로 구조주의적 마르크스주의는 구조적 변혁의 필요성을 강조했다. 하지만 이 이론은 개인에 대한 구조의 우위성을 너무 강조해서 개인의 변혁 능력을 인정할 여지가 없다는 문제점 이외에도, 주체의 내밀한 삶과 고통의 문제를 생각할 수 있는 이론적 도구를 갖고 있지 못하다는 한계가 있다.

이 두 이론 유형에 대해 '라캉-지젝주의'는 이렇게 비판한다. 과도한 보편화(구조주의)가 사회의 역사성을 숨긴다면, 과도한 역사화(휴머니즘)는 다양한 역사에 항상 꼭같이 반복되는 '외상적 중핵'을 보지 못한다.

무의식적으로, 그리고 항구적으로 존재하는 개인과 사회의 억압을 고려하지 않는다면, 모든 변화는 필연적으로 새로운, 혹은 더 큰 억압구조를 출현시키고야 말 것이다. 정신분석학적 의미에서 억압은 결코 완전히 제거할 수 없는 것이다. 그것은 구조적인 사실이다. 그렇다면 필연적으로 존재할 수밖에 없는 억압을 인정할 때에만 해방의 이름으로 자신과 타인에게 가해지는 억압과 부정의를 최소화할 수 있지 않을까? 이것이 함축하는 바는 이렇다. 정신분석학적 의미에서 주체의 탄생은 자신의 무의식까지도 책임을 지는 주체로의 변화를 의미하며, 이러한 점에서 정신분석학은 근대 주체철학의 비판적 발전이라고 할 수 있다. 주체의 자기성찰(자기분석)이 실제적인 사회변혁을 대신하는 것은 아니지만, 주체의 자기성찰 없는 사회변혁은 궁극적으로 인간 해방을 가져다주지 못한다.

그렇다면 우리는 이제 왜 『세미나 제7권 : 정신분석학의 윤리』에서 '안티고네'를 분석하면서 라캉이 정치를 직접 논하지 않고 '정신분석학의 윤리'라는 우회로를 통해 간접적으로 정치에 대해 이야기해야만 했는지 수긍할 수 있게 된다. 정신분석학은 정치를 '궁극적으로' 주체의 윤리적 결단의 효과라는 관점에서 파악하기 때문이다. 지젝이 우리에게 보여주었듯이 사회변혁과 보수적 이데올로기의 극복은 '그럼에도 불구하고'라는 '성도착적 행위'의 논리를 포기하는 주체의 윤리적 결단을 통해서만 성취될 수 있다는 것이다.

일상 속에 내재된 급진성의 발견

라캉 정신분석학은 '계몽주의의 가장 급진적인 버전'이라는 지젝의 평가에서 볼 수 있듯이 지젝은 계몽주의적 합리성을 부정하지 않으면서도, 라캉 정신분석학의 포스트모던적 요소에 주목한다. 지젝에게 포스트모더니티는 모더니티에 이어지는 '새로운 단계'가 아니다. 마치 헤겔의 논리학에서 존재와 무가 서로 분리된 것이 아니라 매개되어 있는 것처럼, 포스트모더니티는 모더니티에 '필연적으로 내포'되어 있는, 따라서 모더니티가 필연적으로 산출할 수밖에 없는 모더니티의 또 다른 측면이라고 보는 것이다. 그러므로 지젝에게 포스트모더니티란 합리성, 사회변혁의 희망을 포기한 비합리적 사고가 아니다. 그것은 일상성에 내재해 있는 급진성의 체험이며, 이를 바탕으로 수행되는 주체적, 사회적 실천을 의미한다.

지젝이 대중문화에 '강박적으로' 관심을 갖는 이유도 거기에 있다. 모든 것이 우리에게 너무 친숙해 어떠한 비판적인 생각도 떠오르지 않을 때 갑자기 주변의 익숙한 사물들이 '섬뜩한 것'으로 느껴진다면, 그때에야 비로소 사람들은 자신의 존재의 '근거 없음'에 대해 생각하게 된다. 히치콕의 「사이코」에서처럼 안락한 샤워실이 살인의 장소로 변할 때, 혹은 데이비드 린치의 「블루 벨벳」에서처럼 평화로운 마을의 풀밭에서 잘린 사람의 귀가 발견되었을 때, 중산층의 안락한 생활이 무시무시한 폭력의 위협에 휩싸여 있음을 깨닫는다. 히치콕 감독이 특히 많이 사용했고, 라캉 정신분석학에서 '실재의 충격'이라고 설명하는 이러한 체험은 브레히트의 '소격효과'보다 더 급진적인 충격을 낳는다고 지젝은 본다.

지젝이 대중문화에 끊임없이 관심을 갖는 또 하나의 이유는, 고급문화와 대중문화, 본질과 가상이라는 이분법을 없앰으로써 '보통 사람들'의 평범한 미적·성적 체험을 존중하기 때문이다. 이러한 점에서도 지젝은 대중문화를 존중하고, 여기에서 사회변혁에 대한 희망의 단서를 발견하는 진보적인 학자이다. 좀더 나은 삶에 대한 희망은 우리의 삶과 동떨어진 공허한 이론에서가 아니라, 우리가 일상적으로 만나는 구체적인 문화적 현상으로부터 그 추동력을 얻어야 한다는 것이다. 야만과 문화의 기로에 서 있는 현대사회의 미래는, 우리가 일상적으로 만나는 '대상이 사물의 위엄'으로 높여지는 주체의 체험, 그리고 '섬뜩한' 사물 체험 속에서 드러나는 '실재의 충격'을 받아들일 수 있는 주체적인 승화의 능력에 달려 있다는 것이 지젝의 메시지이다.

홍준기 | 서울대 법대. 총신대 신학대학원을 졸업한 후 독일 브레멘대학교에서 철학박사 학위를 받았다(정신분석학 전공). 박사과정 중 에라스무스 교환학생 프로그램으로 파리 10대학에서 수학하였다. 현재 한국정신분석상담연구소 소장으로 있다. 저서로『라캉과 현대철학』『오이디푸스 콤플렉스 남자의 성, 여자의 성』이, 역서로는 '아난케 정신분석 총서'를 비롯하여,『욕망의 전복 : 자크 라캉 또는 제2의 정신분석학 혁명』『노아의 외투 : 아버지에 관한 라캉의 세 가지 견해』 등이 있으며, 주요 논문으로 「불안의 정신분석 : 라캉과 프로이트」「프로이트 라캉 정신분석학 : 이론과 임상」「라캉의 성적 주체 개념: 세미나 제20권: 앙코르를 중심으로」「라캉의 예술론」 등이 있다.

제 **3** 부

가장 자신 있는 것으로 소통한다

스포츠마케팅

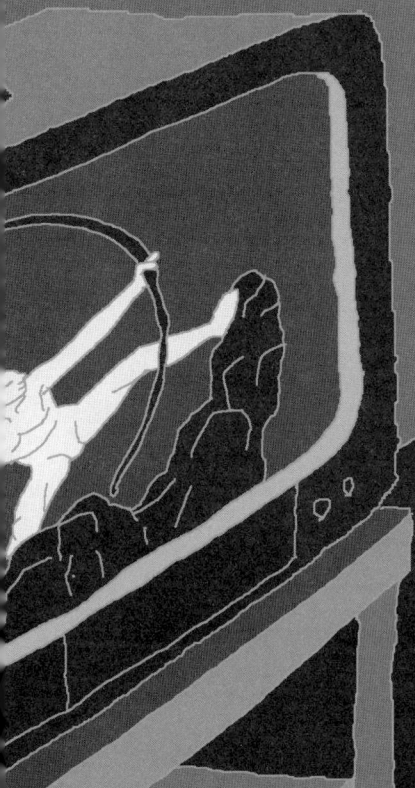

미디어와 문화로 소통하는 동북아 공동체
한 · 중 · 일의 화해와 교류를 꿈꾼다

최혜실

경희대 교수 · 국문학

패권주의로서의 동북아 공동체의 역사

근대 이전, 동아시아의 국가간 관계는 중국의 화이(華夷)질서로 대표된다. 중국은 자국을 세계의 중심으로 보아 자국의 문명을 '화'(華), 주변을 뒤떨어진 '이'(夷)로 파악하고 그 문명의 정도에 따라 차등을 두는 위계질서의 세계관을 지니고 있었다. 당시의 국제질서는 이것을 바탕으로 중국 황제와 주변 국가의 군왕들 사이에 형성된 예(禮)적 관계에 기반하여 형성되었다.

그리고 중화세계 속에서 소(小)중심들은 중국의 화이관을 빌려와서 자신의 주위에 적용했다. 조선의 경우 세종과 세조는 여진(女眞)에게 조공을 바치게 했으며, 일본이 조선을 '상국'(上國)으로 부르는 데 만족해 했다. 이 소중화주의(小中華主義)는 표면적으로는 사대사상(事大思想)으로 보이지만, 세월이 지나면서 체계화된 소중심으로서의 정체성은 국민국가를 형성하는 데 동력으로 작용하면서 이에 어느 정도 기여했다.

이런 중화사상은 서구 자본주의의 충격으로 동요되고, 동아시아에는

> **현재의 동북아시아론은 종래의 중화주의라든가**
> **대동아공영권, 혹은 미국식 패권주의와는**
> **다른 방향의 지역 통합으로 보인다.**
> **이는 종래 중심국가에 주변국가가 종속되는**
> **통합이 아니라 주변에서 중심으로 확산되는**
> **지역 통합이며, 미국─한국 같은 종적관계가 아니라**
> **다자주의의 횡적결합인 것이다.**

패권국가가 존재하지 않는 불안정한 질서가 계속되었다. 이즈음 일본은 일찍부터 서구 문명을 도입하고 체제를 개혁하는 데 성공하여, 동아시아의 불안정한 정세를 틈타 영국과 동맹체제를 형성하고 러시아의 남하를 견제했다. 또 미국과의 협력을 통해 타이완과 조선을 합병, 새로운 제국을 형성할 수 있었다.

그러나 만주국 수립 이후 영국, 미국과의 갈등이 시작되고 중일전쟁으로 곤경에 빠진 일본은 구미의 식민지 지배를 타파하고 아시아 민족을 해방하자는 명분을 내세워 근대 이전의 중화질서를 대체한 대동아공영권을 형성하려 하였다. 표면적으로는 초국가주의를 주장하며 서구라는 타자에 대해 아시아적 정체성을 추구하고 아시아 국가 간의 상호연대를 추구하자는 것이었다. 그러나 일본의 만주·한국·대만 점령과 중국 침략을 세세히 살펴보면 그것이 단순히 군사적 논리에서 비롯한 구상이며 일본 전통의 가족 윤리와 천황 이데올로기를 확장한 것에 불과함을 알 수 있다. 서구적 가치를 극복하자는 근대 초극론은 정치적·군사적 힘을 동원한 직접 지배를 합리화하려는 이데올로기에 불과했다.

일본의 패전 이후 미국은 군사력과 경제력을 바탕으로 아시아와 태평양에 영향력을 행사하기 시작했다. 미국은 일본의 식민지 통치방식과는 다르게 안보를 내세워 미군을 주둔시키거나 각 국가들과 동맹을 맺는 지배방식을 취했다. 미국과 일본의 주도 아래 한국과 동남아가 수직적으로 배치되는 구조였다. 여기에 미국의 경제력은 큰 역할을 했다. 한국 등 아시아 개발도상국가들은 근대화를 진행하는 동안 미국식 자본주의를 표준으로 받아들이면서 자연스럽게 미국에 동화되었다. 특히 분단의 냉전논리는 한국의 국민국가 건설의 기본 바탕이 되었다.[1]

최근 한국에서 대두되는 동북아 공동체론의 양상

2003년 2월 25일 출범한 참여정부의 3대 국정목표는 국민과 함께하는 민주주의, 더불어 사는 균형발전사회, 평화와 번영의 동북아시대이다. 정부는 동북아 역내 국가의 국가주의적 가치와 보편주의적 가치의 조화를 위해 동북아시대위원회를 만들고 여기서 통합된 정책의 방향성을 제공하라는 의견을 개진하였다. 경제·교육·문화·외교 등 모든 분야에서 이를 위해 노력해야 하며 통합된 방향 아래에서 구체적인 사업을 벌여야 한다는 것이다. 개인의 운명을 결정하는 공동체의 범위를 넓고 멀리 보아 미래의 지평을 열자는 것이나, 일본과 중국을 설득하기 전에 인류 보편적 시각으로 한국 국민을 설득해야 한다는 주장은 국내의 외국인 근로자와 외국인과 결혼한 사람의 증가에 따라 다문화주의의 필연성이 대두했기 때문이기도 하다.[2]

동아시아에 대한 논의는 동구권이 몰락하고 한국의 민주화가 어느 정도 진행된 1990년대부터 시작되었다. 이는 냉전시대의 한·중·일 관

---

1) 백영서 외, 『동아시아의 지역 질서』, 창비, 2005, 11~31쪽.
2) 김명섭, 「동북아 시대 구현을 위한 사회문화적 협력 구상」, 동북아시대 위원회 발표,
   2006. 8. 29.(발표자료 비공개).

계가 탈냉전시대의 새로운 국면에 접어든 상황에서 한국의 입지에 대한 반성과 성찰의 결과이기도 하다. 종래의 대립과 반목의 관계를 화해와 통합의 관계로 바꾸기 위해서는 한반도가 적대적 분단 상태를 해소하고 종래의 민족국가 모델을 넘어선 통일의 새 길을 개척함으로써 민족주의와 탈민족주의가 대립적으로 뒤섞이는 혼란을 종식해야 한다는 생각은[3] 이제 국가적이며 정책적인 차원에서 논의되는 듯하다.

현재의 동북아시아론은 종래의 중화주의라든가 대동아공영권, 혹은 미국식 패권주의와는 다른 방향의 지역 통합으로 보인다. 이는 종래 중심국가에 주변국가가 종속되는 통합이 아니라 주변에서 중심으로 확산되는 지역 통합이며 미국-한국 같은 종적관계가 아니라 다자주의의 횡적결합인 것이다.

그런데 한국으로서는 더할 나위 없이 좋은 이런 상황이 과연 도래할 것인가? 광대한 국토와 수많은 인구를 거느린 중국의 급속한 경제성장과 이미 선진국으로서의 위상을 다지고 있는 일본에 비해 기껏 중형국가를 자처하는 한국으로서, 이런 양상은 목전에 닥친 상황이 아니라 앞으로 풀어나가야 할 과제라는 표현이 훨씬 정확할 것이다.

소련과 미국으로 대표되는 이념의 대립이 사라지면서 한국·중국·일본 그리고 북한이 탈냉전의 새로운 국면에 접어든 것은 사실이나 현재 동북아 삼국은 자국의 이익에 대해 한 치의 양보도 하지 않고 있다. 미국 경제가 불안하고 이미 국력을 키운 동북아시아 국가들이 미국의 패권주의에 싫증을 느낀 것은 사실이나 그렇다고 자신의 패권주의를 포기한 상황은 아니다. 오히려 중국과 일본은 비어 있는 중심을 차지하려고 맹렬하게 자신의 세력을 확장하고 있다.

3) 최원식, 『문학의 귀환』, 창작과 비평사, 2001, 389쪽.

최근 중·일의 외교 전쟁

역사·영토·해역을 둘러싼 삼국의 갈등은 오히려 최근 들어 더 심해진 듯싶다. 중국과 한국은 일본의 역사교과서와 고이즈미 수상의 야스쿠니 신사 참배에 대해 격렬한 반감을 가지고 항의하고 있다. 2001년 일본의 '새로운 역사교과서를 만드는 모임'이 중학교 역사교과서 검정용 교재를 발간하려고 했을 때 한국과 중국은 소리를 모아 군국주의를 찬양하는 이 역사교과서 발간에 반대했다. 이 교과서는 약간의 수정을 거친 후 검정을 통과했으나 일본의 학교에서 지극히 낮은 채택률을 보였다. 고이즈미 수상의 야스쿠니 신사 참배는 일본 군국주의 부활 혐의를 갖게 하는 또 하나의 요소이다. 태평양 전쟁의 전범인 도조 히데키 등의 위패가 안치되어 있는 신사에 일본 수상이 참배한다는 사실은 한·중 양국의 자존심을 심각하게 건드리는 사건이다.

이런 역사 문제가 상징적인 갈등이라면 영토 및 영유권 문제는 실제적이기에 더 민감하다. 일본과 중국 간의 영토 문제는 센카쿠(尖閣) 제도에서 벌어지고 있다. 각자 자신의 정당성을 주장하는가 하면, 양국의 국민은 항의 데모, 섬 점령 등 실력행사로 나가고 있는 실정이다. 한국과 일본 또한 독도를 사이에 두고 똑같은 분쟁의 양상을 보이고 있으며, 최근에는 백두산을 둘러싸고 한국과 중국 간의 갈등이 깊어지고 있다. 바다의 경우, 한국·중국·일본이 각자 200해리를 주장할 경우 중복되는 해역이 많기 때문에 해역 분쟁은 이미 그 불씨를 내포하고 있다.

중국과 일본은 급속한 경제성장으로 증가하는 에너지 수요를 보충하기 위해 세계 각 지역에서 에너지를 획득하고자 노력하고 있다. 일본은 사할린에서 천연가스와 석유자원을 개발하고 있으며 카자흐스탄 해상의 유전 개발, 이란의 아자데간 유전 개발도 추진 중이다. 중국도 이에 못지않다. 카자흐스탄과 파이프라인 건설 협정을 체결하였고 알제리에 정유시설을 구입하였으며 동시베리아에서 동아시아로 이어지는 원유

일본과 중국 간의 영토 분쟁이 벌어지고 있는 센카쿠 제도. 영토 및 영유권 문제는 실제적이기에 더욱 민감하다.

파이프라인을 놓고 일본과 협상을 벌이기도 하였다.

동남아시아에 대한 중·일의 외교 공세 또한 뜨겁다. 양국이 아세안 (ASEAN)과 자유무역협정을 체결하였다. 고이즈미 수상은 더 적극적이어서 아세안 각국과 포괄적인 경제제휴 구상을 제창했다. 그는 아세안 각국과 함께 걷고 함께 나아가는 공동체 구축을 제안하면서 개혁과 번영, 안정, 미래에의 협력 등 세 가지 분야에서 협력해갈 것을 제안했다. 좀더 구체적으로 보면, 무역·투자·과학기술·교육·관광 등의 분야에서 일본과 아세안 각국이 포괄적인 협력을 하고 안전보장 문제에 대해서도 상호 협력하면서 문화적 교류를 확대하자는 것이다. 중국도 여기에 질 수 없다는 듯이 내정불간섭과 영토 분쟁의 평화적 해결을 규정한 동남아시아 우호협력조약에 가입했고 아세안 각국과 정기적인 안보 포럼을 개최하기로 합의했다. 그리고 이들의 경쟁은 남아시아와 중앙아시아에서도 계속되고 있다.[4]

다른 지역 공동체 사례와의 비교

중국과 일본은 왜 한국에는 그런 공세를 취하지 않는가? 그것은 동남아나 중앙아시아, 서남아시아가 자국에 훨씬 도움이 되기 때문이다. 한국과 중국, 일본은 역사적으로 반목과 대립의 기억을 지니고 있으며 서로를 종적관계로 엮어온 전력을 지니고 있다. 공산주의와 민주주의라는 사상적 대립도 존재한다. 여기에 영유권, 해역 등 실질적인 이해관계가 첨예하게 부딪치는 부분이 많다. 중국과 일본이 한국보다는, 자원을 획득할 수 있고 아직 성장기라 경제·문화면에서 우월성을 선취할 수 있는 아시아의 다른 나라에 관심을 갖는 것은 당연한 일이다.

따라서 동북아시아 공동체는 한국만이 가장 바라는 세력 균형관계일 뿐이다. 그렇다면 어떻게 해야 중국과 일본을 설득하여 지역공동체의 꿈을 이룰 수 있을 것인가? 지역공동체 구축에 성공한 EU의 경우를 살펴보면 절망감은 짙어진다. 오랜 세월 사회적 가치관을 공유하고 십자군전쟁 등 국제관계에서도 공동의 규범이 형성되어온 유럽공동체에게 통합이란 그리 어려운 일이 아니었다.

한국·중국·일본의 경우는 개방적 지역주의, 혹은 개방적 국가주의란 자가당착적이며 모순되는 것처럼 보이는 방식을 취할 수밖에 없다. 국가의 정치적 독립성을 유지한 채 사회문화적 다양성을 인정하면서 경제와 군사의 영역에서도 일정한 독자적 영역을 지속하고, 안으로는 인간중심적 관점으로 국가주의를 형성하며 밖으로는 다른 국가와의 공동 번영과 공동 안보에 기여해야 하는 것이다.

이런 모순된 국가주의와 보편주의의 조화를 이루기 위해서는 우선 다양한 지역통합이 기능주의에 입각해서 추진되어야 한다. 한 가지 원칙

---

4) 김영작·김기석 엮음, 『21세기 동북아 공동체 형성의 과제와 전망』, 한울아카데미, 2006, 112~129쪽.

으로 지역을 통합하는 것이 아니라 각각의 목적에 따라 규모와 방식을 달리하는 것이다. 그래야 모순과 이해관계의 충돌을 최소화할 수 있다. 또 정부가 아닌 NGO나 민간단체가 중심이 되어 다양한 분야의 교류가 이루어지게 하는 것도 한 방법이다.

그런데 문제는 지금까지 나온 이러한 견해들이 한국이 원하는 것이지 중국이나 일본이 원하는 것은 아니라는 점이다. 그 작은 섬, 독도 때문에 얼마나 지리한 논쟁과 투쟁을 계속하고 있는가? 중국은 적어도 한국이 보기에는 민족의 영산임에 틀림없는 백두산에 동계 올림픽을 유치한다 며 신경전을 벌이고 있다. 한국이 치를 떨건 말건, 자신이 일본의 교과서 왜곡에 그리 분노했던 것을 되갚음이라도 하는 것처럼 동북아공정을 외치고 있다. 그 두 나라를 나무랄 필요는 없다. 우리 또한 독도를 사수하기 위해 온갖 노력을 다하고 있지 않은가? 드라마 「주몽」을 보며 광활한 중국이 한때 우리의 무대였음을 자랑스러워하고 있지 않은가?

정보통신이 가속화한 초국가주의

결국 동북아 공동체를 만들기 위해서는 세 나라의 이해관계를 일치시키는 묘안이 필요하다. 여기에 미디어는 큰 역할을 한다. 교통과 통신의 발달이 인류에게 새로운 시공간 개념을 심어주었고, 이것이 인간의 사유방식에 영향을 주어왔음은 많은 연구자들에 의해 일찍부터 주목받아왔다.

자급자족이 이루어지던 농경사회에서는 주민들이 정착생활을 해왔으며 그들의 생활 반경은 영주의 봉토 중심으로 이루어졌다. 산업혁명 이후 증기기관의 발명과 새로운 교통수단의 등장, 근대국가의 형성이 동시에 나타났다. 도보나 우마를 사용하던 사람들은 증기로 움직이는 열차와 선박으로 훨씬 넓은 행동반경을 확보했다. 이제 사유의 범위는 국가 단위로 바뀌었다.

민족은 원초적인 공동체가 아니라 근대 자본주의의 발전 과정에서 생겨난 역사적 구성물이란 견해는 설득력이 있다. 단군 신화 등 민족 신화가 강조되고 자국어에 대한 사랑이 대두한 것은 유럽이건 동북아시아건 근대 이후의 일이었다. 공식 언어로 라틴어나 한자가 통용되던 중세와 달리 국어에 대한 사랑이 강조되면서 맞춤법 통일안이 나타난다. 이데올로기적 호소를 가진 민족주의는 왕조의 정통성이 사라진 근대사회의 상실감을 대체해줄 효율적인 가치관이었고, 이 가치관은 소설이나 신문이 '상상의 공동체'로서 민족적 연대감을 만들어가는 데 큰 역할을 했다.

그런데 디지털 시대가 되면서 통신기술과 미디어 산업의 발달로 세계는 좁아지고 문화의 혼종 현상이 나타나고 있다. 동시에 같은 화면을 접하고, 같은 유행을 공유하게 된 상황에서 산업화로 두터워진 중산층은 피부색과 문화가 자국과 비슷하면서도 적당히 이질적인 동아시아 각국의 문화에 호감을 가지게 되었다. 최근 나타난 한류 현상의 중요한 원인이 바로 이 미디어의 발달에 있다.

이제 사람들은 국가 단위에서 세계를 바라보기 시작했다. 텔레비전을 켜면 CNN이나 NHK에서 세계 각국의 뉴스와 날씨를 보도하고 있다. 인터넷 사이트를 열면 온라인 쇼핑몰에 세계 각국의 물건들이 나타난다. 한국에서 파리지엔이나 뉴요커의 유행을 따라잡는 것은 쉬운 일이다. 클릭하고 카드로 요금을 지불하면 일주일 안에 상품이 집에 도착하는 세상이다.

마차로 미국 동부에서 서부로 가는데 석 달이 걸렸다면 증기기관차로는 사흘이 걸렸고 비행기로는 네 시간이 걸린다. 우리는 이런 현상을 시공간의 압축이라고 표현했다. 최근에는 유비쿼터스 컴퓨팅 기술로 인해 시공간의 무화가 이루어지고 있다. 최근의 유비쿼터스 기술은 용도에 따라 공간을 구획하는 근대의 합리성에 강력한 도전을 하고 있다. 예를 들면 지하철은 목적지까지 가는 교통수단이다. 그러나 MP3로 음악을

이동중 휴대폰으로 멀티미디어 방송을 시청할 수 있는 DMB폰. 최근의 유비쿼터스 기술은 용도에 따라 공간을 구획하는 근대의 합리성에 강력한 도전을 하고 있다.

들으면 음악감상실이 되고 DMB로 스포츠 중계를 보면 거실이 된다. 모바일 폰은 전화에서 시작됐지만 그것으로 친구와 수다를 떨면 그곳은 놀이공간으로 변하며 게임을 하면 게임방이 된다. 또 주식 투자를 하거나 은행계좌로 송금을 하는 등 업무 처리를 하면 일터로 바뀐다.

이제 공간은 전자 공간과 중첩되면서 단순한 물리적 공간에서 가상의 정보가 부가된 증강 현실(augment reality)로 바뀐다. 지금 이 지하철 공간에 육체적인 내가 앉아 있지만 실제 내가 통화하고 있는 사람은 미국에 있다. 저 멀리 떨어져 있던 공간이 삽시간에 내게 다가와 연결된다. 하루종일 가야 아는 사람 하나 만날 수 없었던 그 고독한 익명의 공간이 새로운 기술을 통하면 내가 보고 싶은 사람과 소통할 수 있는 친밀한 공간으로 변모한다. 합리성과 이성, 목적성이 중심이 되던 도시 공간은 모바일 화면 안의 예쁜 캐릭터와 게임을 즐기는 놀이 공간, 환상의 공간으로 변모한다. 유비쿼터스 기술이 만들어낸 이 공간의 혼재를 앞으로 어떻게 활용할 것인가? 21세기 지구는 이제 공간 계획의 리모델링에 돌입해야 할 시점이다.

공간의 무화를 활용하는 동북아 지역 통합의 제안

종적인 통치의 오랜 관습이 존재해왔고 이념과 경제의 격차마저 존재하며 영유권 등 첨예한 이해관계가 닿아 있는 동북아 삼국의 지역 통합은 사실 요원하다. 화해와 교류는 어쩌면 한국만의 달콤하지만 고독한 꿈일지도 모른다. 중국과 일본은 훨씬 혜택이 많은 동남아시아·서남아시아·중앙아시아에 구애에 가까운 협력의 공세를 펼치고 있는 실정이다. 이런 상황에서 한국이 지역간 융합을 위해 제안할 수 있는 방식은 다음 두 가지가 있다.

첫째는 미디어의 활용이다. 양대 강국과의 관계에 있어서 우리에게 가장 유리한 방식은 한중일 삼국이 서로의 다양성을 인정하면서 거리감을 좁히는 것이다. 미디어의 활용은 이들 나라를 설득하는 데 가장 확실하고 효율적인 방법이다. 디지털 정보통신 기술은 거리의 개념을 좁히고 놀이성을 증대시킨다. 삼국은 각각의 문화와 역사, 삶의 방식을 엔터테인먼트 산업의 꿈과 감성을 통하여 공유하면서 그 거리를 무화시킬 수 있다. 또 이 방식은 영유권 등 직접적인 국가 간의 이해관계를 건드리지 않으면서 교류를 지속하고 그 과정에서 심리적 거리를 좁히는 데 효율적이다.

인터넷 강국의 이점을 최대한 살리면서 동시에 미디어를 채울 콘텐츠의 개발에 박차를 가하고 그 발달된 콘텐츠 기술을 바탕으로 삼국의 교류를 제안하는 것이다. 미디어의 감성적 측면, 놀이성을 십분 발휘하여 각국의 시청자들에게 한국에 대한 꿈을 심어줌으로써 궁극적으로 한국을 세계 시민들이 알고 싶은 곳, 와보고 싶은 곳, 살고 싶은 곳으로 각인시킬 수 있다.

대통령 탄핵 반대 촛불시위. 온라인상의 무정형성이 오프라인을 변화시키는 양상을 볼 수 있다.
ⓒencyber.com

　둘째는 한·중·일이 교류할 수 있는 온라인상의 놀이마당을 설립하는 것이다. 지금 인터넷상에서는 한국·중국·일본 누리꾼들 사이에 민족전쟁이 일어나고 있는 중이다. 동북공정, 독도 영유권, 야스쿠니 신사 참배, 「괴물」의 표절 시비 등의 문제로 설전을 벌일 뿐 아니라, 사이버 공간 특유의 놀이성이 가미된 전쟁이 나타나고 있다. 중국의 일부 누리꾼들이 온라인 축구 게임의 일본 서버에 집단적으로 들어가 채팅창을 욕설로 '방법'한 것 등이 그 예이다.

　온라인상의 무정형성이 폭발적인 힘으로 오프라인을 변화시키는 양상을 우리는 붉은 악마, 촛불시위, 대통령 선거에서 보아왔다. 이 사이버 민족주의는 조만간 오프라인의 민족주의로 고착화될 것이다. 이것을 막기 위해서는 재미와 꿈이 있는 콘텐츠가 요구되며, 자유로운 대화의 창이 열려 있는 사이버 커뮤니티를 만들어 삼국의 젊은이들을 교류시켜야 한다. 이 교류는 다시 오프라인에서도 삼국 청년의 놀이 포럼으로 연결될 수 있을 것이다.

순수예술과 문화산업의 소통을 통한 교류

한류(韓流)는 일시적이란 의미를 강하게 담고 있는 어원과는 달리 북미·남미·중동 지역까지 확산되면서 지속되고 있다. 앞에서 지적했듯이 정보통신과 미디어의 발달이 서로에 대한 간격을 좁힌 결과이다. 대중문화에서 시작된 한류는 최근 패션, 순수문학 등 문화예술과 교육 분야에도 확대되고 있다. 이 추세를 활용하여 순수예술의 전통과 자양분을 문화산업에 소통시킴으로써 한국 문화산업의 질을 높임과 동시에 대중문화에 대한 관심과 매력을 한국 문화예술 전반으로 확산시킬 수 있을 것이다.

한자나 유교 문화, 혹은 신화의 동질적 자원을 발굴하여 교류함으로써 그것을 지역의 보편적 원리나 상징으로 제시하는 것은 중요하다. 그러나 중요한 것은 방법이며 전략이다. 최근 반만 년의 역사를 지닌 한국문화와 역사가 살아 숨 쉬는 문화 원형을 디지털콘텐츠화하는 사업이 소기의 성과를 거두고 있다. 「대장금」 등이 한류의 선봉에 서 있음을 볼 때 한국문화의 세계화야말로 동북아의 공감대 형성에 중요한 역할을 할 것이라는 예감이 든다.

지금 문화체육관광부에서 추진 중인 한국어·한국학·한식·한복·한지·한옥 등 소위 '한(韓) 브랜드'의 산업화를 통한 세계화도 순수예술, 문화, 전통의 한류 확산에 초점을 맞추고 있다. 이를 체계적으로 확산하기 위해 아시아 문화동반자 1만 명 확보의 목표를 세우고 있다. 한국을 가장 잘 소개할 수 있는 사람은 유학생들이다. 한류 드라마를 보고 한국을 배우러온 이들을 활용하여 긴밀한 네트워크를 형성함으로써 모국에 가서 다시 한류를 소개하는 선순환(善循環) 구조를 만드는 것이다. 중국과 일본에 나가 있는 한국 유학생의 활용도 중요하다.

한류 열풍을 이끌고 있는 드라마 「대장금」. 한국문화의 세계화야말로 동북아의 공감대 형성에 중요한 역할을 할 것이다.

　보편 원리는 소재의 차원뿐 아니라 구조의 차원이어야 한다. 단순히 역사물, 풍속 등의 소재를 취하는 것만으로는 근본적인 공통점이나 미학적 가치를 찾아낼 수 없다. 예를 들어 「가을동화」는 한국에서도 인기가 있었지만 특히 중국에서 선풍적인 인기를 끌었다. 그 이유를 추적해 보면 작품 구조가 「공무도하가」에서 나오는 죽음과 이별을 상징하는 물의 원형 이미지와 일치하기 때문이다. 즉 중국과 한국을 관통하는 공통의 원형 구조를 지니고 있기에 「가을동화」는 양국에서 환영받을 수 있었다. 이 구조적 차원을 심도 있게 추출해낼 수 있는 학술적 기구와 커뮤니티의 설립이 시급하다.

　또한 다양한 장르를 오가며 순수예술과 문화산업을 연계시키는 방안이 있다. 디지털 매체의 융합(convergence) 경향은 영역 간의 소통을 원활하게 한다. 아날로그 기술을 배경으로 하던 시대에는 문학 · 게임 · 영화 · 애니메이션 · 드라마 등의 장르는 각각 고유한 생산 및 소비 체계가 있고 서로 간의 연관성이 크지 않았다. 그러나 문화상품이 디지털콘텐츠화되면서 산업부문 간의 유기적인 연관성이 커졌고 이에 따라 하나의 원본 콘텐츠로 여러 산업을 가동하는 OSMU(One Saurce Multi Use)가 가능해졌다.

이 과정에서 소설이 애니메이션이나 게임으로, 영화가 소설로 각색되는 일이 많아졌는데 이 경향을 활용하여 양자의 소통을 활성화한다. 즉 한국 · 중국 · 일본의 순수 문화예술에서 좋은 소재를 발굴하여 대중매체의 콘텐츠로 활용하는 방안을 지금보다 더 체계적이고 거시적으로 활용하는 것이다.

국가, 예술, 산업을 융합한 교류

21세기는 근대 이후 상품과 예술의 관계가 교환 가치로 바뀌는 시기이다. 자본주의가 의식산업에까지 침투하면서, 정보가 이윤을 낳는 상품이 되고 상품의 사용가치나 교환가치보다 기호가치가 강조되면서 상품의 미학성이 중요시되었다. 이때 예술과 상품의 구분이 모호해지는 경향으로서 문화산업이 대두되고 있는 것이다. 여기에 디지털 기술 등 정보통신의 발달은 이 경향을 가속화하였다. 디지털 기술로 인해 예술의 일회성, 예술가의 천재성, 신비성이 약화되고 '쟁이'로서의 예술가에서 프로슈머로서의 생산/소비자 개념이 등장, 상품 생산과 소비의 경계가 약화되었다.

이처럼 범주가 근본적으로 변화함에도 불구하고 그간 정부에서는 애니메이션 · 게임 · 영화 등 종래의 스토리텔링 장르가 방송이나 디지털 매체 등 대중 속에서 구현되는 협의의 측면만을 문화산업의 핵심으로 강조해왔다. 이제 정보통신이 발달하고 새로운 경제가 대두되면서 상품의 예술화가 급속히 진행되고, 상품의 생산과 소비가 예술의 창작 및 향유의 방식과 닮아가고 있다. 이제는 상품의 소비에 있어서도 삶의 질이 향상되는 방향성에 중점을 두어야 할 것이다. 그 증거로 최근의 마케팅 방식 중에서 상품이 소비자를 감동시키는 '감성 마케팅'은 예술작품이 수용자를 감동시키는 방식을 닮아가는 현상이라 할 수 있다.

디자인 · 광고 · 브랜드 · 캐릭터 같은 상품은 문화산업과 밀접한 관계를 지니고 있다. 좀더 극단적으로 말하면 애니메이션이나 컴퓨터게임의 문화적 요소와 상품적 요소가 디자인 등 상품의 문화적 요소, 상품적 요소와 유사하게 된 것이다. 예를 들어 LG의 홀맨, 우비소년, 딸기는 기업의 브랜드 이미지를 높이는 캐릭터로 시작하여, 최근 애니메이션 등으로 제작되었다. 이는 기업의 판매 전략이 문화산업과 연결된 좋은 예이다.

한국의 국가 이미지 제고도 실은 이 '상품의 예술화'로서 문화산업과 연계해서 진행되어야 한다. 최근 한국에서는 기 소르망(Guy Sorman)의 조언처럼 자신의 이미지를 세계에 알리려는 문화정책이 진행되고 있다. 그러나 상품을 파는 기업의 활동과 한국을 알리는 행사가 별개로 행해지면서, 합침으로써 얻을 수 있는 시너지 효과를 획득하지 못하고 있다. 기업의 제품 생산, 브랜드 이미지 제고, 마케팅 등을 종래 문화산업이라고 여겨지던 것과 연결시킴으로써 한국의 예술 이미지와 문화산업 이미지를 구축하고, 이를 통해 전반적인 국가의 이미지 만들기가 필요한 시점이다.[5]

우리는 '문화산업이 곧 한국의 이미지'임을 직시하고 관련 재외활동(외교, 예술홍보, 무역/산업)과 치밀한 협력 체제를 구축해야 한다. 구체적인 방안 하나를 예로 들자면, 중국과 일본에 문화산업을 거래할 수

5) 최혜실, 「한국 문화산업 육성을 위한 이론적 토대로서의 문화콘텐츠」, 『인문콘텐츠』 3호, 인문콘텐츠학회, 2004. 6, 70~71쪽.

있는 장으로서 '재외 문화 포스트'를 설치할 필요가 있다. 이 기구는 전일제 직원 한두 명 이외에, 대사/영사관(외교 분야) 직원, 현지 상공회의소(산업/무역 분야) 직원, 현지 문화원(문화예술 분야) 직원을 포함하는 조직으로 구성하며 현지인 및 유학생을 적극 활용한다.

창의성 수출로 국가적 특수성과 세계적 보편성을 조화시킨다

일본은 아세안 각국에 교류를 제안할 때 경제력 등, 자신의 우수한 부분 중 상대국에 이익이 되는 부분을 조건으로 내걸고 있다. 당연히 동남아 국가들은 앞다투어 경제협정을 체결하였다. 마찬가지로, 사회문화협력을 제안할 때 일방적으로 우리 문화와 역사의 우수성을 선전했다가는 상대국의 반발을 불러일으키기 쉬우니, 우리의 우월한 부분 중 중국과 일본에 도움이 되는 부분을 제공해야 한다. 우리가 제공할 수 있는 것 중 하나가 창작 소재로 활용할 수 있는 문화원형이다.

정형성은 단순한 유행의 차원이 아니라 '사회 구성원에게 공유되는 전통적으로 합의된 서사'이다. 이것은 오랜 기간 사회 구성원 공동의 누적된 합의에 의해 이루어지는데, 이것이 바로 문화원형 창작 소재가 지니는 장점이다. 오랜 시간의 부식을 견뎌내었기 때문에 그 속에는 인류 보편성을 깔고 있으면서 동시에 자국민의 특수성이 담겨 있다.

2002년부터 추진된 문화원형 디지털 콘텐츠화 사업은 전통문화를 테마별로 디지털 콘텐츠화(창작소재화)하여 창작 기반을 조성하는 사업이다. 이 디지털 콘텐츠는 이미 「왕의 남자」 「혈의 누」 「다모」 등의 소재로 사용되었으며, 최근에는 글로벌 문화원형도 개발 중이다. 기존의 사업을 바탕으로 중국 및 일본과 문화적 감수성을 공유할 수 있는 소재를 중점적으로 개발할 필요가 있다.

국사편찬위원회의 '역사정보통합검색' 사업, 문화관광부의 '국가문화유산종합정보서비스' 사업 등 지금 국내에서 구축되고 있는 공공재의 아카이브화와 관련된 국가사업들과의 연계를 강화, 통합 시스템을 구축한다. 더불어 중국역사박물관, 중국가상박물관, 중국 대학 수자박물관, 중국세계문화유산 웹 사이트 등 중국의 아카이브 사업 및 일본 문화유산의 3D아카이브 등과 통합 시스템을 구축하여 창작 소재를 교환한다.[6] 이를 위한 포럼이나 국제 문화원형 교류위원회 설립, 학술대회의 주최 등도 한 방법이다.

또한 세계적인 수준에 있는 한국의 IT기술을 문화와 융합시킨 CT(culture technology)도 우리가 선취한 기술로써 교류할 때 강점을 가질 수 있다. 기술적인 측면이 강조되는 IT가 인지적 정보라 한다면 CT는 심미적 정보에 해당한다. 일반적으로 CT는 문화콘텐츠를 디지털화하는 기술을 말한다. 최근의 문화콘텐츠 산업의 급속한 성장은 컴퓨터 및 디지털 정보처리 기술의 응용을 통해 가속화되었다. 넓은 의미로 CT란 문화예술 및 문화예술의 속성을 지닌 상품, 나아가 현대사회의 삶을 진보시키고 변화시키는 기술이라고 할 수 있다. 선취된 이런 창의적 기술들을 중국과 일본에 소개하고 교류를 제안한다. 학자들 간의 국제 학술대회 개최, 포럼 형식의 만남, 기술 교류를 위한 공동 프로젝트 등을 만들 필요가 있다.

마지막으로 문화콘텐츠를 오프라인의 관광 상품으로 연계시키는 방안이 있다. 최근 소프트웨어 기술의 발달과 가격의 절감으로 침투식 컴퓨팅 기술과 편재식 컴퓨팅 기술이 합쳐지면서, 언제 어디에서나 디지털 매체에 접할 수 있는 유비쿼터스 기술의 대중화가 이루어졌다. 이로 인해 가상세계가 현실감을 증강시키고 실제 현실에 큰 영향을 미치고 있다. 이렇게 영상성이 증대될수록 현대인은 가상과 영상세계의 감각적

---

6) 최혜실(과제 책임자), 「문화원형 창작소재 개발 중·장기 로드맵 수립」, 한국문화콘텐츠진흥원, 2006, 69~73쪽.

경기도에서 추진하고 있는 문화관광산업단지 '한류우드'의 투시도. 한류 문화콘텐츠의 개발과 생산, 유통이 한꺼번에 이뤄지는 문화산업 클러스터의 역할을 할 것으로 기대된다.

속성, 놀이적 속성을 공간에 적용하려는 경향을 지닌다. 현대 산업에 오락의 요소가 증대되는 까닭이 여기에 있다. 이제 놀이성은 우리가 사는 문화 공간 전체로 확산되고 있다. 예를 들면 쇼핑센터, 극장, 테마파크가 동일 공간에 있어 구매 행위와 엔터테인먼트를 일치시키는 메가플렉스의 등장이 그러하다.

이 와중에 예술의 공연 및 감상의 방식과 상품의 판매 및 구매 방식이 일치하게 된다. 시장의 공연장화, 공연장의 시장화, 그리고 공연장과 시장의 개념이 해체 · 통합되면서 제3의 마케팅 방식이 등장한다. 이 방식을 더욱 적극적으로 활용하여 축제의 공간과 시장의 공간, 생활의 공간을 일치시킬 필요가 있다.

이 방식을 한·중·일 문화교류에 적용하면, 이미 산발적으로 행해지고 있는 영상물과 관광의 연계를 보다 거시적이며 체계적으로 확대하는 방안을 생각해볼 수 있다. '한류우드' 등을 좀더 확대한 영상물의 테마파크로 만드는 것이다. 단순한 테마파크가 아니라 한·중·일 문화예술과 관련된 상품 구매 공간을 영상의 테마파크와 융합하여 삼국 문화거리를 만드는 것이다. 이 문화거리는 국내가 아니라 중국과 한국의 국경선, 백두산에 위치하는 것도 좋을 것이다. 한국은 관광 인프라와 특화된 관광 상품이 부족하다. '한 브랜드'를 개발하고 이를 바탕으로 지역 고유의 문화콘텐츠를 개발하여 그 지역 관광의 주제로 삼는다. 이것은 한류 드라마의 촬영지를 찾는 한류 관광을 더 근원적으로 확대시키는 방법이 되리라고 본다.

최혜실 서울대 국어교육과를 졸업하고 같은 대학원에서 석사, 박사 학위를 받았다. 카이스트 인문사회과학부 및 문화기술 학제전공 교수를 거쳐 현재 경희대 국어국문학과 교수로 있다. 현재 인문콘텐츠학회 부회장, 문화콘텐츠기술학회 부회장, 사회비평 편집위원, 기업도시 위원회 위원, 간행물 윤리위원회 심의 위원을 맡고 있다. 저서로 한길사에서 나온 『문자문학에서 전자문화로』를 비롯하여 『문화콘텐츠 스토리텔링을 만나다』 『호모 비르투엔스 루덴스』 『문학과 대중문화』 『디지털 시대의 영상문화』 『디지털 시대의 문화읽기』 『모든 견고한 것들은 하이퍼텍스트 속으로 사라진다』 등이 있다.

국가 브랜드 전략

우리에게는 캐치프레이즈가 필요하다

박여성

제주대 교수 · 독문학

브랜드 시대가 찾아오다

이름만 듣고도 사고 싶은 소비재 아우디(Audi), 벤츠(Benz), BMW, 휴고보스(Hugo Boss), 라이카(Leica), 몽블랑(Mont Blanc), 포르셰(Porsche), 폴크스바겐(Volkswagen), 명문 스포츠클럽 맨체스터 유나이티드(Manchester United), 레알 마드리드(Real Madrid), 인터 밀란(Inter Milan), 유명 경기종목 스모, K-1, 태권도, 권투와 씨름, 마이클 조던(Michael Jordan), 클라우디아 쉬퍼(Claudia Schiffer) 같은 스타나 옥스포드(Oxford)와 케임브리지(Cambridge), 하버드(Harvard), 프린스턴(Princeton), 예일(Yale) 등의 학교 법인까지도 물권적 주체가 되며, 상품이나 종목은 물론 자신을 브랜드로 선언한 슈뢰더(Ich bin eine Marke!, 내가 곧 브랜드다!)나 베를루스코니(Forza Italia!, 전진 이탈리아!) 심지어 친박연대처럼 정치가와 경영인까지도 브랜드로 등장하는 그런 시대에 우리는 살고 있다.

광고판에서 포장지, 연속극이나 뮤지컬, 영화와 연극, 잡지, 신문, 웹사이트, 스티커, 라벨, 엠블럼과 로고, 교통카드와 입장권, 패스트푸드

> **❝** 한국의 국가 브랜딩은 감성 가치를 한 축으로,
> 그리고 시공간적 좌표를 다른 축으로 삼아
> 고유의 스토리텔링을 구축해야 한다.
> 국가 이미지와 국가 브랜드에 대한 연구는
> 공동체 구성원의 정체성에 유연한 비전을
> 제시하는 전략적 방안인 동시에 인문학이
> 국가와 사회에 구체적으로 기여하는
> 실천 방안이 될 것이다. **❞**

용기, 도시와 경관에 이르기까지, 브랜드는 이제 무형의 관념적인 가치가 아니라 정치·경제·교육·예술 등 제반 사회체계에서 실체적인 위력을 발휘하는 상징자본으로서 만인의 시선을 유혹하며 총체적 차원에서 국가와 개인 및 기업의 정체성을 구축한다. "미디어는 메시지다"(The medium is message)라는 맥루안의 선언을 적용해보면, 브랜드가 곧 메시지인 셈이다. 예컨대 스위스는 알프스, 스와치, 연방은행과 빅토리녹스로 정체성을 환유하며, 일본은 세필화(細筆畵), 화과자(和菓子)와 교 요리(京料理), 소니와 렉서스, 키티와 세일러문을 앞세운 정교한 이미지로 지구촌을 뒤덮고 있다. 그런가 하면 최악의 브랜드 히틀러를 극복한 독일은 라인 강의 기적과 아이디어의 나라(Land der Ideen)라는 새로운 브랜드를 기치로 유럽 통합의 선도자 이미지를 추동하고 있다.

일본 제품에는 탐미주의가, 미국 제품에는 아메리칸 드림이, 프랑스 제품에는 예술적 자부심이, 독일 제품에는 완벽한 장인정신이 담겨 있다면, 한국 제품에 깃든 문화적 정체성과 이미지는 무엇인가? 월드뮤직

현대는 모든 것이 브랜드가 될 수 있는 시대이다. 제일 윗줄 왼쪽부터 미국, 독일, 일본, 우리나라의 국기. 두 번째 줄 왼쪽부터 마이크로소프트, 벤츠, 렉서스, 우리나라 기업 삼성과 LG의 로고. 세 번째 줄 왼쪽부터 가수 엘비스 프레슬리, 수퍼모델 클라우디아 쉬퍼, 일본의 스모 경기, 일본에서 '욘사마'로 불리며 한류 열풍을 이끌어낸 한국의 배우 배용준.

과 팝아트, 리메이크 영화, 퓨전 요리, 유라시안 건축, 대체의학 등에 대한 선풍에서 드러나듯이, 지난 수십 년 동안 서구에서는 아시아를 동경하며 관능과 쾌락, 신비주의와 낭만, 지혜와 풍요의 이미지를 연관시켜왔다. 이 시점에서, 국가 브랜드에 대한 연구와 실천은 인문학의 이론적 기반과 실용성을 두루 충족시킬 수 있는 적절한 의제가 된다.

브랜드의 역사

브랜드란 신뢰도를 통해 소비행태를 안정시키고 포화 상태의 시장에서 자신을 경쟁사와 차별화하는 데 동원하는 기호학적 수단의 총체이다. 동시에 그것을 통해 연상되는 상품과 소비자 사이의 커뮤니케이션을 토대로 구매행동에서 월등한 선호도를 차지하고, 결정 과정의 복잡성을 줄여주는 실체적 허구(faction)이기도 하다. 자급경제를 벗어나

산업사회로 넘어오면서 익명의 생산자와 소비자가 매체를 통해 간접적으로 매개된 결과, 과잉시장에서 자사의 정체성을 각인시켜 신뢰도를 구축하기 위해 광고가 탄생했으며, 광고의 효력을 증폭시키기 위해 브랜드가 창출되었다. 화폐가 시장경제를 물질적으로 제어하는 하부구조라면 브랜드는 생산자와 소비자 사이의 커뮤니케이션의 복잡성을 줄이는 상부구조가 된다.

브랜드의 창출 과정은 역사적으로 세 단계로 정리할 수 있다. 가장 먼저 나타난 것은 상품 브랜드이다. 산업혁명 이후 1850년에서 1950년에 걸쳐 개인의 소비행태에 나타난 심층적 변화와 더불어 근대적인 브랜드가 탄생했다. 분업과 대량생산을 통한 구매욕구와 이윤 추구의 해결책이 상품이라면, 자본주의 체제의 과잉생산을 해소하는 방안이 곧 브랜드이다. 이어서 서비스 브랜드가 나타났다. 1950년에서 1990년까지는 현대적인 광고의 탄생과 경제개발 덕분에 은행 · 교육 · 예술 · 운수 · 관광 등의 영역에서 서비스 브랜드가 급속히 성장했다. 1990년대 이후로는 한편으로 IT혁명을 기점으로 문화적 우월성에 기초한 브랜드가 성공을 거두며 다른 한편으로 교회 · 노동조합 · 정당 · 복지단체 · 종교기관 · 문화시설 · 자선단체 · 시민단체 · 비정부기구 · 국가기관 · 재단 · 기금 · 여가단체 등에서 추진하는 비영리브랜드(Non-Profiting Brand)가 확산되고 있다.

상징적으로 일반화된 커뮤니케이션 수단으로서 시장경제의 제도가 된 브랜드는 소비자와 기업가를 구속하는 화폐처럼 작동한다. 이를 작동시키는 기호학적 장치를 정리하면 다음과 같다.

첫째, 브랜드 인격체(Personality). 산업혁명을 기점으로 구매자는 생산자보다 브랜드를 더 신뢰하게 되었다. 그 결과 브랜드가 인격체(생산자)를 대신한다. 국가 차원에서 국가 이미지와 국가 브랜드는 제유(提喩)와 환유(換喩)를 통해 해당 국민 전체를 대표하는 인격체로 간주된다.

둘째, 브랜드 메시지(Message). 인격체에 비유된 브랜드는 커뮤니케이션을 통해서 상품시장을 재창출하는 메타상품이 된다. 그래서 아파트 건설업체가 분양하는 기표는 콘크리트 덩어리지만, 청약자가 기대하는 기의는 커뮤니케이션 속에서 형성된 메시지, 즉 브랜드의 투자가치이다.

셋째, 브랜드 코드(Code). 스토리텔링 속에서 대중의 뇌리에 각인된 브랜드는 요소들의 단순한 합계 이상의 것이다. 브랜드는 귀속성/배타성처럼 일정한 정향과 차별을 암시하는 코드에 의해 문화적 분류체계로서 작동하면서 우월/열등, 엘리트/비엘리트를 공공연히 차별하는 집단 지식이 된다.

넷째, 브랜드 매체(Medium). 경제의 하위체계인 광고에서는 브랜드라는 만국공통어로 소통하며, 국가들 사이의 정치·경제·문화적 역학은 국가 브랜드와 국가 이미지의 상하관계에 따라 제어된다. 화폐의 상위코드가 가격이라면 그 하위코드는 브랜드이다.

브랜드로서의 국가

사회과학 잡지인 『Foreign Affairs』(2001. 9)와 『The Journal of Brand Communication』(2002. 4)에서는 브랜드 국가의 도래를 선언하였고, 코틀러(P. Kotler)는 『The Marketing of Nations』 『Marketing Places Europe』 『Marketing Asian Place, Marketing for Hospitality and Tourism』에서 장소 마케팅을 다루었다. 제피와 네벤잘(E. Jaffe & I. Nebenzahl)은 『National Image and Competitive Advantage』에서 국가 이미지를 정부, 산업 및 기업체의 관리 전략과 연계시켰으며, 모건(N. Morgan)과 안홀트(S. Anholt)는 각기 『Destination Branding』과 『Brand: New Justice』에서 브랜딩과 경쟁력 제고의 상관관계를 다루었고, 올린스(W. Olins)는 『Trading Identities』

에서 국가 브랜드와 글로벌 기업 사이의 연동을 조명하였다. 하버드 경영학부의 브랜드 이론가 홀트(D. Holt) 또한 정치 · 경제 · 사회 · 문화의 주체(인물 · 대상 · 캐릭터), 상품, 이미지가 국가와 기능체계들의 지향점을 정체성 신화로 결집한다는 테제를 제시했다. 그런 신화를 구현한 아이콘 브랜드(Icon Brand)의 창출이 국가 이미지 제고의 관건이다. 이런 흐름 속에서 국가 브랜딩(Country Branding)이나 브랜드 국가(Brand State)는 핵심적인 시사용어가 되었다.

국가 이미지 정책의 선두주자 격인 프랑스를 보면, 퐁타니에(J. Fontanille)를 위시한 리모주대학의 기호학파 연구자들이 음식, 매너, 스포츠 및 마케팅 기호학 연계과정을 설치하여 이 분야의 중심지로 부상했다. 영국은 블레어 총리가 취임한 후 국가 이미지전략 특별위원회(Cool Britannia, 1997)를 설치했고, 자국을 매력과 경쟁력을 겸비한 창의적인 국가로 각인시키는 전략의 일환으로 'Panel 2000'(1998)을 운영하고 있다. 어느 나라보다도 국가 이미지를 절실한 국책과제로 추진하는 독일에서는 제2공영방송 ZDF와 올린스 컨설팅이 「Good-bye Deutschland」(1999)라는 특집방송을 기획하였고 특히 2006년 월드컵을 계기로 연방공보처(Bundes-Presseamt)는 독일을 '아이디어의 나라'로 표방하며 새로운 국가 이미지 형성에 박차를 가하고 있다. 학계에서는 루만의 사회체계이론에 기대어 브랜드 현상을 조명한 헬만의 『브랜드 사회학』(*Soziologie der Marke*, 2003)이 비상한 주목을 받았다.

국내에서도 브랜드 추진의 필요성이 인식되어, 이를 정부와 기업에서 종합적으로 관리하기 시작하였다. 삼성전자는 1990년대 중반부터 통합 브랜드 이미지(CI)의 성과를 바탕으로 브랜드를 체계적으로 관리하여 글로벌 기업에 진입했으며, 2004년을 글로벌 경영 원년으로 선포한 LG 또한 공격적 마케팅을 통해 프리미엄 브랜드에 다가서고 있다. 언론학에서는 월드컵을 전후로 한국의 국가 이미지를 다룬 염성원(2003)과

오경수(2003), 매체기호학 이론을 적용한 백선기(2007)의 연구가 나왔으며, 텍스트학 분야에서는 로고(Logo)의 시각성을 분석한 김성도(2004), 건설 기업의 브랜드를 평가한 최용호(2005), 명품 브랜드의 포지셔닝을 시도한 전형연(2004), 광고 카피를 텍스트 이해의 시각에서 분석한 오장근(2003), 기호학적 도시 읽기를 시도한 김성도/박상우(2006), 김동윤(2007), 박여성(2005, 2007)의 논고가 있으며, 아시아 스타에 주목하는 할리우드 영화산업의 전략을 파헤친 홍석경(2005)의 연구는 색다른 시각을 보여주었다. 최근 설립된 고려대 응용문화연구소에서는 문화브랜드 전략에 대한 프로젝트를 진행하고 있다.

해당 국가와 장소에 대해 사람들의 마음속에 그려진 신념과 인상의 총체인 국가 이미지는 소비자의 지각에 색안경을 씌워 구매와 투자에 영향을 준다. 그러나 국가 이미지는 역사적으로 형성된 복잡한 구조체이기 때문에, 상품 브랜드와 같은 개념으로 보는 데는 신중해야 한다. 국가 정체성은 '나 자신(국가구성원)은 나(국가)를 무엇으로 생각하는가'에 대한 재귀관찰의 결과인 반면, 국가 이미지는 이 관찰 결과 '나(국가구성원) 자신이 생각하는 나(자아)의 모습을 타자는 어떻게 생각하는가'에 대한 타아(alter ego)의 관찰이다. 국가 브랜드 정체성이 국가(국민)가 스스로에 대해 생각하는 성찰의 문제라면, 국가 브랜드 이미지는 특정 국가의 상품·서비스·문화에 대한 지각과 커뮤니케이션의 문제이다. 양자 사이의 편차가 적을수록 국가 브랜드는 일관적이며 그만큼 인지도를 제고할 확률도 높아진다.

'브랜드로서의 국가'나 '브랜드 네임 스위스' 같은 표제어를 보건대, 브랜드 개념은 국가는 물론 하드웨어(실체적 사물)와 소프트웨어(서비스 업무)등 거의 모든 영역에 적용될 수 있다. 부드러운 힘(soft power)을 표방하는 국가 브랜딩은 역사 왜곡이나 사회 공학, 세련된 제국주의로 비난당하기도 하지만, 외교심리학이나 외교 수사, 웅변과 설득의 원리로 설파되기도 한다.

어쨌든 지구촌 모든 나라는 너나 할 것 없이 글로벌 브랜드를 흠모하고 모방하려 하고 있다. 요컨대 국가 브랜드 커뮤니케이션은 상품, 서비스 및 비영리 활동은 물론이고 그 활동들 사이의 소통방식, 문화를 선양하는 방식, 국내외에서 해당 국민이 보여주는 행태, 자국에서 이방인을 대하는 방식, 미디어에 노출되는 방식, 단체나 기구 간의 교류, 수교국들과의 외교, 스포츠 및 오락에서 벌이는 경쟁방식을 포괄한다.

국가 브랜드의 측정

안홀트는 여섯 가지 매개변수를 시각화하여 국가 브랜드를 측정하는 육각형 모델을 제안하였다. 여섯 가지 매개변수는 다음과 같다.

첫째, 관광(Tourism). 자연경관과 도시, 지역을 비롯하여 상품과 서비스를 판매하는 마케팅의 영역이다.

둘째, 수출(Exports). 'Made in Germany', 'Made in Japan'이나 'Made in Korea'로 상징되는 해당 수출국의 상품 및 경제력에 대한 만족도를 나타낸다.

셋째, 협치(Governance). 국내 정책의 효율과 국제평화에 대한 기여

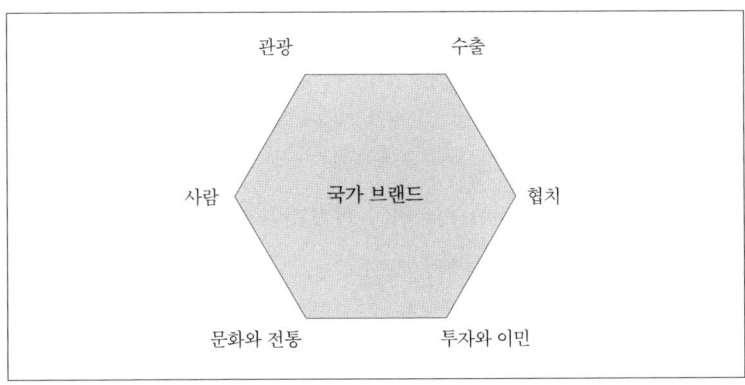

국가 브랜드를 측정하는 매개변수를 시각화한 안홀트의 육각형모델 ⓒ simon Anholt, 2002

도, 한 국가가 발휘하는 안보, 외교 및 민관협력의 총량을 나타낸다.

넷째, 투자와 이민(Investment & Immigration). 투자에 적합한지 그리고 이주하기에 매력적인지 고려한다.

다섯째, 문화와 전통(Culture & Heritage). 국가 브랜딩의 초점은 상품 및 서비스 브랜드에서 문화활동 및 문화상품, 이른바 문화콘텐츠로 이동하고 있다.

여섯째, 인물/사람(Person). 스타와 저명인사로부터 대중에 이르기까지 인적자원은 국가 브랜드에 결정적인 영향을 준다.

국가의 총력을 결집한 국가 브랜드를 측정할 때는, 일단 특정 국가가 자신에 대한 재귀평가를 실시하고 각 나라가 자신의 입장에서 다른 나라들을 상대평가한다. 마지막으로 모든 국가들의 재귀평가와 상대평가의 평균값이 국가 브랜드 지수로 제시된다. GMI-NBI 평가(2005년 2/4분기)에서 한국은 25위로 평가되었다. 이때 발전지향적인 국가라면 균형분포를 도모할 것이다. 지수총량이 터키나 러시아처럼 적을 경우에는 인지도 자체가 낮은 경우이고, 총량이 크더라도 특정 분야에 편중되었다면 그 국가는 일정한 고정관념에 매여 있거나 정체성이 불투명한 나라로 인식된 것이다. 독일, 오스트리아, 스위스 등 유사한 분포를 보이는 나라들 사이의 구별은 종종 모호해진다.

이 모델을 수정하여 안홀트는 도시 브랜드의 측정도 실시했다. 존재감(Presence: 국제적 지위·인지도·기여도), 장소(Place: 볼거리와 분위기), 잠재력(Potential: 정치·경제·교육), 역동성(Pulse: 거주자들의 평가), 사람(People: 거주자와 시민), 시설(Prerequisite: 숙박·기반시설·병원·교통)의 매개변수로 측정한 결과, 서울은 OECD 국가의 60여 개 도시 중 40위권으로 평가되었다.

이념 대립, 신탁통치, 전쟁에 이어 부정 축재와 독재, 쿠데타까지 온갖 부정적 의미소로 점철되었던 한국의 국가 이미지는 경제발전을 계기

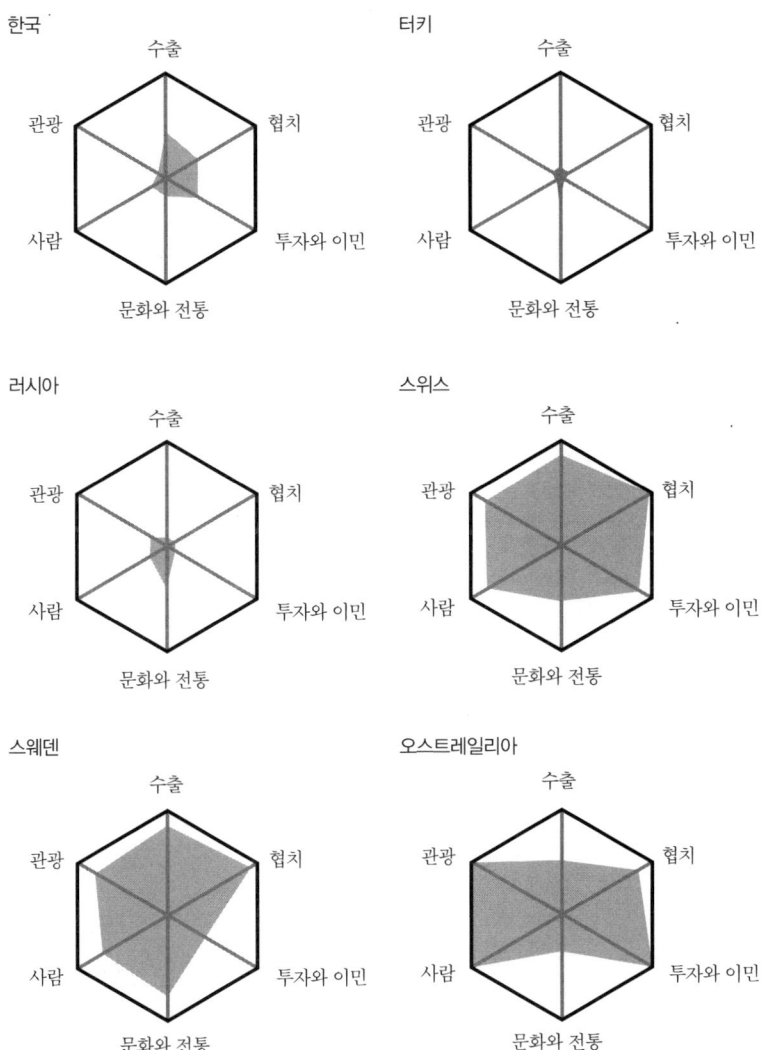

육각형 모델로 시각화한 각 나라의 국가 브랜드

정치		경제		사 회		문화(체육)	
긍정적	부정적	긍정적	부정적	긍정적	부정적	긍정적	부정적
친미	반미	재건	파괴	고요한	시끄러운	김치	개고기
친일	반일	풍요	기아	신선한	미지의	태권도	
독립	종속	시장경제	계획경제	성숙한	거친	음악	
민주	독재	자본주의	공산주의	제2의일본		Videoart	
자본주의	공산주의	기업		제2의독일		백남준	
화해	냉전	재벌	근로자	용		인삼	
평화	전쟁	비싼	싸구려	호랑이		추석	
	민족주의	일등상품	이등상품		불도저	명상	
	국수주의	일류	이류		급한	영화	
정치인	군부	디지털		역동적		영화제	
피해자	가해자	낙관	비관		불안정한	영화배우	
아군	적군	안정	위기	양심적		영화감독	
야당	탄압자	호경기	파업	근대적		축구	
재건	파괴		불균형		거지 떼	86 AG	
남한	북한	고용	해고		달동네	88 Olm	
안정	혼란	발전국	국가도산	PISA		월드컵	
정권교체	독재	첨단	낙후	지식갈증		정몽준	
낙관	비관	산업국가	농업국가	교육받은		IOC	
저항	데모	소비사회		완벽한		올림픽	
	암살	성공	실패	정확한		아름다운	
	핵무기	근대적		동기적		목가적인	
남한	북한	기술		유연한		도시적인	
미국	적대국	기적	위기	확고한		대도시	교통지옥
국제적	고립적	수출	보호무역	온화한	경직된	깨끗한	더러운
개방	폐쇄	성장	경제위기	빠른	성급한	관조	
		무역		근면한		과 학	
		기업인			폭력적	긍정적	부정적
		최첨단	싸구려		공격적	컴퓨터	
		창의적	복제상품		극단적	반도체	
					째진 눈	첨단	
				유교적	위계적	정밀한	
				조화로운		근대적	
					통일교	조밀한	
					교주	잽싼	
					이단종교		
					시끄러운		

한국의 이미지에 관한 양극적 가치 쌍

로 개선되기 시작했다. 신생국가나 다름없는 한국이 자동차와 선박, 전자제품은 물론이고 항공기까지 생산하는 경제대국으로 올라서고, 86아시안 게임과 88올림픽 및 2002월드컵에 와서 국가 브랜드는 본격적으로 각인되었다. 세계 수준의 대학을 인정받지 못했음에도 싱가포르, 핀란드 및 홍콩과 선두를 다투는 교육 수준을 보여준 OECD 중등학력 평가보고(PISA)를 계기로 한국 교육에 대한 평가는 달라졌다. 데모와 핵위기 등에서 형성된 공격적 이미지는 백남준과 윤이상, 백건우의 예술혼과 더불어 베를린과 칸 등지에서 이룩한 한국영화의 쾌거를 통해 예술 국가의 이미지로 순화되었고, 이제 한국의 국가 이미지는 일본과 중국 및 동남아에서 부는 한류 열풍으로 정점에 도달했다.

특정한 국가와 장소에 대한 이미지는 해당 국가의 국민이 자부하는 이미지와 상응하지 않는 상투적인 고정관념에 불과한 경우가 많다. 예컨대 특정 국가를 묘사하는 아름다운/추한, 신성한/세속적인, 사치스런/검소한, 명품/싸구려, 아날로그/디지털, 정중한/무례한, 길조/흉조, 이성/감성, 현실적/비현실적, 위계적/평등적, 낡은/새로운, 남성적/여성적, 선/악, 성스러운/세속적인, 행복한/슬픈, 사랑스런/끔찍한, 공격적/방어적, 친외국적/반외국적, 민족주의/보편주의, 호전적/평화적 등과 같은 의미소들을 통해 특정 국가에 대한 고정관념이 고착된다. 일반 대중은 대체로 상투성에는 편안해 하는 반면 창조적 혁신에는 불안해 한다. 이때 앞의 표처럼 국가 이미지에 대한 양극적 가치 쌍이 관찰된다.

국가 브랜드 전략

상품 차원의 브랜드 이미지 사례를 들면 광천수 에비앙(Evian)은 균형을, 코카콜라(Coca-Cola)는 생활의 즐거움을, 게토레이(Gatorade)는 에너지를, 럼주 바카디(Bacardi)는 휴가를, 삼다수(三多水)는 평화와 청정을, 네스카페(NesCafe)는 새롭고 풍요로운 현대사회의 메마르지 않는 젖을 의미한다. 르노 브랜드는 1980년대 중반 르노의 다양한 모델 명칭(Clio, Safrane, Twingo, Kangoo, Laguna)을 하향식으로 분화하여 독립 브랜드를 표방하면서 브랜드의 정체성 쇄신을 꾀했다. 반면 도요타-렉서스, 닛산-인피니티, 벤츠-마이바흐의 사례처럼 명품을 메타브랜드로 격상시키는 전략이 활용되기도 한다. 이제 우리에게 필요한 것은 '섹시한 이탈리아', '멋들어진 프랑스', '기품 있는 독일', '독창적 품격을 갖춘 영국', '관용정신을 생활화한 인도', '노력하는 자의 모습을 가진 태국', '지혜와 여유를 발산하는 중국', '대담하고 와일드한 러시아', '지성적 관조가 스며든 스리랑카', '젊고 역동적인 브라질' 등의 이미지를 환기시키는 'So Easy to Enjoy'(싱가포르), 'The Natural Choice'(폴란드), 'Your Holiday'(스위스), 'Holiday Breakaway'(오스트리아), 'Welcome to Friends'(터키), 'Amazing'(아이슬란드/태국), 'Whole Other Country'(텍사스), 'The Continent Country'(콜롬비아), 'Dynamic Korea', 'Korea Sparkling' 같은 캐치프레이즈다.

우리나라를 모범적인 품격을 갖춘 국가로 브랜딩하기 위한 방안을 정리해보자. 첫째, 브랜딩은 보편적인 추상성보다는 지역적·계층적·위상적 구체성을 선호한다. 한국 특집으로 기획된 행사들(도서전, 영화제, 스포츠 이벤트, 박람회, 전시회)에 대한 대차대조는 향후 전략에 시금석이 될 것이다. 둘째, 브랜드 네임으로서의 국가 원산지 효과가 중요하다. 이에 준하여 소비자의 구매 심리가 영향을 받는다. 국가 이미지가 매력적으로 각인될수록 그 나라 제품에 대한 수요 또한 증가할 것이다. 셋째, 전통 외교를 넘어서 특정 국가에 대한 호감도를 제고하는 공공 외교(Public Diplomacy)가 더욱 강력히 추진되어야 한다. 한국을 매력적인 목적지로 격상시키는 방안으로는 스포츠와 문화 브랜드(차범근, 백남준, 임권택, 김기덕, 박찬욱) 및 문화콘텐츠(「겨울연가」「대장금」

「태왕사신기」 등)가 효과적이다.

한국의 국가 브랜딩은 역동성·속도·폭발적 감성·열정·전진·혁신·자연·평화·쾌락·진보·성실·활달·인정 같은 감성 가치를 한 축으로, 그리고 자연 기념물, 역사적 사건, 글로벌 기업, 스타와 저명인사 등의 시공간적 좌표를 다른 축으로 삼아 고유의 스토리텔링을 구축해야 한다. 국가 이미지와 국가 브랜드에 대한 연구는 공동체 구성원의 정체성에 유연한 비전을 제시하는 전략적 방안인 동시에 인문학이 국가와 사회에 구체적으로 기여하는 실천 방안이 될 것이다.

박여성 고려대학교 독문과 및 같은 대학원을 졸업하고 독일 뮌스터대학교에서 언어학 박사학위를 받았다. 현재 제주대학교 독일학과 교수로 있다.『몸 또는 욕망의 사다리』『기호학과 철학 그리고 예술』『몸과 몸짓 문화의 리얼리티』『문화와 기호』『지식의 최전선』(공저)『월경하는 지식의 모험자들』(공저)『책으로 읽는 21세기』등의 저서와『구성주의』『미디어 인식론』『로티』『생명의 황금나무야 푸르러라』『괴델, 에셔, 바흐』『구성주의 문학체계이론』『칸트와 오리너구리』『궁정사회』『사회체계이론』등의 역서가 있다. 기호학과 번역학 및 텍스트과학 분야의 여러 논고를 썼다.

새롭게 부각되는 관심의 경제학

소비자에게 상품에 대한 관심을 유발시켜라

황희영
영산대 교수 · 국제무역학

시간이 곧 가치다, 관심의 경제학

인터넷의 등장 이후 경제활동을 둘러싼 질서에서 패러다임의 변화라고 부를 만한 것이 있었던가 하는 데서 우리의 관심을 끄는 것이 있다. 이 글에서 '관심의 경제학'이라고 부르는 것은 경제학자들 사이에서 아직 주목을 받지 못한 내용이지만 상당히 중요한 패러다임의 변화라고 생각될 만큼 특별한 내용을 담고 있다.

'관심(또는 주목 : attention)의 경제'는 인간의 관심 그 자체가 경제적인 가치를 가지고 있다는 인식에서 출발한다. 이 점에 대해 처음으로 언급한 사람은 바로 경제학 모델에서 제한된 합리성(bounded rationality)을 주장한 허버트 사이먼이다(Simon, 1995).

당시까지 경제학의 모델은 크게 두 가지로 나뉘어 대립해왔는데, 인간은 합리적이므로 충분한 정보가 주어진다면 실질적 합리성이 실현될 것으로 본 주류 학자들의 모델과, 인지적 차원, 즉 계산능력이나 정보처리 면에서 인간의 합리성은 제한되어 있으므로 절차적인 방법으로 의사결정에 이른다고 주장하는 비주류 학자들의 모델이 바로 그것이다.

그러나 사이먼에 의하면, 이 대립은 의사결정에 필요한 정보가 부족했던 때의 패러다임이었고, 인터넷의 등장 이후 원하는 정보에 언제든 접할 수 있는 환경으로 바뀌면서 의사결정 모델은 근본적으로 역전되었다고 한다.

즉 이제는 정보가 부족한 것이 아니라, 정보는 오히려 풍부하되 정보를 다루기 위한 시간이 부족하다는 것이다. 시간은 유한한데 처리해야 할 정보가 과다하면 이제는 시간이 상대적으로 대단히 희소한 자원이 된다. 따라서 모든 정보에 주의를 기울일 수는 없다. 사이먼은 이러한 의사결정 상황의 역전에 따라 기업 내 의사결정 시스템이 새로운 방법으로 구축되어야 하고, 따라서 적절한 정보만을 선택적으로 받는 정보 필터링 시스템이 요구된다고 본다(Simon, 1995).

정보의 홍수, 유효한 관심

그러나 관심과 주목의 문제가 단지 경영을 위한 의사결정 시스템에만 국한되는 것은 아니다. 오히려 주의력의 희소성은 인터넷의 등장 이후

허버트 사이먼. 그는 종래의 의사결정모델을 둘러싼 대립이
인터넷 이전 시대의 패러다임이었을 뿐이라고 말한다.

빠른 속도로 일반적이고 광범하게 진행된 현상이다. 경제학에서 '관심'
의 문제에 주의를 기울여야만 하는 몇 가지 이유와 이러한 현상이 우리
에게 주는 시사점이 무엇인지 살펴보자.

먼저, 희소한 자원인 주의력을 끌고자 하는 경쟁의 일반화를 그 이유
로 들 수 있다. 인터넷이 기업을 알릴 수 있는 중요한 수단으로 자리 잡
은 지 이미 오래다. 우리나라만 보더라도 전체의 절반이 넘는 기업이 홈
페이지를 보유하고 있다. 인터넷에는 기업만 홈페이지를 가진 것이 아
니라 그보다 훨씬 많은 개인의 홈페이지가 존재하며 때로는 기업보다
더 나은 양질의 정보를 제공하고 있다.

홈페이지에 실린 정보는 개인이 인터넷에 접속하여 적극적으로 탐색
하거나, 혹은 의도적으로 그 사이트를 선택하여 클릭함으로써 노출된
다. 다시 말해, 인터넷의 정보는 개인의 관심에서 출발하여 의지에 의해
선택되어야만 전송되며, 이런 의미에서 인터넷은 쌍방향매체이다. 따라
서 인터넷상에서 정보를 보내려면 일방적으로 밀어내서 되는 것이 아니
라 개인의 관심을 끌어당겨야만 한다.

또한 웹사이트에 머문다는 것은 다른 사이트로 이동하지 않는 것이

며, 그 다른 사이트들이 제공하는 정보가 잠재고객에게 노출되지 않음을 뜻한다. 반대로 관심이 사라지면 즉시 이동이 가능하다. 결국 인터넷에 접속하는 사람들의 관심이나 그들이 투자하고 있는 시간이라는 희소자원은 웹을 통해 정보를 제공하는 기업이나 개인들에게 심각한 경쟁대상이 된다. 게다가 사용인구의 증가속도보다 홈페이지의 증가속도가 훨씬 더 빠르기 때문에 경쟁은 심화된다.

사람의 주의력을 끌어당기기 위한 경쟁은 웹상에서만 일어나는 것이 아니라 웹이라는 정보제공 매체와 그외의 매체, 즉 텔레비전이나 신문, 잡지, 그리고 우리가 접하는 다른 모든 매체와의 사이에서도 일어난다. 이른바 매체간 경쟁이다. 결과적으로 사람들에게 가장 덜 매력적으로 보이는 매체부터 하나씩 소멸해갈 것이다. 인터넷이라는 디지털 정보의 유통망을 제외한 일반적 아날로그 매체들은 정보의 윤택성과 도달성이 상호 역의 관계에 있으므로 비효과적인 매체의 상대적인 정보 생산비용은 증가할 것이다. 이와 같은 매체간 경쟁이든, 또는 웹상의 정보제공 기업들 사이의 경쟁이든 모두 인간의 관심 혹은 주의력을 두고 벌이는 일종의 제로섬 게임으로 볼 수 있다.

공급자 중심에서 수요자 중심으로

또한 개인별로 최적화된 정보를 제공하는 기술이 발전하고 또 상용화되었다. 관심을 끄는 것은 사업의 기회를 높인다. 그러므로 한편으로는 개인의 관심이 어디에 있는지를 파악하기 위한 광범한 정보수집이 관건이다. 기본정보인 ZAG(zip, age, gender : 우편번호(즉 거주지), 연령, 성별)뿐 아니라 직업이나 가족사항, 소득 등에 관한 정보를 수집하고, 정보를 제공하도록 유인하기 위한 다양한 이벤트를 계획한다. 개인정보를 담은 데이터베이스는 자산의 가치를 가지게 되었다. 개인정보가 해킹당하거나 유출되어 불법으로 거래되는 일도 있으며, 이메일 주소를 수집하는 소프트웨어가 판매되고 있다. 이는 모두 일단 개인의 관심을 끌기 위해 접근하려는 의도의 결과로 볼 수 있다.

또 다른 한편으로는 수집된 개인정보를 바탕으로 정보를 맞춤제작하여 제공하기 위한 기술이 신속히 개발되고 있다. 인터넷에 접속하여 로그인하는 순간 어느 페이지의 어떤 정보에 관심이 쏠리는지가 기록으로 남는다. 사용자의 컴퓨터 사용환경이 어떠하며, 어느 지역에서 접속하고 있는지 등은 이미 너무 쉽게 알 수 있다. 여기서 핵심은 이들 기록이 모두 개인정보와 함께 결부되어 분석될 수 있다는 것이다. 이와 같은 분석을 통해 개인의 구체적 관심에 조금씩 근접해가며 소비욕구를 자극하는 동시에, 더욱 효과적으로 구매에 이르도록 하는 것이다.

셋째, 관계를 만드는 것과 이를 유지하는 방법으로서의 가상공동체 (virtual community)의 형성은 관심을 끌기 위한 또 다른 시도이다. 메트칼프의 법칙에서 네트워크의 가치는 네트워크에 참여하는 사람의 제곱에 비례한다고 했는데, 가치의 크기는 기본적으로 참가자들 사이의 관계형성 가능성에 바탕을 두고 있다고 해석할 수 있다. 예를 들어 집단의 크기가 n명이면 각자가 다른 사람과 관계를 만들 수 있는 경우의 수는 nC2인데 n이 임계치를 넘는 충분히 큰 숫자라면 네트워크의 가치는 기하급수적으로 늘어날 것이다.

커뮤니케이션은 두 명부터 시작되며 정보를 주고 받는 과정에서 서로의 관심이 교환된다. 가상공동체는 관심을 상호 교환하며 서로를 묶어두는 결집력 있는 존재로 부상하고 있다. 가상공동체의 경우를 좀더 자세히 보면, 네트워크의 크기 혹은 가치는 메트칼프의 설명보다 오히려 더욱 복잡한 차원으로 발전된다. 인터넷상에서의 관계는 1:1의 관계에서 출발하여 1:다(多) 혹은 다:다로 승화된다. 채팅이나 MUG게임이 전형적인 사례이다. 더욱이 가상공동체는 온라인에서만 관계가 형성되는 것이 아니라 오프라인의 관계를 통해 더욱 강화된다. 각종 동호회에서 정기적인 오프라인 모임을 포함하고 있을 뿐 아니라, 게임 공간에서 형성된 길드나 혈맹은 오프라인에서도 서열이 매겨진 관계를 유지한다.

넷째, 관심을 끌기 위한 경쟁은 소비자의 주권을 신장시키고 있을 뿐 아니라 기업 내의 코디네이션 과정을 근본적으로 변화시키고 있다. 과거 공급자 중심의 사고가 지배했을 때는 정보가 생산을 중심으로 연결되었다. 생산계획에서부터 부품 발주, 생산 라인으로의 투입, 포장 및 출하, 그리고 최종 소비자로의 유통에 이르기까지 정보는 생산 리듬을 중심으로 관리되었고 여기서 소비자에 관한 정보나 이들의 클레임은 그다지 중요한 변수가 못 되었다. 따라서 소비자에 대한 대응능력보다는 생산을 위한 수요 예측이나 공급자 중심의 상품개발이 우선시되어왔다.

그러나 최근 들어 기업은 고객에 대해 좀더 이해할 필요가 생겼다. 인터넷의 등장 이후 소비자는 꾸준하게 상품에 대한 정보를 더 많이 가지게 되어 정보의 비대칭성이 완화되었을 뿐 아니라 상품의 선택 범위 역시 넓어졌다. 그리고 새로운 고객의 확보보다는 기존 고객의 유지가 비용면에서 우위에 있다는 사실이 고객중심 사고로의 전환을 촉진하고 있다. 따라서 기업의 내부 코디네이션 과정은 고객을 이해하고 그들을 유지하는 방향으로 점차 재구조화되는 추세에 있으며, 그 과정의 핵심은 고객의 관심을 자신의 상품으로 유인하고 유지하는 것이다.

마지막으로, 평판(reputation)이나 신뢰(trust)의 중요성을 들 수 있다. 평판과 신뢰가 관심을 끌기 위해 존재하는 것은 아니다. 소비자가 현실 공간에서의 상거래보다 훨씬 다양한 기업과 상품을 웹상에서 접할 수 있게 되고, 대면하지 않은 상태에서 컴퓨터를 매개로 상거래 과정이 자동화됨에 따라 평판과 신뢰가 개인의 의사결정 과정에서 관심을 끄는 기능적 역할을 수행하게 되었다.

좀더 일반적으로 표현하자면, 평판은 개인의 선택가능한 대안들 중에서 특정한 선택으로 관심을 집중시키는 역할을 한다. 즉, 분산될 수 있는 개인의 주의력을 좋은 평판을 가진 소수의 대상에 집중시켜 주의력 또는 시간이라는 희소한 자원을 효과적으로 사용하게 함으로써 만족을 극대화하려는 전략을 돕는다. 이와 같은 맥락에서 기업은 평판을 쌓기 위한 투자를 늘리고 있으며 이른바 브랜드 파워 구축에 힘쓴다.

신뢰 역시 개인으로 하여금 분산된 관심을 수렴케 한다. 신뢰는 선택 가능한 여러 대안 중에서 특히 개인정보 보호와 신용정보 또는 대금결제 등 거래의 위험에 대한 개인의 선호체계에 따라 선택의 범위를 조절함으로써 주의력 또는 시간이라는 희소 자원을 효과적으로 사용하도록 돕는다.

관심의 경제학에서의 빈익빈 부익부

결론적으로 관심 또는 주목의 경제학은 인터넷의 등장으로 웹상에서 현실공간에서의 정보수집 또는 상거래에 비해 월등하게 많은 정보를 값 싸고 손쉽게 입수할 수 있게 된 환경 변화가 만들어낸 것으로 이해할 수 있다. 희소한 자원은 정보가 아니라 이제는 오히려 정보를 탐색하고 평가하여 의사결정에 이르는 과정에서 개인이 들일 수 있는 시간, 그리고 시간으로 표현되는 개인의 관심 또는 주의력이다.

따라서 기업의 입장에서 보면 소비자로 하여금 인터넷상에서 구할 수 있는 수많은 정보들 중 자사의 정보에 접근하여 관심을 보일 수 있도록 하는 능력이 새롭게 요구되고 있다. 무료 정보를 제공하는 포털 사이트들 사이에 벌어지는 경쟁이나 이벤트, 홍보나 광고료에 의존하는 비즈니스 모델, 그리고 회원 모집에 열을 올리고 있는 사이트들은 모두 관심의 경제학의 원리가 적용될 것이다.

이들은 빈익빈 부익부 현상을 실감하게 될 것이다. 왜냐하면 충분한 수의 참가자를 확보한 사이트, 충분한 신뢰와 평판을 쌓은 곳은 더 많은 사람들과의 관계를 만들어낼 것이므로 관심이 지속적으로 창출되는 반면, 그렇지 못한 곳은 끝없이 생겨나는 사이트나 홈페이지에 사람들의 관심을 지속적으로 빼앗기고 결국에는 관심 밖으로 벗어나게 될 것이기 때문이다.

황희영 서울대학교 국제경제학과를 졸업하고 같은 대학원에서 석사학위를 받았다. 그후 프랑스 사회과학고등연구원(EHESS)에서 제도경제학으로 박사학위를 받았다. 주로 제도경제론, 디지털 경제에 관심을 갖고 있으며, 현재 영산대학교 국제무역학과 교수로 있다.

스포츠 경영학

스포츠를 마케팅하라

장경로

성균관대 교수 · 스포츠과학

스포츠 경영학의 새로운 흐름

경영에 관한 연구와 실행의 시작은 인류의 초창기로 거슬러올라갈 수 있겠지만, 학문으로서의 경영의 연구와 보급은 20세기 초반에 시작되었다고 할 수 있다. 오늘날 전 세계 대부분의 대학에서 경영학이라는 전공과정을 제공하고 있으며, 그밖에 많은 대학에서는 더욱 전문화된 병원경영, 호텔경영 등의 전공과정을 개설하고 있다.

경영학 분야에 있어서 또 하나의 전문화된 분야로 최근에 나타난 것이 스포츠 경영(Sport Management)이다. 현대사회에서 스포츠와 신체활동의 중요성이 점차 부각됨에 따라 스포츠와 신체활동을 제공하는 조직들이 최근 20~30년 동안 급속도로 증가하고 있으며, 이러한 조직은 스포츠 용품과 기구를 생산하고 판매하는 업체에서부터 헬스클럽, 올림픽조직위원회 등 실제로 스포츠와 신체활동을 제공하는 조직에 이르기까지 매우 다양하다. 이렇듯 스포츠와 신체활동에 관련된 조직의 수와 규모가 증가함에 따라 이러한 조직들의 좀더 효율적인 경영을 위해 스포츠 경영이라는 새로운 분야의 중요성이 부각되었고, 마침내 독

▶ 첼라두라이

> ** 첼라두라이는 스포츠 경영학의
> 방향성에 있어서 더욱 중요한 것은
> 참여스포츠와 관람스포츠라는 서로
> 다른 두 분야를 다루는 경영학의
> 방향을 확립하는 것이라고 주장하였다.
> 참여스포츠는 소비자에게 휴먼서비스를
> 제공하는 반면, 관람스포츠는
> 스포츠를 통한 오락을 제공한다. **

립적 분과 학문으로 자리 잡게 되었다.

새로운 학문 분야로 평가되는 스포츠 경영은 과거의 체육교육행정 분야(Administration of Physical Education)에 그 근원을 두고 있다. 그러나, 체육교육행정 분야는 주로 학교체육의 시설관리, 용품 및 장비의 구매관리, 교내 · 외 스포츠 대회의 운영관리 등에 초점을 둔 반면, 스포츠 경영은 스포츠 마케팅, 스포츠 재무관리, 스포츠 조직의 인사관리, 스포츠 이벤트 기획 등 더욱 광범위한 분야를 다루고 있다.

현재 우리가 지칭하는 스포츠 경영의 출현은 1960년대에 들어서 두 명의 학자에 의해 그 조류(潮流)가 형성되었다. 1966년 미국 오하이오 대학(Ohio University)의 제임스 메이슨(James G. Mason)은 프로야구 구단인 브루클린 다저스(Brooklyn Dogers)의 구단주인 월터 오멜리(Walter O'Malley)의 권유에 의해 프로스포츠 구단의 경영진을 위한 교과과정을 최초로 개설하였다. 또 다른 조류는 캐나다 웨스턴 온타리오대학(University of Western Ontario)의 지글러(Earle F. Zeigler)에 의해 시작되었으며, 지글러는 스포츠 경영의 학문적 연구를 시작하여

스포츠 경영학의 원조로 평가받고 있다. 현재 북미스포츠경영학회
(NASSM: North American Society for Sport Management)는 지글
러의 공로와 기여를 기념하고자 매년 스포츠 경영학 분야에서 뛰어난
업적을 올린 학자에게 그의 이름을 딴 지글러 상을 수여하고 있다.

스포츠 경영 이론을 현장에 적용시킨 최초의 인물, 첼라두라이

첼라두라이(Packianathan Chelladurai)는 스포츠 경영학 분야에서
가장 뛰어난 석학 가운데 한 명으로 평가되고 있다. 그는 캐나다의 웨스
턴 온타이로대학(1980~91)과 미국의 오하이오주립대학(1991~현재)
의 교수로 재직하면서 그 두 대학의 스포츠 경영학 전공 교수와 학생뿐
아니라 그의 저술과 연구, 조언 등을 통해 전 세계의 스포츠 경영학 분
야의 전공자들에게 많은 영향을 미쳤다. 그의 학문적 기여는 세계적으
로 인정받고 있으며, 일본 · 스페인 · 프랑스 · 영국 등 세계 여러 나라에
서 스포츠 경영 관련 세미나에 초청하고 있다. 첼라두라이는 스포츠 관
련 전공에서 학사와 석사학위를 취득한 후 경영학과에서 경영학
(Management Science) 석사와 박사학위를 취득하여, 경영이론을 근
거로 한 스포츠 조직의 경영이론을 확립하는 데 매우 탄탄한 학문적 배
경을 가지고 있다. 스포츠 경영학의 원조인 지글러는 첼라두라이를 스
포츠 경영의 학문적인 이론을 스포츠 조직 경영의 현장에 적용할 수 있
는 스포츠 경영학 개념으로 확립한 최초의 인물로 평가하고 있다.

첼라두라이는 1987년부터 현재까지 북미 스포츠경영학회지인
『Journal of Sport Management』의 편집위원으로 활동하고 있으며,
1991~93년에는 편집위원장을 역임하였고, 그 외에도 유럽 스포츠경
영학회지인 『European Journal of Sport Management』의 편집위원
으로도 활동하고 있다. 아울러 다섯 권의 스포츠 경영학 관련 교재를
저술하였으며, 네 권의 스포츠 경영 관련 서적을 편집하였고, 열일곱 권

의 서적에 집필자로 참여하였으며, 80여 편의 학술논문을 출판하였다.

관람스포츠가 참여스포츠로

약 30여 년의 짧은 역사를 갖고 있는 스포츠 경영학 분야의 미래에 대해 첼라두라이는 독립적인 분야로서 정체성을 확립하는 것도 중요하지만, 이미 오래전부터 학문적 기반을 확고히 한 다른 스포츠 학문 분야 (스포츠 심리학, 스포츠 사회학, 스포츠 교육학 등)와의 학문적 제휴 (interdisciplinary)도 중요하다고 말한다. 예를 들면, 스포츠 심리학의 오랜 연구 분야인 스포츠 참여동기 이론은 스포츠 소비자의 구매 동기의 이해를 위해, 스포츠 교육학의 지도법은 스포츠 조직 고용인의 훈련 과정 연구를 위해 적용될 수 있다는 것이다.

스포츠 경영학의 방향성에 대해 첼라두라이는 또한 실제/전문성 위주 (practice/ professional oriented)와 학문/연구 위주(disciplinary/ research oriented)의 양론에 대해 스포츠 경영학의 이론과 연구가 실제의 상황에 적용될 수 없다면 스포츠 경영학이 학문으로서의 정당성을 얻을 수 없다고 하였다. 그러나 어떠한 전문직종도 그 분야의 학문적 지식을 기초로 하지 않으면 무의미하다는 것을 강조하고 있다.

첼라두라이는 스포츠 경영학의 방향성에 있어서 더욱 중요한 것은 참여스포츠(participant sport)와 관람스포츠(spectator sport)라는 서로 다른 두 스포츠 분야를 다루는 경영학의 방향을 확립하는 것이라고 주장하였다. 참여스포츠 분야는 소비자에게 휴먼서비스를 제공하는 반면, 관람스포츠 분야는 소비자에게 스포츠를 통한 오락을 제공한다. 다시 말하면, 참여스포츠 소비자는 스포츠 활동에 참여함으로써 육체적 건강이나 신체적 단련을 추구하는 반면 관람스포츠 소비자는 타인의 스포츠 활동을 관람함으로써 오락을 통한 유희를 추구한다는 것이다. 따라서 두 분야의 서로 다른 서비스를 제공하는 스포츠 조직들은 표적 소비자

시장이 다르고, 고용인의 요구 조건이 다르기 때문에 서로 다른 경영 전략이 필요하다. 이에 대해 첼라두라이는 스포츠 경영학 분야의 학자들에게 이 두 분야의 학문적·실제적 통합, 혹은 필요하다면 분리가 필요하다고 지적하였다.

스포츠 경영이론을 정립하다

1985년에 출판된 첼라두라이의 저서인 『Sport Management: Macro Perspectives』는 경영이론을 바탕으로 스포츠 경영 분야의 이론과 실제의 체계를 확고히 세운 첫 교재로 평가되고 있다. 이 교재에서 첼라두라이는 오랜 세월 동안 인정받고 있는 전통적 경영기능의 네 요소(계획화[Planning], 조직화[Organizing], 지휘화[Leading], 평가화[Evaluating])를 바탕으로 스포츠 경영에서의 거시적인 주제를 다루었으며 효율적인 스포츠 조직의 경영을 위한 경영 기능과 기술, 그리고 스포츠 경영자의 역할 등을 설명하고 있다. 현재 첼라두라이는 스포츠 경영에서의 미시적인 주제를 다루는 『Sport Management: Micro Perspectives』를 집필하고 있다.

그는 또한 1999년 『Human Resource Management in Sport and Recreation』을 저술하였는데 이 책에서 그는 특히 스포츠 조직에서 인적자원(Human Resources)을 구성하는 세 그룹 '전문인력, 자원봉사자, 고객'의 서로 다른 특성들을 효과적으로 조화시키기 위한 인사관리와, 스포츠 조직 종사자들의 개인적 동기(Motivation)와 수행(Performance)의 연결에 초점을 두고 있다.

1985년 저서인 『Sport Management: Macro Perspectives』의 개정판의 성향을 띠고 있으나, 좀더 최근의 자료를 바탕으로 스포츠 경영의 관점과 이론을 설명하고 있는 『Managing Organizations』에서 첼라두라이는 스포츠 경영학의 출현에 관한 역사적인 관점에서부터 스포츠 조직

스포츠 마케팅에 대한 기본적 이론을 제시하고 있는 첼라두라이의 대표작.

의 정의, 스포츠 산업의 경제적 영향, 그리고 스포츠 경영 기능 등에 대해 설명하고 있다.

첼라두라이의 연구 분야 중에서 가장 주목할 만한 분야는 리더십 연구이다. 그가 개발한 다차원 리더십 모형은 스포츠 조직의 구성원을 직접 대상으로 하였다는 점에서 스포츠 경영의 리더십 연구를 위한 주춧돌을 놓은 것으로 평가되고 있다. 첼라두라이의 다차원 리더십 모형의 핵심 내용은 세 가지 경영자의 리더십 행동 유형이(규정행동〔Required Behavior〕, 실제행동〔Actual Behavior〕, 선호행동〔Preferred Behavior〕)이 일치할수록 조직 구성원의 수행결과와 만족도에 긍정적인 영향을 미친다는 것이다.

즉 리더의 실제행동이 조직 구성원들이 선호하는 행동, 주어진 상황에서 요구되는 행동과 가까울수록 조직의 수행이 더 좋아지고 구성원의 만족도가 더 높아진다는 것이다. 다차원 리더십 모형을 검증하기 위하여 첼라두라이가 개발한 스포츠 리더십 척도(LSS: Leadership Scale for Sports)는 다섯 가지의 리더행동(지도, 민주적 행동, 권위적 행동, 사회적 지지, 긍정적 피드백)을 측정하며, 전 세계적으로 약 열 개 이상의 언어로 번역되어 세계 각국의 스포츠 경영 및 스포츠 심리학계와 스포츠 조직에서 이용되고 있다.

첼라두라이의 또 다른 연구 분야는 조직이론 분야이다. 특히 그의 1987년 논문인 「Multidimensionality and multiple perspectives of organizational effectiveness」, 허거티(Haggerty)와 함께 쓴 1991년 논문 「Measures of organizational effectiveness of Canadian national sport organizations」 등은 스포츠 경영학 분야에서 조직 효율성에 대한 가장 우수한 논문으로 평가되고 있다.

스포츠 조직의 효율성에 대해 첼라두라이는 목표모형, 시스템 자원모형, 과정모형, 그리고 다중 구성요소모형 등을 통합하여 스포츠 조직의 효율적 경영을 위한 다차원 조직효율성 모형을 개발하였다. 다차원 조직효율성 모형은 스포츠 조직에 있어서 시스템 개념과 조직의 주요 활동영역에 바탕을 두고 있다. 따라서 효율성의 특정 범주의 적합성은 스포츠 조직의 유형과 조직의 활동영역에 따라 다르게 적용될 수 있는 것으로 평가되고 있다.

첼라두라이는 1990년대 후반부터 스포츠 산업에서의 서비스 품질(Service Quality)과 TQM에 관련된 일련의 연구를 해오고 있다. 2000년에 발표한 논문 「Targets and standards of quality in sport services」에서는 스포츠 서비스에 있어 품질 평가에 관해 첫째, 품질의 표적 둘째, 품질의 기준 셋째, 품질의 평가자의 관점에서 평가되어야 한다는 모형을 제시하였다. 즉 서비스 품질의 평가는 품질 평가의 표적(대상)을 판별함으로써 시작되어야 하고 품질의 표적에 따라 설정된 표준에 따라 평가되어야 한다는 것이다. 품질의 표적은 소비자에게 제공되는 핵심 서비스, 서비스가 제공되는 시설, 서비스 제공자 등이 될 수 있으며, 품질의 표준은 우월성으로서의 품질, 가치로서의 품질, 세부적 기준에 대한 일치, 소비자 기대에 대한 부응 등이 될 수 있다. 마지막으로 논문에서는 품질의 평가자에 대해 설명하고 있다. 품질의 표적과 기준은 무엇 (targets)을 어떻게(standards) 평가해야 하느냐에 대한 설명이었으며, 품질의 평가자는 스포츠 조직이 설정한 서비스 품질의 기준에 따라 소비자, 제공자, 또는 경영진이 될 수 있다.

장경로 서울대학교 사범대학 체육교육과를 졸업하고 뉴욕대학교에서 스포츠경영·마케팅 석사를, 오하이오주립대학교에서 스포츠 경영마케팅 박사를 취득했다. 미국 아이오와주립대학교 스포츠 경영학마케팅 교수를 역임했으며, 현재 성균관대학교 스포츠과학부 교수로 재직하고 있다(스포츠마케팅 담당). 저서로『스포츠 조직경영』『스포츠조직 구성원의 조직시민행동』(공저)이 있으며, 다수의 논문을 한국스포츠 산업경영학회지, 한국체육학회지, 『한국마케팅저널』『체육과학연구』『Sport Managment Review』『Journal of Professional Services Marketing』등에 발표했다.

인간운동의 분석과 심리측정

스포츠는 통계학이다

엄한주

성균관대 교수 · 스포츠과학

인간운동에 관한 깊이 있는 연구자, 로버트 슈츠

인간운동에 관련된 체계적인 연구는 그 역사가 오래되지 않았다. 20세기 초기에 몇몇 관심 있는 의사들이 운동 중 인간의 심장과 폐의 기능을 측정하기 시작한 것이 현대 인간운동 연구의 시초라 할 수 있다. 이후 산발적으로 다양한 학자들에 의해 행해지던 인간운동에 관련된 연구는 대학에 체육교사를 양성하는 학과가 생겨나면서 체계화되기 시작하였다. 그러나 20세기 초 · 중반의 연구는 매우 기초적인 것으로 초 · 중등학교 교육현장에서 이용될 수 있는 연구가 주를 이루었고, 그 수준은 비교적 낮았다고 할 수 있다.

1970년대 이후 이러한 흐름은 몇몇 학자들의 주도로 변화하기 시작하였고, 세계경제의 부흥과 함께 운동과 건강 그리고 스포츠에 대한 관심이 높아지면서 관련 연구는 북미를 중심으로 급속도로 발전했다. 초창기 인간운동에 대한 관심에서 출발한 이 분야의 연구는 다른 기초과학의 틀 위에 응용과학의 하나로 자리 잡기 시작했다.

그러나 최근 들어 기초과학에 대한 관심의 부재와 실용적 연구를 추

❝ 슈츠는 학생들이 자신의 이름만 부르는 것을
좋아하지 않는다. 자신은 슈츠 교수님 또는
슈츠 박사님이라고 불릴 자격이 있을 만큼
학생들을 위해 열심히 준비하고 노력한다는 것이
그 이유다. 수업이 있는 전날이면 그는 최소한
한나절을 사무실 문을 걸어 잠그고 수업준비를 한다.
놀라운 것은 이 과목은 그가 근 30년간 매년
가르쳐온 똑같은 과목이라는 점이다. **❞**

구하는 추세에 의하여 그 연구의 수준이 다시 낮아지고 있다. 이러한 학계의 흐름 속에서도 끊임없이 깊이 있는 연구를 추구해온 학자 중 한 사람이 로버트 슈츠(Robert W. Schutz) 박사이다. 그는 캐나다 체육·스포츠학계의 거장이며 북미뿐 아니라 세계에서 그 이름이 가장 널리 알려진 운동 및 스포츠 측정, 통계학자 중 한 사람이다.

그는 캐나다에서 태어나 밴쿠버 앞의 조그만 섬에서 어린 시절을 보냈다. 이웃에 인디언 친구들이 많았던 그는 지금도 백인사회 안에서의 인디언 문제와 인디언 예술 등에 특별한 관심을 가지고 있다. 집이 조그만 반도의 깊숙한 곳에 자리잡고 있어서 카누를 타고 후미진 학교에 다녔다고 하는데 그 학교는 워낙 인구가 적은 지역에 있어 한 학년에 한 명 또는 두 명 정도의 학생만 다녔다고 한다. 어릴 때부터 명석했던 그는 학교에 다니기 시작한 지 얼마 되지 않아 몇 차례나 월반을 했다. 선생님이 가르칠 수 없었던 과학 과목 등은 우편을 통해 과제물을 받고 공부하여 보고서를 우편으로 제출하며 배웠다.

열다섯 살이 되던 해에 살고 있던 지역에 더이상 진학할 학교가 없자

혼자서 학업을 위해 가장 가까운 대도시 밴쿠버로 이주했다. 고등학생 시절 특히 수학과 운동에 재능을 보인 그는 학교 테니스와 농구 대표팀에서 활동하였고 테니스는 시도 대항 단식 부문 3위에 오르는 탁월한 실력을 보이기도 했다. 운동과 스포츠에 대한 관심으로 인해 그는 체육학과에 진학하게 된다. 바로 옆 주에 있는 알버타대학에서 석사과정을 하던 그는 농구, 미식축구 등 여러 종목의 대학 팀 감독을 지냈다. 석사를 마친 후 박사과정 진학을 위해 돈을 마련해야 했던 그는 약 2년간 고등학교에서 체육과 수학을 가르치는 교사로 재직하였다.

박사학위 공부를 위하여 미국 메디슨 소재의 위스콘신대학에 진학한 그는 자신이 모은 돈과 캐나다 정부에서 주는 장학금으로 생활을 꾸려나가며 학업에 열중했다. 그와 같은 시기에 같은 학과에서 공부를 했던 세프릿 박사는 그가 체육학과 과목보다는 다른 학과 과목의 공부에 더 관심이 많았다고 기억한다. 그는 심리학 분야가 측정과 측정자료의 분석에 관해서는 가장 앞서간다고 판단하고 심리학과와 통계학과 등을 다니며 심리측정에 관한 연구와 측정된 자료의 체계적인 분석에 대한 연구들을 공부하였다.

슈츠는 당시 위스콘신대학교에 교수로 재직하던 세계적인 심리측정·통계학자들을 만나며 그들의 강의를 들을 수 있었다. 그는 이 가운데 한 교수의 심리통계 강의가 유독 힘들었다고 회고한다. 특히 강의를 맡은 교수는 체육학과에서 온 학생들은 학업을 제대로 따라갈 수 있을지 의심스럽다며 부정적인 생각을 가지고 있었다. 당시 운동선수 출신의 학생이 대부분을 차지했던 체육학과에서 학생들의 전체적인 학업능력이 뒤떨어지는 것은 사실이었다. 다른 몇 명의 체육학과 학생들과 같이 강의를 듣던 슈츠는 세미나 그룹을 만들어 리드를 하였고 본인은 모든 과제물과 시험에서 만점을 받았다. 강의를 했던 교수는 20년 넘게 가르친 그 과목에서 만점을 받은 학생은 슈츠가 처음이었다고 하며 매우 불편한 심기를 드러냈다고 한다. 자신이 공을 들여 만들어낸 어려운 문제들을, 그것도 체육과 학생이 다 풀어냈기 때문이다.

휴가도 없이 공부 외에 다른 것은 거의 하지 않았던 그는 3년 만에 박사학위를 마치게 된다. 경제부흥기였던 당시 그는 박사학위를 채 마치기도 전에 북미의 여러 대학에서 이미 교수직 제의를 받았다. 고심 끝에 자신의 모교인 브리티시컬럼비아대학에 가기로 결정한 그는 학위논문 저술에 더욱 박차를 가하였다. 박사학위를 거의 마칠 당시 미국의 각 대학에서는 미국의 베트남 참전에 반대하는 시위가 한창이었고 때로는 폭력사태까지 빚어지고 있었다. 위험을 느낀 그는 자신의 처와 네 아이들을 먼저 캐나다로 보내고 밤을 새워가며 논문작성에 매달렸다.

개인용 컴퓨터가 없던 그때에는 학교 내에 하나뿐인 대형 컴퓨터를 이용해 자료분석을 해야 했고 단말기가 단 몇 대뿐이어서 밤을 새워가며 일해야 했다고 한다. 그가 모든 일을 마치고 캐나다로 떠나던 날 자신이 밤을 새워가며 일하던 건물이 반전운동가들에 의해 폭탄 테러를 당했다. 대형 컴퓨터가 있던 그 건물에 ROTC 사무실이 같이 있었기 때문이다. 그는 자신이 논문을 이틀만 늦게 제출했어도 지금 이 세상 사람이 아닐지 모른다고 말한다.

그의 통계는 언제나 정확하다

브리티시컬럼비아대학에 조교수로 부임한 초창기에 그는 여러 분야의 연구에 몰두하였다. 1970년대 초, 이 대학 역시 전 대학에 걸쳐 컴퓨터가 단 한 대뿐이었고 동시에 이를 이용할 수 있는 인원은 두 명으로 제한되어 있었다. 컴퓨터를 이용하기 위해서는 미리 예약을 해야만 했고 슈츠는 좀더 오랜 시간 동안 이용하기 위해 컴퓨터 센터에서 밤을 새우기 일쑤였다. 박사학위 공부를 하는 동안 공부만 하는 슈츠를 뒷바라지했고 교수가 된 후에는 좀더 여유 있는 생활을 기대했던 슈츠의 부인은 더이상 이를 참지 못하고 이혼을 선언하게 된다. 슈츠는 당시 북미의 교수들 중 많은 수가 비슷한 경험을 했고 그래서 얻은 새로운 지식만큼 중요한 다른 것을 잃었다고 말한다. 그는 학생들에게 학위과정 중에도 가정에 충실하라는 개인적 체험에서 우러난 조언을 한다. 가정을 잃으며 열심히 연구와 학생지도에 열중한 그는 이러한 노력에 힘입어 대학 내에서 가장 빠른 시간 안에 정교수가 되었다.

슈츠는 연구활동을 즐기며, 그것을 평생 자신의 가장 중요한 일로 꼽는다. 그의 연구는 여러 부분으로 나눌 수 있는데 스포츠 자료분석과 스포츠 심리측정 분야에서 가장 많은 연구를 하였다. 특히 슈츠는 수학과 통계모델을 스포츠 현상의 설명과 예측에 이용한 최초의 학자 가운데 한 사람이다. 그는 자신의 연구 결과를 스포츠 심리학회지, 체육학회지, 그리고 통계학회지 등에 주로 발표하였다.

여성이 스포츠계에 등장하기 시작하면서 많은 세계 신기록이 쏟아져 나왔다. 이는 특히 육상경기에서 두드러졌고, 여성 신기록은 남성이 세운 기록과 급속도로 격차가 줄어들었다. 1980년대 초, 스포츠 학계에서는 언젠가 가까운 미래에 여성이 남성을 따라잡을 거라는 의견이 지배적이었다. 슈츠는 이에 동의하지 않고 새로운 주장을 하였다. 즉 여성의 기록이 점차 남성의 기록에 근접하겠지만 영원히 따라잡을 수는 없다는 것이었다. 그는 지난 몇십 년간의 자료에 수학적 모델을 적용하여 미래의 신기록 갱신을 예측했고, 1984년 LA올림픽 직전 라디오 방송에서 다른 육상전문가들과 격론을 벌이기도 했다. 슈츠는 여성이 남성에 비해 스포츠를 늦게 시작했기 때문에 초반에는 남성의 기록과의 격차가 빠른 속도로 줄어들겠지만 나중에 가서는 격차가 줄어드는 속도가 점차 늦어질 거라고 주장했다. 물론 그 당시에는 토론의 결론을 내지 못했지만 그가 1983년 유니버시아드 대회 학회에서 발표한 수학공식으로 예측한 2000년도의 육상 신기록들은 거의 정확히 들어맞았다.

슈츠는 테니스와 스쿼시 종목에서 어떤 점수 시스템 하에서, 실력이 더 좋은 선수가 가장 짧은 시간 안에 이기게 되는가를 연구하였다. 그는 이 연구에서 게임이나 세트 시스템보다 총 몇 점을 기록했는지, 즉 몇 번의 스트로크를 이겼는지로 승자를 결정하는 것이 훨씬 타당한 방법이라고 주장했다. 이 점수 시스템이 실력이 좋고 나쁜 선수를 좀더 잘 가려낸다는 것이다. 이 시스템 하에서는 아마추어 선수가 프로를 이기는 등의 이변이 적게 일어난다. 그러나 이러한 연구는 실제 테니스 경기에 적용되지는 못하였다.

그는 또 여러 프로 스포츠선수들의 수행능력에 관한 분석 연구를 하였다. 아이스하키와 야구, 농구 등 프로 스포츠가 활발한 북미에서는 분석할 자료가 풍부하여 일찍부터 이 자료로 경기분석을 할 수 있었다. 몇 가지 예로 아이스하키 경기의 연장전에 관한 연구와 적절한 선수교체 시기에 대한 연구, 그리고 프로 야구와 농구 선수들의 기록과 실력의 안정성에 관한 연구 등이 있다.

특히 그는 '확인적 요인분석'이라는 기법을 이용해 북미 야구경기의 공격력은 홈런, 타점 그리고 타율로 대표되며 이 세 가지 기록이 사실상 한 선수의 공격력의 전부를 나타낸다는 것을 보여주었다. 특히 북미의 메이저리그에서는 홈런이 가장 중요한 요소이며 타점과 타율은 비슷한 중요도를 가진다고 한다. 더 나아가 이 세 종류의 기록으로부터 요약된 프로 선수들의 잠재적인 공격력은 5년 이상 매우 안정된 패턴을 보이며 매우 오랜 기간 동안 잘 변화하지 않고 그 자리에 머문다는 것이다.

이와 비슷하게 농구경기에서는 공격력은 총득점, 도움(assist) 그리고 인터셉트에 의해 특징지어지며 수비력은 블로킹, 리바운드 그리고 개인 파울로 특징지어진다는 것을 밝혀냈다. 일반적인 생각과 틀린 점은 인터셉트가 수비력이 아닌 공격력에 더 가깝다는 것과, 개인 파울이 다른 수비력과 실제로는 밀접한 관련이 있다는 사실이다. 프로 농구선수들의 공격력과 수비력은 야구선수들의 공격력 그리고 수비력보다도 더욱 안정적이며 한 선수의 이러한 운동수행 능력은 또한 5년 이상의 장기간 동안 상대적으로 같은 위치에 머문다고 한다.

슈츠의 또 한 가지 흥미로운 연구 가운데 하나는 다트(dart) 경기에 관한 것이다. 이 경기는 침이 달린 조그만 화살 모양의 다트를 던져서 동그란 표적판 중앙에 맞추는 것으로 우리도 어릴 때 한 번쯤 해본, 놀이에 가까운 경기이다. 그는 표적의 모양에 관한 연구를 하였는데 정확한 원보다는 아래위로 긴 타원형을 표적으로 하면 좀더 신뢰성 있고 안정된 기록을 나타낸다는 것을 밝혀냈다. 즉 이런 타원형 모양의 표적이 잘하고 못하는 사람을 더욱 잘 구분해낸다는 것이었다. 이 연구를 위해서 슈츠는 몇 달 동안 친구들과 다트 경기를 했다고 한다.

슈츠가 연구하는 또 다른 주요 분야는 스포츠 심리측정에 관한 것이다. 신장이나 몸무게, 100미터 달리기 등은 쉽고 명확한 측정이 가능하지만 인간의 심리를 측정하고 들여다본다는 것은 매우 어렵다. 특히 심리의 측정은 다른 것에 비해 오차가 크다. 흔히 이를 극복하기 위하여 심리학에서는 여러 개의 조금씩 다른 질문을 이용해 한 가지 개념의 심리를 측정한다. 슈츠는 스포츠에 관련된 인간심리 측정의 오차를 연구하여 오차를 줄이고 좀더 타당하고 적합한 그리고 신뢰할 수 있는 도구를 만들기 위해 노력하였다.

그가 개발한 대표적인 심리측정 도구 가운데 하나가 어린이들의 신체활동에 대한 태도를 측정하는 도구이다. 이 도구를 개발할 때 특히 어린이들의 심리적 질문과 답에 대한 이해도에 대해 고민했던 그는 이해하기 쉬우며 명확한 도구를 개발하는 데에 성공했다. 특히 글을 잘 이해하지 못하는 어린아이들을 대상으로 할 경우에는 질문을 질문자가 읽고 어린이들은 자신의 생각에 가장 가까운 그림을 선택하도록 하였다.

1980년대 초에 개발된 이 심리 측정도구는 지금도 북미와 한국을 포함하여 전 세계적으로 이용되고 있다. 슈츠는 이 외에도 운동선수들의 불안측정 도구 등 다수의 심리측정 도구를 개발하였다.

한 시간 가르치기 위해 다섯 시간 공부한다

슈츠는 지식을 이용해 금전적 이익을 추구하거나 자신을 알리기 위한 연구를 하는 학자를 좋아하지 않는다. 자신의 지식과 철학을 책으로 서술하기보다는 좋은 연구를 하는 데 중점을 두었고, 학회지의 논문과 같은 매우 전문적이고 압축된 형태의 글쓰기를 더 즐겼다. 슈츠는 무슨 일이든지 대충 하는 법이 없었으며, 특히 연구에 있어서는 대충 한 연구나 별것 아닌 결과를 좋게 보이도록 치장한 연구, 이미 밝혀진 것을 답습하는 연구들을 엄격히 가려내어 신랄하게 비판하는 것을 주저하지 않았다. 또한 그는 실적만을 올리기 위해 이것저것 많은 연구를 한꺼번에 추진하는 것을 비판한다. 그렇게 되면 하나의 연구에 충실할 수 없고 결국 연구의 질이나 가치가 떨어진다는 것이다. 학회에서 발표자들에게 그는 항상 질문을 던졌고 틀린 것은 과감히 지적하고 토론하기를 원했다. 학회에서 슈츠는 발표자들이 가장 두려워하는 존재였고 이 때문에 그를 좋아하지 않는 학자들도 있었다. 그러나 자신의 분야뿐 아니라 체육 및 스포츠의 다른 분야에도 널리 알려진 그는 매년 세계 각국으로부터 초청강연을 제의 받는다.

북미에서는 대학원생 정도가 되면 교수의 이름을 부르는 경우가 많다. 우리의 정서로는 이해가 잘 가지 않지만 북미에서는 교수들도 흔히 이를 용인하고 어떤 교수는 그렇게 불러야 편하다고 종용하기도 한다. 그러나 슈츠는 학생들이 자신의 이름만 부르는 것을 좋아하지 않는다. 자신은 슈츠 교수님 또는 슈츠 박사님이라고 불릴 자격이 있을 만큼 학생들을 위해 열심히 준비하고 노력한다는 것이 그 이유다. 수업이 있는 전날이면 그는 최소한 한나절을 사무실 문을 걸어 잠그고 수업준비를 한다. 놀라운 것은 이 과목은 그가 근 30년 간 매년 가르쳐온 똑같은 과목이라는 점이다. 본인에게나 학생들에게 자칫 지루할 수 있는 수업을 재미있게 만들고, 또 학생의 필요에 부응하기 위하여 항상 새로운 것을 공부하고 새로운 사례를 찾아내려 노력한다. 이 노력에서 비롯된 자신감은 그의 태도에 카리스마로 나타나고 학생들도 감히 그의 이름을 부를 생각조차 하지 못한다.

그는 자신이 지도하는 대학원생들이 방학 때 스키를 타러 간다거나 놀러다니는 것을 의아하게 생각한다. 이는 자신이 학생일 때 공부만 했기 때문이다. 그렇다고 놀러다니지 못하게 압력을 가하지도 않는다. 오래전 자신의 석사 학생 한 명이 학기 중에도 놀러다니는 것을 보고 고민하던 그가 내린 결론은 '아하! 이 학생이 석사학위를 하는 기간을 조금 길게 계획하고 있구나'였다고 한다. 이 학생은 보통 2년에 마치는 석사학위를 3년이 넘도록 했다. 그리고 지금은 미국 오레곤주립대학의 교수로 재직하고 있다.

슈츠의 지도 아래 석사와 박사학위를 취득한 학생은 의외로 그 수가 적다. 이는 그가 의도적으로 한 번에 셋 이상의 대학원 학생을 지도하지 않으려고 했기 때문이다. 그 이상이 되면 학생 개개인에게 충분한 지도를 할 수 없다는 생각을 가지고 있다. 그는 학생들을 직접적으로 다그치지 않는다. 항상 간접적인 방법으로 공부나 연구의 방향을 제시해주고 학생 스스로 모든 것을 판단하고 결정하도록 내버려둔다. 그의 학생들은 대부분 학위과정 초에 방황을 하다가 결국 자신이 알아서 연구주제를 찾고 탐구해나가는 방법을 터득하게 된다. 자신은 자신의 아이들도 그렇게 키웠고, 절대로 싫어하는 것을 강요하지 않았다고 한다. 그러나 간혹 그 과정을 이해하지 못하고 계속 방황하는 학생도 있었다. 슈츠는 이러한 학생들을 보며 자신이 혹시 더 강하게 지도했어야 하는 것은 아닌지 하고 고민하기도 했다.

슈츠는 2002년도에 30년이 넘는 교수생활을 접고 63세의 나이에 정년을 채우지 않고 은퇴했다. 자신은 아직 하고픈 연구들이 많은데 학교생활을 계속하면 더 나이가 들 때까지 자신이 원하는 연구를 다 못할 수도 있다는 우려 때문이었다. 은퇴한 교수처럼 보이기 위하여 교수재직기간 중 시간이 없어서 배우지 못했던 골프를 60세가 넘은 나이에 배우기 시작했다고 한다. 지금도 그는 자신이 재미있어 하는 연구활동에 전념하고 있다.

엄한주 성균관대학교 체육학과를 졸업하고 캐나다 브리티시컬럼비아대학에서 측정평가 석사와 같은 대학 교육통계학/체육통계 박사학위를 취득했다. 국민체육진흥공단 체육과학연구원 선임연구원, 대한 배구협회 국제이사 등을 역임하였으며, 현재 성균관대학교 스포츠과학부 교수(스포츠통계/스포츠분석학 담당)로 재직 중이다. 대한민국 체육훈장 백마장을 수상하였으며, 미국 체육학회에서 우수연구자로 선정되기도 하였다. 주요 연구분야는 체육측정평가와 스포츠 분석학 분야로 다수의 논문을 한국체육측정평가학회지, 한국체육학회지, 체육과학연구 등에 게재하였다.

제 **4** 부

새로운 권력, 새로운 복지

사회복지와 가족 부양 사이의 딜레마

박승희

성균관대 교수 · 사회복지학

가정의 테두리를 벗어나는 노인 부양

오래전 북시베리아의 한 부족은 길고 복잡한 의식을 거친 후에 가족들이 다 지켜보는 자리에서 창이나 칼로 급소를 찔러 노인들을 죽였다. 혹독하게 추운 겨울에도 순록을 잡아먹기 위해 이동해야 하는 이 부족은 걸을 수 없는 노인들을 죽이고 떠날 수밖에 없었다. 『노년』이라는 책에는 이와 같은 사례들이 많이 소개되어 있다. 척박한 자연환경에서 겨우 연명하는 사람들에게는 늙고 병든 노인을 죽이는 것이 차라리 인간적이었을 것이다. 그런데 먹을 것이 흘러넘치는 현대사회에서도 가족들이 노인을 학대하거나 방치하여 숨지게 하는 일이 심심치 않게 일어난다. 우리는 자식이 노부모를 버리거나 폭행하여 숨지게 한 사건과 노인들이 죽은 지 수일 만에 발견되었다는 소식을 별다른 놀라움 없이 접한다.

이런 문제를 해결하기 위해서는 효의 윤리를 강화할 필요가 있음은 자명하다. 그러나 효만을 강조한다고 노인 학대가 사라질 것인가? 1980년대에 일본 아사히 신문의 논설위원 오쿠마 유키코가 쓴 『노인복지 혁명』이라는 책을 보면, 병든 노인을 가정에서 간호하는 일본식 가

> **66** 지금 우리는 사회복지의 도입을 반대하면서
> 가족주의만을 강조할 수는 없다. 반대로
> 가족주의를 포기하고 사회복지로 가족을
> 대체하는 것도 우리가 지향해야 할 바는 아니다.
> 사회복지가 없는 효는 살인이고, 효 없는 사회복지는
> 사육이다. 우리는 사회복지와 가족주의의
> 장점을 취하고 단점을 버리는 것을 적극적으로
> 고려하지 않으면 안 된다. **99**

족 부양제도는 말뿐이었고, 실제적으로는 노인 부양에 심신이 지쳐버린 자식들이 부모를 병원에 입원시키는 사례가 나타난다. 이것은 불효자라는 말을 듣지 않고 부양의 고통에서 벗어날 수 있는 좋은 방법이었다. 그러나 돈벌이가 목적인 병원에 맡겨진 노인들은 침대에 손발이 묶여서 '보호'를 받거나 수면제 등에 취해서 생활하고 있었다. 우리 사회에서도 자식들에 의해 병원이나 양로원에 맡겨지는 노인들이 급증하고 있다. 여기서 우리는 효만 강조한다고 노인 학대가 사라질 수 없다는 것을 알 수 있다.

효만 강조한다고 노인 학대가 줄어들지 않는 근본적인 원인은, 무엇보다도 가족이 노인을 부양하기가 점점 어려워지고 있기 때문이다. 이같은 사실은 병든 부모가 자식들에게 '축구공처럼 차이며' 이집 저집을 전전하는 경우가 우리 주변에서 자주 일어난다는 사실을 통해서도 확인할 수 있다. 필자의 학생 중 한 명이 제출한 보고서에 따르면 치매에 걸린 할머니가 큰집, 작은집, 고모집을 전전하다가 제일 가난한 자기 집에서 머무신다고 한다. 학생의 아버지는 택시 운전사이고 어머니는 파출

부로 일해왔는데, 어머니가 파출부 일도 포기하고 할머니를 모신다. 학생의 어머니도 불만이 점점 쌓여간다고 한다.

그러나 불과 40년 전만 하더라도 사정은 달랐다. 그때는 자식들이 노인을 모시는 것은 너무나도 당연한 것이었다. 예컨대 1960년대에 초등학교 시절을 농촌에서 보낸 필자는 증조할머니와 할머니, 부모님과 한집에서 살았다. 나는 어릴 적 증조할머니의 쭈글쭈글하지만 따스한 젖가슴을 만지작거리다 잠들곤 하였는데, 증조할머니는 그런 필자를 무척 아껴주셨다. 우리는 어쩌다 맛있는 음식이라도 생기면 언제나 증조할머니께 먼저 드려야 했고, 그럴 때마다 할머니는 드시는 시늉만 하다가 이내 손자들에게 나눠주곤 하셨다. 그러면 우리는 어머니의 꾸중에도 아랑곳없이 덥석 받아먹었고, 증조할머니는 그런 증손자들의 모습을 웃으면서 지켜보셨다. 이처럼 과거에는 노약자를 가정에서 모시는 것이 자연스러운 우리 사회의 특성 중 하나였다.

가족의 축소와 가족 부양의 어려움

그렇다면 왜 이런 가족의 노약자 부양제도가 무너지는 것일까? 우리 사회는 그동안 급속한 자본주의적 산업화의 길을 걸었다. 농촌 중심의 전통사회는 도시 중심의 자본주의 사회로 변했다. 사람과 사람의 만남이 상품과 돈을 중심으로 이루어지는 자본주의 사회에서, 울리히 벡의 말처럼 개인화의 물결은 가족의 문 앞에서 멈추지 않았다. 뿐만 아니라 전통사회와는 달리 무수히 많은 직업들이 만들어짐에 따라, 가족들이 각기 다른 직업을 가지고 따로 떨어져 사는 경향이 생겨났다. 이런 이유로 인해 가족은 이웃공동체로부터 고립되고, 규모가 축소되며 심지어 해체되는 경향마저 보이고 있다.

우리 사회의 경우 급속한 자본주의적 발전이 시작되던 시기인 1970년에는 노인·아들·손자로 구성된 3세대 이상 가구의 비율이 30.4퍼센트였다. 이것이 1980년에는 24.1퍼센트, 1990년에는 18.8퍼센트, 2000년에는 13.8퍼센트, 2005년에는 12.1퍼센트로 줄어든다. 이것으로 가구가 지속적으로 분리되어 축소되고 있음을 알 수 있다. 이런 변화는 가구 규모의 축소로 이어질 수밖에 없다. 1955년에 5.7명이던 평균 가구원수는 1970년에는 5.2명, 1990년에는 3.7명, 2005년에는 2.9명으로 줄어든다. 그리고 1980년에는 2인 이하의 가구에서 사는 사람이 전체 인구의 5.7퍼센트였으나 2005년에는 22.3퍼센트로 증가하였다. 이렇듯 가족 규모의 축소와 함께 가족의 해체 경향마저 감지되고 있다.

이것은 이혼율이 급증하고 있다는 점을 통해서도 알 수 있다. 결혼 건수에 대한 이혼 건수의 비율은 1970년 3.9퍼센트였고 1980년에는 5.8퍼센트였다. 이것이 1990년 11.4퍼센트, 2000년 35.9퍼센트, 2005년 40.6퍼센트로 급증하였다. 2005년의 경우 매일 평균 867쌍이 혼인신고를 하는 한편, 352쌍이 이혼신고를 하였다. 이러한 가족의 해체 혹은 미결성 경향 때문에 홀로 사는 사람이 늘어나고 있다. 1980년에 1인가구에 사는 사람들의 수는 전체 인구의 1.1퍼센트에 지나지 않았으나, 2005년에는 6.9퍼센트로 증가했다.

이러한 가족 단위의 축소와 해체는 노약자 부양과 아동 양육을 위한 일의 분담을 어렵게 만든다. 가족 단위가 큰 대가족에서는 노인이나 아이들을 돌보는 일을 여러 사람이 자연스럽게 나누어서 할 수 있기 때문이다. 한 사람이 전적으로 매달려 보살필 필요가 없었다. 그러나 핵가족에서는 부양 노동이 아무리 적다 하더라도 한 사람이 그 부양 노동에 묶여 있지 않으면 안 된다. 예컨대 전업 주부라도 혼자서 한 아이를 돌보는 경우에는 아이가 잠든 사이에도 집을 비울 수 없다. 더군다나 일터와 삶터가 분리된 상태에서는 부양 노동과 생산 노동이 동시에 이루어질 수 없다. 이런 상황에서는 비록 노동의 강도는 심하지 않다 하더라도, 부양 노동이 '감옥살이'와 같이 느껴질 수 있다.

전체인구 중 노인인구의 비율이 날로 커지고 있으나 노인복지와 부양에 관한 대책은 여전히 미비한 상황이다. 이에 따라 버려지는 노인, 독거 노인문제가 심각해지고 있다.

현실이 이러한데도, 효도나 가족주의만을 강조할 것인가? 그것은 결국 노약자들을 어딘가에 버리게 만들 것이다. 그나마 돈이 있는 사람들은 시설이나 병원에 맡기겠지만, 돈이 없는 사람들은 노약자의 부양을 포기하고 말 것이다. 이것은 '고려장'과 같이 먹을 것이 부족한 오래된 사회에서 자주 발생하던 노인 살해나 아동 살해가 되살아나는 것과 다를 바 없다. 똑같은 이유로 아이들을 낳는 것 역시 기피할 수밖에 없다. 민족사회가 300년 안에 소멸할 것이라는 예측이 나올 정도로 심각하게 출산율이 감소하는 이유가 여기에 있다.

사회복지가 발달하면 천국이 되는가?

이런 문제를 해결하기 위해서는 사회복지가 확대되어야 한다는 주장이 강력한 힘을 얻고 있다. 가족을 대신해서 사회가 노인이나 아이들을 부양해야 한다는 것이다. 사회복지가 발달된 북유럽에서는 국가가 사회복지를 확대하여 노약자들을 부양하고 있다. 『스웨덴 사회복지의 실제』라는 책에 실린 사례를 보면, 스웨덴에서는 약한 치매를 앓고 있는 노인들을 위해서 도우미들이 하루에 서너 번 방문하여 식사 준비와 집안 청소를 해주고, 산책을 시켜주며, 잠자리를 돌봐준다. 이 노인이 위급시에 목에 걸고 있는 비상 단추를 누르면 도우미들이 곧바로 달려온다.

이 부양 서비스를 위해 노인 개인이 부담해야 하는 비용은 월 20만 원 정도이다. 모든 노인이 연금을 받기 때문에 이 정도 금액은 부담이 되지 않는다. 병이 더 깊어져 양로원에 들어가면 무료로 수발을 받을 수 있다. 노인만이 아니라 장애인이나 아이들도 사회적으로 보호를 받는다. 가족과 사회로부터 버림받은 우리 사회의 많은 노인들을 보면, 북유럽의 노인이나 장애인은 천국에 사는 사람들처럼 보인다.

그런데 이런 사회복지의 나라에도 문제는 있다. 최고의 복지사회에서 노인들이 왜 창가에 놓아둔 자식과 손자들의 사진만 우두커니 바라보고 있을까? 노인들이 가보로 내려온 물건을 도우미가 훔쳐갈 것을 우려하여 숨겨놓았다가 끝내 찾지 못하는 경우도 있고, 양로원의 도우미로부터 학대를 당하는 경우도 있다. 이것은 사회복지만으로는 노인의 행복이 보장되기 어렵다는 것을 뜻한다.

사회복지에 의한 부양의 한계

맹자는 "밥만 먹여주고 사랑하지 않으면 돼지와 사귀는 것이요, 사랑만 하고 공경하지 않으면 짐승을 기르는 것이다"(食而弗愛 豕交之也 愛而弗敬 獸畜之也)라고 했는데, 이런 사회복지의 사회에서 충분한 사랑과 공경이 담긴 부양이 이루어지고 있다고 할 수 있을까?

국가가 노인을 부양하는 분업체계에서는 자기 부모를 남에게 맡기고 그 시간에 남의 부모를 돌보거나 다른 일을 해서 번 돈으로 자기 대신

부모를 돌보는 사람에게 지급할 돈을 국가에 세금으로 낸다. 여기서 부양자와 피부양자의 관계는 일면적이고 단기적이며 일방적인 관계이다. 오랜 세월 동안 애증이 쌓여온 가족관계의 복합성과는 확연히 구별된다. 이러한 인간관계는 부양 노동자의 책임과 피부양자의 권리가 만나는 관계이다. 따라서 생물학적인 부양은 가능하지만 사랑과 공경이 담긴 인간적인 부양까지 기대하기에는 분명한 한계가 있다. 물론 부양 노동자도 피부양자의 정서적인 측면을 고려하겠지만 형식적인 차원에 머물 가능성이 높다. 국가에 고용된 부양 노동자의 손길은 어디까지나 사무적인 손길일 따름이다. 이 형식적인 손길은 한밤에 가슴을 만지작거리는 손자의 따사로운 손길과는 다르다. 도우미를 고용하여 교대로 밤마다 노인의 젖가슴을 만져주게 한다고 노인들이 외로움으로부터 벗어날 수 있겠는가?

더욱이 이런 사회복지적인 부양 관계에서는 부양자를 위한 희생을 통해 피부양자가 기쁨을 맛보는 것은 처음부터 기대하기 어렵다. 예컨대 맛있는 음식을 달라고 보채는 손자와 언제든 부르면 달려오는 가정도우미 가운데 우리 할머니들은 누구를 더 살가워 할까? 노인들이 손자를 위한 희생에서 느끼는 이런 기쁨은 전문가의 의무와 노인들의 권리의식만으로는 달성되기 어려운 경지이다.

특히 사회복지제도에 따라 부양자와 피부양자가 권리와 의무로 만나는 관계에서는 가족관계 자체에서 오는 마찰과 화해의 과정이 없다. 서로 부딪히거나 불편한 점이 없는 편리한 삶이다. 우리 사회를 지배하는 편리 추구의 시각에서 바라본다면 이런 인간관계는 최고의 행복을 실현하는 방식일 것이다. 그러나 불편 없이는 만족이 없고 만족이 없으면 행복이 없다는 고락상생(苦樂相生)의 원칙에서 보면 불편이 없는 삶은 불행한 삶이다. 생활이 지나치게 단조롭다는 뜻이기 때문이다.

가족들이 분리되어 있는 삶은 한편에서는 무료하고 다른 한편에서는 보살핌을 필요로 한다. 조부모는 무료한데도 어린 손자는 그 곁을 떠나 '전문가'의 손에 맡겨진다. 만약 공동의 삶을 통하여 무료한 사람이 보살핌이 필요한 사람을 돌본다면 양자의 문제가 동시에 크게 해소될 것이다. 호출기를 달고 있는 북유럽의 노인들이 자녀들과 함께 살아간다면, 호출기 자체가 필요하지 않을 것이다.

지금 우리는 사회복지의 도입을 반대하면서 가족주의만을 강조할 수는 없다. 반대로 가족주의를 포기하고 사회복지로 가족을 대체하는 것도 우리가 지향해야 할 바는 아니다. 사회복지가 없는 효는 살인이고, 효 없는 사회복지는 사육(飼育)이다. 우리는 사회복지와 가족주의의 장점을 취하고 단점을 버리는 것을 적극적으로 고려하지 않으면 안 된다. 가족과 사회복지를 어떻게 결합시키는 것이 바람직한가? 사회복지가 약화된 가족의 기능을 보충해주고, 가족이 사회복지의 약점을 보완할 수 있는 길은 무엇인가? 이에 대한 구체적인 대안은 아직 없다. 이에 대한 연구과 실천이 우리에게 주어진 과제일 것이다.

박승희 성균관대 사회학과를 졸업하고 같은 학교 대학원에서 사회학 석사 · 박사 학위를 받았다. 현재 성균관대 사회복지학과 교수로 있다. 주요 저서로는 『한국 사회복지 정책론: 아름다운 세상 가꾸기』와 『스웨덴 사회복지의 실제』가 있으며, 주요 논문으로는 「농촌 노인들의 욕구충족 및 욕구생성의 실태에 관한 연구」 「사서에 나타난 유교의 사회복지사상」 「사회복지와 가족 간의 근대적 관계에 대한 성찰」 등이 있다.

복지국가 위기론과 대안의 모색

세계화가 국가복지의 축소를 요구한다

박시종
열린사이버대 교수 · 사회복지학

위험이 상존하는 사회, 복지국가의 필요성

현대사회는 위험사회이다. 자연재해나 질병, 장애, 노화, 실업 등으로 노동력 상품의 가치를 상실하거나 생계위협에 노출될 위험이 상존한다. 게다가 자본주의 경제는 본질적으로 부익부 빈익빈을 조장하는 경향이 있다. 이렇게 노화나 질병, 장애, 실업, 빈곤 같은 위험에 처하는 경우, 우리는 일차적으로 가족에 의존하게 된다. 그러나 가족의 복지기능이 충분치 못하면 다시 친척과 이웃, 좀더 멀리는 종교단체 같은 민간단체에 의존하게 된다. 그러나 민간단체가 빈민과 사회적 약자들의 복지를 제공하는 데는 한계가 있다. 특히 자본주의라는 구조적인 요인으로 불가피하게 발생한 위험 때문에 사회적 갈등이 심각한 상황이라면 가족과 사적 기구에만 복지를 맡겨놓을 수는 없게 된다.

이 때문에 국가 혹은 사회 전체가 '국민 최저한의 삶'을 위해 복지에 개입하는 국가복지의 이념이 출현하였다. 그리고 직접 복지에 개입하여 모든 국민에게 최소한의 삶의 수준을 유지시켜주는 국가가 바

> 복지국가의 위기는 두 가지 방식으로 나타난다.
> 하나는 노동자들의 삶의 조건을 위협하는 것이고,
> 다른 하나는 사회복지 프로그램을
> 직·간접적으로 공격하는 것이다.
> 두 방식 모두 노동자의 개인적·집합적 복지를
> 위협하는 것으로 귀결된다. **"**

로 복지국가이다. 역사적으로는 제2차 세계대전 이후 베버리지의 복지구상이 실행되면서 사회연대의 원리에 입각한 복지국가가 출범했다. 물론 그 이면에는 세계대전 후의 대량실업과 경제침체로 인한 사회질서의 위기, 사회주의 체제의 등장, 그리고 그에 따른 노동운동의 공세 등이 배경으로 작용하였다.

한마디로 복지의 역사는 자조(自助)에서 가족의 보호, 이웃과 친족, 민간단체의 복지 공급을 거쳐 최종적으로 국가복지로 확대되어 왔다. 이 역사적 발달 과정을 먼저 복지공여의 주체 면에서 보면 개인과 가족, 민간을 거쳐 국가로 발전해왔으며, 복지공급의 원리 면에서 보면 시장의 경쟁에서 사회연대의 원리로 진화해온 것이다. 따라서 복지의 역사는 한편으로는 개인의 자조로부터 가족 부양을 거쳐 사회적 복지로, 그리고 다른 한편으로는 복지공급의 제도화 여부에 따라 잔여적인 복지에서 제도적인 복지로 발달해왔다고 할 수 있을 것이다.

베버리지가 작성한 보고서는 제2차 세계대전 이후 영국의 복지국가 정책과 제도를 형성하는 데 크게 기여했다.

복지국가는 경제안정이 전제되어야 가능

복지국가는 본질적으로 완전고용을 핵심으로 한다. 일을 하고 싶어 하는 사람은 누구든 일할 수 있고, 그 일을 통해 자신과 가족의 생계를 해결하는 것이 기본적인 전제이다. 노동자의 임금과 기업의 이윤이 있어야 조세와 사회보장 기여금이 조달되어 비로소 제도적인 사회보장과 사회 서비스가 가능해지기 때문에, 복지국가를 위해서는 자본주의 경제가 안정적이고 지속적으로 성장하는 것이 필수적이다. 그래야 기업은 이윤을 얻고 노동자는 일자리와 임금을 얻으며, 국가는 복지의 확충을 통해 정당성을 확보하게 되어 세 당사자 모두가 승리하는 게임을 할 수 있기 때문이다.

복지국가를 떠받친 주요원리로 경제적으로는 케인즈주의, 생산체제로서는 포드주의, 사회적 갈등을 관리하는 방식으로는 조합주의를 꼽을 수 있다. 케인즈주의 경제관리와 포드주의 생산방식의 결합으로 1950년대와 1960년대에 복지국가는 전성기를 이루었고 거기에 사회적으로는 노동과 자본, 국가의 대표들이 이해관계와 갈등을 조정하고 관리하는 조합주의 체제가 형성되면서 복지국가가 제도화될 수 있었다.

그러나 자본주의 경제는 1970년대 초반부터 위기에 빠지기 시작했다. 1973년의 오일쇼크와 함께 서구 경제는 경기침체와 인플레이션이 동시에 진행되는 스태그플레이션에 빠져들었고, 이를 계기로 전후의 무역질서와 국제통화체제도 동요하기 시작했다. 그 사이 미국은 재정적자와 무역적자가 늘어나면서 급기야 달러의 금태환을 정지시키고, 고정환율제를 포기하고 자본이동에 대한 규제를 풀어버렸다. 미국의 뒤를 이어 영국을 비롯한 선진국들이 1980년대와 1990년대에 자본시장과 외환시장에 대한 통제를 완전히 철폐하였다.

1970년대 이래의 위기는 기업의 이윤율과 공장 가동률 하락으로 나타났다. 이에 기업들은 노동자를 대거 해고하는 가운데 국가의 복지비용과 노동자의 노동비용을 공격하기 시작했다. 이들은 케인즈적 수요관리의 산물인 국가채무와 재정적자를 청산하기 위한 수단으로 국가의 사회지출 삭감을 요구하였고 임금과 시간, 수량, 기능의 면에서 노동유연성을 강화시킴으로써 노동비용을 줄이기 시작했다. 이와 더불어 통화주의와 공급측경제학 등의 신자유주의 경제학과 이데올로기가 국가 개입의 폐단을 비난하면서 시장과 경쟁을 통한 효율성 증진을 옹호하자 신자유주의를 추종하는 정부들은 복지의 민영화, 노동의 유연화, 경제의 재상품화를 강력히 추진하였다.

세계화로 복지국가가 위기에 처하다

한편, 자본이동에 대한 규제가 풀리면서 1980년대부터 화폐 및 금융자본이 거대한 규모로 급성장하게 되었다. 특히 정보통신기술이 발달하면서 금융자본은 세계 어디에나 자유롭게 투자할 수 있게 되었다. 이제 기업들은 은행거래보다는 완전히 개방된 주식과 외환, 채권시장 같은 자본시장에 투자하는 초국적 금융자본을 통해 자본을 조달하게 되었다.

케인즈는 자유방임주의에 반대하고 유효수요를 확보하기 위한 정부의 보완책(공공지출)이 필요하다고 주장하였다.

　생산자본의 국제화에 뒤이어 금융 및 화폐자본이 세계화되면서 기업들의 경영전략도 바뀌기 시작했다. 생산자본은 장기적인 이윤 가능성을 염두에 두고 투자를 하지만, 금융 및 화폐자본은 단기적인 투자수익을 추구하는 경향이 강하다. 그런데 생산자본은 주식시장에서 금융자본을 통해 자본을 조달하기 때문에 주주인 금융자본의 단기이윤 추구 논리를 무시하지 못한다. 그 결과, 기업들은 장기적인 이익추구보다는 주로 비용절감 전략을 통한 단기적인 수익구조 개선 전략을 구사하게 된다.

　기업들의 비용절감 전략은 두 방향으로 전개된다. 하나는 생산과 판매를 위한 직접비용으로서 임금비용과 비임금비용을 포함하는 노동비용을 최소화하는 것이고, 다른 하나는 기업이윤의 일부인 조세의 규모를 최소화하는 것이다. 전자는 다시 기업내부의 합리화 전략과 노동유연성 전략을 동원한다. 합리화 전략으로는 다운사이징, 리스트럭추어링, 아웃소싱, 분사, 용역, 출향, 전직 등이 활용되고, 노동유연성 전략으로는 정리해고, 정규직의 비정규직화, 파견근로제, 변형근로시간제 등이 구사된다. 그리고 국가에 대해서는 운영비용이 적고,

따라서 조세가 낮은 '작은 국가'를 요구한다.

복지국가 위기론이 대두되는 맥락이 바로 여기에 있다. 복지국가는 경제에 대한 국가개입을 통해 혼합경제를 운영할 뿐 아니라, 이윤과 임금의 일부를 재원으로 복지 프로그램을 제공함으로써 국민 최저한의 복지를 보장하는 국가이므로 당연히 비용이 들 수밖에 없다. 기업들은 바로 이 국가의 복지비용을 대폭 삭감하고 탈상품화를 조장하는 복지국가의 프로그램을 축소할 것을 요구하는 것이다. 따라서 복지국가의 위기는 두 가지 방식으로 나타난다. 하나는 노동자들의 삶의 조건을 위협하는 것이고, 다른 하나는 사회복지 프로그램을 직·간접적으로 공격하는 것이다. 두 방식 모두 노동자의 개인적·집합적 복지를 위협하는 것으로 귀결된다.

먼저 노동자의 위기는 실업과 다양한 형태의 비정규직 및 고용불안정으로 나타난다. 이것은 기업들이 노동자의 규모와 기능, 임금, 시간 등을 자유롭고 신축적으로 활용할 수 있도록 노동유연성을 강화한 결과이다. 그 결과 복지국가의 근간을 이루던 완전고용은 사라지고, 대량실업이 만성화된다. 그리고 정규직들도 비정규직으로 바뀌어 고용불안정이 높아지고, 노동자들의 임금과 노동조건은 점점 악화된다. 게다가 기업들은 자유롭게 전 지구를 이동할 수 있기 때문에 노동이 유연하지 못한 곳에서는 언제든지 투자를 철회하고 생산입지를 이전할 수가 있으며, 이것은 노동의 집중적인 단체교섭권을 약화시킨다. 각 국가들은 기업들을 붙잡아두기 위해 기업에 유리하도록 노동유연성을 강화하고, 규제를 철폐하며, 조세를 인하해준다. 결국 노동조건과 임금, 소득이 하락하는 사회적 덤핑(밑바닥을 향한 경주)이 등장하고, 사회도 계층적으로 양극화되어 20 대 80의 사회가 대두한다.

노동의 위기는 그 자체로서 복지국가의 위기를 상징하지만, 복지국가의 위기는 좀더 구체적으로 다양한 복지 프로그램들의 축소라는 형

2006년 3월 프랑스에서 있었던 비정규직 법안 반대 시위. 세계화로 인한 노동자의 위기는 실업과 다양한 형태의 비정규직 및 고용불안정으로 나타난다. 이것은 기업들이 노동자의 규모와 기능, 임금, 시간 등을 신축적으로 활용할 수 있도록 노동유연성을 강화한 결과이다.

태로 나타난다. 기업들은 특히 작은 국가를 요구한다. 그리하여 국가의 복지예산 감축을 위해 재정적자와 국가채무의 해소를 강요하고, 특히 사회지출을 대폭 삭감할 것을 요구한다. 동시에 다른 한편으로는 떨어진 이윤율의 회복을 위해 조세감면과 각종 투자유인책을 요구한다. 그 결과 복지국가의 재원인 조세기반이 축소되고 조세구조도 역진화되며, 다양한 복지 프로그램들이 훼손된다.

세계화가 이처럼 복지국가에 악영향을 미치고 있음에도 불구하고, 복지국가가 과연 진정한 위기에 처해 있느냐 하는 것은 그리 간단한 문제가 아니다. 복지국가는 여전히 건재하며, 현재의 상황은 다만 복지국가가 조정과 재편의 과정을 거치고 있는 것일 뿐이라는 주장(재편론)이 있는가 하면, 적어도 금융 세계화의 국면에서 복지국가는 확실히 위기에 봉착해 있고, 다양한 면에서 해체의 조짐을 보이고 있다는 주장(위기론)이 맞서고 있다.

복지국가 재편론자들은 사회복지의 혜택을 받고 있는 다수의 사람들이 존재하고, 또 다양한 이익집단과 압력집단의 영향력이 성장해 있으며, 선거정치와 여론정치 등 의회민주주의의 제도적인 절차와 장치들이 존재하고 있다는 것을 복지국가 역전불가론의 중요한 근거로 든다. 신보수주의와 신자유주의의 이데올로기적 공세와 기업들의 복지국가 해체 노력에도 불구하고 광범한 사회복지 옹호세력들의 존재는 복지국가를 방어하기에 충분하다는 것이다. 그 증거로는 실제 선진 복지국가들의 사회보장 예산 지출이 결코 줄어들지 않았다는 경험적 현실 분석이 제시된다.

그러나 복지국가는 적어도 금융세계화의 국면에서는 분명 위기에 처해 있다는 주장 또한 나름의 강력한 근거와 설득력을 갖고 있다. 급속한 노령화 추세에다 가족해체의 경향, 그리고 노동시장의 불안정화가 복지국가의 토대를 위협한다는 것이다. 실제로 노동자들의 임금과 소득, 노동조건은 악화되고, 노동자들은 분절화되어 집단적 권력으로서의 위력을 상실하였다. 반면에 자본은 신자유주의 이데올로기를 등에 업고 자유로운 탈출의 선택지를 앞세우며 국가와 노동을 압박한다. 그 결과, 국민국가의 자율적인 정책역량이 크게 훼손되고, 자본주의 사회의 갈등구조를 관리해온 조합주의도 해체되었다. 자본시장과 외환시장의 완전 개방으로 일국적 케인즈주의도 불가능해졌으며, 포드주의 역시 다양한 형태의 유연적 축적체제, 곧 포스트 포드주의로 전환되고 있다.

물론 복지국가 위기론자들도 사회복지 예산이 감소하지 않았다는 것을 모르지 않는다. 다만 그 해석을 달리할 따름이다. 신자유주의 세계화가 심화되면서 소득 및 임금불평등이 커지고 사회가 계층적으로 양극화되어 광범한 신빈민층이 양산되었다. 그런데 이들의 탈복지 상황은 자본주의 국가의 정당성 위기를 초래할 수 있기 때문에 국민국가로서는 세계화와 구조조정의 충격을 완화하기 위해서라도 일정한 사회지출의 유지 또는 확대가 불가피했다고 해석하는 것이다. 위기론자들은 복지예산의 확충을 복지국가의 안정이나 성숙의 증거가 아니라 오히려 위기의 충격을 완화하기 위한 보충적 대응의 산물로 해석하고 있는 것이다.

복지국가 방어하기

그렇다면 복지국가 재편이든 위기이든 이처럼 흔들리는 복지국가를 방어하기 위해서 어떤 방안들이 모색되고 있는가? 현재의 세계화 국면에서 복지국가와 관련하여 가장 문제가 되는 것은 금융 및 화폐자본의 자유로운 이동이 국민국가의 경제, 특히 자본시장과 외환시장에 심대한 충격과 변동을 초래할 수 있다는 점이다. 따라서 초국적 자본이동의 충격을 완충할 해법이 모색되고 있다. 가령 지역적 케인즈주의 해법이 그것인데, 지역적으로 근접하고 경제교류가 많은 국가들이 공동으로 기금을 출연(出捐)하여 외환의 불안정에 대해 일정한 안전판을 마련하고, 이를 통해 초국적 금융자본에 대응할 수 있다.

또한 초국적 수준에서 적용될 수 있는 사회적 표준을 설정하고, 거기에 맞추어 경제적 세계화의 속도를 조절하자는 입장도 제시된다. 이것은 현재의 세계화 추세를 방치할 경우, 사회의 양극화와 남북문제의 악화가 초래될 것이므로, 경제적 세계화를 초국적 수준에서 합의된 사회적 표준에 연계시키자는 논리이다. 물론 이 같은 초국적 수준의 합의란 말처럼 쉬운 일이 아닐 것이다.

박시종 충남대학교 사회학과를 졸업하고, 성균관대학교 대학원에서 사회정책학을 전공하여 석사와 박사학위를 받았다. 주요 연구분야는 사회복지정책, 복지국가론, 노동복지론 등이며, 박사학위 논문으로 「한국의 신자유주의 세계화 전략과 생산적 복지정책」을 썼다. 역서로 『복지체제의 위기와 대응』 『복지 자본주의의 세 가지 세계』 『복지국가는 해체되는가』 『역사를 보는 눈』 등이 있다. 성균관대학교 사회복지학과 겸임교수를 거쳐 현재 열린사이버대학교 사회복지학과 교수로 있다.

사회복지학의 새로운 관점

사회복지는 근대권력의 한 장치이다

이혁구

성균관대 교수 · 사회복지학

사회복지학의 오랜 테제

전후 서구사회에서 오랫동안 계속되어왔던 복지국가에 대한 신뢰와 합의가 1970년대 이후 서서히 쇠퇴하면서, 복지국가의 성격과 문제점에 대한 논의와, 더 궁극적으로 사회복지의 본질에 대한 회의가 심각하게 제기되기 시작하였다. 과연 사회복지의 실천은 성숙한 체제의 성과인가 아니면 기만적 지배전략인가? 또한 사회복지학은 체제의 '성숙'을 전제로 한 기능적 테크놀러지인가 아니면 '기만'을 폭로하는 이데올로기 비판인가? 이러한 질문은 사회복지의 내재적 긴장관계, 즉 민중의 욕구충족과 사회통제의 실현이라는 이율배반을 반영하는 것으로, 그동안의 기술주의적 사회복지론으로부터 좀더 일반적인 사회과학적 문제의식들로 관심을 확대할 것을 요구하는 것이다.

이와 관련하여, 사회복지학 혹은 사회정책학에서 오랫동안 되풀이되어온 가장 중요한 이론적 테제가 있다면 아마 '사회통제'와 '기본욕구'라는 문제의식일 것이다. 진보적인 사회정책이론가들은 사회정책의 형성과 전개를 주로 사회통제적 목적 수행으로 파악하고 비판하

> 사회복지학의 이론과 실천은 사회적 주체를
> 생산하고 훈육하는 정상화 기술로서
> 사회적 삶의 각 부문들을 자본주의체계 혹은
> 그것을 넘어선 권력의 체계에 상응하도록 조율하는,
> 억압적이라기보다는 생산적이고 규율적인
> 근대권력의 한 장치로서의 성격을 갖는 것이다. **,,**

며, 진정한 기본욕구를 중심으로 정책이 수립되고 서비스가 전달되어야 함을 강조한다. 그러나 사회통제론의 경우 사회통제의 개념, 누가 누구를 통제하고, 그 통제의 방식은 무엇이며, 그 효과는 어떻게 나타나는가 등에 대한 구체적이고 경험적인 분석이 부족하고 음모론적 시각에 머무는 경향이 있다.

그런가 하면 대안으로 제시되는 기본욕구 중심이론도 과연 보편적이고 필수적인 욕구란 무엇이고, 개인적 차이를 어떻게 추상화하고 계량화할 것이며, 어느 정도의 충족 수준이 합당할 것인가 하는 등의 논란이 해결되지 못하고, 이를 통해 논쟁의 흥미와 수사학적 세련화에 기여했을지언정 현실적 대안으로서의 적절성이나 이론적 타당성 면에서 크게 부족한 것이 사실이다. 더구나 현대사회는 대단히 다원화되었고, 사회의 각 부문은 자율적이고 능동적으로 개별적 욕구를 생산하고 요구하는 상황이다. 따라서 일률적인 통제의 개념이나 보편적 욕구의 개념으로 현대사회의 복지의 다양성을 분석하기에는 명백한 한계가 있다.

푸코는 사회통제와 기본욕구라는 두 가지 테제를 넘어 근대 권력의 생산체계로서의 사회복지 개념을 내놓았다.

이 글은 이와 같은 문제의식을 바탕으로 사회복지학의 새로운 이론적 관점으로 대두되고 있는 권력의 문제를 검토하고자 한다. 이를 위하여 프랑스의 사회철학자 미셸 푸코(Michel Foucault)의 권력이론을 근대 사회복지제도의 출현과 관련하여 검토하고, 기존의 '통제'와 '욕구'보다 푸코의 권력개념이 현대 복지현상을 분석하는 데에 어떠한 점에서 탁월한지를 논할 것이다. 그리고 더 나아가 현대 사회복지제도는 푸코가 말하는 근대적 권력이 작동하는 대표적인 장치로서의 성격을 갖는다는 것을 밝혀보고자 한다.

푸코의 권력이론으로 분석하는 사회복지

푸코는 서구사회가 수 세기 동안 광인, 병자, 범죄자와 같은 집단을 어떻게 취급해왔는지를 추적하여 다양한 형태의 복지 이데올로기와 실천전략 그리고 그 성격을 분석한다. 그의 문제의식과 통찰력은 사회복지학에서 간과해왔던 영역에 대한 관심과 연구를 촉진하였다. 그러나 그의 연구방법은 역사 발전을 연대기적으로 추적하여 인과관계를 밝히고자 하는 기존의 역사연구 방식과는 근본적인 차이가 있다. 푸코에 있어서 주체는 의미의 선험적 실체도 인과적 계기의 결과도 아니다. 또한 사회문제나 욕구와 같은 사회정책의 주제도 순수한 객관적 사실로 존재하는 것이 아니다. 그것들은 사회정책에 대한 담화 속에서 분류체계로, 지식의 형태로, 일종의 카테고리로 구성되는 것이다.

푸코의 연구방법은 바로 이러한 담론형성(discursive formation)의 과정을 지배하는 담론의 체계와 규칙을 발견함으로써, 주체(클라이언트, 사회문제, 복지체계 등)가 특정 시대의 지식체계로 개념화되는 방식을 조사한다. 그리고 그러한 체계와 규칙들은 과학적 타당성보다는 권력의 전략과 관련되어 있음을 드러내 보임으로써, 권력과 지식의 상관성을 폭로한다. 푸코는 이러한 그의 방법론을 '계보학'이라고 부르는데, 그의 방법론적 특성과 철학에 대해서는 우리나라에도 이미 폭넓게 소개된 바 있으므로 여기에서는 사회복지와 직접 관련되는 '생체권력'(bio-power)과 '정상화'(normalization) 개념을 중심으로 그의 권력이론을 검토하고자 한다.

푸코에 의하면 18세기는 범죄, 성도착, 정신상태, 그리고 건강 등을 연구하는 신체에 대한 전문가들이 출현하고, 이들이 생산한 지식을 통해 새로운 권력의 기술들이 시험되던 시기였다. 학교, 병원, 감옥, 그리고 군대막사 내에서 신체의 경제적 효율성을 높이고 정치적 순응을 촉진하는 방식, 즉 근대적 훈육기술이 개발된 것이다. 다시 말해서 일단의 신체기술자들(교사, 심리학자, 정신치료자 그리고 사회사업가)은 고백기술(confessional technology)과 관찰 및 조사방법을 통해 신체에 대한 전문적 지식을 생산하고, 또한 그것을 바탕으로 한 훈육기술의 규범에 순응할 수 있는 능력에 따라 인간을 차별화하고 계량화하며 등급을 매겨왔다. 이러한 과정에서 신체에 대한 지식

푸코의 저작 『광기의 역사』. 푸코는 서구 사회가 수 세기 동안 광인, 병자, 범죄자와 같은 집단을 어떻게 취급해왔는지를 추적하여 다양한 형태의 복지 이데올로기와 실천전략 그리고 그 성격을 분석한다.

과 관리기술은 더욱 정교하고 세분화되어 이른바 일탈을 교정하기 위한 정상화 기술체계가 수립되기 시작한 것이다.

이와 같은 권력은 더욱 세분화된 제도와 그에 관련된 지식으로 스며들어, 그 작동방식에서 근본적인 변화가 초래되었다. 권력은 이제 육체에 가해지는 물리적 힘이 아니라 컴퓨터의 칩처럼 주체의 영혼 속에 들어가 주체를 탄생시키고 그 신체의 일거수 일투족을 분할 통제하는 규칙을 만들어낸다. 이러한 다스림을 푸코는 '삶의 정치' 혹은 '생체권력'이라는 개념으로 이론화한다. 생체권력은 문자 그대로 생명을 육성하고 훈육하는 권력으로서, 인간의 복지에 관련된 지식과 기술을 통해 인간의 욕망과 그 충족방식을 사회적 규범체계 안으로 포섭하여 관리한다.

여기에서 사회복지제도는 생체권력이 사회에 삼투하는 모세혈관적 기능을 담당하게 된 것이다. 복지제도는 노동생산성을 증대하고, 훈육제도 속에서 비생산적 노동을 규제하고, 인구의 생활조건을 위생적으로 개선하고, 계획된 환경과 사회적 위치 속에서 삶의 안정을 누릴 수 있도록 보장한다. 이러한 사회복지제도의 형성과정에 대한 푸코의 분석은 그것이 단순히 자본주의의 문제에 대응한 사회시책이라고 하는 상식적 이해와는 달리 정상화에 대한 담론과 그 실천 속에서 근대권력이 성장하는 과정임을 보여준다.

생체권력과 정상화 개념을 바탕으로 푸코는 현대사회에서 독특한 권력의 형태와 기능 및 작동방식을 분석해낸다. 현대사회에서 권력은 인간의 잠재력을 단지 위협하고 처벌하고 제거하기 위해서가 아니라 극대화하기 위해 행사된다. 생체권력의 작동에 의한 정상화과정은 전 사회에 모세혈관처럼 확산된다. 그것은 행동규범을 동일화하고 동시에 규범으로부터 허용 가능한 일탈의 범위를 설정함으로써, 대부분의 개인들은 사회적 기능과 양립할 수 있는 일탈범위 내에서 자유롭게 행동하고 스스로를 자유로운 주체로 인식한다. 그것은 사회문제와 개입전략을 구조화하는 지식을 생산하여 신체와 인구를 권력의 목적에 맞도록 관리하고 조작함으로써 신체와 인구의 능력을 증대시킨다.

예를 들어, 성은 단순히 생리적 욕구로 허용되거나 정념으로 비난되는 것이 아니라 효용의 체계 속으로 흡입되어 규제되고 공공선을 위해 기능하도록 관리되어야 한다. 그러나 이때의 권력은 전통적인 사회과학에서 이해하듯 사회의 한 부분(계급이든 엘리트이든)이 다른 부분을 일방적으로 통제하고 지배하는 절대적인 관계가 아니라, 각각 상이한 영역의 자율적인 전문가집단(사회사업가, 의사, 교사 등)의 지식을 특권화하고 그들의 개입권리를 신장시킴으로써, 그들의 실천 속에 분산시켜 은폐한다. 권력이 신체의 순응과 규제를 위해 능동적이고 생산적인 지식을 생산하고 그것을 바탕으로 한 자율적인 전문가집단에 의해 행사된다는 것이 현대사회의 생체권력과 사회정책의 특징적 모습이다.

푸코는 새로운 권력기술의 모델로서 벤담이 설계했다는 원형감옥을 예로 든다. 그것은 중앙에 간수가 위치하여 빙 둘러 배치된 각 방의 수감자들을 감시할 수 있는 체계로서 수감자는 간수를 볼 수 없게 설계되어 있다. 따라서 수감자는 완전히 개별화되어 있고 계속적인 감시상태에 놓이게 된다. 결국 수감자들은 설혹 간수가 없더라도 마치 간수가 보고 있는 것처럼 간수의 시선(the gaze)을 내화하여 스스로의 신체에 자기규율을 행사하게 된다. 판옵티콘이라 부르는 이 근대적 감호체계는 사회조직과 건축구조 그리고 행정기구를 통합하여 신체를 규제하고 그 효율성을 증대시키기 위한 완벽한 훈육제도의 전범(典範)을 상징하는 것이다.

이러한 훈육체계는 18세기 이후 사회의 전 부문으로 확산되어 가족, 군대, 작업장, 학교, 사법체계 등에 스며든다. 그것은 빈민구호단체, 고아원, 자선단체조직, 도덕개조협회, 노무자합숙소, 호스텔, 그리고 심지어는 가족제도 안에까지 파고들어 이른바 후견복합체(tute-lary complex)를 구성하고, 일단의 사회사업가, 복지공무원, 심리치료사, 사회교육자 등 박탈아동과 가족에 개입하는 새로운 전문가집단과 권위형태를 구성했다. 이렇게 하여, 곤궁한 자들의 사회적 권리가 확산되면 될수록 후견적 권위는 정상성(normality)의 재판관으로서, 욕구조사와 행동수정의 전문가 혹은 기술자로서, 사회를 더욱 더 옥죄어갔다. 이런 과정을 통해 도달한 현대 복지국가는 다양한 후견적 권력의 복합체로서, 권력은 국가중심성에서 벗어나 전 사회의 각 부문에서 자율적으로 작동하는 모세혈관처럼 확산될 수 있게 된 것이다.

이상에서 살펴본 바와 같이 푸코가 해부하는 근대권력은 전통적인 권력개념과는 상당한 차이가 있다. 특히 우리는 통치권(sovereignty)과

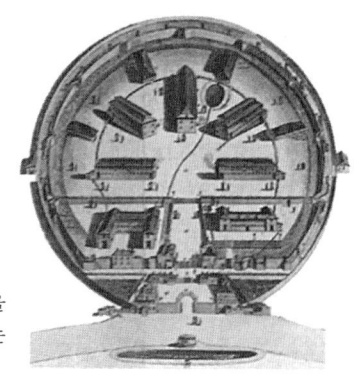

원형감옥 판옵티콘. 수감자 스스로 간수의 시선을
내화하여 자동적으로 훈육되게 하는 이 감호체계는
근대권력이 작동하는 방식을 단적으로 드러낸다.

훈육(discipline)을 대비하여봄으로써 그 각각의 차이와 특성을 분명
하게 드러내 보일 수 있다. 통치권은 원래 왕권으로부터 출발한 개념
으로 훗날 민주주의를 통해 국가와 결부되었는데, 군주의 자의성이
아닌 의회와 사법적 규칙을 따른다 하여도 근본적으로 국민에 대하여
(over) 행사된다. 반면에 훈육은 다양한 원류를 갖고 있지만, 개인뿐
만 아니라 개인을 통하여(through) 개인과 전체 인구의 능력을 최대
화하고 그들을 건강하고 행복하게 하려고 행사되는 권력을 뜻한다.
근대권력의 목적은 새로운 형태의 강제를 부과하는 것이 아니라 자유
의 존재로 구성된 주체에게 자제력을 육성시키는 방법으로 사회규범
을 내재화시키는 것이다.

정상화는 다양한 욕망들을 사회적 욕구로 범주화하고 복지제도 속
에서 인간을 상이한 범주로 분류해서 권리와 의무를 동시에 부과하는
것이다. 근대사회의 권력은 점차 교정기제와 훈육기술을 통해 행사되
므로 법률체계로부터 규범체계로, 처벌보다는 교정을 목적으로, 사법
기관에서 의학 및 복지 행정기구로 그 주요영역이 변화 · 확대되었다.
푸코는 후기 저작에서 이러한 근대권력의 형성을 근대주체의 탄생과
결부하여 논의한다. 고백기술을 바탕으로 19세기의 인간과학이 전개

	전통적 권력	근대적 권력
개념	통치권 : 억압적, 외재적 강제	훈육기술 : 생산적, 내재적 규범
목적	왕권수호, 공국의 유지	개인의 능력과 행복의 제고
방법	억압, 배제, 처벌, 법률적 구조	학문의 생산, 지식의 체계, 생명관리 : 정상화 및 교정 기술, 생체권력
소재	왕, 국가, 지배계급, 구심적 응축	학교, 병원, 공장, 군대, 감옥 등 사회 전면에 산포됨, 원심적 확산
효과	개인의 분쇄, 쾌락의 포기	개인의 생산(주체화), (일정 범위 내에서) 쾌락의 향유

푸코의 이론에 따른 전통적 권력과 근대적 권력의 차이 비교

되었고 그 지식의 결과는 인간을 주체화함과 동시에 객체화, 즉 종속화했음을 보여준다. 이렇게 자신의 경험과 욕망을 말하는 주체는, 'subject'라는 단어의 양의적 의미와 같이, 자신의 고백을 통해 형성된 지식의 주체이며 동시에 그 지식을 바탕으로 한 관리의 대상이기도 하다.

푸코는 자신의 권력분석과 다른 접근법들을 대비하면서, 어떤 특정 근원에서 도출되는 권력개념을 비판하고, "권력은 도처에 있다. 그 이유는 권력이 모든 것을 포괄하기 때문이 아니라, 그것이 도처에서 형성되어 나오기(comes from everywhere) 때문이다"라고 주장한다. 그는 권력이 중심(군주, 지배 엘리트, 국가)으로부터 하향적으로 확산되는 것이 아니라, 각 생산기제의 단계들, 그리고 가족·집단·제도들로부터, 즉 밑으로부터 내적으로 조직된다는 것을 보여준다. 요약하자면, 기존의 권력개념이 억압적이고 특정 계급의 지배도구로 사용되며 국가와 법률체계 속에 응축되어 나타난다면, 푸코가 말하는 근대적 권력은 생산적이고 익명적이며 자율적 사회조직 속에 분산되어 행사된다.

푸코의 저작 『감시와 처벌』. 근대사회
의 권력은 점차 교정기제와 훈육기술
을 통해 행사되므로 처벌보다는 교정
을 목적으로. 사법기관에서 의학 및
복지 행정기구로 그 주요영역이 변
화·확대되었다.

사회복지는 생산적이고 규율적인 권력장치

이러한 푸코의 권력이론이 사회복지학의 이론과 실천에 주는 의의
는 무엇인가? 전통적인 사회통제의 개념이 기존의 권력개념과 결부
되어 외부로부터의 억압에 의한 금지·처벌·강제 등을 의미하고 지
배와 피지배간의 영합적 이분법(zero-sum dichotomy)에 근거한다
면, 푸코의 권력개념은 권력의 생산적 측면, 즉 욕구를 통해 인간을
주체화하고 그 주체의 고백과 감시를 바탕으로 한 지식의 과학성(sci-
entificity)에 의해 권력행사가 정상화의 개념으로 정당화되며 그 권
력의 작동이 철저하게 은폐되는 현상에 주목한다. 이러한 권력개념은
사회복지의 지식과 실천에 대해 기존의 사회통제적 관점이나 기본욕
구이론을 통한 제한적 설명보다 근본적이고 일관된 이해를 가능하게

해준다.

　사회복지학과 정책학은 인간의 보편적이고 객관적인 욕구가 존재
하고 그것을 파악할 수 있으며 또 사회적 관리를 통해 충족될 수 있
다는 믿음에서 출발한다. 이에 따라 개인의 욕구를 조사하고 사회적
욕구로 인정하거나 거부하고 또한 그 충족의 범위와 정도 그리고 방
식들을 사회공학적 합리성에 맞추어 개발한다. 마르크스주의 정치경
제학은 이러한 접근을 이데올로기로 비판하면서 사회복지와 사회정
책을 자본주의적 계급질서를 유지하기 위한 사회통제의 음모로서 혹
은 자본주의 생산양식의 구조적 모순의 전개과정상 나타나는 필연적
결과로서 설명한다. 이러한 전통적인 복지개념 아래서는 사회복지란
본질적으로 사회통제와 욕구의 해결이라고 하는 상호 모순적인 성격
을 띠게 된다.

　복지국가에 대한 진보적 사회과학자들의 평가에서 자주 양면성을
발견하게 되는 것은 바로 이 때문이다. 과연 복지국가는 억압기구인
가 아니면 인간의 욕구를 확대시키고 자유시장경제의 혹독함을 완화
시키는 제도인가? 자본과 이윤축적의 조력자인가 또는 월급봉투처럼
방어되어야 하고 증가되어야 할 사회적 임금인가? 자본가의 기만인
가 아니면 노동자계급의 승리인가?

　이에 대한 대부분의 진보적 사회과학자들의 입장은 다음과 같이 요
약된다. 복지국가는 생산력과 생산관계의 모순이라는 자본주의 사회
의 근본모순을 반영하는 것으로 그 자체가 모순적인 것이다. 따라서
그에 내재하는 긍정적인 모습과 부정적인 모습을 동시에 드러내어 긍
정적인 모습으로 환골탈태해야 한다. 푸코는 바로 이 지점에서 이른
바 과학성이라는 준거틀을 거부하고 권력/지식의 연관효과를 분석하
기 시작한다. 그에 의하면, 권력과 지식은 뗄래야 뗄 수 없는 불가분
의 관계이다. 권력과 지식은 직접적으로 연루되어 있으며, 지식의 영

역과 상관되지 않은 권력관계나, 권력관계를 전제하지 않고 구성되는 지식이란 존재하지 않는다.

　사회복지학은 곤궁하고 소외된 계층과 사회적으로 차별 받는 삶의 양식을 보호하고 그들의 사회적 권리를 신장시키며 궁극적으로 그들의 사회적 적응능력을 제고할 수 있는 과학적이고 전문적인 이론과 실천이고자 한다. 그러나 이상에서 살펴본 푸코의 근대권력에 대한 통찰은 사회복지학과 실천기술을 위해 당연시되어온 전문적 지식의 성격에 대한 이해를 새롭게 한다. 즉 사회복지학의 이론과 실천은 사회적 주체를 생산하고 훈육하는 정상화 기술로서 사회적 삶의 각 부문들을 자본주의체계 혹은 그것을 넘어선 권력의 체계에 상응하도록 조율하는, 억압적이라기보다는 생산적이고 규율적인 근대권력의 한 장치로서의 성격을 갖는 것이다.

이혁구　성균관대학교 사회학과를 졸업하고 텍사스주립대(오스틴) 대학원에서 석사·박사 학위를 받았다. 현재 성균관대학교 사회복지학과 교수이자 성균관대학교 사회복지대학원 원장으로 있다. 저서로 『사회과학의 동향과 전망』(공저)이 있으며, 논문으로 「권력의 장치로서의 사회복지 : 푸코의 권력이론에 입각한 '권한부여' 비판」 「탈근대사회의 가족변화와 가족윤리 : 21세기 가족복지의 실천방향」 「중년의 위기와 개인적 반응유형에 관한 연구」 등 다수가 있다.

복지체제의 새로운 인식

복지국가는 탈상품화로부터

강명세
세종연구소 연구위원

복지체제론, 사회과학의 새로운 영역

전후 사회과학의 발전에 기여한 중요한 학자로서 에스핑-앤더슨 (Gosta Esping-Anderson)을 빼놓을 수 없다. 에스핑-앤더슨은 북구 변방 스웨덴의 학자이다. 다른 사회과학자와 마찬가지로 에스핑-앤더 슨의 작품이 사회과학의 서가에 놓여야 하는 중요한 저자로 선정되는 데는 몇 가지 기준이 있다.

무엇보다 선택된 학자의 저술은 시간과 공간에 획을 그을 만하다고 인 정되어야 한다. 그의 저술이 다른 이들의 저술과 시간과 공간을 달리한 다는 뜻은 새로운 영역을 개척했다는 의미이다. 새로운 영역의 개척은 동료나 후학들에게 그 분야의 보다 깊은 후속연구의 길을 열어주었다는 점에서 중요한 의미를 갖는다. 새로운 영역의 개척이라는 점을 고려할 때, 1990년에 나온 에스핑-앤더슨의 책 『복지자본주의의 세 가지 세계』 (*The Three worlds of welfare capitalism*)는 1958년 티트머스가 복지 국가의 성격을 언급한 이후 복지연구의 영역에서 분수령을 이루는 중대 한 작업으로 평가된다.

❝ 에스핑-앤더슨은 연금, 질병 및
실업보험 등에 기반한 복합적 탈상품화
지표를 통해 선진국들을 비교하고
그 등급에 따라 사민주의형,
보수주의형 및 자유주의 모델로
분류하였다. 이 분류는 복지국가나
체제연구 분야에서 가장 광범위하게
인용하는 표준으로 자리잡았다. **❞**

▶ 고스타 에스핑-앤더슨

우선 복지체제에 대한 에스핑-앤더슨의 기여는 복지체제 자체를 새롭게 인식한 것이다. 기존의 이론은 국가만을 복지의 제공자로 인식하여 복지국가에 과도하게 집중함으로써 다양한 복지제공자의 역할에 주목하지 못했으며 이에 따라 복지체제에 대한 복합적 연구는 더이상 진전을 보지 못하였다. 에스핑-앤더슨은 시장 외에 개인, 공동체 또는 시민사회 및 국가 등 다양한 상호보완적 복지제공자에 착안하여 복지체제의 변화를 설명하고자 했다. 근대화 이전의 단계에서 복지의 일차적 담당자는 가족이나 공동체였던 반면, 근대사회에서는 시장이 복지를 대체했다가 나중에는 사회보험이 제도화되어 국가의 제공자 역할이 시장을 대체하거나 시장과 경쟁하게 되었다.

에스핑-앤더슨은 복지체제의 연구를 관점에 따라 협의 또는 넓은 의미의 연구로 분류하였다. 협의의 시각은 복지국가의 문제를 사회적 지원정책의 전통적 영역인 소득 및 사회서비스 또는 주택 지원에 한정하여 복지체제 문제를 기술적 영역으로 제한하였다. 다른 한편 넓은 의미의 연구는 복지문제를 정치경제의 틀 속에 넣어 접근하는 방식으로 분

에스핑-앤더슨의 책 『복지자본주의의 세 가지 세계』는 1958년 티트머스가 복지국가의 성격을 언급한 이후 복지연구의 영역에서 분수령을 이루는 중대한 작업으로 평가된다.

석의 무게중심은 '경제를 관리하고 조직하는 국가의 커다란 역할'에 두며 따라서 고용, 임금 및 전반적 경제운용의 문제를 분석한다. 에스핑-앤더슨은 넓은 의미의 접근법을 기존의 좁은 의미의 복지국가와 구분하여 '복지자본주의'(welfare capitalism) 또는 '복지국가체제'(welfare-state regimes) 접근법이라고 이름지었다. 복지국가체제는 에스핑-앤더슨 스스로가 주장하듯, 그의 저작을 관통하는 핵심 개념이다.

또한 그는 자신의 체제론을 기존의 복지국가와 두 가지 점에서 차별화했다. 첫째, 복지국가 이론은 사회적 문제의 예방이나 완화기제라는 기술적 개념에 머무른다고 비판했다. 둘째, 오늘날 선진국들은 전통적 복지정책의 형성에서 각각 다를 뿐 아니라 전통적 복지정책이 고용과 사회구조에 영향을 주는 방식에서도 차이가 난다. 따라서 복지국가가 아니라 복지체제를 말하는 것은 국가와 경제의 관계에는 법적 및 조직적 특성의 복합체가 존재함을 뜻하는 것이다.

에스핑-앤더슨 이전의 제1세대 연구, 즉 시기적으로 1970~80년대의 문헌은 주로 기원과 전후의 확대 및 그 후유증을 분석 대상으로 하였다. 복지국가의 제1세대 연구는 1970년대의 경제위기에서 비롯된 '복지국가의 위기'로부터 출발하여 복지국가의 기원에 그 힘을 집중하였다. 기원에 대해서 다양한 관점이 적용되었다. 이에는 계급론, 국가론, 다원주의론 및 경제적 관점 등이 포함된다. 에스핑-앤더슨은 자신의 연구가 두 가지 면에서 중요하다고 강조한다.

첫째, 1970년대 이후 대대적으로 이루어진 제1세대 복지연구가 여전히 개념적으로 불충분하고 부정확하다고 보고 복지자본주의의 관점에서 재개념화의 필요성을 주장했다. 복지국가의 성격을 규명하기 위해서는 과거처럼 복지예산이나 프로그램의 특성을 분석하는 것이 아니라 과연 복지국가가 무엇을 하는가를 보아야 하여 이를 위해서는 탈상품화, 사회계층화 및 고용이 핵심개념이라고 보았다.

둘째, 에스핑-앤더슨은 다양하게 나타나는 현대 복지국가의 기본적 속성을 밝히기 위해서는 비교적 경험연구밖에 없다는 입장에서 출발한다. 복지국가는 역사적 조건에 따라 서로 다르게 진행하기 때문에 오직 하나의 복지국가로의 귀결을 말하는 것은 몰역사적이며 이런 문제는 비교연구를 통해 극복되어야 하는 것이다. 에스핑-앤더슨의 기여는 복지국가의 패턴을 분류한 것으로 가장 빈번히 거론될 뿐 아니라 한국을 비교적 관점에서 분석하는 데 중요한 잣대를 제공한다. 그에 따르면, 서구의 복지국가는 19세기 후반부터 시작되어 세 가지 경로를 통해 발전해왔다. 이러한 경로는 시장경제와 민주주의를 혼합한 모든 체제를 분류하는 데 유용하다. 그 세 가지 경로는 자유주의 모형, 대륙형 및 사민주의 모델을 의미한다. 세 가지 복지자본주의의 성격은 복지가 얼마나 상품화되었나에 달려 있다.

복지체제론의 핵심개념, 탈상품화

두 번째 고려할 점은 방법론적으로 한 단계 더 높은 수준을 보여주었는가이다. 수준 향상은 새로운 개념의 도입이나 실증적 지표의 사용과 밀접한 관련을 갖는다. 새로운 개념의 도입이 후속연구의 이정표가 되는 경우 새로운 개념을 도입한 연구는 그만큼 선구자적 위치를 차지하는 것이다. 또한 사회과학이 실증적 방향을 지향하는 점에서 방법론적 엄밀성은 두말할 나위 없이 중요하다. 앞의 첫 번째 기준이 주로 가설의 제시에 높은 비중을 두는 것이라면, 이 가설을 실증적으로 추진하기 위해서는 가설을 설득력 있게 추구하는 데 필요한 과학적 증명이 요구되기 때문이다. 방법론적 개척에 대한 평가는 물론 향후 후속연구들이 얼마나 이에 의존하여 동일한 문제를 제기하고 실증하려 하였는가에 따라 달라진다.

『복지자본주의의 세 가지 세계』에서 에스핑-앤더슨이 복지체제의 성격규정을 위해 제시한 탈상품화(de-commodification)와 사회계층화 및 고용 개념은 새로운 개념이나 실증적 작업의 양면에서 선도적 위치를 차지한다. 먼저, 탈상품화는 사회적 권리가 어떻게 보존되고 신장되는가를 말해주는 궁극적 척도이다. 에스핑-앤더슨의 탈상품화 이론은 칼 폴라니(Karl Polanyi)에 의존한다. 폴라니는 『대변혁』(*Great Transformation*)에서 시장사회는 노동의 상품화로 인해 그대로 놓아둘 경우 스스로 멸망할 운명이라고 주장했다. 시장사회가 존속하려면 따라서 탈상품화는 필수적이다. 상품화와 탈상품화는 일종의 변증법적 관계인 것이다. 순수한 상품화는 존재하지 않는 허구이며 역사는 탈상품화가 정도의 문제임을 보여준다. 탈상품화는 '개인 또는 가족이 시장에 참여하지 않고 사회적으로 수용할 만한 생활수준을 유지할 수 있는

오스트리아 출신의 경제사학자 칼
폴라니. 에스핑-앤더슨의 탈상품화
이론은 폴라니에 의존하고 있다.

정도'를 의미한다.

두 번째 핵심개념인 사회계층화는 '복지국가의 부분이다'. 복지정책
은 평등을 실현하기 위해 사용되지만 현실은 역으로 불평등을 재생산한
다. 따라서 소홀히 다루어지거나 잊혀지기 쉬운 주제는 복지국가는 나
름의 계층화기제라는 점이다. 에스핑-앤더슨은 앞의 책 3장에서 복지
국가는 계급차별이나 지위신분을 줄이는가 아니면 늘리는가 하는 문제
에 대해 본격적 논의를 제공한다.

자본주의 사회에서 복지국가 속에 실현되는 사회정책의 필요는 노동
의 상품화에 대한 반작용으로서 탈상품화 방향으로 진행한다. 탈상품화
방향은 단일한 것이 아니라 복합적 기원을 갖고 있다. 우선 탈상품화는
시장체제의 유지를 위해 없어서는 안 된다. 극도의 상품화는 결국 인간
의 저항에 직면하여 붕괴하기 때문이다. 둘째, 탈상품화는 개인의 복지
와 안전의 인내할 만한 수준에 필요한 전제조건이다. 셋째, 노동자는 탈
상품화가 없다면 집합행동을 할 수 없다. 극도의 상품화 체제에서는 개
인은 원자로 분산되어 무력하기 때문에 단결하기 불가능하며 따라서 노

동운동은 존재하지 못한다. 에스핑-앤더슨의 복지국가 분류는 바로 탈상품화 압력에 대한 근대국가가 대응한 다양한 양식들에 기반한다. 즉 복지국가의 성격은 시장으로부터 자유로울 수 있게 해주는 사회정책의 '강도, 범위, 질'에 의해 결정된다.

탈상품화의 양식은 시대에 따라 다르게 나타난다. 전자본제적 분위기가 여전히 잔존하던 19세기에는 탈상품화가 보수주의에 의해 추진되었다. 역사적으로 보수주의는 세 가지 방법으로 상품화에 대처하였다. 첫째, 보수주의는 봉건적 질서유지의 입장에서 노동의 상품화를 반대했다. 노동의 상품화 또는 임금은 곧 봉건경제의 붕괴를 의미하는 것이었기 때문이다. 이탈리아 기민당이 후견인 제도를 통해 봉건적 수혜관계의 복지체제를 구축한 것은 현대판 봉건질서와 유사하다.

보수주의의 두 번째 대응양식은 코포라티즘(Coporatism)이다. 도시의 직공이나 장인 계급은 본격적 자본제적 생산 직전, 상품화로 인한 사회적 해체를 막기 위해 스스로 입출을 규제하고 생산물 가격과 생산 자체를 조절하려 했다. 그로 인한 사회적 결과를 최소화하기 위해 동업조합과 친교조직이 생겨나 산업재해로 인해 노동력을 상실한 사람이나 그 가족의 복지를 돌보았던 것이다. 동업조합은 후에 상조회로 전환되었으며 사회보험법의 기원이 되기도 한다.

코포라티즘 복지체제는 장인을 핵으로 한 소수 노동귀족의 복지에 한정되었을 뿐 아니라 개인의 이해를 사회이익에 통합시키는 유기체적 논리를 갖는다는 점에서 지배계층의 이해와 일치하였다. 코포라티즘 복지는 후에 가톨릭과 파시즘 복지체제의 이론적 배경을 제공한다. 마지막으로 보수주의는 탈상품화의 압력에 국가주의를 통해 대응하였다. 국가주의는 사회통합을 목적으로 하며 이를 저해한다고 믿는 사회주의를 봉쇄하기 위해 복지를 제공한다. 비스마르크가 역사상 처음으로 복지국가를 건설했던 것은 우연이 아니다. 비스마르크 복지국가가 세워진 1870~90년대는 사회주의 운동이 가장 활발했던 시기로서 탈상품화의 압력이 처음으로 본격화되었던 시대이다.

탈상품화 압력에 가장 적극적으로 동조하고 나선 것은 사회주의이다. 특히 사민주의는 급진적 사회주의 노선과 달리 복지국가는 노동계급의 단결에 유리한 지형을 조성한다는 점에서 사회주의 건설이라는 더 큰 투쟁을 위한 전제조건이라고 인식하였다. 초기 사민주의는 그러나 탈상품화에 대해 분명한 청사진을 가진 것은 아니었다.

사민주의는 사회정책에 대해 두 가지 이유에서 혼동하였다. 첫 번째 혼란은 고전 마르크스주의의 중심 테마인 능력과 필요의 관계에 대한 해석의 문제에서 야기되었다. 사민주의는 이 문제에서 능력이 아니라 필요에 중심을 두었다. 즉 복지정책이 필요의 함수라면 사회주의는 빈곤층의 생활수준에 부합하는 자격심사형 복지와 혜택을 제공하는 사회부조형 모델을 따라야 했다. 이후 사민주의는 사회부조의 급여수준을 높이고 사회적 낙인을 최소화하는 데 주력했다.

또 하나의 혼란은 탈상품화의 지지기반에서 온다. 19세기 노동운동은 노동계급만의 운동으로서, 그들이 건설하려 했던 복지국가의 목적은 노동계급만을 위한 정책을 실현하는 것이다. 그러나 노동계급의 정치참여가 성숙함에 따라, 사회주의 정당은 노동계급만이 아니라 사회적 약자 모두를 포괄하지 않으면 안 되었다. 서민의 정당을 표방하면서 사민주의의 복지정책은 노동계급만이 아니라 보편주의적 방향을 강조하는 것으로 정리된다. 결국 사민주의 복지체제는 탈상품화 전략에서 보수주의 및 자유주의 체제와 다르다. 한편으로 보수주의와는 달리, 사민주의는 시장에 대한 의존이 가족, 도덕 및 권위에 대한 의존으로 벗어날 수 있는 것이 아니며 중요한 것은 개인의 독립임을 주장한다. 다른 한편 자유주의와는 대조적으로 사회적 권리를 최대화하여 제도화하는 것이다.

에스핑-앤더슨이 연금, 질병 및 실업보험 자료에서 구체화한 탈상품화 지표는 사회적 지출만이 아니라 현실의 복지 프로그램을 운용하는 규칙과 표준의 분석에 기반하며 몇 가지 중대한 차원의 복합체이다. 첫 번째 차원은 복지수혜에 접근 가능하게 하는 자격기준 및 수혜자격의 엄격성이다. 복지수혜가 쉬우면 그만큼 탈상품화 단계가 높다는 것을 의미한다. 두 번째 차원은 소득대체이다. 급여수준이 정상소득보다 낮을수록 수혜자는 원래의 일자리로 복귀하기를 원한다는 점에서 소득대체는 탈상품화에서 중요한 부분을 차지한다. 세 번째 차원은 수혜범위로서 이는 가장 중요하다. 탈상품화가 가장 높은 사회에서는 원인과 관계없이 사회보험의 보호를 받는다. 에스핑-앤더슨은 연금, 질병 및 실업보험 등에 기반한 복합적 탈상품화 지표를 통해 선진국 18개국을 비교하고 그 등급에 따라 사민주의형, 보수주의형 및 자유주의 모델로 분류하였다. 이 분류는 티트머스(Richard Titmus, 1958)가 복지국가를 잔여형과 제도형 국가로 분류한 이래 복지국가나 체제연구 분야에서 대부분의 연구들이 가장 광범위하게 인용하는 표준으로 자리잡았다.

복지국가는 민주주의의 최종 발전단계

마지막으로, 에스핑-앤더슨의 연구가 중요한 이유는 한국을 포함한 신흥 복지국가의 이해를 위해서이다. 복지국가나 복지체제의 등장은 민주주의 발전의 최종적 표현이다. 서유럽 민주화 과정에 결집된 대중정치의 기원이나 발전은 경제적, 정치적 및 문화적 요인이 응축된 결과물이다. 이러한 복합적 응축은 다양한 요인들의 상호작용에 따라 역사적으로 민주주의제도로서 실현되었다. 마셜(T. H Marshall)은 이러한 민주주의제도의 발전을 세 가지 시민권(citizenship)의 순차적 성장과정으로 파악하였다. 선진 민주주의 경험을 보면 민주주의의 발전은 법적 평등권(civil rights), 참정권(political rights) 및 복지권(socio-economic rights)의 확립과정이다.

마셜은 민주주의제도의 발전을 법적 평등권, 참정권, 복지권의 순차적 성장 과정으로 파악하였다. 복지권을 보장사는 사회복지는 아직도 많은 국가에서 미완의 상태 혹은 확대 과정에 있다. ⓒNPG x23729

　마셜이 제기했던 위의 세 가지 시민권은 각각의 종류에 따라 시기적으로 다르게 발전하여 성립되었거나 아직도 진행 중이다. 개인권에 기초한 평등권은 일반적으로 프랑스 혁명으로 시작하여 19세기 후반에 확립되었으며, 오늘날 우리가 경험하고 있는 정치적 권리는 최소한 남성민주주의에 한정한다면 서유럽의 다수 국가들에서 제1차 세계대전 직후에 확립되었다. 복지권을 보장하는 사회복지는 아직도 많은 국가에서 미완의 상태 혹은 확대 과정에 있다.

　경제위기 이후 한국사회에는 복지에 대한 수요가 급팽창하였지만, 갑작스런 복지수요의 팽창에 비해 공급은 절대적으로 부족하였다. 그간 압축적 산업화를 거치면서 가구소득은 양적으로 크게 증가하였다. 성장제일주의가 팽배했기 때문에 복지문제는 단순히 재분배정책으로 인식되었고, 동시에 복지는 성장으로 증대된다는 사고가 지배적이었기 때문에 국가적 차원에서 사회적 권리는 무시되거나 소홀히 취급되었다. 정치적으로 보면, 복지는 계급갈등을 포함한 사회균열 구조의 산물이다. 남북분단 상태 아래에서, 노동의 이해를 대표하는 정당이 부재할 뿐 아니라 오랜 권위주의체제에서 복지정책 등 사회적 시민권은 인정되지 않았다. 민주화 이후에도 지역주의 정치체제가 지속되는 가운데 기능적 이해의 대립이 곡해되었기 때문에, 노동의 사회적 이해가 반영되는 사회정책의 획기적 변화는 없었다. 에스핑-앤더슨의 『복지자본주의의 세 가지 세계』가 전례 없는 주목을 끌었던 것은 서구의 복지국가가 완숙기에 들어서 재편의 과정에 있었기 때문이다. 1990년대 후반 이후 서구학계의 연구동향은 재편의 정치경제 또는 노동복지 통합연구로 나아가고 있다. 그러나 한국은 어떠한가. 완숙기는 고사하고 이제 막 시작하고 있는 유아기에 불과하다.

　복지체제의 이론 역시 한국의 현실과 어긋나지 않았다. 서구에서 진행되고 있는 연구수준과 비교할 때, 한국의 복지연구 수준은 경제발전으로 치면 저개발국 수준이라고 해도 크게 틀리지 않는다. 급속한 산업화와 권위주의의 결합이 수십 년 지속되면서, 지난 수십 년 동안 한국 사회과학계의 주목은 권위주의체제 연구를 중심으로 한 민주화과정과 같은 정치적 시민권의 확대나 산업정책과 같은 산업화의 이해·갈등에 집중되었다. 반면 복지국가 또는 사회문제(Social Question, Arbeiterfrage)는 선진국의 정치경제 영역으로 제한되거나 복지정책의 기술적 영역으로 게토화되었다.

　진보학계 역시 홉스봄(E. J. Hobsbawm)도 인정한 한국의 강렬한 민족주의를 벗어나지 못한 채 민족문제에는 과감하고 적극적인 연구활동을 보여주면서도 정작 사회문제에는 비슷한 이성을 보여주지 못했다. 이와 같이 사회문제가 게토화된 상황에서, 갑자기 복지체제의 필요에 직면하게 되었다는 사실을 고려할 때 에스핑-앤더슨 이후 서구에서 다이내믹하게 전개되고 있는 최근의 복지연구는 한국의 현실에 중대한 준거를 제공하는 것이다.

복지국가의 발전이라는 보편적 이론에 기초해볼 때, 한국의 복지국가는 과연 언제 출범했는가? 출범 당시의 특성은 에스핑-앤더슨의 범주 중 어디에 속하는가? 한국전쟁이 복지국가에 미친 영향은 없는가? 있다면 무엇인가? 이러한 복지연구의 아젠다는 끝이 없다. 에스핑-앤더슨의 문제의식으로 표현하면, 탈상품화 압력에 대해 한국은 어떻게 대응했는가? 시장에 대한 정치는 두 가지, 보수주의와 진보주의가 있다. 한국의 보수주의는 시장의 폭력에 대해 전통적 질서의 지주인 유교를 어떻게 활용했는가? 한편 민족분단의 상황에서 한국의 진보주의는 상품화에 대해 어떤 대응을 했으며 했다면 무슨 진로를 남겼는가? 한국에서 모든 문제의 열쇠는 사회문제와 민족문제의 관계에 있는 것 같다. 이제 한국에서 복지연구는 에스핑-앤더슨으로부터 시작할 때이다.

강명세 1956년 서울에서 출생하여 고려대학교 및 대학원 졸업 후 미국 UCLA에서 정치학 박사학위를 취득했다. 현재 세종연구소 연구위원으로 재직 중이다. 1995년 이후 선진국의 노동정치, 노동시장에 대한 관심을 가지고 이를 원용하여 한국문제를 분석하는 데 주력해왔고, 최근에는 복지국가와 체제의 기원과 변화에 대하여 연구하고 있다. 「한국복지국가의 형성, 확대와 재편」「한국복지국가의 기원: 비스마르크와 박정희」「지역주의는 언제 시작되었는가: 역대 대선을 중심으로」 등 다수의 논문을 발표했다. 저서로 『세계화와 탈산업화 시대의 노동과 복지의 정치』『한국의 노동시장과 정치시장』『한국 복지국가의 동학』 등이 있으며, 『1780년 이후의 민족과 민족주의』 등의 역서를 펴냈다.

제 **5**부
2

인간은 정치적 동물인가

영국학파의 국제사회론

카멜레온처럼 변해야 살 수 있다

김태현
중앙대 교수 · 국제관계학

배리 부잔, 국제정치학계에 영국 전통을 세우다

현대적 의미에서 국제정치학은 '미국의 학문'(an American social science)으로 불린다. 제2차 세계대전의 종식과 더불어 학과와 학회를 창설하고 학술지를 창간하여 학문의 한 분과로서 국제정치학의 체계를 만든 것은 미국에서였다. 이후로도 학자들의 수와 학문적 업적에서 국제정치학은 압도적으로 미국의 학문이었다. 이는 물론 초강대국으로서 미국의 지위와 직접적 관련이 있는 것으로, 국제정치학의 실천적 성격을 반영하는 것이기도 하다.

그런 점에서 보면, 영국에서 국제정치학 전통이 강한 것도 우연이 아니다. 제2차 세계대전과 미국의 등장 이전까지 바로 영국이 세계적인 초강대국의 지위를 누리고 있었기 때문이다. 국제정치학이 하나의 학문 분야로 인식되기 시작하던 시절 국제정치학의 고전적 교과서를 쓴 역사학자 카(E. H. Carr)가 바로 영국 사람이다.

이후로도 영국의 국제정치학 전통은 매닝(C. A. W. Manning), 와이트(Martin Wight), 불(Hedley Bull), 왓슨(Adam Watson) 등을 통해

❝ 세계화, 정보화의 시대에
변화의 속도는 갈수록 빨라지고 있다.
변화의 속도를 따라잡고 그 변화에
의미를 부여하기 위해서 학문을 하는
사람들의 순발력이 과거 어느 때보다
요청되는 시점이다.
부잔의 카멜레온식 변모를
비난하기보다는 오히려 그 뛰어난
재기와 유연성으로 인한 순발력을
본받아야 할 때인 것 같다. **❞**

▶ 배리 부잔

면면히 이어져왔지만 미국의 주류 국제정치학에서는 커다란 주목을 받지
못했다. 고도로 분석적이고 과학적인 접근법을 지향하는 미국 국제정치
학의 입장에서 영국의 역사적이고 사변적인 접근법은 상당한 거부감을
불러일으켰기 때문이다.

국제정치학 연구의 영국적 전통을 '국제사회론'으로 정리하고 이른
바 '영국학파'(the English School)라는 이름으로 주류 국제정치학계
에 소개하고 인정을 받게 만든 것은 바로 배리 부잔(Barry Buzan)의
공헌이다. 그러나 이 말은 약간 어폐가 있다. 그 의미와 내용에 대해서
는 후술하겠지만, 국제사회론은 부잔이 독창적으로 주장한 것이 아닐
뿐더러 부잔의 전공 영역도 아니기 때문이다. 그럼에도 불구하고 그것
이 부잔의 공헌이라고 한 것은 결코 과장이 아니다. 영국학파의 국제사
회론을 주류 국제정치학의 담론으로 재정리하고 그 일체성을 구성한 것
은 부잔의 학자적 식견과 주류 국제정치학계에서의 그의 위상이 아니었
으면 거의 불가능했을 것이기 때문이다.

여기서 주류 국제정치학계에서의 부잔의 위상에 대해 약간의 부연설

이 책은 빙하기부터 현재까지 2만 년의 인간 역사를 개괄하고 있다.

명이 필요하다. 그는 캐나다 태생으로 캐나다 서안 밴쿠버에 있는 브리티시컬럼비아대학교를 나와 영국의 런던정경대학에서 1973년, 27세의 나이로 정치학 박사학위를 받았다. 그후 모교인 브리티시컬럼비아대학교에서 잠시 연구원으로 있은 후 영국의 워릭대학교(Warwick University)에서 20여 년간 교수로 재직하였고 1995년 이후 웨스트민스터대학교에서 연구교수로 재직 중이다. 그 사이 코펜하겐대학교와도 관련을 맺어 올리 위버(Ole Waever) 등과 더불어 코펜하겐학파의 한 사람으로 불리기도 했다. 이처럼 그는 주류 국제정치학계에 소속되지는 않았지만 국제정치학계에서 최고의 학술지로 인정받고 있는 『국제조직』(International Organization)의 편집위원과 미국학자들을 중심으로 한 국제정치학회(International Studies Association) 부회장을 역임하

위버, 와일즈와 함께 저술한 책. 부잔은 다른 학자와의 작업을 통해 입체적으로 자신의 정치이론을 수립한다.

는 등 주류 국제정치학계에 영국을 대표하는 학자로 널리 인정을 받고 있는 것이다.

이처럼 주로 영국과 깊은 관련을 맺어온 그가 '미국의 학문'인 국제정치학계에서 이와 같은 위상을 쌓을 수 있었던 것은 무엇 때문일까? 우선 외형적으로 그는 다산성의 학자이다. 인터넷을 통해 찾은 그의 이력서에 따르면 1973년 학계에 입문한 이래 15권의 저서(편저 및 공저 포함)와 38편의 논문을 단행본으로 출판하였으며 34편의 논문을 학술지에 게재하였다. 평균 2년에 한 권의 저서를 내고 매년 두 편 이상의 학술논문을 발표한 셈이다. 국제학계의 출판 기준을 생각할 때 이는 대단한 업적이다.

둘째, 연구 분야의 광범함이다. 그는 해양 및 군사안보를 전문영역으로 출발하여 국제정치이론 일반, 나아가 미래학 분야까지 손대고 있다. 원래 좁은 분야에서 깊은 전문성을 지향하는 것이 학계의 본질인만큼 이처럼 넓은 관심분야는 학자적 위상에 득보다 오히려 실이 될 때가 많다. 그러나 그는 특유의 명민함과 유연함으로 넓은 관심분야에서 깊고 일관성 있는 업적을 남기고 있는 것이다.

부잔이 이와 같은 업적과 위상을 쌓을 수 있었던 비결을 따져보는 것도 같은 국제정치학자의 입장에서 해봄직한 작업이다. 필자가 보기에 그 비결은 두 가지이다. 첫째는 물론 학자에게 가장 필요한 명민함이다. 그의 글을 읽으면 번뜩이는 재기가 넘침을 알 수 있다. 다음 절에서는 그의 재기를 그가 쌓은 주요 업적과 개념을 통해 살펴볼 것이다. 둘째는 그의 사고의 유연함이다. 사고가 유연하기 때문에 학파를 넘나드는 입장을 취할 수 있어 학문적 성과의 폭을 넓힐 수 있었고, 특히 그의 밝혀진 비결 가운데 하나인, 다른 학자와의 공저(共著)라는 쉽지 않은 일을 해낼 수 있었던 것이다.

무기체계는 국제정치를 꿰뚫는 핵심

부잔의 출세작은 1983년에 초판이 출판되고 1991년에 재판이 나온 『인간, 국가, 공포』와 1987년에 출간된 『전략연구서론』이다. 이 책은 1998년 에릭 헤링(Erick Herring)과의 공저로 『군비의 동학과 세계정치』라는 제목으로 개정판이 나왔다. 여기서 알 수 있듯이 부잔의 1차 전공분야는 군사 및 안보문제이다. 이들 연구에서 우리는 그의 명민함, 즉 번뜩이는 재기를 찾아볼 수 있다.

군비(軍備)와 전략, 나아가 안보문제는 국제정치 연구의 핵심영역이다. 하지만 그것이 갖는 전문성으로 인해 이에 대한 연구는 두 가지 제약성을 가지고 있었다. 첫째, 다수의 연구는 전문적 측면에 초점을 둔 나머지 그 국제정치적 의의를 따지지 못한다. 둘째, 여기에 국제정치 일반의 입장에서 접근한 연구는 그 기술적 측면에 대한 피상적 기술에 그치고 있다. 부잔의 연구는 이 두 가지 연구흐름이 가지는 허점을 절묘하게 메워주고 있다.

국가들이 신무기를 개발·조달·배치하는 과정을 그는 '군비의 동학'(arms dynamics)이라고 이름한다. 그 과정은 과학과 산업과 국내정치와 국제정치가 복합적으로 얽혀 있어 이를 단순히 과학발전이 가지는 자체의 추진력이나 군산복합체와 같은 국내의 정치경제적 접근, 혹은 국가 간의 군비경쟁과 같은 쌍무적 혹은 다자적 정치동학만으로는 설명할 수 없다. 그에 따르면 '군비의 동학'이야말로 근대, 나아가 현대 국제정치의 핵심을 꿰뚫는 현상이다.

그 이유는 다음과 같다. 첫째, 인류역사를 통틀어 무기체계는 그 파괴력과 투사거리, 정밀성 등의 측면에서 혁신의 과정을 거쳐왔다. 군비란 이와 같은 하드웨어만이 아니라 이를 응용하는 전술과 전략, 즉 소프트웨어와 이를 사용하는 주체인 인적 자원 즉 웨트웨어(wetware)를 포괄하며, 군비의 모든 측면에서 이와 같은 현상이 일어났다. 그와 같은 혁신은 반드시 지속적이지는 않으며, 단속적이지만 누적적이고 특히 과학의 시대, 산업의 시대에 들어와 그 속도는 크게 빨라졌다.

둘째, 군사혁신이 누적적인 이유는 그 수평적 확산과정과 관련이 있다. 즉 국가의 생존을 다투는 전쟁수단인 군비는 그 파괴력 등 질적 수준에서, 즉 수직적으로 확산될 뿐만 아니라, 곧 다른 나라들이 이를 모방함으로써 지리적으로, 즉 수평적으로도 확산된다. 20세기 후반 핵무기의 수직적·수평적 확산과정이 이를 잘 보여준다. 이와 같은 수평적 확산과정은 특히 근대에 와서 두드러진다. 바로 근대 국민국가체계의 무정부(無政府)성 때문이다. 후술하는 월츠(Kenneth N. Waltz)가 강조하다시피, 나라의 생존을 보장해줄 상위의 권위가 없는 무정부적 국제체계에서 한 나라의 상대적 성공을 다른 나라가 빨리 모방하지 못하면 그 나라는 도태되고 만다. 이러한 고도의 동화현상이 근대 국제체계의 특징이다. 더욱이 이와 같은 체계 하에서 군비의 수평적 확산은 특히 급격하게 일어날 수밖에 없는 것이다.

셋째, 무정부적 근대 국제체계에서 국가간 군비의 수평적 확산은 흔히 말하는 군비경쟁(arms race)에 의해 특히 강화된다. 서로가 서로의 존재를 무시할 수 없는 둘 이상 복수국가 사이에서 흔히 나타나는 힘과 안보의 딜레마 속에서 종종 한 나라의 군비증강은 설사 그것이 방어적 목적을 위한 것이더라도 곧 다른 나라에 대해 위협을 구성하기 때문에, 서로는 경쟁에서 이기기 위해 수직적 군비증강을 추구하고, 경쟁에 지지 않기 위해 수평적 군비증강을 서두른다. 이것이 상호적으로 작동하여 적정 수준 이상의 군비누적을 가져오는 군비경쟁으로 나타나는 것이다.

넷째, 대규모의 상비군이 상징하듯 근대국가는 군사국가로 특징지어지며, 이에 따라 국가의 큰 부분이 군비와 관련되어 조직된다. 이는 군대뿐만 아니라 이와 관련된 관·민의 여러 부문을 포괄한다. 흔히 군산복합체로 불리는 국가내부의 이 부분은 국내정치의 불가결한 요소가 되어 한편으로는 자체의 논리, 즉 존재 이유에 따라, 다른 한편으로는 국내 여타 부분과의 경쟁에 따라 군비의 수직적·수평적 확산과정에 일조한다.

안보문제는 국가개념의 중요한 구성요소다

비판적 국제정치이론가인 애슐리(Richard K. Ashley)가 '근대안보문제'(modern security problematique)라고 이름한 오늘날의 안보문제에 이상과 같은 '군비의 동학'은 커다란 부분을 이룬다. 그러나 안보문제는 이보다 더 복합적인 문제로, 부잔은 『인간, 국가, 공포』에서 그 뛰어난 재기로 탈냉전 시대 안보연구의 새로운 지평을 개척한다.

오늘날 안보란 흔히 국가안보(national security)를 의미하며, 국가의 의미를 명백히 하지 않으면 국가안보란 정치적 목적에 따라 휘둘릴 수밖에 없는 애매한 개념이 되고 만다. 따라서 국가의 구성요소를 더욱 분석적으로 따져볼 때 비로소 안보는 분석적으로 유용한 개념이 된다. 흔히 '영토', '국민', '주권'으로 정의되는 국가개념과 달리 부잔은 국가의 구성요소로 첫째, 인구와 영토와 같은 물질적 기반 둘째, 이를 통치하는 정부와 같은 국가제도 셋째, 그 국가제도에 정통성을 부여하는 조직이념 등 세 가지를 들며, 이들 구성요소 가운데 무엇에 어떠한 형태로 위해가 가해지는가에 따라 군사안보, 정치안보, 경제안보, 사회안보, 환경안보 등을 따짐으로써 전통적으로 군사문제에 국한되어온 안보문제의 지평을 확대하고 있다.

첫째, 군사안보는 군사적 위협의 부재 내지 그 위협에 대한 견고한 방어를 의미하며, 군사적 위협은 그 나라의 물질적 기반을 파괴하거나, 심지어 그 국가제도를 파괴할 수 있기 때문에 가장 심대한 위협임에 틀림없다. 둘째, 그러나 그 국가의 조직이념을 부정함으로써 국가제도의 정통성을 위협하는 정치안보의 문제도 이에 못지 않게 심대하다. 이와 관련하여 남북관계에 대한 부잔의 관찰이 참으로 재미있다.

근대시대에 국가제도에 정통성을 부여하는 조직이념은 크게 민족주의와 그 정치경제적 이데올로기이다. 미·소 간의 냉전은 다원적 민주주의와 시장경제라는 이데올로기를 가진 미국과 공산당 일당독재와 계획경제라는 정반대의 이데올로기를 가진 소련이 그 체제의 활력과 심지어 존속을 놓고 다툰 총력전이었다. 이 경우 패자는 그 체제의 전복을 감수해야 한다. 반면 근대 민족주의는 원심력과 구심력의 두 가지 힘으로 나타난다. 곧 다민족 국가를 분할시키는 원심력과 분단민족을 통합시키는 구심력을 이름이다. 민족이 문제시될 때 다민족 국가는 자칫 분열의 위기를 맞는다.

제1차 세계대전 직후 오스트리아–헝가리 제국과 터키 제국, 냉전종식

직후의 소련, 체코슬로바키아, 유고슬라비아 등이 좋은 예이며, 중국의 미래를 여기에 비추어 조망하기도 한다. 민족이 문제시될 때 분단민족으로 이뤄진 국가는 자칫 흡수 위기를 맞는다. 베트남, 예멘, 독일 등이 과거의 사례, 그리고 남북한이 미래의 사례이다. 오늘날 남북관계의 어려움을 여기서 찾을 수 있다.

셋째, 경제안보의 문제는 효율성과 자율성의 근본적 딜레마와 관련이 있다. 실로 시장경제 속에서 모든 경제주체는 퇴출의 위험을 안고 산다. 시장경제에서 안전한 경제안보란 존재하지 않는다는 말이다. 고도로 상호 의존적인 오늘날의 국제경제체제 속에서 모든 나라, 특히 세계시장에 노출이 심한 나라는 그러한 위험을 피할 수 없으며, 그것이 현실로 나타났을 때 우리나라는 소위 IMF경제위기를 겪었다. 그러한 위험을 피하고자 자급자족 경제체제(autarky)를 지향할 때 그 경제는 효율성을 잃음으로써 자칫 도태의 위험을 안는다. 바로 오늘의 북한이 그 산 증인이다.

넷째, 사회안보란 한 사회를 구성하는 개인 혹은 집단들 간의 응집력과 관련이 있다. 종교·인종·지역 등으로 구성원들이 서로 갈등할 때 그 나라의 존폐가 위태롭기 때문이다. 이는 앞에서 말한 정치안보와 무관하지 않지만, 특히 주목할 것은 국가와 사회 간의 관계이다. 한 나라의 국가가 그 조직이념에서 정통성을 누리고 서로 갈등할 수밖에 없는 제반 사회세력의 압력에서 자유로울 때 그 나라는 강건한 국가이다. 그러한 나라의 정치과정은 갈등하는 사회이익을 조정하고 이를 국가이익의 차원에서 재정의하는 통합의 정치를 펼친다. 반면 정치과정을 구성하는 정치세력들이 갈등하는 사회세력에 편승하여 서로 다툴 때 그 나라는 연약한 국가이다. 정치과정에 따라 이익의 갈등이 조정되기는커녕 확대 재생산됨으로써 분열의 정치가 나타난다.

다섯째, 환경안보는 초국가적이다. 미국인들이 자동차를 운전하여 이산화탄소를 배출하고, 인도네시아와 브라질이 개발의 명분으로 열대우

림을 훼손할 때 과다한 이산화탄소는 온실효과를 일으켜 지구온난화 현상을 가져온다. 일차적 피해자는 빙산의 용해에 따른 해수면 상승으로 수몰의 피해를 면치 못할 네덜란드나 방글라데시와 같은 저지대국가일 것이다. 그러나 장기적으로 미국중서부의 곡창지대가 사막이 되지 말란 법이 없다. 이처럼 국가안보는 상호의존적이다. 환경안보와 같은 새로운 현상만의 문제가 아니다. 한 나라의 안보추구가 다른 나라의 불안을 가져와 상호적인 안보 딜레마에 빠지는 것처럼 결국 안보문제는 상호의존적이다. 따라서 이에 대한 국제적 접근이 불가피하다.

그러나 유엔가맹국만 따져도 190개 국이 넘는 오늘날 국제체계에서 안보문제에 대한 국제적 접근은 어려울 수밖에 없다. 각국의 이해가 다르고 역학관계가 다르니만큼 올슨(Mancur Olson)이 말한 집단행동의 딜레마가 나타나는 것도 당연하다. 따라서 안보적 상호 의존의 정도가 더 높은 지역 차원에서의 접근이 분석적으로, 그리고 실천적으로 필요하다. 바로 지역안보 복합체(regional security complex)의 개념이다. 다행히, 현실적으로 세계는 고도의 안보적 상호 의존을 이루는 지역들과 그 사이에 경계를 이루는 무차별의 지역으로 이루어져 있기 때문에 지역안보 복합체의 개념은 현실적으로 유용하기도 하다. 오늘날 우리가 동북아, 혹은 동아시아 안보질서를 운위하는 것도 이와 같은 현실을 반영한다.

안보문제와 관련하여, 마지막으로, 그러나 결코 무시할 수 없는 중대한 문제가 있다. 바로 군비의 동학과 안보의 논의는 고도의 정치적 과정이라는 점이다. 그 정치적 과정에서 안보문제는 정치화(politicization)되기도 하고, 특히 제반 정치 · 사회 · 경제적 문제가 안보화(securitization)되기도 한다(Buzan, Waever, Wilde, 1998). 즉 일견 안보와 관련이 없는 문제가 일상의 담론에서 안보의 문제로 채색, 혹은 정의됨으로써 고도의 정치적 색채를 띠게 되는 것이다(물론 기왕의 안보문제로 간주되던 문제가 탈안보화되기도 한다). 영토, 국민, 군사력, 국가 및 사회세력의 이익과 같이 물질적 기반을 위주로 한 논의가 담론과 관념(idea)의 문제로 전개될 때 이는 기왕의 신현실주의나 신자유주의의 존재론과 인식론을 뛰어넘는 문제로 된다. 곧 구성주의(constructivism)의 시각을 반영한다. 부잔 스스로는 이것이 주로 위버(Ole Waever)의 아이디어라고 하나, 이를 수용하는 부잔식 사고의 유연함을 잘 보여주는 점이다.

구조적 현실주의 이론과 국제사회론을 접합시키다

1962년 과학철학자 토마스 쿤(Thomas Kuhn)은 과학발전의 역사를 패러다임이라는 개념을 통해 분석한 책을 출판하여 큰 충격을 불러일으킨 적이 있다. 과학이란 여러 명의 학자들이 서로 보완하며, 여러 세대에 걸쳐 누적적이고 점진적으로, 그러나 합리적 과정을 통해 진보한다는 기왕의 믿음에 대해 도전을 제기했기 때문이다. 그에 따르면 여러 학자들이 서로 보완한다는 전제는 틀릴 때가 있다.

서로 다른 패러다임이란 존재론과 인식론에서 모두 양립 혹은 심지어 대화조차 불가능한 것으로, 패러다임을 달리하는 학자들 간에 보완이란 있을 수 없기 때문이다. 또한 하나의 패러다임이 지배하는 '정상과학'(normal science)에서 새로운 발견은 어렵다. 바로 패러다임이 고정된 존재론적, 인식론적 틀을 강요하기 때문이다. 그 과정에 학문세계 속의 사회적 과정이 있다. 선생과 선배에 대한 맹종, 기왕의 틀을 벗어나려는 후배나 학생에 대한 따돌림 등 사회생활에서 흔히 볼 수 있는 현상이 한 패러다임 속의 학자들 세계에도 존재한다.

미국의 주류정치학 속에서 현실주의와 자유주의라는 존재론적 패러다임, 전통주의와 실증주의라는 인식론적 패러다임을 뛰어넘는 것은 커다란 용기와 능력을 요한다. 이를 뛰어넘을 때 학자들은 이를(냉소적으로) '개종'(改宗)했다고 부르기도 한다. 부잔이 바로 그와 같은 개종 또는 자기 변신을 거듭한, 좋게 말하면 용기와 능력을 겸비한, 나쁘게 말하면 지조 없는 사람이다. 실로 부잔의 성공은 그가 미국학풍의 영향을 크게 받고 있는 캐나다에서 학부의 고된 훈련을 받은 덕분이라는 짐작이 간다. 그의 학부시절 지도교수인 홀스티(K J. Holsti) 교수가 고도로 분석적인 미국의 주류 학풍을 잇고 있기 때문이다. 그리고 부잔 스스로 고백하듯이 그의 학문적 편력에 가장 큰 영향을 미친 이는 바로 월츠이다. 월츠가 좋아하는 국제정치의 큰 이론에 대한 편향과 그를 추구하는 분석적 접근법을 바로 익힌 것이다.

그의 출세작인 1959년 저작 『인간, 국가, 전쟁』에서 월츠는 근대국제체제의 본질에 대한 매우 정치(精緻)한 서술을 하고 있다. 루소(J. J. Rousseau)의 『전쟁상태론』에 의존하여 월츠는 고도로 조직되고 무장된 독립단위, 즉 근대주권국가들이 상위의 권위를 부정하고, 따라서 상위의 권위가 존재하지 않는 무정부상태에서 서로 지배와 복종, 혹은 생존을 다툴 때 나타나는 제반 현상에 대한 매우 적절한 서술을 하고 있다. 설령 서로 총칼을 휘두르며 전쟁을 하지 않더라도, 사소한 이익의 갈등으로 언제, 누구에게든 그럴 수 있는 '전쟁상태'가 바로 근대 국제체계의 본질이라는 것이다.

1979년의 저작 『국제정치이론』에서 월츠는 한발짝 더 나아가 하나의 설명이론을 추구한다. 근대 국제체계가 하나의 전쟁상태라는 서술은 근대국가들 사이의 관계가 유난히 전쟁으로 점철되어온 역사에 대한 설명은 될지 몰라도 그 기간 중 왜 때로는 전쟁이 많고 때로는 전쟁이 적었는지에 대한 설명은 제공하지 못하기 때문이다. 여기서 월츠는 이른바 '신현실주의'로 알려진 그의 국제정치체계이론을 전개한다.

그에 따르면 국제체계를 포함한 모든 체계는 구조와 단위로 구성된다. 그리고 모든 정치구조는 조직원리, 단위 간의 기능적 분화, 단위들

간의 힘의 분포상태, 이 세 가지로 나누어볼 수 있다고 한다. 국제체계는 첫째, 그 조직원리에서 위계질서(hierarchy)를 특징으로 하는 국내정치체계와 달리 무정부적 질서(anarchy)를 특징으로 한다. 둘째, 단순한 예만 들어 입법 · 행정 · 사법 등 기능적으로 분화된 국내정치 단위와 달리 국제정치의 단위인 국가들은 무엇보다 치안과 국방을 우선으로 하는 기능적으로 동질의 단위이다. 셋째, 무정부적 질서라는 조직원리는 지난 300여 년 간 변함이 없었고, 단위들 간의 기능적 분화도 없었기 때문에 결국 국가들 간의 힘의 분포, 혹은 강대국들의 수를 의미하는 극구조(polarity)가 국제정치의 유일한 설명변수이다. 이를 통해 지난 역사에서 상대적 전쟁과 평화, 그리고 세력균형의 패턴을 설명할 수 있다는 것이 월츠의 신현실주의 이론이다.

부잔은 월츠의 이와 같은 '큰' 이론에 매료되어 신현실주의자로 출발한다. 그러나 월츠의 논의가 가지고 있는 한계를 인식하고, 이를 극복한 구조적 현실주의(strutural realism) 이론을 개발한다(무정부의 논리). 그리고 이를 영국학파의 국제사회론과 접합시킴으로써 스스로는 부인할지 몰라도 매우 자유주의적인 존재론을 채택하게 되며, 앞에서 언급한 바와 같이 위버와의 공저를 통해 구성주의적 인식론에까지 이르게 되는 것이다.

국제정치를 역사적 맥락에서 고찰하라

아마 영국학파의 영향이겠지만, 부잔은 월츠 이론의 몰(沒)역사성이 불만이고, 러기(John G. Ruggie)와 마찬가지로 특히 단위들 간의 기능적 동화라는 월츠의 전제가 불만이다. 역사적으로 보아 로마제국이 멸망한 이후 서구사회는 무정부적 구조를 가졌다. 그러나 그 속에서 교황청, 신성로마제국, 왕국, 다양한 공국(公國)과 기사(騎士)단처럼 기능의 분화가 이루어진 많은 정치단위들이 활동한 시대가 있었다. 이러한 체계가 근대에 들어와 동질적인 주권국가체계로 변모한 것은 나름의 이유가 있겠지만, 이는 역사의 분석을 통해 검증할 일이지 주어진 것으로 간주해서는 안 된다.

또 설사 기능적으로 미분화된 정치단위, 즉 주권국가들이 서로 지배-복종관계에 있거나 생존을 다투더라도 그들이 다투는 환경이 항상 동일하다고 전제하는 것도 몰역사적인 동시에 분석적 무리가 따른다. 중세와 근대 초기의 유럽국가들은 기독교공동체의 전통 위에서 서로를 인정하고 상호작용의 규칙과 규범을 적용하였다. 세속화가 크게 진행된 18~19세기 이후도 유럽국가들은 국제법이나 세력균형과 같은 법칙에 대한 상호주관적 인식수준이 높았고 그것이 그들 간의 관계를 크게 특징지었다.

다시 말해 근대 유럽의 국가들은 소위 동질적인 정체성을 서로 향유하고 서로의 존재를 인정한 일종의 공동사회(Gemeinshaft)적인 국제사회를 이루고 있었다. 이 국제사회에서 주민은 개인이 아니라 일종의 법인격(法人格)을 소유한 국가들이다. 정치단위들이 서로를 무시할 수 없는 일체성을 띨 때 이들의 총합을 국제체계라고 부름직하다. 이들 사이에 일종의 사회성이 가미되면 이것은 국제사회가 된다. 근대 유럽국제체계를 단순히 국제체계로 보지 않고 하나의 국제사회로 봐야 한다는 것은 불이 특히 강조한 국제사회론의 핵심주장이다.

오늘날 국제정치현상을 분석할 때, 오늘의 세계는 단지 고대 로마에 기원을 둔 유럽국가들로만 구성된 국제사회가 아니다. 서유럽의 국가들은 동으로 러시아 등과 접촉하면서 이들과의 관계를 구축하고, 남으로 오스만 터키와 같은 이교도, 그리고 멀리 동양의 중국·일본·한국 등과 교류하면서 그들과의 관계를 정립해왔다. 물론 그 과정에서 아메리카 대륙의 원주민들은 무차별 학살되고, 아프리카의 원주민들은 노예로 팔려가기도 했다. 고도로 경쟁적인 서구문명 속에서 단련을 거듭한 이들은 전 세계를 식민화하고, 이들 지역의 정치체제를 강제로 혹은 반강제로 동질적으로 만든 이후 전 세계의 국제화를 이루었다.

카멜레온처럼 변모하는 배리 부잔의 학문세계

탈식민지화가 급속도로, 또 고도로 진행된 20세기 후반 이후 세계를 하나의 국제사회로 부를 수 있을까? 물론 로마제국의 유산이나 기독교 공동체와 같은 동질적 정체성이 없다는 점에서 이를 공동사회적 국제사회로 부를 수는 없다. 그러나 이들 구성단위들이 서로의 존재를 인정하고 서로의 이익의 필요에 따라 규칙과 규범을 만들어나갈 때 하나의 이익사회(Gemeinshaft)적인 국제사회는 논리적으로 가능하다. 오늘날 세계에 존재하는 많은 국가들은 그 객관적·주관적 정체성에서 매우 다양하기 때문에 전체 국제체계 안에 복수의 국제사회가 존재한다고 볼 수 있다. 그 사회성이 고도로 진행된 유럽과 그 반대인 아프리카 대륙이 극단적 예를 이룬다.

하나의 국제체계 속에서 그 사회성의 수준을 달리하는 복수의 국제사회가 있을 수 있다는 것은 월츠 류의 단선적 국제체계관이 지나치게 단순하다는 것을 의미한다. 국가 상위의 권위체가 없다는 의미의 국제무정부 속에서 일군의 국가군들은 서로 다른 정도의 사회성을 개발해왔고, 따라서 국제무정부는 하나의 상수가 아니라 그 안에서 여러 가지 다른 값을 취할 수 있는 변수인 것이다. 고도로 조직되고 무장된 근대 주권국가들이 서로 맞부딪치는 '전쟁상태' 속에서도 일종의 윤활유 역할을 하는 규칙과 규범들이 존재해온 것도 부인할 수 없는 역사적 현실이다.

근년에 들어 자유주의적 시각을 지닌 미국의 주류 국제정치학자들, 예컨대 코헤인(Robert Keohane)과 같은 학자들은 특정 분야에 있어 그와 같은 규칙과 규범들의 총체를 국제레짐이라고 부르며 분석의 대상으로 삼아왔다. 곧 국제레짐 이론의 등장이다. 부잔은 그러한 국제레짐의 존재 및 그 폭과 깊이가 특정 국제사회의 사회성의 존재를 측정하는 척도로 본다. 곧 미국의 주류 국제정치학과 영국학파의 국제사회론이 서로 수렴한 것이고 현실주의자로 출발한 부잔이 자유주의적 존재론으로 개종한 것이다. 그리고 미국 주류 국제정치학의 특징이었던 합리주의적 인식론에서 새로이 등장한 구성주의적 인식론으로 개종한 것이다.

한 학자가 그 학문적 시각에서 변모를 거듭하는 것이 터부시되면 그 학문분야는 닫힌 패러다임이 되고 학자들은 일종의 수감자가 된다. 미국의 주류 국제정치학은 패러다임적 정상과학을 지향하기도 했고, 결과적으로 그 함정에 빠지기도 하여, 냉전의 평화적 종식이라는 대변혁을 예측은커녕 기대조차 못하는 큰 충격을 받았다. 구성주의라는 새로운 접근법이 각광을 받게 된 배경에는 그와 같은 현실의 변화가 있었다.

세계화, 정보화의 시대에 변화의 속도는 갈수록 빨라지고 있다. 변화의 속도를 따라잡고 그 변화에 의미를 부여하기 위해서 학문을 하는 사람들의 순발력이 과거 어느 때보다 요청되는 시점이다. 현재는 부잔의 카멜레온식 변모를 비난하기보다는 오히려 그 뛰어난 재기와 유연성으로 인한 순발력을 본받아야 할 때인 것 같다.

김태현 서울대학교 외교학과와 같은 대학원을 거쳐 1991년 미국 오하이오주립대학교에서 냉전기 제3세계 지역에서의 미·소의 경쟁에 관한 논문으로 박사학위를 받았다. 미국 플로리다대학교 정치학 조교수, 미국 일리노이대학교 미리암연구소 연구위원, 세종연구소 연구위원 등을 거쳐 1998년부터 중앙대학교 국제대학원 교수로 재직 중이다. 국제정치, 특히 외교안보 분야와 남북관계 분야에서 많은 논문을 썼으며, 『외교와 정치』(편저서), 『신동아시아 안보질서』(편저서) 등의 저서와 『세계화시대의 국가안보』『20세기의 위기』 등의 역서가 있다. 주요 논문으로는 「동북아질서의 변동과 한반도」 「상호주의와 국제협력: 한반도 핵문제의 경우」를 들 수 있다.

대중민주주의와 정당체제

자기 언어를 가지는 정당만이 존립할 수 있다

강명세
세종연구소 연구위원

한국정치학계에서 조명받지 못했던 스타인 로칸

스타인 로칸(Stein Rokkan, 1921~79)만큼 한국에서 '홀대'받은 학자도 없다. 그가 이룩한 거대한 업적에도 불구하고 한국에는 거의 알려져 있지 않다. 로칸이 한국에 이처럼 소개되지 않은 것 자체가 하나의 수수께끼이다.

로칸의 명성은 일일이 지적할 필요없이 그의 이름을 기리는 세계적 권위를 가진 상에서 잘 나타난다. 로칸이 회장(1970~73)을 역임했던 세계정치학회는 로칸기념상을 수여하고 있으며, 마찬가지로 회장(1973~78)을 지냈던 국제사회과학연구협의회는 1981년부터 로칸상을 운영하고 있다. 로칸상 수상자에는 독일의 슈미트(G. Schmidt), 알버(Jens Alber), 레이진(C. Ragin), 스트롬(K. Strom), 바르톨리니(S. Bartolini) 등 중견 학자가 많다.

한국 사회과학, 특히 정치학에서 로칸은 최근까지 학부는 물론 대학원 과정에서도 충분히 소개되지 않았다. 이러한 현실은 한국의 민주주의 발전과정 및 민주주의 연구의 수준과 편협성을 그대로 반영하는 것이다. 로

▲ 스타인 로칸

칸과 비슷한 시기에 활동했던 알몬드(G. Almond)나 헌팅턴(S. Huntington)에 대한 인지도를 비교할 때 잘 알 수 있다. 로칸이 이처럼 알려지지 않은 것은 한국정치학이 미국정치학의 압도적 영향 아래 있는 것과 관련이 있다. 로칸 자신이 북유럽의 변방에 있는 노르웨이 학자라는 사실과도 무관하지 않을 것이다. 그러나 보다 더 중요한 원인은 한국의 민주주의 발전과정 자체의 문제이다.

　한국의 경우, 1980년대 정치학 논의의 대부분은 민주화 과정이나 국가의 공공정책 특히 산업정책 분야에 밀집되었다. 학위논문이나 연구물은 군부권위주의 또는 관료권위주의 및 민주화과정과 산업정책을 포함한 국가론에 과잉투자되었던 만큼 정치학의 핵심영역인 정치과정, 그 중에서도 정당이나 의회에 대한 연구에는 지나치게 소극적이었다. 한국정치학 대학원생 가운데 제3세계의 현실에 '관료권위주의' 모델을 제시하고 적용한 오도넬(G. O'Donnell)을 모르는 학생은 없을 것이다. 당시로서는 잘못된 선택이 아닐지 모른다. 권위주의 체제에서 정치과정은 형식에 불과하다.

이처럼 한국의 현실에 따라 정치학의 논의가 이루어지다보니 이중의 문제에 봉착해 있다. 한편으로는 역사적 경험에 대한 연구가 빈약하다는 것과, 다른 한편으로는 절차적 민주주의가 확립된 다음에 오는 정당이나 정당체제에 대한 연구가 시급하고 필수적임에도 불구하고 아직 준비가 되지 못한 상황이라는 점이다.

대중민주주의의 기원과 변화, 로칸의 연구범위

정치학 연구는 대체로 세 가지 수준, 즉 거시적, 중위적(meso) 및 미시적 수준에서 추진된다. 한국정치학은 민주화과정을 겪으면서 거시역사적 변화에 대해서 지대한 관심을 기울였다. 지난 20년 동안 배링턴 무어(Barringtone Moore)나 테다 스카치폴(Theda Skocpol)의 국가와 혁명에 관한 논의들은 자못 풍부하게 이루어졌다. 찰스 틸리(Charles Tilly) 또한 거시사회적 변화의 연구에 동참하였다. 또한 아주 미시적 행태에 대해서도 지속적 발전이 있었다. 서베이가 시작되는 1987년 이후로 정치행위 특히 투표행태에 대해서는 통계적 접근을 위주로 한 연구가 다른 분야에 비해서는 상대적으로 많은 편에 속한다.

이렇듯, 거시적 및 미시적 수준에서의 연구는 비교적 적지 않다고 할 수 있지만 중범위 수준의 경험연구는 취약하다. 로칸은 바로 중범위 연구의 대표적 학자이다. 정당과 정당체제는 국가와 시민사회를 잇는 기본적 끈으로서 중범위 이론의 대표적 영역이다. 두베르제(Maurice Duverger, 1954)가 정확히 지적했듯이, 정당은 시민과 국가를 연결하는 정치적 통로로서 민주적 정당성을 부여한다. 로칸은 거시적 수준에 해당하는 대중정치 또는 대중민주주의의 변화에 절대적 관심을 가지면서 방법론으로는 거시적 또는 미시적인 것이 아니라 중범위 수준을 유지하였다.

로칸은 오늘날 우리들이 살고 있는 정치체제인 대중민주주의의 기원과 그 변화의 다이내믹스에 깊은 관심을 가졌다. 19세기 후반 이후 제1차

한국 정치학은 민주화과정을 겪으면서 거시역사적 변화에 대해서 지대한 관심을 기울였다.

세계대전 이전까지의 대중민주주의의 출범과 발전에 관한 그의 연구는 가히 기념비적인 것이다. 로칸의 문제의식은 넓은 의미에서 민주주의의 전개 또는 정치변동이었다. 이러한 관심은 이미 1967년 립셋(S. M. Lipset)과의 공저에서 등장하는데 이후 이는 영미 학계에서 큰 반향을 불러일으켰다. 로칸의 주요 저술이 1967년 처음으로 영어로 출판되었다. 지난 수십 년 동안 한국학계에 메가톤 급 영향을 미친 헌팅턴의 저술 『Political Order in Changing Societies』의 출판이 1968년이었던 것에서 알 수 있는 것처럼 헌팅턴과 같은 시기에 활동했던 학자인 것이다.

민주주의의 발전과 관련, 로칸은 네 단계설을 제시하였는데 오늘날의 연구는 아직까지도 그의 영향 아래 있다. 로칸의 네 단계는 국가형성, 국민형성, 정치참여 그리고 복지국가의 단계로 이어진다. 정치변화의 첫 번째 단계는 국가형성이다. 국가형성 단계는 엘리트 차원에서 이루어지는 정치적, 경제적 및 문화적 통합으로서 엘리트는 각종 자원동원에 필요한 국가기구를 만들어나간다. 즉 세제를 정비하고 영토에 대한 독점적 지배를 위해 군대를 조직하고, 내부적 통제를 강화하기 위해 관료제 및 경찰을 만든다. 관료제와 군대조직을 창설한 다음 단계는 국민국가의 심화로 발전한다.

두 번째인 국민형성 단계는 엘리트만의 세계를 넘어서 민족이라는 신화를 창조함으로써 일반대중에 대한 통제를 강화해나가는 시기이다. 국가 엘리트는 징병제, 학교, 대중매체, 종교 및 언어 표준화를 실시함으로써 광대한 일반을 국민국가라는 하나의 체계로 묶는다.

세 번째 단계는 일반대중에게 정치적 시민권이 부여되는 대중민주주의의 단계이다. 사회적 균열구조는 정치적 대표체계의 일차적 그물이다. 초기 대중정치의 출범은 대중의 다수를 차지하는 하층계급의 정치참여를 의미하며 이는 선거권 확대과정과 밀접하게 관련된다. 이처럼 대중정치는 새로운 투표자층이 선거시장에 대량 진입하는 것, 그리고 그로 인해 나타난 근대적 정당체제의 성립을 의미한다.

선거권 확대과정은 재산, 연령 및 성별 등에 기반한 선거권 자격제한체제(regime censitaire) 또는 능력선거권제도(capacity principle)로부터 벗어나서 일정 연령 이상의 모든 시민에게 투표자격을 부여하는 보통선거(universal suffrage)체제로의 변화를 말한다. 선거권 자격제한체제는 사회적 균열이 정치적 균열로 바뀌는 작동체제이다. 사회균열은 지역적, 종교적 및 계층적 균열로 구성된다. 지역적, 종교적 균열구조의 형성은 국가형성 문제로부터 시작되었다. 국가형성은 중앙의 엘리트가 일정한 지역 내에서 지방의 세력에 대해 중앙의 표준을 강제하는 것을 의미하기 때문이다. 통일국가의 수립은 봉건시대의 분산적 권력구조를 해체하여 중간권력 없이 개별시민을 단일한 국민국가 밑으로 통합하는 것이다. 통일국가의 수립 이전에는 종교적, 인종적 및 언어적 차이로 인해 원초적 민족주의(proto-nationalism) 또는 지역감정이 자리잡고 있는 것은 자연스러운 일이다(Hobsbawm, 1991). 이러한 원초적 지역정서는 국가형성과정에서 어느 지역이 패권을 장악하느냐에 따라 국가형성이 수립된 이후에 강고한 지역균열 구조로 남게 된다.

이제 선거권이 주변부로까지 확산되어 시민권과 참정권이 제도화되며 이는 보편선거권의 확산과 대중정당의 등장으로 발전된다. 선거권의 확대가 정당정치에 미친 가장 중대한 정치적 결과는 사회주의 정당을 포함한 대중정당의 창출이었다. 보수 엘리트에 의해 정치적 참여가 금지되었던 농민과 노동자 등의 하층계급이 선거권을 부여받아 선거시장에 대량으로 진입함에 따라 이들의 사회적 이익을 대변하려는 정당이 생겨난 것이다. 영국의 정당과 대륙의 사회당 및 가톨릭 정당은 지역조직건설 및 당보를 통해 전국적 조직망을 구축하였다.

마지막으로 우리는 부의 재분배를 의미하는 복지국가의 등장을 보게 된다. 셋째 단계에서 확립된 참정권이 대중민주주의 출범의 징표라면 넷째 단계에서 이루어지는 사회적 시민권의 확립은 복지국가의 등장을 알리는 것이다. 복지국가는 산업재해보험, 건강보험, 연금 및 실업보험을 만들고 진보적 세제정책을 통해 시장의 결과를 최대한 평등한 방향으로 나아가도록 한다. 로칸이 제시한 4단계 각각의 문제의식은 이후 사회과학의 발전에 막대한 영향을 주었다. 이후 국가론 논쟁이 70년대 후반 이후 1980년대 내내 사회과학의 지배적 언술을 형성했던 점을 생각할 때, 일찍이 로칸이 1960년대에 제시한 국가형성 문제는 실로 그의 선견지명을 보여준다.

로칸은 국가형성에 관한 개념지도를 작성하고자 했다. 이러한 시도는 1967년 립셋과의 공동작업에서 시작되어, 1970년에는 자신의 영어저술 『서민, 선거, 정당』(Citizens, Elections, Parties)에서 더욱 확장, 심화되었고 1972년에는 틸리가 편집한 『서유럽 국가형성』(The Formation of States in Western Europe)에서 국가형성과 관련지어 정교히 다듬어졌다.

또한 개념지도는 1974년 로즈(Rose) 편 『Electoral Behavior』에 포함된 제7장 '노르웨이'에서 노르웨이를 대상으로 구체적으로 적용되었다. 개념지도는 문화적 및 경제적 차원에서 작성되며 국가형성의 기원을 16~17세기에서 찾는다. 국민국가의 경제적·문화적 통합의 정도에 의해 서유럽 국가형성의 족적을 추적하는 것이다. 문화적 차원은 개신교와 가톨릭 등 종교와 국가의 관계를 의미하는 것으로 개신교는 국가관료제에 의해 하부 파트너로 정착한 반면 가톨릭 국가에서 종교는 여전히 문화적 주도권을 장악하고 있었다. 다른 한편 국민국가의 경제적 차원은 지주, 도시 부르주아 및 농민 간의 힘의 관계를 표현하는 것이다.

로칸의 연구 가운데 오랫동안 논쟁을 주도했으며 아직도 계속되는 것은 로칸이 제시한 3단계에 자리하고 있는 대중민주주의의 산물인 정당체제의 발전이다. 초기에 로칸은 립셋과 더불어 연구했지만 나중에는 단독으로 이 문제에 집중하였다. 그는 보편선거권의 확립으로 형성된 대중정당의 등장과 그로 인한 대중민주주의의 발현은 현대 정당체제를 안정화시키는 데 기여했음을 보여주고자 했다. 대중정치체제에서 정당의 성격은 명사정당으로부터 대중정당으로 탈바꿈했으며 각 정당은 투표권자-시민을 상대로 득표경쟁을 하면서 자신들의 지지기반을 공고히 하였고 그 결과 정당체제는 안정적으로 구축되었다. 정당 간의 치열한 경쟁으로 인해 '지지시장'은 협소해졌고 새로운 정당이 설 자리는 거의 존재하지 않게 되었다. 시민들은 정당에 의해 정치적으로 포획되었고 정치적 일체감을 부여받았다. 정치적 일체감의 형성은 다시 정당체제의 안정에 기여하였던 것이다.

이처럼 로칸에 따르면 오늘날의 정당체제는 1920년대에 그 기원을 갖고 있으며 이는 오늘날까지도 계속되고 있다는 정당체제의 결빙이라는 유명한 명제를 제기했다. 서구 정당체제는 기본적으로 다양한 사회균열을 반영하는 정치적 연결망이다. 사회균열은 각국의 역사적 조건에 따라 차별적으로 발생하고 전개되었다. 다시 말해서 정당체제의 형태는 사회균열을 중심으로 이루어진 국민국가 형성과 밀접한 연관을 맺고 있는 것이다. 사회균열 가운데 가장 보편적 성격을 갖는 계급균열은 좌우의 이념적 대립으로 고착하면서 서구 정치체제의 기본적 대립축을 형성하였다. 지난 100여 년의 정치사의 핵심은 바로 이러한 좌우 대립이다. 20세기 초에 출발한 대중민주주의(mass democracy)의 제도화에 주목한 로칸은 프랑스혁명 이후의 서유럽 정치사에는 다음과 같은 공통 특징이 존재한다고 주장한 바 있다.

참정권의 범위가 더욱 넓은 시민의 범주로 확대되고, 예외없이 남녀 모두의 보통선거권이 도입되며, 대중당원에 기초한 대중정당이 지역편차에도 불구하고 발전하며, 보통선거권과 더불어 대중정당 출현의 결과 지역정치가 쇠퇴하고 전통적 지역균열을 횡으로 연결하는 기능적 균열에 기초한 정치가 더 중요해진다.

전후 정당체제에 대한 로칸의 결빙가설과 그 비판

시장민주주의의 황금기였던 1960~70년대에 가장 왕성하게 활동했던 로칸은 20세기 초에 원형이 형성된 대중정치체제는 전후 결빙(freezing)되어 서구정치체제의 기초를 구성하고 있다고 주장하였다. 이후 결빙명제는 갖가지 논쟁을 불러일으켰으며 이 논쟁은 아직도 진행 중이다. 결빙여부는 정당이 시민사회와 맺고 있는 접착 정도에 달려 있다. 논리적으로 무슨 이유로든 조직적 유대가 약화되면 정당체제는 풀어지게 되는 것이다.

정당체제의 완화는 이미 1966년 키르히하이머(Otto Kirchheimer)에 의해 지적된 바 있다. '캐치올'(Catch all)정당의 등장은 대중정당이 자신의 지지기반과 맺었던 끈끈한 유대를 부정하는 것이다. 캐치올 정당은 정당일체감이 아니라 조건부 지지에 기반하며 협애하게 확정된 지

지기반을 고집하는 것이 아니라 선거경쟁을 통해 지지기반을 확충하려
한다. 1970년대 중반 이후 신좌파나 환경운동과 같은 새로운 사회운동
의 출현과 때를 같이하는 문헌은 1968년 이후 선진민주주의 국가들에
서 로칸의 결빙명제는 실효성을 상실하였으며, 새로운 균열구조가 파생
하게 되었다고 주장하고 있다. 대중정당은 약화되었고, 전통적 균열구
조는 붕괴하고 있으며 새로운 정당들이 등장하는 당시의 현실에 따른
논리였다.

잉글하트(Ronald Inglehart)는 1977년 후기산업사회의 새로운 정치
문화는 조용한 혁명으로 전통적 균열구조를 대체했다고 주장했다.
1979년 페더슨(M. N. Pederson)은 정당체제의 유동성 증가에서 정당
체제의 붕괴를 강조했다. 정당체제의 변화에 대한 십자포화에도 불구하
고 논쟁의 와중에서 일부는 립셋-로칸의 결빙가설이 새롭게 해석할 것
을 제시하였다. 즉 로칸의 결빙가설이 사회균열 구조와 정당체제의 안
정에 주목한 것이라면, 이후의 해빙론은 개별정당의 득표의 안정과 불
안정에 기반한 것으로 양자는 서로 동일한 평면에서 비교될 수 없다고
주장했다.

해빙가설이 로칸의 결빙가설을 부정하기 위해서는 개별정당의 부침
과 균열의 일대일 대응을 가정하는 것이 필요하다. 그러나 계급균열의
경우 기본적 대립축은 개별 정당 간이 아니라 사회주의계열 정당 대 비
사회주의 정당이기 때문에 위의 가정은 온당치 못하다. 다시 말해서, 개
별정당의 득표 변화에 기초한 안정/불안정은 로칸 가설의 핵심요소를
이루는 균열구조의 지속성을 대변한다고 할 수 없다. 예를 들어,
70~80년대의 선거유동성을 계급균열의 관점에서 보면 계급블록 내의
변동은 심각했지만 1920년대와 마찬가지로 블록 간의 이동이나 변화는
더 감소했다는 사실을 볼 때 외견처럼 그리 심각한 것이 아니라고 할 수
있다. 특히 장기적 관점에서 보면, 좌우 블록의 대립은 기본적 균열을

잉글하트는 1977년 후기산업사회의 새로운 정치문화는 조용한 혁명으로 전통적 균열구조를 대체했다고 주장했다.

형성하였다는 점에서 로칸은 아직도 우리 곁에 살아 있다.

한국정치사 연구에서 로칸의 유효성

한국정치사 연구가 빈약하다는 것을 부정하기는 어렵다. 민주화 과정 가운데서 정치사 연구는 문제의 근원을 향했으며 이는 이른바 해방 3년 또는 7년사에 대한 막대한 투자(과잉투자)로 이어졌지만 10여 년이 지난 시점에서 보면 빈약한 출판성과를 볼 때 그 결실을 맺지 못했음을 지적할 수밖에 없다. 정치사 연구의 균형잡힌 발전을 위해서 최근의 정당 연구는 물론이고 한국의 초기 국가형성 과정이나 정당체제의 형성과 발전에 대한 연구는 더없이 중요하고 시급한 과제다. 한국정치학은 너무 지나치게 현실정치에 밀착된 나머지 역사적 연구에 대한 투자를 소홀히 해왔기 때문이다. 이제 사소한 예외를 제외하고 심각한 부정선거에 대한 시비가 없다는 점에서 민주주의가 완전히 정착된 오늘날, 정치사 연구를 본격화하기 위해서는 몇 가지 이론적 준거틀이 필요하다. 준거틀을 제공하는 점에서 로칸은 첫 번째 후보로 손색없다.

1987년 민주화를 이끌어낸 6월항쟁. 민주화 과정이 촉발된 이후, 한국사회에는 해방 이후 처음으로 지역균열이 지배적 정치균열로 등장하여 현재까지도 한국정치를 특징짓고 있다.

로칸의 연구는 충분히 그리고 적절히 원용될 경우 한국정치사 연구에 훌륭한 준거를 제공할 것이다. 지역균열이 지배적 균열을 차지하는 한국적 현실에서 정당체제는 지역주의 정당체제가 될 수밖에 없다. 사회균열 이론에서 한국정치사를 조망하면 한국정치에는 사회적 균열이 존재하지 않았다. 더 정확히 말하면 존재하지 않는 것이 아니라 표출되지 않았다고 해야 할 것이다. 어느 시장사회에서든 생산물의 배분을 둘러싸고 사회적 갈등이 발생하게 마련이지만 계급균열이 정치적 균열로 전환되는 것은 역사적 조건에 달려 있다.

한국사회는 국가형성 초기에 좌우 대립에서 분명히 나타났던 것처럼 잠깐 동안 계급균열이 지배적 사회균열로 등장하였으나 한국전쟁과 분단 이후 계급균열은 정치적으로 표출될 수 없었다. 조봉암의 사형선고에서 알 수 있듯, 계급균열의 정치균열로의 전환은 털끝만치도 용인될 수 없었다. 민주주의가 극히 취약한 단계에서 정치균열은 민주화 대 독재를 중심으로 전개되었을 뿐 그것이 사회적 뿌리를 갖는 것은 아니었다. 그러나 1987년 민주화 과정이 촉발된 이후, 한국사회에는 해방 이후 처음으로 지역균열이 지배적 정치균열로 등장하여 현재까지도 한국 정치를 특징짓고 있다.

　정당체제의 변화는 다양한 각도에서 분석될 필요가 있다. 지역주의 정당체제가 언제 결빙되었는지 그리고 아직도 지역주의 정당체제는 해빙되지 않았는지에 대한 문제는 대단히 중대하다. 분단으로 인한 민족 문제는 한국의 정당체제를 어떻게 왜곡시키는가? 한국의 양대 보수정당은 대중정당으로 변신할 수 있는가? 한국 보수정당은 사회당이나 종교정당과의 경쟁이 없는 온실에서 자란 명사정당이다. 이 모든 중대한 의문들에 답하기 위해서는 우리는 로칸이 그랬던 것처럼, 초기 민주화 과정에서 정치행위자들의 이합집산에 대한 더욱 면밀한 이해를 구해야 한다. 이제 한국의 정치도 개념지도에 따른 보다 과학적 연구를 필요로 하는 때가 온 것이다.

강명세 1956년 서울에서 출생하여 고려대학교 및 대학원 졸업 후 미국 UCLA에서 정치학 박사학위를 취득했다. 현재 세종연구소 연구위원으로 재직 중이다. 1995년 이후 선진국의 노동정치, 노동시장에 대한 관심을 가지고 이를 원용하여 한국문제를 분석하는 데 주력해왔고, 최근에는 복지국가와 체제의 기원과 변화에 대하여 연구하고 있다. 「한국복지국가의 형성, 확대와 재편」「한국복지국가의 기원: 비스마르크와 박정희」「지역주의는 언제 시작되었는가: 역대 대선을 중심으로」등 다수의 논문을 발표했다. 저서로 『세계화와 탈산업화 시대의 노동과 복지의 정치』『한국의 노동시장과 정치시장』『한국 복지국가의 동학』이 있으며, 『1780년 이후의 민족과 민족주의』등의 역서를 펴냈다.

모든 시민에 대한 평등한 관심과 존중

김비환
성균관대 교수 · 정치외교학

현대 자유주의의 지도적 대변가, 로널드 드워킨

20세기 후반의 가장 영향력 있는 자유주의자들 중 한 사람으로 주목받고 있는 로널드 드워킨(Ronald Dworkin)은 1931년 미국 매사추세츠주의 위세스터(Worcester)에서 태어났다. 그는 하버드대학에서 문학사 학위를 받은 다음 영국으로 건너가 옥스퍼드대학에서 고 크로스 경(Sir Rupert Cross)의 지도 아래 법률학 학사학위를 받았다. 옥스퍼드에서 법률학에 매료되었던 그는 다시 미국의 하버드 법학대학원에 진학하여 본격적으로 법학을 공부했다. 하버드 법학대학원을 졸업한 이후에는 당시 명성을 누리고 있었던 핸드 판사의 시보를 거쳐 뉴욕 변호사협회의 회원이 되었다. 그리고 1958년부터 62년까지는 뉴욕에 있는 설리반과 크롬웰 법률사무소에서 활동했다.

1962년에 예일대학 법학과 교수로 발탁된 그는 6년 뒤 호펠드(Wesley N. Hohfeld) 법률학 석좌교수로 지명되었다. 1969년에는 전격적으로 옥스퍼드 대학의 법률학 석좌교수에 지명되었으며, 1975년부터는 뉴욕대학교 법학과 교수를 겸임하면서 오늘에 이르고 있다. 현재

> **ff** 드워킨은 자원 개념을 폭넓게 이해한다. 롤즈가 '주요한 사회적 가치들'로 열거했던 것들을 포함하여 개인의 재능까지도 자원의 범주에 포함되는 것으로 이해한다. 그리하여 자원을 더 많이 소유할수록 개인은 더 많은 자유를 누릴 수 있으며 그 반대일 경우에는 더 적은 자유를 누리게 된다고 본다. **ff**

▶ 로널드 드워킨

미국학술원 정회원이자 영국학술원의 특별회원이기도 한 그는 법학, 철학, 정치학, 경제학 등 다방면에서 탁월한 업적을 쌓고 있다.

1963년 사법적 자유재량권을 주제로 첫 번째 논문을 발표한 이래 드워킨은 법철학 및 정치이론 분야에서 수많은 역작을 남김으로써 존 롤즈(John Ralws)와 더불어 현대 자유주의의 지도적인 대변가로 평가받게 되었다. 그는 벤담과 존 스튜어트 밀 이후 서구의 지배적인 공공철학으로 군림해온 공리주의를 비판하는 한편으로, 개인 권리의 불가침성을 강조한 '의무론적'(deontological) 자유주의의 정립을 위해 지대한 공헌을 해오고 있다. 그의 자유주의 이론은 법의 적용과 해석에 일관성과 통일성을 부여할 수 있는 도덕적 근거를 찾는 과정에서 형성되었다. 그것은 실증주의 법철학보다 '더 매력적인' 법이론을 구성하고자 한 그의 집요한 노력의 소산이었다.

그의 자유주의는 특히 타인을 수단으로 삼지 말고 목적으로 삼으라는 칸트의 도덕철학적 명제와 롤즈의 '반성적 평형'(reflective equlibrium)의 방법으로부터 큰 영향을 받았다. 그러나 레웰린(K. Llewellin),

드워킨은 모든 시민들에 대한 '평등한 관심과 존중'의 정신을 자유주의 정치공동체의 근본적 도덕원리로 전제하고 이에 기초하여 자유주의를 새롭게 정초시킨다.

하트(H. Hart), 풀러(L. Fuller)와 같은 법이론가들은 물론, 윌리엄즈(B. Williams), 네이글(T. Nagel), 왈라스(M. S. L. Walras), 애로우(K. J. Arrow), 드브르(G. Debreu) 등 철학자들과 경제학자들로부터도 중요한 영향을 받았다.

법이론 비판에서 출발한 드워킨의 정치이론

드워킨의 자유주의는 전통적인 법이론에 내재된 약점과 한계에 대한 인식으로부터 출발한다. 그 중에서도 특히 법실증주의와 공리주의는 주된 비판의 대상이다. 법실증주의는 사법판결에 도덕적 정당성을 부여할 수 있는 근거원리(background principles)를 갖추지 못함으로써 명확한 판결이 어려운 소송의 경우 지나치게 판사의 재량권에 의존하게 되는 한계가 있다고 비판한다. 그리고 공리주의는 개인의 권리를 진지하게 고려하지 못하는 한계가 있다는 점이 비판의 대상이 된다. 드워킨은 정책과 도덕원리를 엄격히 구분할 것을 주장하고, 일정한 목표를 추구하는 정책들이 정치공동체의 성격에 대한 최선의 도덕적 이해로부터 도출된 도덕원리에 의해 정당화되어야 한다고 주장한다. 만일 어떤 정책들이 단순히 공동체 전체의 복지를 조금 더 증진시킬 수 있다는 명목 아래 공동체의 근본적 도덕원리를 무시하고 시행된다면 그 정책은 결코 정당화될 수 없는 것이다.

　법실증주의와 공리주의에 대한 이상의 비판에서 알 수 있듯이, 드워킨의 주요한 법이론적 목표는 명확한 해결이 어려운 소송의 경우에도 판사의 자유재량에 좌우되지 않는, 옳은 해결책의 근거가 되는 도덕원리를 확인하는 것이다. 드워킨의 자유주의 정치이론은 바로 이와 같은 법이론적 목적으로부터 자연스럽게 확장된다. 입법과 법적 중재 그리고 합헌심사를 포함하는 모든 법실제(legal practices)의 일관된 토대로서 작용하는 도덕원리를 구성하고자 한다면, 정치공동체의 공적 생활을 일관되게 지도할 수 있는 도덕원리의 구성 또는 확인이 필수적이다. 특히 모든 법실제를 하나의 근본적인 도덕원리에 정초하고자 하는 드워킨에게는 법철학적 목표가 곧 정치공동체의 도덕적 성격을 탐색하는 정치철학의 목표와 다를 바 없다. 정치공동체의 도덕적 성격에 대한 이해는 정치공동체의 공공문화에 대한 해석을 매개로 했을 때만 가능하기 때문에, 자유주의 사회의 공공문화에 대한 드워킨의 해석학적 관심은 그의 법이론적 관심의 자연스런 확장이라 할 수 있다.

자유주의는 일관된 구성적 원리를 가진다

　아래에서는 자유주의에 대한 이해와 '자원의 평등' 개념을 중심으로 그의 자유주의를 개관해보기로 한다. 「자유주의」(1978)라는 논문에서 드워킨은 자유주의에 대한 독특한 해석을 제시한다. 먼저 그는 자유주의의 구성적 원리(constitutive principle)와 파생적 전략(derivative

민권은 민주적인 다수의 선입견이 반영된 결정을 예방하기 위해 필요하다.

strategy)을 구분한다. 자유주의의 구성적 원리는 구체적인 사회·경제·정치적 이슈에 대한 가장 중요한 견해에 관류하고 있는 원리로서 비(非)자유주의적인 견해들로부터 자유주의적인 견해를 구분시켜주는 근본적인 원리이다.

그에 의하면 역사적으로 자유주의에 대한 다양한 해석들이 존재했던 이유는 자유주의에 불변적인 구성적 원리가 없었기 때문이 아니라, "유일한 자유주의의 구성적 원리를 실행하기 위해 채택된 전략들의 적실성을 잃게 한 환경과 여론의 변화 때문"이었다. 구체적인 프로그램(파생적 전략)의 유효성은 전적으로 실제적인 사회·경제적 조건에 달려 있기 때문에, 중요한 사회·경제적 변화가 일어날 때마다 자유주의적인 견해들이 새롭게 결합하여 독특한 자유주의를 형성하게 되었다고 본다.

어떻게 평등이라는 자유주의적 구성원리를 성취할까?

드워킨은 이처럼 구성적 원리와 파생적 프로그램을 구분함으로써 자유주의와 경제시장 그리고 대의민주주의의 관계를 설명한다. 경제시장과 대의민주주의는 평등이라는 자유주의적 구성원리를 성취하기 위한 주요 제도이다. "경제적 시장은 어떤 재화를 생산하여 어떻게 분배할 것인가를 결정하는 데에, 그리고 대의민주주의는 어떤 행위를 금지하거나 규제함으로써 어떤 행위들을 가능하게 하거나 편리하게 할 것인가를 집단적으로 결정하는 데 가장 이상적으로 활용된다"는 것이다.

그러나 현실적으로는 심각한 불평등을 야기하는 다른 차이들이 존재한다. 재능과 가족적 배경, 필요와 장애의 정도에 있어서의 차이 등 다양한 차이가 그것이다. 이와 같은 차이들은 선호에서의 차이와는 달리 자유주의적인 평등원리에 의해 옹호될 수 없다. 왜냐하면 그런 차이들은 개인의 선택과 노력을 반영한 것이 아닌 '냉엄한 운'(brutal luck)의 결과이기 때문이다. 그러므로 자유주의적 입법가의 과제는 능력과 재능, 상속과 운의 차이로부터 발생하는 불평등들을 축소시키는 한편, 재화와 기회에 있어서의 비용을 반영하는 불평등은 용인될 수 있도록 하는 것이다.

따라서 드워킨은 "자유주의자는 재분배 제도를 통해 시장을 개혁하되 시장의 가격체계는 거의 손대지 않고 그대로 놓아두어야 한다. 하지만 최소한 자유주의적 구성원리가 금하는 복지에 있어서의 불평등을 대폭 제한할 수 있어야 한다"고 주장한다. 그러나 드워킨은 어떠한 해결책도 완벽하지 않을 것이기 때문에 자유주의자는 소득재분배 정책과 관례적인 상속세 제도를 기반으로 한 복지권 제도를 확립해야 한다고 주장한다. 드워킨은 분배의 정도에 관한 한 롤즈를 답습한다. 그리하여 부의 이전이 더 이뤄질 경우 최하위층 집단이 혜택을 입기보다는 해를 당하게 될 지점까지 재분배가 이뤄져야 한다고 생각한다.

이와 유사한 논리로, 민권은 민주적인 다수의 선입견이 반영된 결정 (외부적 선호, external preferences)을 예방하기 위해 필요하다. 민권 체계는 강력한 외부적 선호를 반영할 가능성이 높은 정치결정들이 무엇인지를 미리 결정해서 다수결주의가 작동하는 정치제도의 영역에서 이런 결정들을 미리 배제해야만 한다. 이 권리들은 자유주의적인 구성원리를 침해할 수도 있는 민주적 다수의 편견을 반영한 외부적 선호에 대항적으로 작용할 것이다. 그러므로 이 권리들은 '정치도덕에 있어서의 무조건적인 향상'으로 이해되어야 한다고 주장한다. 드워킨은——연방대법원에 의해 해석된 바——미국헌법의 권리장전에 명시된 권리들을 상당수의 자유주의자들이 오늘날의 미국에 필요한 권리들이라고 생각할 것이라고 믿고 있다.

지금까지 개관한 드워킨의 자유주의적 평등론은 특히 중요한 두 가지 직관을 담고 있다. 첫째는 자유와 평등은 불가분적인 관계에 있다는 아이디어다. 그에 의하면 개인의 자유를 내포하지 않은 평등개념은 자유주의적이 아니며, 개인들 사이의 도덕적 평등을 전제하지 않은 자유 역시 진정한 자유주의적 평등관이 될 수 없다. 그런데 이 직관은 어떠한 경우라도 인간의 도덕적 평등은 침해되어서는 안 된다는 아이디어를 표현하고 있기 때문에 인격과 그 인격을 구성하고 있는 우연한 요소들을 구분해야 한다는 버나드 윌리엄스(B. Williams)의 직관을 반영하고 있다.

둘째 아이디어는 자유와 자원의 연관성에 대한 것이다. 드워킨은 자원 개념을 폭 넓게 이해한다. 즉 그는 롤즈가 '주요한 사회적 가치들'로 열거했던 것들을 포함하여 개인의 재능까지도 자원의 범주에 포함되는 것으로 이해한다. 그리하여 자원을 더 많이 소유할수록 개인은 더 많은 자유를 누릴 수 있으며 그 반대일 경우에는 더 적은 자유를 누리게 된다고 본다. 이 아이디어에 입각하여 그는 '전 생애에 걸쳐' 개인이 소유하

Mark P. Jenkins

Bernard Williams

PHILOSOPHY NOW

자유와 평등은 불가분적인 관계에 있다는 드워킨의 평등론은 인격과 그 인격을 구성하고 있는 우연한 요소들을 구분해야 한다는 버나드 윌리엄스의 직관을 반영하고 있다.

는 자원을 가능한 한 평등하게 분배할 것을 주장한다. 드워킨은 타인이 향유하고 있는 자원의 총량에 대해서 개인들이 서로 시샘하지 않는 상황이 자원의 평등한 분배가 성취된 상황이라고 본다. 이 주장은 실현가능성을 고려하지 않은 이상론이기 때문에 드워킨은 이어서 완화된 이상론을 제시한다.

그는 개인의 자율성을 존중하여 개인이 선택한 결과로서 처하게 된 상황은 그 개인에게 책임이 있다고 보고, 개인의 자율적인 선택에 의해 초래된 불평등은 정당한 것으로 인정해야 한다고 강조한다.

자유주의적 평등론이 지닌 몇 가지 문제점

드워킨의 평등론이 노정하는 기본적인 난점은 정당한 불평등과 부당한 불평등의 구별 근거인 '냉엄한 운'과 '선택적 운'(option luck)의 엄밀한 구분이 거의 불가능하다는 것이다. 다시 말해, 엄격하게 개인의 선택의 결과인 것과 우연한 운의 결과인 것을 구분하기 어렵다는 것이다. 예컨대, 어떤 애주가가 간암에 걸린 경우 그것은 선택적 운—술을 많이 마셨기 때문에—의 결과인가 아니면 자신의 선택과는 전혀 상관이 없는 순전한 운—모든 애주가들이 다 간암에 걸리지는 않기 때문에 간암에 걸리는 것은 주로 순전한 운의 결과라고 볼 수 있다—의 결과인가?

그리고 이와 관련하여 개인의 자연적 능력의 결과와 선택의 결과를 어떻게 구분할 수 있느냐 하는 것도 중요한 난제이다. 예컨대, 타이거 우즈나 마이클 조던의 성공은 자연적 능력의 결과인가 아니면 골프선수나 농구선수가 되기로 결심한 그들의 선택의 결과인가? 이런 의문을 해결할 수 있는 타당한 기준이 없다면 드워킨의 제안은 구체적인 실천적 함의를 갖기 어렵다. 드워킨이 자연적인 능력의 결과와 선택(야망)의 결과를 객관적으로 구분해낼 수 있는 기준을 제시해주지 않는다면, 그의 분배론은 롤즈의 '차등의 원리'처럼 어느 정도는 유능한 사람의 능력에 더 많은 보상을 해줄 가능성도 있다. 왜냐하면 그 사람의 행위 결과를 평가함에 있어 자연적 능력의 역할과 선택의 역할을 구분하기 어려운 경우, 그의 선택행위에 상대적으로 높은 비중을 부여하는 방향에서 분배의 몫을 할당할 가능성도 있기 때문이다.

마지막으로 드워킨의 자유주의사상 전체에 걸쳐 전제되어 있는 고결성(integrity) 개념을 살펴볼 필요가 있다. 이 고결성 개념은 법체계와 정치체제가 하나의 일관된 도덕원리에 의해 통일적으로 수립·관리되어야 한다는 이상을 담고 있다. 이 도덕적 고결성은 상충하는 원리들을 절충하는 것에 만족하는 태도와는 근본적으로 다르다. 드워킨은 이 고결성 개념을 개인의 삶에까지 확대 적용한다. 예컨대, 그는『생명의 지배―낙태와 안락사』(1993)에서 개인의 도덕적 고결성 개념을 토대로 낙태와 안락사에 대한 진보적인 입장을 정당화한다. 즉 생명의 인위적인 종결 행위인 낙태와 안락사는 만일 그것이 도덕적으로 일관되게 살아온 개인의 도덕적 고결성을 유지할 수 있는 유일한 길이라면 허용되어야 한다고 주장한다. 단순한 생명의 유지보다는 일정한 도덕적 원칙에 따라 일관되게 살아온 삶의 도덕적 고결성을 지키는 것이 더 중요하다고 보기 때문이다.

그렇지만 이 고결성 개념은 드워킨처럼 공·사 영역을 구분해야 하는 자유주의자의 도덕적 태도로서는 모순적인 측면이 있다. 왜냐하면, 공·사 영역의 이분법은 개인이 공적인 영역에서 따라야 할 원리와 사적인 삶의 영역에서 따라야 할 원리가 별개일 수 있다는 생각을 전제하고 있어, 삶은 하나의 도덕적 원칙에 의해 영위되어야 한다는 완결성 관념과 잘 부합하지 않은 듯한 인상을 주기 때문이다.

드워킨이 제시한 '비판적 행복' 개념은 어느 정도 드워킨이 이러한 혐의로부터 벗어날 수 있는 알리바이를 제공해준다. '비판적 행복'은 개인이 자신이 원하는 것을 공동체 전체의 성공과 일치시킬 때 성취된다. 그러므로 '비판적 행복'을 추구하는 자유주의적 시민공화주의자는 이미 공·사 영역의 구분을 실질적인 의미에서 초월하고 있기 때문이다.

자유주의자들은 사적인 삶의 영역에서도 대체로 자율성이란 인본주의적 가치에 중요한 지위를 부여하고 있는데, 이는 개인의 자율성을 필수적인 구성요소로 내포하고 있는 자유주의적 정치도덕과 잘 부합한다. 드워킨은 「평등이란 무엇인가?―제3부 자유주의 지위」(1987)에서 자유가 다른 분배 대상들과는 달리 자유시장(경매제도)의 전체 과정 속에 이미 전제되어 있는 특별한 가치임을 분명히 밝히고 있다.

그는 시장질서에 당연히 전제되어 있는 자유(자율성)라는 가치를 다

드워킨의 저작 『자유주의적 평등』. 그의 평등지향적인 이상적 자유주의는 그대로만 실현된다면 전체 사회에 대해 상당한 평등주의적 효과를 가져올 수 있을 것이다.

른 가치들과 동등하게 생각하지 않는다. 그 이유는 그가 자율성이란 가치에 다른 가치들과는 다른 특별한 지위를 부여하는 자유주의자이기 때문이다. 그러므로 자유주의적인 시민공화주의자에게는 사적인 삶의 원리와 공적인 삶의 원리 사이에 심각한 긴장이 존재하기 어렵다. 공·사 영역 모두가 자율성이란 특별한 가치를 반영하고 있기 때문이다.

그러나 비자유주의자 혹은 반자유주의자에게는 사적인 삶의 원리와 공적인 정치도덕을 통합시켜주는 공통된 가치를 발견하기 어렵다. 그들의 경우 사적인 삶의 영역에서는 자율성이란 가치보다는 다른 가치가 더 중심적인 지위를 차지하고 있을 가능성이 크다. 예컨대, 신실한 퀘이커 교도에게는 자율성이나 독립과 같은 자유주의적 가치보다는 신에 대한 충성과 교우들에 대한 우애와 헌신이 훨씬 더 고귀한 가치일 수 있다. 그러므로 그들에게는 자녀들과 신도들의 자율적 선택권을 존중할 것을 명하는 자유주의 도덕이 삶의 도덕적 완결성을 위협하는 요인으로 인식될 수 있다. 만일 가능하다면, 그들은 정치도덕 역시 그들이 신봉하는 가치에 일치하도록 구성하기를 원할 것이다. 그럴 때만이 모든 삶의 영역에서 도덕적으로 일관된 삶을 살 수 있기 때문이다.

이와 같은 맥락에서 볼 때, 드워킨의 자유주의 정치이론은 자신의 의도와는 상관없이 냉정한 정치적 성격을 갖고 있음을 알 수 있다. 다시 말해 그의 정치이론은 은연중 자유주의적 헤게모니를 정당화하고 강화하는 기능을 수행하고 있다. 그가 이런 정치적 차원을 인지하고 있다면 그의 평등지향적인 이상적 자유주의는 냉정한 정치현실을 은폐함으로써 자유주의 질서를 강화시키는 공공 이데올로기의 성격을 띤다고 할 수 있으며, 그가 이런 사실을 인지하지 못하고 있다면 그의 자유주의 정치이론은 정치이론가로서 그의 한계를 드러내주는 증거가 될 수 있다.

그의 자유주의 정치이론은 그대로만 실현된다면 전체 사회에 대해 상당한 평등주의적 효과를 가져올 수 있을 것이다. 하지만 정치를 이상적인 도덕주의적 관점에서 규정하고자 하는 그의 접근방법은 가치다원주의 사회를 배경으로 전개되는 자유주의 정치현실의 역동적인 차원을 조명하는 데에는 상당한 한계가 있다.

김비환 성균관대학교 정치외교학과와 같은 학교 대학원을 졸업한 후 케임브리지대학에서 로크 사상의 대가로 알려진 존 던 교수의 지도 아래 석사와 박사학위를 받았다. 저서로는 『데모크라토피아를 향하여: 민주주의, 정의, 그리고 행복』『축복과 저주의 정치사상: 20세기와 한나 아렌트』『맘몬의 지배: 사회적 가치분배의 철학』『포스트모던 시대의 정치와 문화』『자유지상주의자들 자유주의자들 그리고 민주주의자들』 등이 있다. 현재는 성균관대학교 정치외교학과 교수로 재직하면서 서구정치사상사와 현대정치이론을 강의하는 한편 부의 분배에 관한 원리 및 포르노그래피, 낙태와 같은 사회윤리 문제에 대한 철학적 이해에 관심을 두고 있다.

현실주의 정치사상
머릿속으로 정치적 유토피아를 그리지 말라

김비환
성균관대 교수 · 정치외교학

존 던, 구체적 역사적 맥락을 탐구하다

존 던(John Dunn)은 현대 지성계를 이끌고 있는 대표적인 영국학자들 중 한 사람이다. 그는 잉글랜드의 펄머(Fulemr)에서 태어나 케임브리지대학의 킹스 칼리지에서 학부를 마쳤다. 1964년부터 65년까지 하버드대학 대학원에서 수학한 다음 영국으로 돌아와 케임브리지대학 지저스 칼리지의 사학 분야 펠로우(fellow)를 지냈다. 그리고 1966년부터 지금까지는 킹스 칼리지의 펠로우로 지내고 있다.

던은 학문세계에 뛰어든 초기에는 주로 역사학부에서 활동했으나 1972년부터는 주로 정치학부에서 활동했다. 1977년까지는 정치학 전임강사(lec-turer)로 그리고 1987년까지는 리더(reader, 교수와 조교수 사이의 지위)로 재직했으며, 1987년부터는 정교수로 재직하고 있다. 약 50여 명 중에서 두 명만이 정교수 자격을 갖는 것이 케임브리지대학 정치사회학부(Faculty of Social and Political Sciences)의 관행임을 볼 때, 47살에 정교수의 지위에 오른 던의 학문적 성취는 남다른 것이었음을 짐작할 수 있다.

" 던의 사상은 실패의 가능성을 염두에 두지 않는 무책임한 유토피아 사상에 대해 경종을 울린다. 영국의 현실주의적 전통은 그의 현실주의 정치사상 속에서 인류의 생존과 안전에 기여할 수 있는 소중한 통찰로 표현되고 있다. **"**

▶ 존 던

던은 1987년 이후 사회학 분야의 세계적인 석학 기든스(A. Giddens, 현재 런던 정경대학교의 학장임)와 더불어 케임브리지대학의 정치사회학부를 이끌어왔다. 그리고 동시에 '맥락주의'(Contextualism)라는 수정주의적 서구정치사상사 방법론을 창안·유포함으로써 정치사상사 연구에 새로운 이정표를 세웠다. 던은 1994년부터 97년까지 영국학술원의 회원으로 활동했으며, 1994년 이래 한국의 '아시아태평양 김대중 평화재단'의 자문위원 역을 맡고 있다. 그 덕에 그는 2년에 한 번 정도 한국을 방문하면서 한국학계와도 좋은 인연을 쌓아가고 있다.

1960년을 전후하여 케임브리지에서 시작된 던의 학문은 1970년을 전후로 케임브리지에서 최초의 의미심장한 결실을 거둔다. 1960년대 말, 그러니까 29세를 전후한 나이에 던은 존 로크(J. Locke)에 관한 연구를 통해 국제적인 명성을 얻게 된다. 그는 역사학 분야의 스키너(Q. Skinner, 케임브리지 대학 역사학부의 석좌교수) 및 포콕(J. G. A. Pocock, 1994년까지 존스홉킨스대학 교수로 재직, 현재는 은퇴)과 함께 당시의 지배적인 정치사상사 연구방법론이었던 '문헌중심연구'와

비판 이론의 대가 레이몬드 주스 교수(왼쪽에서 두번째)와 필자(가운데), 그리고 존 던(가장 오른쪽)과 함께.

마르크스주의적 '사회구조분석' 방법을 수정하여 이른바 '맥락주의' 또는 '의도중심적' 방법론을 개척했다.

이 방법론은 문헌중심주의와 달리 특정한 정치사상이 형성된 구체적인 역사적 배경 속에서 저자가 어떤 목적과 의도를 가지고, 그리고 어떤 이데올로기적 전통에 입각해서 자신의 정치사상을 제시했는가를 이해하려 한다. 그러므로 이 방법은 정치사상을 그 정치사상이 구성된 구체적인 역사적 맥락에 대한 저자의 정치적 대응이란 관점에서 풀이한다. 그렇게 이해할 경우, 어떠한 정치사상도 그 정치사상을 제시한 저자의 정치적 의도를 먼저 이해하지 않고서는 적절히 이해될 수 없는 것으로 간주된다. 그러므로 이 방법론은 정치사상이 형성된 역사적 상황——정치·경제적 상황과 이데올로기적 상황——을 가능한 한 정확히 재구성해내는 역사가적 노력을 필요로 한다.

던은 이 방법론을 적용하여 로크의 정치사상이 기독교 신학에 정초해 있음을 부각시킴으로써 그때까지 로크를 전형적인 부르주아 사상가로 이해 했던 맥퍼슨(C. B. Macpherson)과 스트라우스(Leo Strauss) 류의 해석 에 근본적인 수정을 가했다. 던과 스키너 및 포콕이 주도한 '맥락주의 적' 정치사상사 연구방법론은 그들의 지도하에 배출된 많은 학자들에 의해 영미권 전체로 확산, 1970년대 이래 오늘에 이르기까지 가장 영향 력 있는 연구방법론으로 인정받고 있다. 그에 따라 던과 스키너 그리고 포콕은 '케임브리지 역사학파'라는 명예스러운 일가를 이룬 것으로 평 가받게 되었다.

현대사회의 복잡성을 있는 그대로 이해하라

던은 20대 후반에 로크 연구로 세계적인 석학의 반열에 오른 뒤 점차 관심 영역을 넓혀가기 시작했다. 정치사상사 연구에 머무르지 않고 현 대사회의 다양한 정치현상을 이해하고 그에 대한 대응책을 모색하기 위 해 치열한 노력을 기울였다.

『로크의 정치사상』(1969), 『혁명론』(1972), 『서아프리카 국가들: 실 패와 약속』(1978), 『미래에 직면한 서구 정치이론』(1978), 『역사와 정 치적 의무』(1980), 『사회주의 정치』(1984), 『현대정치이론의 재고』 (1985), 『현대정치의 경제적 한계』(1990), 『정치적 책임의 해석』 (1990), 『정치이론사와 다른 에세이들』(1997), 『간디』(1997), 『민권운 동』(1998) 등의 책 제목에서 알 수 있듯이 그의 관심사는 현대정치의 거의 모든 영역을 망라하고 있다.

던이 이처럼 광범위한 정치학적 주제들에 대해 관심을 표명한 것을 단순한 지적 사치로 오해해서는 안 된다. 그는 오늘날의 정치적 문제는 현대사회의 복잡하고 불투명한 구조적 맥락과 불가분의 관계를 맺고 있 다고 본다. 현실은 다양한 요소들의 중층적이고 복합적인 구조이므로 현실에 대한 최선의 대응은 다양한 정치적 현상들에 대한 종합적인 이

1993년 출간된 『미래에 직면한 서구 정치이론』에서 존 던은 현대서구정치 사상의 오랜 전통이 위기에 빠져 있음을 분석한다.

해로서만이 가능해질 수 있다. 따라서 현대정치의 다양한 이슈들에 대한 그의 관심은 맥락주의적이며 역사적인 사상사 방법론의 당연한 귀결로 보는 것이 합당하다.

던은 특히 현상분석에 있어 역사적인 차원을 강조한다. 현재의 어떤 상황도 과거로부터 떨어져 독자적으로 존재하는 것이 아니다. 따라서 던의 초기 학문생활의 초점이었던 정치사상사 연구는 현대정치의 본질과 과제를 이해하기 위한 필수적인 과정으로서 의미를 얻게 된다. 즉 현대사회의 정치를 이해하고 그에 적절히 대처해나가기 위해서는 그 현상을 역사적으로 해석하는 일이 선행되어야 하는데, 정치사상사 연구는 현대정치를 이해하고 그에 대처하기 위한 불가피한 절차로 긍정되는 것이다.

던은 그에 따라『정치적 책임의 해석』에서 우리와 '문화적으로 먼 거리에 있다'는 의미에서 로크 정치사상의 모든 것이 '죽었다'(dead)고본 자신의 초기 해석을 수정한다. 그리고 미래에 직면한 현대정치이론의 문제점들을 드러내는 데 로크의 정치사상을 적극적으로 활용하게 된다. 즉 로크의 정치사상에서 죽은 것은 버리되 현대정치와 현대정치이론의 문제점을 극복하는 데 활용될 수 있는 '살아 있는' 부분을 재조명한다. 던에 따르면 로크 사상의 기독교적 토대와 자연권사상, 재산과 관용에 대한 이론은 현재와 '문화적으로 먼 거리에 있다'는 의미에서 죽은 것이다. 그러나 단 한 가지 측면, 곧 정당한 정치적 권위에 대한 계약주의적 이해방식은 정치에 대한 현대인들의 이해 속에서 여전히 살아숨쉬고 있다고 주장한다.

그러나 던은 정당한 정치적 권위에 대한 로크의 계약주의적 사고방식은 롤즈(J. Rawls)와 지워스(A. Gewirth)와 같은 현대의 계약주의자들과는 근본적인 차이가 있다는 것을 강조한다. 던에 의하면 로크의 계약주의적 정치사상은 역사속에서의 인간의 역할을 세 가지 측면에서이해했다. 첫째는 인격적 행위자의 측면에서이고, 둘째는 인간사회는과거의 수많은 인간적 책략들의 의도치 않은 결과라는 측면에서이며,셋째는 품위 있는 인간사회의 정치조직은 항상 어느 정도의 '신뢰'(trust)에 입각해 있으며 또 그래야만 한다는 측면에서이다. 이 세 가지측면은 모두 중요하다.

그렇지만 던은 그 중에서도 '신뢰'야말로 로크의 계약사상을 독창적으로 만든 가장 중요한 요소라고 보았다. 던은 로크가 부각시킨 '신뢰'라는 요소는 현대의 계약주의자들이 간과하고 있는 현대정치의 가장 중요한 딜레마를 지적해준다고 한다.

주지하듯이 롤즈에 의해 주도된 현대 정치철학은 '정의'의 문제를 가장 중요한 정치철학적 문제로 설정하고 있다. 그러나 던은 일종의 '합

던은 29세를 전후한 젊은 나이에 존
로크에 관한 연구를 통해 국제적인 명
성을 얻게 된다. 던이 주목한 로크의
정치사상에서 부각된 '신뢰' 라는 요소
는 현대 정치지서에도 여전히 중요한
역할을 한다.

리적 믿음'(rational dependence)인 '신뢰'야말로 정치·사회제도에
서 으뜸가는 덕목이라고 이해한다. 신뢰는 인간의 양면적 본성에 뿌리
를 내리고 있다. 즉 서로 간에 약속을 주고받는 인식능력에 내포되어 있
을 뿐만 아니라, 인간의 협력관계를 실질적으로 유지시켜줄 수 있는 따
스한 감정적 능력에도 내포되어 있다. 정치의 과제는 이와 같이 인간의
양면성에 뿌리를 내리고 있는 신뢰를 활성화시킴으로써 도덕적 질서를
구축해가는 것이다.

이는 근본적인 불확실성에 직면하여 언제라도 무질서와 혼란으로 빠
져들어갈 수 있는 가능성에 대한 정치의 가장 궁극적인 목표이다. 정치
란 때로는 자원을 공정하게 배분하고 때로는 강제적인 방법을 동원하면
서 사회구성원 사이의 신뢰관계를 유지해나가는 것이다. 그러나 던은

존 던의 대표작으로 로크 사상의 살아 있는 부분을 재조명하여 정치적 책임의 문제를 규명한다. 루카스는 생산량 증가를 위한 정부의 통화정책은 무용하다는 주장을 폈다.

정치를 통한 신뢰의 구축과 유지는 지극히 불안정하며 위태로운 과제라는 것을 인정한다. 정치제도가 아무리 훌륭하게 고안될지라도 그것은 충분하고도 지속적인 신뢰를 구축하기에는 언제나 미흡할 수밖에 없기 때문이다.

던이 주목한 로크의 정치사상에서 부각된 '신뢰'라는 요소는 현대 정치질서에도 여전히 중요한 역할을 한다. 그것은 아직도 계속되고 있는 근대적인 정치질서의 속성이다. 때문에 로크의 정치사상은 오늘날의 정치적 딜레마를 인식하고 그에 대응하기 위한 중요한 통찰을 담고 있는 것이다. 그러므로 던의 정치이론적 목표는 현대의 정치적 딜레마를 성공적으로 인식·대처하지 못한 주요 현대 정치이론들을 비판하는 한편, 신뢰의 불씨를 되살리기 위한 대응책을 모색하는 것이다. 던에 따르면 정치란 본질적으로 '실용적인 기술'(practical skill)이다. 그런데 정치의 실용성은 냉정하고도 객관적인 현실인식으로부터 출발한다. 그래야만 그와 같은 불확실하고도 불안정한 상황 속에서 신뢰구축을 위한 최소한도의 실현 가능한 해결책을 모색할 수 있다. 냉정하고도 객관적인 현실분석에 입각하지 않은 초연한 이상적 해결책은 현대의 정치적 딜레마를 더욱 더 깊게 할 뿐이다.

던은 현대사회의 복잡성을 있는 그대로 이해하려 노력하지 않고 그 중 한 단면만을 분리해내어 간단명료한 해결책을 제시하고자 하는 오늘날의 주류 정치이론적 경향에 대단히 비판적이다. 롤즈의 『정의론』은 그의 비판의 중요한 한 가지 표적이다. 사회정의에 관한 현대의 이론들은 훌륭하긴 하지만 아슬아슬한 세계를 다루기에는 적합하지 않다. 그 이론들은 매우 위태로운 현실 위에 아주 가볍게 앉아 있을 뿐이다. 던은 오늘날의 주류 정치이론이 합리적이고 투명한 사고실험에 의해 복잡한 현실을 단숨에 바꿀 수 있는 것처럼 가정하고 있다고 비판한다. 그에 의하면 현대 정치이론은 "철학적으로 허약하며 정치적으로는 어리석다". 현대사회의 정치는 기술·경제적인 문제들과 복잡하게 얽혀 있으므로 그 문제들에 대한 냉정한 이해 없이는 도저히 이해할 수도 대처해나갈 수도 없다. 있는 그대로의 복잡한 현실을 이해하는 것이 어렵다고 해서 머릿속에 가공의 유토피아를 그리는 쉬운 방법을 택하는 것은 지적인 무책임의 소치라는 것이다.

실천적 지혜로 불투명한 현실사회를 밝힌다

이처럼 던의 현실인식은 불안감을 자극할 정도로 냉정하고 현실주의적이다. 그렇지만 그는 결코 패배주의나 비관주의로 빠지지 않는다. 그는 모든 개인들이 지닌 '실천적 지혜'(프루던스, prudence)의 능력에 기대를 건다. 정치질서에 대한 로크의 통찰을 재해석함으로써 던은 실용적 기술로서의 정치는 역사적 상황에 민감한 프루던스를 요구한다고 주장한다. 그는 '현대적 프루던스'(modern prudence)로 무장한 현대 정치는 '정념으로서의 신뢰'——국가, 정당과 같은 기성 정체제도의 효율성과 기품이 가지는 무반성적인 확신——보다는 '정책으로서의 신뢰'(trust as policy)를 필요로 한다고 주장한다. 여기서 정책으로서의 신뢰는 무반성적인 확신과 달리 '전략적으로 고려된 신뢰'를 의미하는 것으로, 기성의 정치제도들을 신뢰하면서도(완전한 불신은 오히려 불안정과 혼란을 조장할 수 있을 뿐이기 때문에) 적절히 회의적인(properly sceptical) 태도를 견지하는 태도를 의미한다.

던에 따르면 '정책으로서의 신뢰'를 안내하는 프루던스는 오늘날 유행되고 있는 '도구적 합리성'이라는 개념과는 근본적으로 다르다. 도구적 합리성은 이미 주어진 목적이나 욕구를 성취하기 위한 가장 효율적인(최소비용의) 수단과 방법이란 관점에서 규정된다. 도구적 합리성은 이처럼 적극적으로, 형식적으로 그리고 선험적으로 규정되나, 프루던스는 그 내용에 의해 소극적으로만 규정될 수 있을 뿐이다. 다시 말해 실용적인 숙고(practical deliberation)가 담고 있는 교훈적인 가치에 의해 규정될 수 있을 뿐이다. 때문에 프루던스는 어떻게 행위해야 할 것인가에 대해 권위적이고 명확하며 간결한 형태의 처방을 내리는 것이 아니다(때로 그렇게 하는 것이 불가능하지는 않지만). 사람들이 삶을 영위하고 있는 상황을 우연한 현재로서가 아니라 일정한 방식으로 볼 필요(역사적 해석의 필요)를 인지하고, 삶의 배경을 이해하여 어떤 실천적인 함의를 끌어낼 수 있는가를 알 수 있게 해주는 것이다.

던은 프루던스의 중요성을 고전적 공화주의 정치사상과 현실주의적 정치이론가들로부터 차용했다. 하지만 그는 고전적 공화주의 전통이나 현실주의적 국제정치이론가들과는 달리 프루던스의 엘리트주의적 측면을 제거시키고자 한다. 다시 말해 프루던스를 민주화시키려 한다. 프루던스의 민주화야말로 복잡하고 불투명한 현대사회의 문제에 대응하는 유일한 희망이라고 보기 때문이다. 모든 성인은 이런 능력을 훈련하고 발휘할 수 있어야 한다. 인류 파멸의 가능성과 대대적인 생태환경의 파괴와 같은 미증유의 위기에 대처할 수 있는 최상의 가능성이 열릴 수 있기 때문이다. 그러므로 그는 어느 정도는 낙관주의를 수용하고 있는 민주주의자라고 할 수 있다. 그러나 그는 이 과정이 결코 쉽거나 짧은 기간에 이루어질 수 있는 성질의 것이 아니라고 본다. 그런 점에서 그는 여전히 현실주의를 견지하고 있다. 그에 있어 현실은 항상 해결되어야 할 문제를 안고 있으며 향상될 필요가 있는 불완전한 것이다. 그는 그것을 조금씩 개선해나가는 가운데 안전하고 향상된 삶의 전망을 열어나가는 것이야말로 과거의 역사로부터 교훈을 배울 수 있는 모든 성인 남녀의 책임이라고 주장한다.

그러나 가능한 한 다수의 성인이 오늘날과 같은 불확실성의 시대에 프루던스의 능력을 표출할 수 있기 위해서는 먼저 우리의 구체적인 정치적 상황이 어떠하며, 그 상황을 어떻게 해석할 필요가 있는가를 알아야만 한다. 바로 이것이 정치이론가로서의 임무가 정치사상사가로서의 또다른 임무와 만나게 되는 지점이다. 던은 현대의 정치적 상황을 이해하고 해석하는 데 정치사상사가 핵심적인 역할을 할 수 있다고 믿는다. 로크의 정치사상을 죽은 부분과 살아 있는 부분으로 구분·재평가하고, 현대정치를 이해하고 그에 대처하는 데 로크의 정치사상을 활용하려 한 던의 시도는 정치이론가로서의 던과 정치사상사가로서의 던이 통합되었음을 말해준다.

이상에서 개관해본 던의 정치사상은 하버마스나 롤즈와 같은 추상적인 거대이론가들의 사상과는 다르다. 때문에 그의 사상은 거대이론가들의 사상처럼 체계적이거나 명쾌하지 않다. 오히려 그래서 그의 정치사상은 음미하면 할수록 더 많은 통찰력을 제공해주는 미덕을 갖추고 있다.

요컨대, 그의 사상은 있는 그대로의 현실을 직시한 채 최상의 현명한 대안을 찾기 위해 모든 구조적·상황적 요인들을 치밀하게 검토하며 한걸음 한걸음 나아가는 신중한 현실주의자의 것이다. 그의 사상은 실패의 가능성을 염두에 두지 않는 무책임한 유토피아 사상에 대해 경종을 울린다. 영국의 현실주의적 전통은 던의 현실주의 정치사상 속에서 인류의 생존과 안전에 기여할 수 있는 소중한 통찰로 표현되고 있는 것이다.

김비환 성균관대학교 정치외교학과와 같은 학교 대학원을 졸업한 후 케임브리지대학에서 로크 사상의 대가로 알려진 존 던 교수의 지도 아래 석사와 박사학위를 받았다. 저서로는 『데모크라토피아를 향하여: 민주주의, 정의, 그리고 행복』『축복과 저주의 정치사상: 20세기와 한나 아렌트』『맘몬의 지배: 사회적 가치분배의 철학』『포스트모던 시대의 정치와 문화』『자유지상주의자들 자유주의자들 그리고 민주주의자들』등이 있다. 현재는 성균관대학교 정치외교학과 교수로 재직하면서 서구정치사상사와 현대정치이론을 강의하는 한편 부의 분배에 관한 원리 및 포르노그래피, 낙태와 같은 사회윤리 문제에 대한 철학적 이해에 관심을 두고 있다.

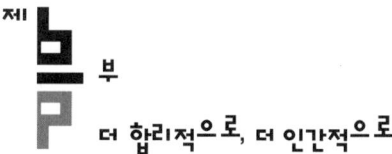

제 **ᄇ**부
ᄑ

더 합리적으로, 더 인간적으로

합리적 기대 거시경제모형

경제의 동력은 인적자본이다

조하현
연세대 교수 · 경제학

합리적 기대로 미래변수를 예측하다, 로버트 루카스

미래는 언제나 불확실하다. 경제주체들의 의사결정 과정에서 중요한 문제는 재화의 가격이나 이자율 등의 미래값들을 어떻게 예측하느냐 하는 것이다. 만약 각 경제주체들이 미래의 상태를 정확히 안다면 가격에 대한 기대는 전혀 중요한 문제가 되지 않을 것이다. 하지만 일반적으로 경제주체들은 미래의 경제상태에 대해 정확히 알지 못하기 때문에 어떤 형태로든 이에 대한 예측을 해야 한다.

경제학에서 특히 중요하게 고려하는 것은 미래 물가의 움직임과 그에 대한 경제주체들의 예측이다. 기업은 물가변화에 대한 예측을 통해 현재 자신들이 생산하는 재화의 가격을 결정한다. 노동자들도 미래의 물가수준을 고려하여 자신들의 임금 요구수준을 결정하고 노동공급량을 결정한다. 미래의 물가수준을 고려하여 이루어지는 기업과 노동자의 현재시점의 의사결정을 통해 경기가 변동하기 때문에 경제주체들이 미래의 물가를 어떻게 예측하느냐 하는 문제는 경기안정을 주요 과제로 삼는 정부에게도 매우 중요한 문제가 아닐 수 없다.

 루카스는 경제성장률에 영향을
 미치는 중요한 생산요소는 인적자본의
 크기이며 인적자본량이 증가할수록
 경제성장률이 증가한다고 했다.
 그는 한국을 두 차례나 방문해
 「경제의 기적」이란 논문을 통해
 한국경제의 급속성장의 예를 언급하면서
 교육에 의한 인적자본의 축적이
 경제성장에 미치는 효과를 설명했다.

▶ 로버트 루카스

일찍이 고전 학파를 비롯한 많은 경제학자들은 암묵적으로 경제주체들이 완전예측(perfect foresight)을 한다고 가정하였다. 즉 어떤 변수들이 미래에 실현될 값을 완벽하게 알고 있거나, 경제주체들이 예측한 미래의 변수 값이 미래에 실현될 변수 값과 정확히 일치한다고 가정하였던 것이다.

미래변수를 예측하는 방법에는 이러한 완전예측 외에도 '적응적 기대'(adaptive expectation)가 있다. 적응적 기대는 과거의 예측치와 실제치의 차이인 예측오차를 감안하여 여기에 임의의 가중치를 부여함으로써 현재의 예측치를 유도하려는 방법이다. 그러나 과거값에만 의존하는 적응적 기대는 잘못된 기대에 대한 수정을 제대로 할 수 없으며 그 결과로 체계적인 오류를 범한다는 구조적인 문제를 갖고 있었다.

'합리적 기대'(rational expectation)는 원래 1961년에 존 무스(John Muth) 교수가 기업의 재고관리방식의 모형화를 위해 소개한 전략적 개념이었다. 무스는 경제주체들이 완전한 정보를 얻지는 못하지만 그럼에도 불구하고 비단 과거의 자료들뿐 아니라 사용 가능한 모든 정

보를 이용하여 자신의 기대를 형성한다고 주장하였다.

로버트 루카스(Robert E. Lucas) 교수는 무스의 가설을 발전시켜 경제주체들이 미래 변수에 대한 모든 정보를 갖고 있지는 못하지만 사용 가능한 유용한 정보를 효율적으로 이용하여 가장 합리적이고 정확한 예측을 한다고 설명하였다. 정보를 효율적으로 사용한다는 것은 사용 가능한 모든 유용한 정보를 조건으로 미래 상황의 확률분포에 대한 경제주체의 인식(주관적 확률분포)이 실제의 확률분포(객관적 확률분포)와 일치하도록 기대를 형성한다는 것을 의미한다.

루카스 교수는 이러한 합리적 기대를 경제학의 오랜 논쟁 가운데 하나인 '산출과 인플레이션'의 문제에 적용함으로써 이른바 '합리적 기대 거시경제모형'을 제시하였다. 루카스 교수는 그 모형을 이용하여 정부의 불안정한 정책개입이 경제문제를 해결하지 못한다는 것을 보여주었으며 시장기능에 의한 경제문제의 해결을 역설하였고, 그것은 합리적 기대 학파를 탄생시키는 고전학파를 부활시키는 결정적 계기를 마련하게 된다. 그후 정부의 재량적인 정책수행을 비판하고 시장기능을 부활시키려는 연구가 이어지면서 루카스 교수는 마침내 1995년 노벨 경제학상을 수상하게 된다. 프린스턴대학의 폴 크루그만 교수는 루카스의 합리적 기대 거시경제모형은 경제 이론의 심장부에 나 있는 깊은 상처의 치료법을 제공했다고 평가한 바 있다.

케인즈(J. M. Keynes) 이래 경제학은 개별 기업과 가계 및 시장이 어떻게 행동하는가를 연구하는 미시경제학과 특수한 가정 하에서 경기순환, 인플레이션, 실업 등을 연구하는 거시경제학으로 양분되어 있었다. 루카스 교수가 제공한 치료법이란 바로 거시경제학의 여러 연구대상에 대한 미시경제학적 근거를 제공하는 '거시경제학의 미시경제적 기초'를 의미한다. 이러한 방법론은 후에 균형 경기변동이론과 내생적 성장이론 등으로 발전하여 경제학의 새로운 지평을 열게 된 것으로 평가받았다.

생산량 증가를 위한 정부의 통화정책은 무용하다

1973년 루카스 교수는 '실업과 인플레이션'에 대해 기존의 경제이론과는 완전히 다른 방법론을 사용한 획기적인 논문을 발표했다. 미국경제회보(*American Economic Review*)에 「산출-인플레이션간 상충관계에 대한 몇 가지 국제적 증거」(Some International Evidence on Output-Inflation Tradeoffs)라는 제목으로 발표된 이 논문에서 루카스 교수는 사람들이 합리적인 기대를 함에도 불구하고 일반 물가수준과 자신에게 고유한 상대적 가격변동을 혼동함으로써 경기변동이 발생한다고 보았다.

민간 경제주체들이 일반물가수준과 상대적 가격변동을 정확히 구분할 수 없다는 것은 현실과 상당히 부합하는 것으로 볼 수 있다. 실제로 개별 공급자들은 매출량과 가격추세를 주기적으로 관찰함으로써 자신이 생산하고 있는 상품에 대한 수요조건에 대해서는 상당히 정확히 알고 있지만 자신이 생산하는 다른 상품들의 가격을 모두 포함하는 일반 물가에 대해서는 정확한 정보를 갖기가 힘들다.

이러한 정보제약에 직면한 기업과 노동자가 자신들이 생산한 재화의 가격이 급히 상승하는 것을 목격했다고 가정해보자. 만약 재화가격의 상승이 총체적 수요증가에 의한 것이라면 기업의 입장에서는 생산량을 변화시킬 이유가 없다. 마찬가지로 노동자의 경우에도 명목임금이 물가

**Studies in
Business-Cycle
Theory**

Robert E. Lucas, Jr.

루카스는 생산량 증가를 위한 정부의
통화정책은 무용하다는 주장을 폈다.

와 동일하게 상승할 경우 실질임금 자체는 변화하지 않으므로 노동공급
량을 변화시킬 이유가 없다. 따라서 이 경우에는 물가의 변화에도 불구
하고 생산량은 변하지 않는다.

하지만 재화가격의 상승이 자신이 생산하는 제품에만 국한되는 경우
에는 상황이 달라진다. 즉 자신의 제품에 대한 수요가 증가하여 제품가
격이 상승할 경우 기업은 상대적 이점을 살려 이윤을 늘리기 위해 생산
을 더욱 증가시킨다. 그리고 전과 동일한 노동투입량 아래에서 제품가
격이 상승했으므로, 기업은 더 높은 명목임금을 지불하고 고용을 확대
하고자 한다. 일반 물가수준 자체는 변화하지 않았기 때문에 명목임금
의 상승은 실질임금을 상승시키고 이는 노동자들로 하여금 노동공급을
증가시키게 한다. 정리하면, 상대적 수요교란이 발생할 경우에 재화의

루카스는 거시경제모형을 통해 경제 주체들의 최적화 행위가 야기하는 경기변동 현상에 대한 이론적 토대를 제공했다.

가격이 상승하면 생산량이 증가한다는 것이다.

결국 통화정책이 충분히 예상가능하여 경제주체들이 재화가격의 상승을 보고 이를 일반물가 상승에 의한 것임을 알 수 있을 때는 생산을 증가시키지 않을 것이며, 따라서 통화공급 증가는 단지 물가만 상승시키고 생산량은 변화시키지 못하게 되므로 그러한 정책은 해(害)만 될 뿐이다.

이에 반해 통화정책이 예기치 않게 수행되어 사람들이 일반 물가수준의 상승을 자기 상품의 가격상승으로 착각할 경우에는 통화공급 증가가 생산을 촉진시킬 수 있다. 루카스 교수는 현실에서 관찰되는 물가와 산출의 정(+)의 관계가 이처럼 예기치 못한 총수요 교란에 의한 것임을 밝힌 것이다. 이는 물가와 실업율의 역관계를 나타내는 '필립스 곡선'

에 상응하는 것으로서 나중에 '루카스 공급함수'(Lucas supply curve)라고 불리게 되었다.

따라서 정부가 통화정책으로 산출량을 증가시키기 위해서는 사람들의 예상을 빗나가는 정책을 사용해야 한다. 하지만 정부가 이런 정책을 자꾸 사용하면 사람들은 점점 재화가격의 변동이 정부의 무작위적인 통화정책에 의한 것임을 깨닫고 재화가격이 변화하더라도 생산량을 증가시키지 않을 것이다. 이 경우 생산량 증가라는 좋은 목적으로 수행된 정부의 정책은 결국 물가만 증가시켜 사람들의 삶을 더욱 힘들게 만들 것이다. 합리적인 경제주체들이 통화량공급의 변화를 예측할 수 있다면 실질산출량이나 고용 등과 같은 실물변수는 경제정책의 영향을 받지 않는다는 루카스 교수의 이러한 주장을 '정책무용성 명제'(policy ineffectiveness proposition)라고 부른다.

이것은 이론적 주장에 그치지 않았다. 루카스, 사전트, 왈라스, 배로 교수 등은 이러한 명제를 뒷받침하기 위해 여러 나라의 사례를 제시하였고 이는 후에 많은 논쟁을 불러일으키게 된다.

케인지안 계량경제모형에 대한 루카스 비판

케인즈의 『일반이론』이 출간되고 '필립스 곡선'이 발견된 이후 많은 경제학자들은 정부정책을 통해 실물경제의 성장을 촉진하고자 했다. 이를 위해서는 정부정책이 실물경제에 영향을 주는 메커니즘을 설명하는 이론적 틀과 정책의 실제적 효과를 평가하기 위한 계량경제모형이 필요했고 루카스 교수 이전까지 이는 대부분 힉스-한센, 틴버겐 등에 의해 발전된 케인지안 모형에 근거하고 있었다.

계량경제모형이란 모형 내에서 그 값이 결정되는 내생변수들과, 모형에 영향을 주지만 모형으로부터는 영향을 받지 않는 외생변수들을 포함하는 일종의 방정식 체계이다. 그리고 계량경제정책 평가라 함은 우선

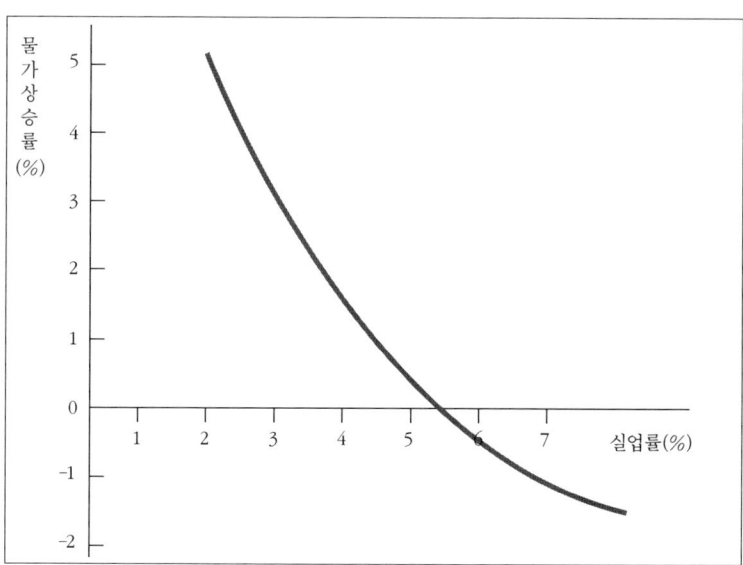

실업과 화폐임금의 상승률과의 관계를 도표로 나타낸 필립스 곡선. 케인즈의 『일반이론』이 출간되고 필립스 곡선이 발견된 이후 많은 경제학자들은 정부정책을 통해 실물경제의 성장을 촉진하고자 했다. ⓒencyber.com

계량경제모형을 설명하고 그것을 실증적 자료를 이용하여 추정한 뒤, 그 추정된 모형을 사용하여 정책의 변화에 따른 결과를 유추하려는 방법이다.

루카스 교수는 기존의 케인지안 계량경제정책모형들이 특별한 이론적 근거도 없이 변수들을 사전적으로 외생변수와 내생변수로 제약하는 점을 비판했다. 더욱이 그는 이러한 사전적 제약으로 인해 발생하는 문제점들을 무시하더라도 계량경제정책을 비교평가하기 위해서는 추정된 모형의 계수(모수)들이 안정적이어야 하는데, 이러한 모수들은 경제주체가 정부정책을 예상하고 합리적으로 반응할 경우 계속적으로 변화하기 때문에 경제정책의 계량적인 평가는 불가능하다고 주장하였다.

결국 케인지안 계량경제모형 아래에서 수행된 정책당국의 새로운 정책

영국의 경제학자 케인즈. 그는 완전고용을 실현·유지하기 위해서는 자유방임주의가 아닌 정부의 보완 정책이 필요하다고 주장하였고, 그로 인해 케인즈 혁명이라 일컫는 사상의 개혁이 이루어졌다.

은 원래 의도한 대로 결과가 나타나는 것이 아니라, 합리적인 민간 경제주체들의 최적화 행위를 통해 전혀 다른 결과를 초래할 수 있다. 이것이 유명한 '루카스 비판'(Lucas Critique)의 핵심이다.

예를 들어, 정부가 국민들의 소비를 증대시키기 위해 세금감면이나 통화량 증대를 통해 가처분 소득을 증대시키는 정책을 시행하는 경우를 살펴보자. 케인지안 모형에 의하면 통화량 증가는 이자율을 하락시키고 이는 투자를 증대시켜 국민소득이 증대하게 된다. 또한 증대된 국민소득은 소비함수의 형태를 통해 소비를 증가시킬 것이다. 그러나 경제주체들이 정부의 통화량 증가계획을 알고 이에 따라 물가수준이 상승할 것을 예상한다면 이는 총체적 수요교란에 해당하므로 실질효과가 없게 된다. 또한 세금감면의 경우에도 경제주체들이 미래의 세금증가를 충분히 인지한다면 그러한 정책은 실질효과가 없어진다.

경제주체들의 최적화 행위를 통해 경기변동 현상을 설명

자본주의 경제는 변동을 멈추지 않으며, 이러한 경기변동의 원인을 규명하고자 하는 것은 경제학자들의 오랜 연구과제였다. 마르크스주의 경제학자들은 이를 잉여가치 착취과정 속에서 노동자 계급이 상대적으로 궁핍해지고 자본은 계속적으로 고도화되는 결과로 설명했으며 케인지안들은 이를 단기적으로 경제 내의 유효수요 부족에 따른 결과로 보았다.

루카스 교수는 합리적 기대가설과 기존의 시장균형 접근법을 이용하여 미시경제학적 기초를 강조한 거시경제모형을 통해 경제주체들의 최적화 행위가 어떻게 경기변동현상을 야기할 수 있는지를 설명하는 이론적 토대를 제공했다. 케인지안 경기변동이론과는 달리 균형 경기변동이론에서는 각 경제주체들이 주어진 여건 아래에서 최적선택을 하는 과정에서 경기변동이 발생한다고 본다. 즉 소비자들은 주어진 예산제약식 아래에서 효용극대화를 시도하며 기업들은 이윤극대화를 위한 적정고용량 및 적정투자량을 결정한다. 이와 같이 일반균형론적인 접근에 의해서 경기변동현상을 설명하려는 시도를 '균형 경기변동이론'이라고 한다.

구체적으로 루카스 교수는 민간 경제주체들의 예측을 벗어난 화폐의 급격한 변화가 실물경제에 영향을 주고 이것이 경기변동의 원인이라고 설명하였다. 이를 화폐적 균형 경기변동이론이라고 한다. 외부의 화폐충격이 경기변동을 야기한다는 루카스 교수의 주장은 이후 많은 논쟁을 불러일으켰고, 최근에는 이와 대조적으로 자본축적 과정에서 발생하는 기술충격이 경기변동을 야기한다는 실물적 경기변동이론도 제기되었다. 하지만 이러한 실물적 경기변동이론도 궁극적으로는 루카스 교수에 의해 발전한 균형 경기변동모형에 근거하고 있다는 점에서 두 이론의 공통점을 찾을 수 있다.

성장의 원동력은 인적자본의 크기에 달려 있다

80년대 후반 경제학에서는 후진국이 선진국을 추월할 수 있는지에 대한 문제, 즉 국가간 성장률의 격차가 좁혀질 수 있는지에 대한 문제가 중요한 쟁점으로 부각했다. 루카스 교수는 자신의 합리적 기대 거시경제모형을 내생적 성장모형으로 발전시켜 어떻게 선진국 경제의 지속적인 성장이 가능한지를 설명하고자 시도하였다. 내생적 성장모형은 이전까지 외생적으로 주어진 것으로 간주했던 기술변화를 경제에 대한 내생변수로 취급하면서 일국경제가 어떻게 정체상태에 이르지 않고 지속적으로 성장할 수 있는지를 설명한다.

이를 위해 루카스 교수가 도입한 것은 인적자본(human capital)이라는 개념이다. 인적자본이란 인간이 보유한 지식과 기술을 의미하며 기계, 공장 등 물적자본(physical capital)과는 차이가 있다. 교육과 학습에 의해 인적자본이 증가하며, 인적자본에 대한 투자는 노동의 생산성을 증가시키는 효과를 유발하게 된다.

루카스 교수는 경제성장률에 영향을 미치는 중요한 생산요소는 노동력의 크기가 아니라 인적자본의 크기이며 인적 자본량이 증가할수록 경제성장률이 증가한다고 설명했다. 1993년 및 96년에 한국을 두 차례나 방문하기도 했던 루카스 교수는 「경제의 기적」(Making a miracle)이라는 논문을 통해 한국경제의 급속성장의 예를 언급하면서 교육에 의한 인적자본의 축적이 경제성장에 미치는 효과를 설명하기도 하였다.

루카스 교수는 인적자본에 근거한 내생적 성장모형을 통해 국가간 성장률의 격차를 설명했을 뿐 아니라 자유무역을 통한 국제적 경제통합이 국가 간의 지식이전과 기술습득을 손쉽게 하여 경제성장을 촉진시킬 수 있음을 설명하였다. 이러한 내생적 성장이론은 현대적 경제성장이론을 크게 발전시킨 것으로 평가받고 있으며, 경제이론의 새로운 지평을 연 업적에 의해 루카스 교수는 사상 최초로 두 번의 노벨 경제학상 수상 가능성도 있는 것으로 예견되기도 한다.

시카고 학파의 화려한 전통: 프리드만과 루카스

통화주의자의 본산인 시카고 학파는 정부의 자의적인 개입에 반대하며 시장기능에 의한 경제문제 해결이 최선임을 주장해왔고 신자유주의의 근거지라고 알려져 있다. 시카고 학파의 거두라고 평가받는 프리드만 교수는 1976년에 노벨 경제학상을 수상한 바 있고 95년 루카스 교수까지 여덟 번의 노벨 경제학상 수상자를 배출할 정도로 현대경제학에서 시카고 학파의 영향력은 지속되고 있다.

특히 1990년대에 들어서 시카고 학파의 위세는 더욱 높아졌다. 루카스 교수가 현재 재직하고 있는 시카고대학에서는 1990~93년 중에 밀러, 코즈, 베커, 포겔 교수 등이 연속 4년 동안 노벨 경제학상을 수상한 바 있는데, 1995년도에는 루카스 교수가 '합리적 기대 거시모형에 의한 거시정책효과 비판'의 업적으로 노벨 경제학상을 수상함으로써 시카고 학파의 화려한 전통을 견지하였던 것이다.

조하현 연세대학교 경제학과와 같은 대학원을 졸업하고 미국 시카고대학교에서 노벨 경제학상 수상자인 루카스의 지도 아래 「Comovements of Business Cycles in Open Economies」라는 논문으로 경제학 박사학위를 받았다. 현재 연세대 경제학과 교수로 재직 중이며 거시경제정책, 경기변동이론, 금융리스크, 카오스와 금융시장의 연구에 관심을 가지고 있다. 주요 저서로는 『카오스와 금융시장』『금융리스크 측정과 관리』『거시경제이론』『고급거시경제이론』『한국경기변동의 원인』 등이 있다. 카오스와 경기변동에 관한 다수의 논문을 발표했다.

이질적인 경제주체들의 상호작용

시장을 움직이는 카오스를 읽어낸다

조하현

연세대 교수 · 경제학

윌리엄 브락, 금융시장이 카오스적 특성을 가진다면

경제학에서 비선형모형, 카오스, 진화론적 금융시장의 가격동학을 연구하는 학자들 네트워크의 중심에는 윌리엄 브락(William Brock)이 있다. 그는 1969년도에 캘리포니아 버클리대학에서 응용수학으로 박사학위를 받은 후, 뉴욕주 로체스터대학에서 경제학과와 수학과의 조교수를 겸직하게 된다.

브락은 경제성장이론에 있어서 균형의 안정성에 대한 연구성과를 경제학계에서 인정받으면서 1972년에 시카고대학의 경제학 부교수가 되었다. 그해에 발표한 논문 「최적경제성장과 불확실성」(Optimal Economic Growth and Uncertainty)은 경제충격의 효과를 모형 내에 반영하는 방식으로 기존의 성장모형을 불확실성 하의 이론으로 일반화시킴으로써 경제성장이론 분야에서 매우 중요한 업적으로 평가를 받았다.

1980년대 중반부터 브락은 경제시계열에서 카오스의 존재여부를 판별하는 기법과 경제이론에 대한 비선형모형의 적용가능성에 대한 연구를 중점적으로 수행하였다. 그가 1987년 데세르투(Dechert), 슈아인크

> **❝** 기존 경제이론이 가정하는 경제주체들의
> 완전 합리성과 대표적 경제주체에 기반한
> 균형이론들의 한계점이 점차 드러나고 있는
> 추세에 비추어 보면, 앞으로 브락 연구들의
> 중요성은 커져갈 것으로 보인다. **❞**

만(Scheinkman) 등과 함께 개발한 BDS검정법은 시계열에서 확률과
정과 결정론적 카오스과정을 구분하는 대표적인 방법으로 알려져 있으
며, 현재까지도 많은 연구자들에 의해 시계열에서 카오스 탐색을 위한
실증분석에 널리 이용되고 있다.

금융시장의 주요한 골격을 이루고 있는 효율적 시장가설(EMH)은
시장에서 사용가능한 정보들이 현재가격에 완전히 반영되어 있고 따라
서 현재의 가격변동은 예기치 못한 정보충격의 결과라고 해석한다. 그
러나 카오스적 금융이론에 따르자면 현재 어떤 사건이 발생하더라도
이것이 즉각적으로 시장가격에 완전히 반영되지 않으며 시간을 두고
파급효과를 일으켜 미래가격에 영향을 미치게 된다. 따라서 만약 금융
시장이 카오스적 특성을 가진다면 기존의 효율적 시장가설이 기각될
수 있고 경제주체들이 적절한 거래규칙의 활용에 의해 거래차익을 얻
을 가능성이 존재하기 때문에 카오스의 존재여부를 검증하는 연구는
매우 중요하다.

1990년대 이후 브락은 홈즈, 르 바론 등과 함께 이질적인 경제주체를

고려하는 비선형 금융시장모형에서 발생하는 진화론적 동학(evolu-tionary dynamics)에 대해 중요한 연구성과를 발표하였다. 브락은 이러한 접근법의 이론적인 틀을 형성하였으며 경제주체들의 적응적 기대를 고려하는 단순한 금융시장모형을 가지고 자산가격의 동학을 분석하였다. 이 연구에서 브락은 합리적 기대 및 적응적 기대를 가진 거미집모형(cobweb model)을 각각 분석하여 합리적 기대가 적응적 기대보다 훨씬 많은 비용을 필요로 할 때 주체의 적응적 기대를 고려하는 금융시장모형이 어떻게 불안정한 가격동학, 특히 카오스를 유도할 수 있는지를 보여주었다.

현재 브락은 산타페 연구소(SFI)의 외부교수, 인터넷 비선형 학회인 SNDE 등에서 활동 중이며 복잡계이론(complexity theory)을 경제이론과 금융시장분석에 적용하는 연구들을 지속적으로 수행하고 있다.

자연과학의 카오스 현상을 경제학에 접목하다

1975년에 시카고대학으로부터 위스콘신대학으로 자리를 옮긴 브락은 1980년대 중반 이후 연구의 관심분야를 경제성장 분야로부터 카오스의 탐색법와 경제이론에 있어서 비선형모형의 적용 가능성에 대한 연구로 전환하였다.

자연과학에서 이미 알려진 바 있는 카오스는 어떤 시계열이 겉으로 보기에는 불규칙하게 움직이는 것처럼 보이지만 실제로는 결정론적 비선형모형에 의해 설명될 수 있는 현상이다. 카오스의 주요 특성으로서는 초기조건에 대한 민감성(SDIC: sensitive dependence on initial condition)을 들 수 있다. 이는 초기조건의 조그만 변화가 나중에는 커다란 변화를 초래한다는 것으로서, 이러한 현상은 금융시장에서 나비효과(butterfly effect)라고 알려져 있다. 즉 북경에서 나비 한 마리가 날개짓하여 대기상태에 조그만 변화를 주게되면 다음 날 뉴욕에서 폭풍이

Nonlinear Dynamics,

Chaos, and Instability

Statistical Theory and Economic Evidence

William A. Brock, David A. Hsieh,

and Blake LeBaron

브락은 이 책에서 자연과학 이론인 카
오스 현상을 경제학에 도입한다.

일어날 수 있는 것처럼, 초기값의 미세한 차이가 시간이 지남에 따라 증
폭되어 미래의 상황을 예측할 수 없도록 만든다. 이러한 나비효과가 나
타나는 이유는 시스템의 불안정성 때문이라고 볼 수 있다.

그리고 카오스의 또 다른 주요 특성으로서는 프랙탈 구조를 들 수 있
는데 이는 금융시계열의 자기유사성(self-similarity)을 의미한다. 보통 사
물의 형태를 표현하기 위해 사용되는 유클리드 기하학에서는 점은 0차
원, 선은 1차원, 면은 2차원, 공간은 3차원으로 오직 정수 차원만을 다
루고 있다. 그러나 프랙탈 차원은 0, 1, 2 등의 정수차원이 아니라 비정
수 차원(예: 0.63차원, 1.58차원)을 말하며 만약 어떤 시계열이 이러한
프랙탈 구조를 가지면 그 자료는 자기유사성을 나타낸다. 금융시장에서
자기유사성이란 단기의 가격움직임이 장기의 가격변화의 일부가 됨을

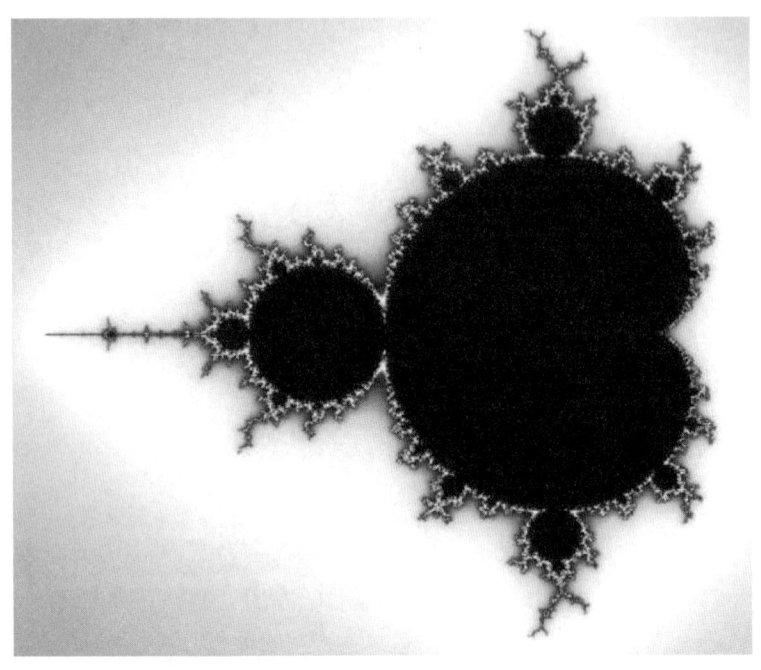

만델브로트(Mandelbrot)의 프랙탈 도형. 어떤 형체의 전체 혹은 일부 구조가 그 형체의 내부에서 끊임없이 반복되는 경우 프랙탈 구조를 가지고 있다고 말한다. 이 구조는 언제나 부분이 전체를 닮는 자기유사성을 특징으로 갖는다. 금융시장에서 자기유사성이란 단기의 가격움직임이 장기 가격변화의 일부가 됨을 의미한다. 경제시계열에서 초기조건에 대한 민감성과 자기유사성이 존재하면 그 시계열은 카오스의 특성을 갖는다고 본다.

의미한다.

경제시계열에서 초기조건에 대한 민감성(나비효과)과 자기유사성(프랙탈 구조)이 존재하면 그 시계열은 카오스의 특성을 갖는다고 본다. GDP, 실업율, 물가, 통화량 등의 거시경제 변수뿐만 아니라 주가, 이자율, 환율 등 주요한 금융시계열 자료에 카오스가 존재하는가의 여부를 밝히는 작업은 경제시계열의 기본 특성파악, 거시경제정책의 운용 뿐 아니라 시계열 자료의 예측에 커다란 중요성을 갖게 된다.

카오스와 비선형 구조를 어떻게 판별하나

브락은 경제동학이 본질적으로 비선형적 구조를 가지고 있을 가능성이 높다는 사실을 인식하여 시계열에서 이러한 구조를 탐색할 수 있는 BDS검정통계량을 만들었다. BDS통계량은 브락, 데세르투, 슈아인크만의 공동연구로 1987년에 만들어진 통계량으로 나중에 르 바론에 의해 시뮬레이션 실험결과가 더해진 것이다. BDS통계량은 독립적인 선형확률 과정에서 이탈한 시계열 과정에 대해서 높은 검정력(power)을 가지기 때문에 통상 카오스를 포함하는 비선형성 검정의 보조수단으로 이용된다.

BDS검정법 이전에 시계열에서 비선형성과 결정론적 카오스를 탐색하기 위해 사용된 방식은 상관차원(correlation dimension) 추정법이었다. 그러나 이 방식을 이용하여 결정론적 구조를 찾기 위해서는 막대한 분량의 자료가 필요하다. 물리학자들은 낮은 상관차원을 가지는 저차원 과정의 연구에서도 10만 개 이상의 자료를 사용하지만, 경제시계열에서 10만 개 이상의 자료는 현실적으로 불가능하다. 게다가 상관차원에 의한 방법은 근본적으로 그래프에 의한 판별방식이지 통계적인 방법이 아니라는 단점을 가지고 있다. 즉 상관차원에 의한 추정결과를 계량화할 방법이 없다는 것이다.

따라서 실제로 상관차원을 이용하여 경제 시계열에서 비선형성을 찾아내는 것은 매우 어렵고 정확한 결과를 얻기 힘들다는 단점을 가지고 있었다. 이에 비해 브락 교수가 만든 BDS통계량은 상관차원과 비슷하면서도 공식적인 검정통계량을 가지고 있다는 점에서 매우 유용한 기법으로 평가받고 있다. BDS검정법은 시계열에서 확률과정과 결정론적 카오스 과정을 구분하는 대표적인 방법으로 알려져 있으며, 현재까지도 많은 연구자들에 의해 시계열에서 카오스 탐색을 위한 실증분석에 이용되고 있다.

BDS검정법은 텐트맵과 같은 비선형 과정뿐 아니라 자기회귀과정(Autoregressive process)과 같은 선형과정에 대해서도 높은 검정력을 가지고 있으므로, 브락은 BDS검정법을 적용하기 전에 적절한 선형필터(linear filter)를 사용하여 기본 선형구조를 제거하여 비선형 구조만을 검정하는 방식인 잔차검증법(residual based test)을 제기하였다.

비선형모형은 왜 중요한가

브락은 BDS검정법을 사용하여 거시경제 시계열과 금융시계열에서 비선형 구조의 존재가능성을 실증분석하였으며, 많은 경제시계열에서 비선형성의 존재를 확인하였다. 특히, 주가와 같은 금융시계열에서 비선형성의 존재는 기존 금융이론에서 상정하고 있는 효율적 시장가설(efficient market hypothesis)의 유효성에 심각한 의문을 제기하게 만들었다.

시장이 효율적이라면 거래자들은 정보에 대해 즉각적으로 반응하여 가격에 반영시킨다. 그러나 시장이 비선형적 구조를 가지고 있다면 그렇지 않다. 즉 거래자들이 정보에 대해 비선형적인 반응을 보인다면, 시장정보는 가격에 즉각적으로 반영되지 않고 있다가 일정한 임계수준까지 누적된 정보가 한꺼번에 가격에 반영되어 가격은 급격한 변동을 나타내게 된다.

따라서 브락은 경제시스템의 많은 측면들이 선형이 아닐 수 있으며 위험과 기대수익률에 대한 투자자들의 태도 또한 비선형적일 수 있다고 주장하였다. 옵션(option)과 같은 많은 금융계약의 조건들이 비선형적인 구조를 가지고 있으며 또한 시장 참가자들 사이의 전략적 상호작용, 자산가격에 정보가 결합되는 과정, 그리고 경제변동의 동학이 본질적으로 비선형일 수 있으므로 이러한 비선형 현상을 비선형 모형으로 연구하려는 시도는 당연한 것으로 이해된다.

그럼에도 불구하고 임의보행모형과 같은 선형모형은 복잡한 현실경제를 부분적으로 근사화하는 데 유용한 수단이 될 뿐 아니라 비선형 모형에 비해 구조가 훨씬 단순하기 때문에 여러 자산가격에 대한 예측모형으로 널리 사용되어 왔다. 그러나 가격변동을 유발하는 현실 경제구조가 실제로 비선형적이라면 현실경제를 선형모형으로 접근하는 데 한계가 있으며, 이러한 설정오류(specification error)는 모형의 신뢰성을 크게 손상시키게 된다.

현실경제에서 관찰되는 수익률과 변동성 지속성(persistence)의 존재는 기존의 선형모형에서 가정하는 정규분포의 가정을 신뢰하기 어렵게 만들고 있으므로 이러한 현상을 올바로 파악하기 위해서 비선형 모형을 이용해야 할 필요성이 제기되었다. 이와 관련하여 금융시계열에서 비선형성의 존재가능성에 주목한 브락의 연구는 현실의 자산가격에서 흔히 관찰되는 두터운 꼬리(fat tail) 특성과 변동성의 집중화(volatility clustring) 현상의 발생이유를 적절하게 설명할 수 있다는 점에서 폭넓은 지지를 받았다.

금융시장의 진화론적 동학

브락은 최근에는 홈, 르 바론 등과 함께 이질적인 경제주체를 고려하는 비선형 금융시장모형에서 발생하는 진화론적 동학(evolutionary dynamics)에 대해 중요한 연구성과를 발표하였다. 브락은 이러한 접근법의 이론적인 틀을 형성하였으며 경제주체들의 적응적 기대를 고려하는 단순한 금융시장모형을 가지고 자산가격의 변화를 분석하였다. 이 연구에서 브락은 합리적 기대와 적응적 기대를 가진 거미집모형(cobweb model)을 각각 분석하여 합리적 기대가 적응적 기대보다 훨씬 많은 비용을 필요로 할 때 주체의 적응적 기대를 고려하는 금융시장모형이 어떻게 불안정한 가격동학, 특히 카오스를 유도할 수 있는지를 보여주었다.

경제학자들은 자산자격이 그 자산이 갖는 내재가치, 즉 펀더멘탈 (fundamental value)을 반영한다고 생각한다. 자산가격은 그 자산을 소유함으로서 내가 미래에 얻을 수 있는 이익에 기반한다는 것이다. 경제주체들이 만일 합리적 기대(rational expectations)를 한다면, 개별 경제주체들은 자산의 미래 수익에 대해 동일한 기대를 하게 되고 이에 의해 자본이득을 얻을 수 있는 기회는 없어지게 되므로 결국 현시점의 자산가격은 우리가 미래에 얻으리라고 기대하는 자산으로부터의 배당 (dividend)의 현재가치가 되는 것이다.

이렇게 자산의 가격이 미래에 얻는 배당의 현재가치가 된다는 결과는 경제주체의 기대가 합리적이라는 가정에 크게 의존한다. 그러나 우리가 자산시장의 현실을 조금이라도 직시한다면 이러한 가정이 반드시 만족 된다고는 보기 힘들 것이다.

이제 좀더 현실적으로, 자산가격이 다양한 투자전략들을 가진 경제주체들의 상호작용(interaction)에 의해 결정된다고 생각해보자. 한편으로는 현재 자산의 가격이나 배당, 이자율 등에 의해 미래자산의 가격을 예측하려 하는 기초분석가(fundamentalist)가 있다. 또 다른 한편으로는 과거의 자산가격의 시계열 자료를 바탕으로 미래의 자산가격을 예측하려고 시도하는 차티스트(chartist)가 있다. 이런 경우 이렇게 여러 가지 유형의 투자전략을 선택하는 이질적인 경제주체들이 시장에서 상호작용을 하여 자산가격이 결정될 때 경제주체들의 이질적인 행동이 서로 상쇄되어 자산가격이 합리적 기대이론이 설명하는 바와 같이 펀더멘탈에 의해 결정되는 양상을 보일 것인가, 아니면 다른 새로운 동학을 보일 것인가가 주요한 관심사인 것이다.

문제는 이러한 이질적인 경제주체들간의 상호작용에 의한 동학 (dynamics)을 분석할 수 있는 기존의 경제학적 분석 도구가 없다는 것이다. 브락은 공동 연구자인 홈즈 등과 함께 1990년대 중반부터 이러한 자산시장의 동학을 분석할 수 있는 모형을 만드는 데에 힘써왔다.

브락의 자산시장 모형에 의하면 각자 다른 방식으로 미래의 자산가격을 예측하는 이질적인 경제주체들에 의한 수요공급의 균형에 의해 자산가격이 결정된다. 이때 경제주체들은 자신의 가격예측 방법을 해당 예측기법의 과거의 수익률에 비추어 선택하게 된다. 즉 과거의 수익률이 높은 예측기법일수록 많은 경제주체들이 이를 이용해 자산을 수요하게 되고, 반대로 과거의 수익률이 낮은 예측기법일수록 적은 경제주체들이 이를 이용해 미래의 가격을 예측하게 된다. 브락은 이러한 다중-경제주체 시스템(multi-agent system)에서는 기존의 합리적 기대에 의한 패러다임과는 달리 펀더멘탈의 변동성에 비해 더 높은 가격의 변동성과 자산 수익률의 두터운 꼬리분포(fat-tailed distribution), 변동성의 집중성(clustered volatility), 자산가격의 시계열 자료에 존재하는 장기기억(long memory) 등 경험적으로 관찰되는 실제 자산가격의 동학과 비슷한 패턴을 모형으로 보일 수 있다는 것을 밝혔다.

경제주체들의 상호작용

1990년대 이후 브락은 위스콘신대학의 스티븐 듀로프(Steven Durlauf)와의 공동 연구로 경제적, 사회적 측면에서 경제주체들의 상호작용을 분석할 수 있는 상호작용 모형(interaction-based model)을 제안했다.

이 모형은 경제주체의 보상(payoff)이 주변 경제주체의 행동에 의해 영향을 받을 경우, 다시 말해 경제주체의 행동이 다른 경제주체들의 행동에 의해 영향을 받을 경우에 경제주체 각각의 의사결정과 경제주체들의 상호작용에 의해 발생되는 결과를 분석하기 위한 모형이다. 이런 의사결정 과정을 살펴볼 수 있는 예로 예로 학교의 능력별 학급편성(class tracking)과 같은 문제를 들 수 있다.

학급을 편성할 경우 무작위적으로 학생들을 추출해 편성하는 방법과 비슷한 학업능력을 가진 학생들을 따로 편성하는 방법이 있다. 이 경우 각 학생의 학업성취도는 학급 편성방법(자신과 비슷한 학업능력을 가진 학생들 사이에서 공부를 하는지 아닌지)에도 영향을 받게 될 것이다. 학생들의 보상은 다른 학생들의 학업성취도를 준거(reference)로 삼게 됨으로써 영향을 받게되는 것이다.

능력별 학급편성에 대한 연구 중 하나에 의하면 지능지수(IQ)에 의거해 동질적인 학생들로 반을 편성한 경우에 비해 무작위적으로 편성한 경우 학생들의 평균 학업성취도가 더 높은 결과를 보였다. 반면에 더 높은 지능지수를 가진 평균 이상의 학생의 학업성취도의 경우는 무작위적으로 반을 편성한 경우가 능력별로 반을 편성한 경우에 비해 더 낮은 학업 성취도를 보였다는 경험적 연구 결과가 있는데, 이는 경제주체들의 상호작용 결과에 의해 경제주체 개개인의 행동이 결정되며, 더 나아가서 전체적 행동(aggregate behavior)이 결정될 수 있다는 것을 보여주는 좋은 예이다.

이러한 상황 아래 경제주체들의 의사결정에 대한 브락과 듀로프(Durlauf)의 주요한 연구결과는 다른 경제주체의 행동이 나의 보상에 충분히 큰 영향을 줄 수 있는 경우, 복수균형(multiple equilibrium)과 승수효과(multiplier effect)가 존재할 수 있다는 것이다. 여기에서 승수효과란 일반적으로 정(+)의 피드백 효과(positive feedback effect)를 의미한다. 앞에서와 같이 능력별 학급편성을 예로 들면, 무작위적으로 반을 편성한 경우 학생들 전체의 평균 학업성취도가 높아졌다는 결과를 설명할 수 있다. 즉, 보다 높은 지능지수를 가진 학생이 자신의 반에 편성됨으로써 학업성취도의 준거수준(reference level)이 높아지고, 이로 인해 반 전체의 학업성취도가 높아지고, 이것이 다시 학업성취도의 준거수준의 상향조정을 불러일으킨 정(+)의 피드백 효과로 해석할 수 있다.

우리들이 현실에서 관찰하는 사회-경제적 현상들은 모두 상호 이질적인(heterogeneous) 수많은 경제주체들의 복잡한 상호작용 하에서 발생하는 것이다. 경제학자들은 이들 현상을 설명하기 위해 모형을 만들고, 정부의 정책이나 환경의 변화 등 외생변수(exogenous variable)가 변화했을 경우, 경제-사회적 시스템이 어떻게 반응할 것인지를 예측하려고 노력한다.

이렇게 모형을 만드는 데에 있어서 경제학자들은 두 가지의 상충관계(trade-off)에 직면하게 된다. 그것은 모형을 만들려고 하는 경제학자의 목적에 비추어 어떤 모형이 충분히 많은 요인(factor)들을 반영하면서 동시에 모형의 시사점(implication)을 도출하기에 어려움이 없을 정도로 다루기 쉬워야(tractable) 한다는 것이다.

이를 좀더 쉽게 이해하기 위해 이번에는 지도(map)를 만드는 지질학자의 문제를 예로 생각해보자. 일반적으로 지도는 내용이 정확하면 정확할수록 바람직하다고 볼 수 있다. 그러나 현실적으로 1대 1의 비율의 지도를 만들기는 불가능할 뿐만 아니라 그럴 필요조차 없는 것이다. 이와 마찬가지로 되도록 다루기 쉬운 경제모형을 만들기 위해 경제학자들은 때때로 많은 단순화 가정(simplifying assumption)들을 도입해 모형을 간단하게 만든다. 즉 실제의 경제주체들은 기껏해야 제한적으로 합리적(boundedly rational)이지만 모형의 경제주체들은 완전 합리적(perfectly rational)이라고 가정하는 것이다. 또는 대표적 경제주체를 가정하고 그 행태를 이용하여 실제 거시경제의 집계치를 설명하도록 하는 것 등이 이러한 예에 속한다.

그러나 앞에서 말한 바와 같이 경제현상이 이질적인 경제주체들간의 매우 복잡한 상호작용 하에서 일어나는 결과임을 감안한다면, 더구나 이러한 상호작용이 매우 비선형적(nonlinear)일 가능성을 또한 인정한다면, 단순화된 틀(frame) 속에서만 경제현상을 다루는 방법에는 한계가 있을 수 있다는 것을 우리는 쉽게 이해할 수 있을 것이다.

최근 급속도로 부상하고 있는 행태적 금융이론(behavioral finance)은 경제학자 밀튼 프리드만(Milton Friedman)이 오래전 주장한 바와 같이 금융시장에서 합리적인 경제주체들만이 살아남아야만 할 이유가 없다는 것을 보여주고 있다. 이 점은 브라이언 아서(Brian Arthur)와 블레이크 르바론(Blake Lebaron) 등의 학자들이 연구한 인공 주식시장(artificial stock market)에 관한 연구에서도 뒷받침되고 있다. 앞에서 살펴본 브락의 자산시장에 대한 연구 또한 이러한 점에서 경제주체들의 완전 합리성과 대표적 경제주체에 의한 경제모형을 이용해 실제 자산시장을 이해하는 데에 대한 문제점을 제기하고 있다.

만일 자산시장에 참여한 경제주체들이 충분히 이질적일 경우, 이들 경제주체들이 적자생존(survival of the fittest)의 원리에 따라 자신의 가격 기대형성 메커니즘(혹은 거래전략)을 진화시킬 때, 경제주체들이 시간이 지남에 따라 미래의 자산가격에 대해 모두 동일한 기대를 가지는 합리적 기대로 수렴하는 결과가 나타나는 것이 아니다. 오히려 이질적 경제주체들 간에 발생하는 복잡한 상호작용에 의해 일정 시점에서 다른 기대형성 메커니즘보다 더욱 우월한 기대형성 메커니즘 자체가 진화에 의해 끊임없이 바뀌게 되며 일종의 공진화(co-evolution) 현상이 나타나게 되는 것이다. 이러한 시장의 동학에 의해 발생하는 자산가격과 수익률 등의 시계열은 실제 자산시장의 시계열에서의 정성적(qualitative) 특성을 그대로 재현해내고 있다. 이러한 현상은 대표적 경제주체와 경제주체의 완전 합리성을 가정하는 기존 거시경제이론의 틀 속에서는 설명하기 매우 힘들다.

경제학자들은 어떠한 현상을 설명하려고 할 때, 그것이 합리적인 경제주체들의 상호작용에 의한 균형(equilibrium)임을 가정하되, '어떻게 경제주체들이 그러한 균형에 도달하게 되었는가'라는 문제에는 대답을 회피하는 경향이 있다. 그것은 균형에 도달하는 과정의 중요성, 즉 균형 밖에서의 경제주체들의 행태(out of equilibrium behavior)의 중요성을 경제학자들이 인식하지 못해서가 아니라, 그러한 과정을 모형화할 수 있는 만족스러운 방법론을 경제학자들이 아직 찾지 못했기 때문이다.

브락의 연구와 같이 이질적인 경제주체들의 상호작용을 직접적으로 모형화하는 모델들이 얼마나 성공적으로 실제 금융시장에서 일어나는 현상을 설명하고 예측하는 데에 도움이 될 수 있는지는 아직 정확히 판단하기 힘들다. 그러나 기존 경제이론이 가정하는 경제주체들의 완전 합리성과 대표적 경제주체에 기반한 균형이론들의 한계점이 점차 드러나고 있는 추세에 비추어 보면, 앞으로 이러한 연구들의 중요성은 더욱 커져갈 것으로 보인다.

조하현 연세대학교 경제학과와 같은 대학원을 졸업하고 미국 시카고대학교에서 노벨 경제학상 수상자인 루카스의 지도 아래 「Comovements of Business Cycles in Open Economies」라는 논문으로 경제학 박사학위를 받았다. 현재 연세대 경제학과 교수로 재직 중이며 거시경제정책, 경기변동이론, 금융리스크, 카오스와 금융시장의 연구에 관심을 가지고 있다. 주요 저서로는 『카오스와 금융시장』 『금융리스크 측정과 관리』 『거시경제이론』 『고급거시경제이론』 『한국경기변동의 원인』 등이 있다. 카오스와 경기변동에 관한 다수의 논문을 발표했다.

조직학습 이론
나는 전문가들이 왜 실패하는가를 문제삼는다

황희영
영산대 교수 · 국제무역학

크리스 아지리스, 조직 차원의 학습이 존재한다

조직학습에 관한 이론이 세간의 비상한 주목을 끈 것은 불과 지난 10여 년 사이에 일어난 일이다. 반면 조직학습 이론의 시작은 꽤나 오래 전인 1930년대의 일이다. 비행기 제조 현장의 관찰에서 경험에 의한 학습효과가 학습곡선(learning curve)으로 개념화되었고 학습이 평균비용을 줄인다는 것이었다. 기업에서 비용의 절감은 시대를 막론하고 대단히 보편적인 관심사였으나 학습과 관련된 논의는 그 사이 관심을 받지 못했다. 그런데 50년 이상의 시간을 뛰어넘어 조직학습 이론이 지금에 와서 새롭게 조명을 받는 것은 무슨 이유에서인가?

기업(조직)이 학습한다는 것은 본질적으로 외부 환경의 변화를 인지하며(perception, 인지의 영역) 적절하게 반응함으로써(reaction, 행동의 영역) 적응(adaptation) 또는 변화(change)하거나, 의도된 결과를 달성하는 과정이다. 이 점에서 최근의 급속한 정치 · 경제적 환경 변화, 그리고 국제적으로 기업간 경쟁이 심화된 상황에서 단순한 적응이 아니라 전략적으로 앞서고자 하는 노력이 학습에 대한 관심을 불러일으

❝ 아지리스는 먼저 인간의 행위를 이론적 구조를 가진 것으로 파악했다. 이론은 현상을 일관되게 설명할 수 있어야 하며 예측할 수도 있어야 한다. 그는 인간의 행위가 주어진 상황에서, 만약 어떤 행위를 하게 되면, 어떤 결과를 얻게 될 것으로 예측하는, 이른바 *If A, then B*라는 이론적구조를 가지는 것으로 파악했다. **❞**

▲ 크리스 아지리스

켰다고 볼 수 있다.

　여기서 아지리스(Chris Argyris, 1923~)의 지식의 프런티어로서의 역할은 학습이 사람에게 한정된 것이 아니라 조직 차원의 학습이 존재 한다는 것을 보이고 궁극적으로 조직학습이 개인 및 기업에 가지는 의 미와 역할, 논리적 기반 등을 제시했다는 점이다. 생애 동안 가장 중요 한 동료였던 쇤(Donald A. Schön)과 그의 공동 업적인 『조직학습』 (*Organizational Learning: A Theory of Action Perspective*, 1978) 은 이후의 모든 조직학습 논의가 통과해야 하는 문이 되었다.

아지리스의 학습모형

　먼저 잠시 아지리스 이전의 혹은 그와 병행했던 주요한 다른 학습 논 의를 살펴보자. 이의 대표적인 학자는 마치(James G. March)이며 행 동주의 심리학과 맥락을 같이 하고 있다.

　행동주의 심리학의 중심 아이디어는 환경의 변화로부터 지각되는 자 극(S; stimulus)에 적절한 대응(R; response)을 하는 체계(S-R)이다.

변화에 대한 대응행위는 적응(adaptation)이 목적이며 기대수준과의
격차를 좁혀나가는 점진적인 접근을 지향한다. 이 과정을 그림으로 나
타내면 다음과 같다.

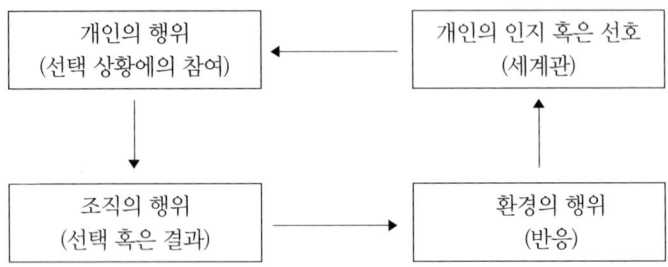

출처 James G. March & Johan P. Olsen, "The uncertainty of the past: organi-
zational learning under ambiguity," *European Journal of Political Research*,
Vol. 3, 1975, p. 150.

마치에게 있어 학습과정은 문제해결과정과 같다. 변화하는 외부환경
은 늘 새로운 문제를 제공한다. 학습의 유효성은 곧 문제해결과정의 효
율성이다. 이때 사람의 인지능력은 제한되어 있으므로 즉각 문제를 해
결하는 형태가 아니라 조금씩 기대수준과의 격차를 줄여나가는 절차적
이며 점진적인 모습이 특징이다. 그리고 학습 자체가 늘 유효하지만은
않다. 왜냐하면 인간에게 외부환경 변화의 인식은 근본적으로 한계(예
를 들면, 잘못된 해석, 없는 것을 있는 것으로 여기고 행동함 등)를 가
지고 있기 때문이다.

　이제 아지리스의 학습모형을 살펴보자. 아지리스는 먼저 인간의 행위
(action)를 이론적 구조를 가진 것으로 파악했다(Argyris & Schön,
Theory in Practice, 1974). 이론(theory)은 현상(행위)을 일관되게 설
명할 수 있어야 하며 예측할 수도 있어야 한다. 그는 인간의 행위가 주
어진 상황에서, 만약 어떤 행위를 하게 되면(if A), 어떤 결과를 얻게 될

것(then B)으로 예측하는, 이른바 If A, then B라는 (이론적) 구조를 가지는 것으로 파악했다. 바로 이때 기대하는 결과를 설정하고 그것을 획득하기 위한 전략 생성, 기대수준과 실제결과 사이의 일치여부 판별 등이 개별 행위주체에게 드러난다. 이와 같은 행위이론(theory of action)을 출발점으로 하여 만들어진 학습모형은 다음과 같다.

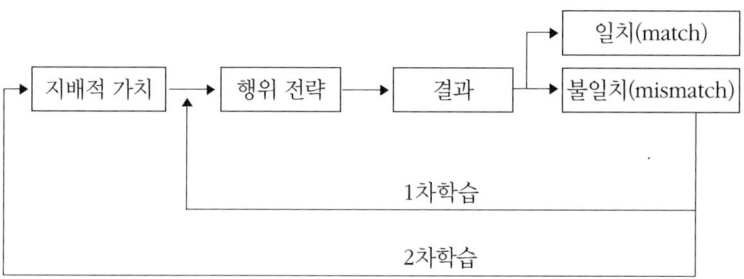

출처 Chris Argyris, "Problems in Producing Usable Knowledge for Implementing Liberating Alternatives", in Bell et al (eds.), *Decision Making*, 1988, p. 541.

위 그림에서 행위(A)의 결과로서 원하는 결과(B)를 얻었다면(이를 '일치'되었다고 한다) 행위주체는 학습한 것이다. 그러나 기대된 결과가 실현되지 않았다면 어떻게 되는가? 행위주체는 자신의 (행위의) 전략을 수정하여 재시도할 것이다. 이러한 전략수정을 통해 '일치'(matching)되면 또한 학습한 것이다. 아지리스는 이를 1차 학습(single-loop learning; 단순고리학습)이라 부른다.

그런데 반복된 시도에도 불구하고 일치되지 못한다면(불일치; mismatch) 다른 사고과정을 거쳐야만 학습되는 것인지 의문을 제기해야 한다. 행위전략 형성과정에는 행위의 기본적인 가치를 제공하는 이른바 지배적 가치(governing values)가 밑바탕에 있다. 1차 학습과정은 이들 가치의 수정(modification)을 요구하지 않으므로 마치 존재하지 않는 것처럼 인식된다. 아지리스가 2차 학습(double-loop learning; 이

중고리학습)이라고 부르는 학습은, 위와 같이 반복된 전략 수정에도 불구하고 목표하는 결과를 획득하지 못할 때 지배적 가치의 수정을 필요로 하는 경우이다. 기업에서 2차 학습은 일상적인 문제해결이 아니라 기본적인 경영의 원리와 정책, 가치체계 등의 변화가 따라야 하는 경우를 포함한다.

아지리스 연구의 탁월성은 위 학습모형에서 보이는 인간 행위의 지배적 가치의 구명(究明)과 이로부터 연유되는 이론적, 실증적 결과물들이다. 이 가운데 몇 가지에 대해 알아보자.

지배적 가치의 식별

아지리스는 인간의 행위에 내재된 지배적 가치를 식별해냈다. 그것은 상황을 일방적으로 설정하여 자신을 승패(win/lose) 게임에서 이겨야만 하는 사람으로 만드는 목표를 가지게끔 한다. 또 정보를 통제하고 자신만이 판단하는 합리적 행동을 하도록 하는 것 등이다.

사람들은 자신을 당혹스럽게 만드는(embarrassing) 상황에서 행위전략을 방어적으로 생성한다. 이 작용은 마치 내재된 프로그램에 의한 것처럼 자동적으로 나타난다. 그것은 방어적 행위가 이미 고도로 학습되었기 때문이며, 사람들은 이 지배적 가치에 의해 자신의 행위전략이 그렇게 방어적으로 생성된 것을 알지 못한다. 즉 이들 가치의 존재에 대해서도 인식하지 못한 상태에 있는 것이다. 더 놀라운 사실은 아지리스는 이 지배적 가치의 존재와 유형은 성별 · 연령별 · 인종별 차이가 전혀 없이 보편적이라고 하며, 이에 대해서 실증적 검증으로 뒷받침하고 있다. 그리고 이 전체 체계를 'Model I'이라고 부른다.

방어적 행위의 가장 중요한 특성으로는 사람들이 타인에게 자신의 행위를 설명할 때의 이론(espoused theory)과 실제 취한 행위 내에 사용된 이론(theory in use)이 서로 다르며, 또 다르다는 사실을 모른다는

1차 학습과정은 가치의 수정을 요구하지 않으므로 마치 존재하지 않는 것처럼 느껴진다.

점이다(이 또한 실증적으로 검증되어 있다). '설명 이론'(espoused theory)이란 '누가 자신에게 어떤 상황에서 어떻게 행동할 것인가를 묻는다면, 그때 어떻게 할 것이다'라고 설명할 때의 자신의 행위구조(if A, then B)를 보여주는 이론이다.

이에 반해 '사용 이론'(theory in use)이란 실제 그 상황에서 행동을 했을 때 행위 내에 실현된 이론이다. 아지리스는 사람들이 자신이 당혹감을 느끼는 상황에서는 앞서 말한 두 이론이 'a) 불일치한다, b) 스스로 말(설명된 이론)과 행동(실현된 이론)의 불일치를 모른다, c) 지배적 가치의 수정 없이는 이 불일치는 상존한다'라고 한다.

방어적 행위의 동태성은 개인간 또는 그룹내 상호방어적 행위의 강화이다. 방어적 상호작용은 학습, 즉 기대된 결과와 실제결과의 '일치'(match-ing)와는 오히려 거리가 멀어지게 하며 그 정도는 시간이 갈수록 심화된다. 사람들은 자신의 행위의 방어적 성격은 보지 못한 채 타인의 방어적 성격을 파악함으로써 다시 자신을 방어하게 되므로 이로부터 (방어의) 순환고리가 형성된다. 이러한 모습을 보이는 그룹이나 집단은 학습에서 멀어지므로 조직 행위의 효과성(effectiveness) 자체가 문제시된다. 이 사실은 또 다시 구성원 모두를 방어적으로 만들게 되며, 방어적 행동이 일상화되는(defensive routine) 결과를 낳는다.

조직의 유효성 문제는 어떤 개인 차원의 방어적 상호되먹임고리(feedback loop)가 존재하고 그 위에 다시 집단차원의 2차적인(이중의) 방어적 피드백 루프가 존재함을 나타낸다. 이 경우 조직은 그 자신의 지배적 가치의 수정 없이는 사실상 문제해결에 이르지 못하는 학습 불능성에 빠지게 되는데, 이것은 어떤 누구의 의도에 의해서 일어난 것도 아니다. 아지리스는 개인 차원의 보편적 방어성이 집단적으로 기대하지 않은 결과를 낳는다는 역설적 성격, 즉 개인 차원에서는 합리성이 사회 차원에서는 비합리적 결과를 낳는 모순을 강조하고 있다.

조직학습 차원의 구별

행동주의 심리학에 바탕을 둔 조직학습 이론은 초기에 학습의 주체성에 대해 전혀 고려하지 않았다. 1980년대에 와서 레비트(Levitt)와 마치는 조직학습을 이전과 동일한 행동주의의 연장선상에서 다루었다(Levitt & March, "Organizational Learning", *Annual Review of Sociology*, 1988). 그러나 조직의 학습주체는 조직을 대표하는 개인과 동일시되었으므로 본질적인 변화는 없었다.

'실제로(in reality) 누가 인지와 행동의 주체인가'라는 질문에서 주체는 결국 조직이 아니라 인간(human being)이라는 데 대해서는 아지리스와 마치 사이에 차이는 없다. 그러나 조직 내에 개인과는 별도의 인지구조가 존재한다는 점에는 차이가 있다. 아지리스는 조직에 새로이 참여한 구성원이 그 조직의 고유한 인지도(認知圖, cognitive map)를 학습하며, 어떤 개인이 들어오고 나가더라도 이 인지도가 유지된다는 점을 강조한다.

아지리스의 견해에 따르면 어떤 조직(기업)이 가진 고유한 정책, 경

Model Ⅰ 사용 이론

지배적 가치	행위 전략
1) 의도된 당신의 목표를 달성하라. 2) 최대한 이겨라. 져서는 안 된다. 3) 부정적인 감정을 눌러라. 4) 합리성을 강조하라.	1) 당신의 자리를 고수하라. 2) 타인의 생각과 행동을 판단하라. 3) 이해하고자 하는 무엇이든 이유를 　붙여라.

Model Ⅱ 사용 이론

지배적 가치	행위 전략
1) 유효한 정보를 주라. 2) 정보를 주고 자유롭게 선택하게 하라. 3) 선택에 충실하라. 그리고 실천에 　옮겨지는 것을 지속적으로 챙겨라.	1) 참가자가 스스로 출발점이 되어 높은 　인과관계를 경험할 수 있도록 상황과 　환경을 조성하라. 2) 과제는 공동으로 통제하라. 3) 자기 보호라도 공동 과제로 삼고 　성장을 지향하도록 하라. 4) 서로를 보호하라.

Model Ⅰ, Model Ⅱ 사용이론의 지배적 가치 및 행위전략 비교

영원리, 의사결정체계 등은 그 기업의 지배적 가치를 형성하며 그 위에 인지도가 존재하고, 이로부터 그 구성원들의 행위전략이 생성된다는 것이다.

　이와 같은 배경에서 아지리스는 조직학습의 차원을 구별하였다. 조직에 있어 1차 학습은 앞서 본 학습모형에서와 같이 기본적인 정책 등의 수정을 필요로 하지 않는 일상적인 학습을 뜻하며, 반복되는 오류가 지속적으로 해결되지 못해 기본 원칙들(underlying principles)에 대하여 의문이 제기될 때 이 과정의 학습이 2차 학습이 된다.

　학습 차원의 구분은 애쉬비(Ashby)의 사이버네틱스(cybernetics) 연구(*Introduction to Cybernetics*, 1956)와 베이트슨(Bateson)의 연구(*Steps to an Ecology of Mind*, 1972) 등에서 왔다. 1차 학습은 외부

환경을 인지하고 단순히 변화에 대응하는 학습시스템인 반면, 2차 학습은 변화의 흐름 그 자체의 학습에 주목한다. 이것은 마치 속도(speed)에 관해 속도의 변화의 속도, 즉 가속도를 찾는 것과 같다.

또 아지리스는 한 단계 더 나아가 '제2의 학습'(deutero learning)의 개념을 제시하는데, 이것은 학습의 원리를 학습함을 말하며 이로써 행위 주체가 스스로 변화에 대응하여 학습할 수 있는 차원을 말한다. 따라서 1980년대와 90년대에 발표된 조직학습 관련 연구들은 한편으로는 학습의 주체 측면에서 행동주의적 접근과 행위이론적 접근으로, 또 다른 한편으로는 학습 차원의 구별에서 차원의 구분을 의미있게 수용하느냐 아니면 인정하지 않느냐에 따라 구분될 수 있다.

대안의 제시

Model I 사용 이론의 지배적 가치의 보편성, 그리고 사용 이론과 설명 이론 사이의 불일치가 상존한다면 집단적 · 사회적으로는 적지 않은 효율성 저하를 경험하게 된다. 기업과 사회에 편재된 방어적 행위기제와 전략의 일상성, 즉 방어적 루틴(defensive routine)은 결국 사회적으로 모든 사람들에게 실망과 불신을 경험케 한다.

Model II 사용 이론의 지배적 가치는 이에 대한 대안이다. 이것은 Model I 사용 이론의 일방성, 자기중심의 합리성 등에서 벗어나 기본적으로 유효한 정보가 주어진 상태에서 자율적인 의사결정을 존중하며 과제는 공동으로 통제된다. 그리고 상호 성장을 돕는 것이 목표이다.

Model II 사용 이론의 지배적 가치는 많은 사람들로부터 비현실적이라는, 혹은 불가능하다는 비판을 받아왔으나 이는 Model I 사용 이론의 지배적 가치가 보편적이며 기존의 경험세계에서 유일한 가치체계였기 때문이다. 즉 경험하지 못하였으므로 알지 못하였고, 그러므로 부정한 것이다. 아지리스는 이를 입증하기 위하여 실제로 기업에서 많은 활동을 해왔다(*Overcoming Organizational Defenses*, 1990). 그러나 대안은 존재하되 이를 실천에 옮길 수 있는 사람을 충분히 길러내지 못한다면 아지리스 이후 누가 그 뒤를 이을 수 있을지 의문은 남는다.

아지리스의 조직학습 이론이 뛰어난 것은 우리 사회의 의식 밑바닥에 전혀 인지되지 않았던, 더구나 방어적인(그래서 인정하고 싶지 않은) 사고와 행동의 원리를 구명해내고 사회가 스스로 방어적인 틀 속에 갇히게 되어버리는 과정을 밝히면서 그로부터 더 나은 사회를 위하여 각자가 어떻게 해야 하는가의 방법론을 제시한 점에 있다. 다만 그의 Model II 사용 이론의 지배적 가치와 근본적인 조직의 가치 변화는 그에게는 현실이되, 다른 사람들에게는 무지개처럼 유토피아적으로 인식되어 있다는 점이 아쉬울 뿐이다.

황희영 서울대학교 국제경제학과를 졸업하고 같은 대학원에서 석사학위를 받았다. 그후 프랑스 사회과학고등연구원(EHESS)에서 제도경제학으로 박사학위를 받았다. 주로 제도경제론, 디지털 경제에 관심을 갖고 있으며, 현재 영산대학교 국제무역학과 교수로 재직하고 있다.

경제주체의 의사결정 과정
경제인은 결코 능수능란한 행위자가 아니다

황희영
영산대 교수 · 국제무역학

신고전학파에 도전하라, 허버트 사이먼

경제학의 이론들을 구분함에 있어 가장 중요한 갈림길은 합리성 (rationality)에 대한 인식에 있다. 이 문제는 인간이 합리적인가, 어느 정도로 합리적인가, 합리성이 경제활동에서 어떤 역할을 수행하는가, 합리적이지 않다면 어떤 이유로 그러한가, 이론적 틀에서는 어떻게 담아낼 것인가 등 수많은 논의를 포함한다. 인간이 합리적인 존재로 가정되는 것은 일반 경제학도들에게는 그다지 의문의 여지없이 당연하게 받아들여지고 있다. 그러나 경제학을 벗어나 인접한 여타 인문 · 사회과학과의 경계에서는 합리성이 그리 쉽게 받아들여지지는 않는다.

허버트 사이먼(Herbert A. Simon, 1916~2001) 연구의 학문적 공헌과 그의 프런티어 정신은 경제학 내에서 인간의 합리성 논의를 가정에 의하여 추상적이고 단순화된 공준(axiom)으로부터 벗어나 인간의 의식과 활동의 실체를 직시한 상태에서 그려내고 모델화해야 한다고 주장하며, 또 이를 뒷받침하기 위하여 다양한 인접 학문과의 교류를 직접 실천한 데 있다. 그는 정치학과 심리학, 수학, 물리학 및 컴퓨터 공학, 인공

> 경제학의 주된 과제는 합리성에 관한 논의였기 때문에 사이먼의 공헌은 목표함수와 현재 모델 인식 사이의 괴리를 줄여나가는 적응과정에 초점을 둔 '적응적 합리성', 기대된 만족수준에 이르기까지 몇 번의 단계별 절차를 가지는 것에 초점을 두는 '절차적 합리성', 이 모든 것이 인간의 지식, 또는 인지능력이 제한되어 있음에 초점을 둔 '제한된 합리성'으로 표현되었다. "

▶ 허버트 사이먼

지능 및 인지과학 등 매우 다양한 분야에서 관심과 능력을 발휘했다. 이러한 그의 전체 인생 여정은 경제학에서 주류인 신고전학파 이론에 심대한 도전이었으며 이로써 노벨경제학상(1978)을 수상했던 것이다.

궁극적으로 사이먼 연구의 중심과제는 인간의 이성에 관한 것이었다. 이성은 합리성에 관한 것이었으며, 합리성 연구는 불확실하고 복잡한 환경 속에서 어떻게 인간이 의사결정 하는가에 초점을 맞추고 있다. 기본적으로 심리학에서 인간의 정보처리와 학습에 관한 이론을 배경으로 지각 및 인지에 주의를 기울이고 있다. 또 이를 적용하고 검증하기 위해 직접 기업 내에서 일어나는 의사결정과정을 분석했다. 그는 이런 과정에서 심리학과 경영학을 넘나들고 있다. 더구나 인간이 복잡한 환경 속에서 어떻게 정보를 처리하는가에 관해서 그의 관심은 생물학 혹은 복잡성 과학으로 연장되고, 실제 인간의 의사결정과정을 묘사하고 기술하기 위해서는 컴퓨터공학을 응용하고 있다.

사이먼의 이러한 폭넓은 관심과 적용영역의 확대는 산만함이라기보다는 의사결정을 둘러싼 인간의 의식과 그에 포함된 합리성의 개념을

그의 관심은 생물학·복잡성으로 연장되고, 실제 인간의 의사결정과정을 묘사하기 위해 컴퓨터공학을 응용한다.

정립하는 것이었으므로 그 누구보다도 정확하게 초점을 맞추고 있다고 할 수 있다. 다각적이고 실증적인 그의 방법론과 현실 관찰에 근거한 인식이 경제학 이론의 주류인 신고전학파에 큰 도전이 되었다.

구체적으로 신고전학파 이론의 세 가지 핵심 기반이 도전을 받았다. 그것은 먼저 고전 학파의 유산으로 물려받은 한계주의(marginalism), 극대화(maximization) 가정, 그리고 논리적 실증주의(positivism)이다. 한계주의 이론은 개별 행위주체가 의사결정을 내리는 시점은 추가로 한 단위 더 소비했을 때 발생하는 효용, 즉 한계효용(marginal utility)이 이로부터 발생하는 추가비용, 즉 한계비용(marginal cost)과 같아질 때라고 한다. 즉 추가적인 소비로부터 오는 만족감이 비용보다 높은 곳, 즉 한계효용이 정(正)인 영역에서는 계속 소비를 늘리고, 반대

사이먼의 합리성 연구는 불확실하고 복잡한 환경 속에서 어떻게 인간이 의사결정 하는가에 초점을 맞추고 있다.

로 부(否)인 영역에서는 소비를 줄여야 하므로 최적(optimal) 선택은 한계효용과 한계비용이 같아지는 곳이다.

신고전학파에서 극대화 가정을 바탕으로 한다는 것은 개별 경제주체가 자신의 효용함수(utility function)의 구조를 완벽하게 알고 있다는 것을 의미한다. 즉 개인은 자신의 만족감에 영향을 주는 내·외부 변수들을 알고 있고, 이들 변수가 어떻게 효용에 영향을 주는지도 알고 있으므로 자신의 만족감(효용)을 측정하는 계산 능력을 가지고 있다는 것이다.

마지막으로 논리적 실증주의란 어떤 한 이론 모델의 유효성에 대하여 그 모델이 적절한 가정을 통해 복잡한 대상을 단순화하고 내적으로 정합성(整合性, consisten-cy)을 가지며, 현상을 충분히 설명할 수 있을 뿐 아니라, 미래에 대한 예측 능력을 가지는 것이 검증된다면 그 모델은 타당하다는 견해를 유지하는 것이다.

신고전학파의 이와 같은 방법론 혹은 인식론적 태도는 비교적 상당한 기간을 두고 형성된 것이어서, 이 패러다임은 너무나 견고한 나머지 결코 퇴색하지 않을 것 같은 인상을 주었는지 모른다. 이런 측면에서 사이먼의 연구는 정면 도전이었으며 아마도 초기에는 다윗과 골리앗의 싸움처럼 보였을지도 모르겠다. 그의 선구적 연구의 접근방법을 신고전학파의 이론과 대비하여 네 가지 점에서 정리해보았다.

주의란 희소자원이다

심리학에서, 특히 학습이나 지각 및 인지에 관한 분야에서 인간이 한 대상에 집중시킬 수 있는 주의(注意, attention)는 실질적으로 한정되어 있다는 사실은 매우 일상적인 명제이다. 또한 수시로 오류를 범할 수 있으며, 게다가 누구나 똑같이 능률적이지도 않다. 반면 신고전학파 이론은 방법론적으로 개별 경제주체의 의사결정 환경을 모델화할 수 있는 인식과, 모델에 포함된 변수 값을 계산하는 연산능력에 대해 의문을 제기하지 않는다.

주의가 한정되어 있다는 것이 일반적인 사실이라면, 사람들이 의사결정 상황에서 많은 변수들을 한꺼번에 모두 다룰 수는 없을 것이므로 중요한 정보와 아닌 것을 거른 후에야 판단가능할 것이다. 즉 상황 자체가 매우 단순하여 충분할 정도로 계산하는 것이 가능하지 않은 경우라면, 의사결정 메커니즘은 선택적으로 취해진 일부의 정보에 근거하므로 정확한 의사결정 모델의 인식 여부와 최적화 여부를 알 수 없는 것이다.

의사결정시 주어진 상황을 객관적으로 타당한 합리적 모델에 근거하여 평가하기가 어렵다는 점은 카네만(Kahneman) 또는 츠버스키(Tversky)와 같은 실험 심리학자들의 연구들로부터 많은 지원을 받았다. 예를 들면 손실의 위험이 있을 경우 사람들은 효용증가보다는 감소 쪽에 더 많은 비중을 두어 판단하는 경향이 있다는 것이나, 객관적으로 보면 확률 계산에 의해 합리적으로 선택할 수 있을 때에도 사람들은 사상들이 일어나는(주로 순서에 관련된) 패턴을 알아내기 위해 주의를 집중한다든지 하는 것 등이다.

또한 의사결정을 하기 위해서는 대상이 되는 경우의 사건들이 독립적인 사상으로서 평가되어야 하는데 실제 시장에서 일어나는 일 중에서 상대방의 결정이 나의 의사결정 메커니즘에 직접 영향을 주는 결합된 사건은 더욱 복잡성을 증대시킬 따름이다.

기대수준에 도달하면 멈춘다

의사결정 모델이 불완전하고, 인간의 연산능력이 한정되어 있다면, 국지적(local)이 아닌 전체적(global) 극대화의 달성은 반드시 일어난 다기보다는 예외적으로 경우에 따라 일어날 가능성이 높다. 사이먼은 신고전학파 이론이 가진 의사결정의 즉시적 관점, 즉 정보만 주어진다면 즉각적으로 전체적 극대화를 달성할 것이라는 점에 반기를 들고, 오히려 사람들은 자신이 기대하는 국지적 만족 수준에 이르기까지 점진적이며 적응적으로 반응한다고 한다.

흔히 '만족화의 원리'(satisficing principle)라고 불리는 이 주장은 사이먼의 의사결정 이론의 핵심으로 여겨지지만 이는 빙산의 드러난 부분에 불과하다. 먼저 그 뿌리는 심리학의 행동주의(behavioralism)에 닿아 있음을 알아야 한다. 행동주의는 원하는 행동 결과에 도달하기 위해 반복된 시도를 통해 현재의 결과를 기준으로 더 나은 결과를 얻기 위해 행동전략을 수정하며 단계별로 점진적으로 나아지는 것(점진주의, incrementalism)을 주된 접근방법으로 하며, 전반적으로 개체가 변화하는 환경에 적응하며 지속적으로 더 나은 성과를 내는 적응의 과제(적응주의, adaptivism)를 내포하고 있다. 사이먼의 연구 성과가 사이어트 (Richard M. Cyert)나 마치(James G. March)와 같은 학자들과 함께 경영학 분야에서 보여준 업적들은 바로 이와 같은 행동주의 심리학의 기본 이념과 맥락을 같이 하고 있다.

경제학에서의 관심은 경영학과 달랐다. 경제학의 주된 과제는 합리성(rationality)에 관한 논의였기 때문에 사이먼의 공헌은 위에서 언급된 바에 의해 '적응적 합리성'(adaptive rationality, 즉 목표함수와 현재 모델 인식 사이의 괴리를 줄여나가는 적응과정에 초점을 둠), '절차적 합리성'(procedural rationality, 즉 즉시적으로 한 번에 완수되는 것이 아니라 기대된 만족 수준에 이르기까지 몇 번의 단계별 절차를 가지는 것에 초점을 둠), 그리고 이 모든 것이 인간의 지식, 또는 인지능력이 근본적으로 제한되어 있음에 초점을 둔 '제한된 합리성'(bounded rationality)으로 표현되었다.

이와 같이 전개된 모습은 행동주의 심리학에서 인간은 외부환경으로부터 오는 신호(특히 기대치와 현재값 사이의 격차가 주의의 초점이 됨)가 자극이 되어(작용 또는 자극, stimulus) 개체의 행동을 유발하고 (반작용 또는 반응, response), 이 과정이 개체의 생존가(survival value)를 높이는 방향으로 작용한다고 생각한 것이 한편으로는 기업환경 배경의 의사결정과정(경영학), 또 다른 한편으로는 효용극대화를 배경으로 한 의사결정과정과 그속에 내포된 본질로서의 합리성(경제학)으로 확장된 것이라고 볼 수 있겠다.

세계는 복잡하면서 동시에 열린 계이다

사이먼의 연구가 신고전학파에 대한 도전으로 비친 것은 주의(注意)나 합리성(合理性)에 관한 방법론적 관점에 한정된 것은 아니다. 물론 앞에서 의사결정과정 자체에 대하여 인간의 인식과 인지를 어떻게 볼 것이냐가 대조됨을 보긴 했지만 더욱 중요한 인식론적 관점의 차이는 좀더 큰 문제의식을 포함하고 있다.

사이먼의 연구에서 환경 및 세계에 관한 해석은 신고전학파의 물리학적 세계, 즉 어떤 완전한 진공과도 같은 상태를 가정하고, 그때 "다른 조건이 변하지 않는다면"(ceteris paribus ; other things being equal)이라는 전제 아래 전개되는 모델에서의 해석과 크게 다르다. 그는 우리가 일상적으로 느끼는 바와 같이 인간의 삶을 둘러싼 외부환경은 진화하고 경계가 불확실하며, 인간과 환경은 상호작용적이라는 관점을 취했다. 그러므로 뉴턴의 물리학 세계라기보다는 생물학 혹은 화학으로부터 배울 수 있는 것을 취했다.

따라서 사이먼에게 세계는 본질적으로 복잡계(複雜界)이다. 복잡한 시스템 속에서 인간이, 특히 의사결정에 관하여 어떤 모습을 보이는가가 그의 중심 주제였던 것이다. 그는 신고전학파가 취하는 단순화된 세계가 아니라 빠르고 복잡하게 변화하는 외부 세계를 주목하였으며, 특히 컴퓨터의 발명 및 그에 따른 정보처리기술의 급속한 진보를 진지하게 다루었다. 컴퓨터 프로그래밍 기법으로 의사결정과정을 모델화할 뿐 아니라 진화하는 체계에서 나타날 가능한(안정된 패턴을 갖춘) 모습들을 예측하는 것이 가능한 것으로 인식되었다.

뉴엘(Newell)과의 공동연구들을 통해 나타나듯이 그는 인공지능 분야에 역시 큰 관심을 가지고 컴퓨터 시뮬레이션 기법을 인간의 인지 영역에 광범하게 적용하였다. 주된 관심은 문제해결과정(problem solving)에 있었고, 이는 결국 의사결정과정 연구 영역에 통합된다.

조직에 주목하다

사이먼이 인간의 인지과정, 특히 의사결정 과정에 초점을 맞추고 행동주의 심리학, 인지과학, 컴퓨터공학, 인공지능 등 매우 다양한 영역에서 실증적인 작업을 해왔음을 보았다. 그런데 의사결정에 있어 그의 관심은 신고전학파와 같이 궁극적으로 개인에게 환원되는 것이 아니었다. 그는 늘 조직(기업)을 염두에 두었다. 사이먼에게 기업은 매우 중요한 실체(entity)였고 그는 경제에서 기업이 차지하는 역할을 중요하게 생각했다.

의사결정 주체에 대한 신고전학파의 인식은 기업과 개인을 구분하지 않는다. 여기서 기업은 한편으로는 암흑상자(black box)로 취급되어 내부의 구체적 과정이 무시되거나, 혹은 유의미하다 하더라도 기업의 결정은 원칙적으로 개인의 결정으로 환원된다. 그 이유는 신고전학파에 있어서는 궁극적으로 시장(market)의 문제가 중요하므로 시장에 초점을 맞추고 있기 때문이다.

이에 대해 사이먼의 연구는 기업을 시장보다 오히려 더 중요한 실체로 여기며, 기업을 통한 거래와 교환이 시장에서보다 더 크게 나타나는 점에 주목하고 있다. 따라서 기업이 외부환경의 변화를 인지하고, 연속적인 적응과정에서 실현되는 의사결정과 새로운 전략의 형성 등을 매우 의미있는 것으로 다루어왔다.

다만 환경변화에 따른 기업의 적응에서 조직이 문제를 해결하는 논리는 개인의 문제해결 방식과 동일한 원리를 취한다. 따라서 조직의 의사결정의 실체는 조직을 대표하는 개인 혹은 개인들로 귀속되며 이들의 결정은 조직행동을 표상(represent)한다. 이러한 인식의 기본 배경이 되는 행동주의 심리학은 조직 차원의 인지와 개인 차원의 인지를 구분하지 않기 때문이다.

사이먼 연구, 그 확장의 이후

사이먼이 맡은 지식의 프런티어에서의 역할은 이미 그의 연구 초년인 1940년대 후반부터 시작되었으며, 말년에 와서 형성된 것은 아니다. 그의 연구의 영향력은 대단히 컸고 신고전학파는 오랫동안 자신을 방어해야 했다. 스티글러(Stigler)류의 이론이나 라너(Radner)와 마삭(Marschak)류의 팀이론 등은 불확실성 아래에서의 한계비용의 계산이나 복수의 개인들 간의 구체적인 의사결정과정을 정교하게 묘사함으로써 사이먼의 도전에 응전했다. 이들은 결코 신고전학파의 근본, 즉 한계주의와 극대화를 벗어나지 않았다. 사이먼은 이들 경제학자들이 인간의 심리와 행동에 뭔가 착각하고 있었으나 주변의 '경제학자'들에게는 설득력이 있었다고 인정했다.

또한 복잡하고 빨리 변화하는 환경에서 어떻게 모델을 인식하며 극대화를 도모할 수 있겠는가라는 공격에 대해 신고전학파는 '합리적 기대가설'(rational expectations hypothesis)로써 기대(期待)는 미래 사상에 대해 정보를 가진 예측이기 때문에 적절한 경제이론에 의한 예측과 본질에 있어 동일하다는 주장으로 방어했다. 사이먼은 '제한된 합리성'이 뜻으로는 옳을지 모르나 신고전학파의 대안으로서 단순명료한 방법틀을 제시하는 과제를 극복하지 못한 점을 받아들이고 있다.

사이먼의 연구는 신고전학파가 방법론의 정교함과 우아함은 유지할지 모르나 경제주체가 현실(reality)에 접근하는 구체적 과정에는 눈을 감고 있음을 직시하게 만든다. 그리고 신고전학파에 대한 대안을 모색하는 연구자들도 그동안 사이먼 연구의 기여와 본질에 대해 너무 막연하게 받아들였음을 볼 때 뿌리가 어디에 있는지 더욱 정확하게 인식하기를 요구하고 있다.

황희영 서울대학교 국제경제학과를 졸업하고 같은 대학원에서 석사학위를 받았다. 그후 프랑스 사회과학고등연구원(EHESS)에서 제도경제학으로 박사학위를 받았다. 주로 제도경제론, 디지털 경제에 관심을 갖고 있으며, 현재 영산대학교 국제무역학과 교수로 재직하고 있다.

법경제학—법적 문제의 경제학적 분석

법으로 개인의 경제적 이익을 극대화한다

정영화

서경대 교수 · 법학

법질서와 경제질서의 관계

법경제학이란 특정한 법적 문제에 관한 경제학적 분석이라고 정의할 수 있다. 법경제학은 다음과 같은 세 가지 단계에 의해서 분석이 이루어진다.

첫째는 모든 개인과 집단이 의사결정의 과정에서 공리로서 이윤, 판매량, 부(富) 등을 극대화한다고 전제한다. 둘째는 특정한 의사결정에 관련되는 모든 주체들이 상호간에 정보교환 및 협상의 결과로 일정한 균형상태에 도달한다고 가정한다. 셋째는 이렇게 도달한 균형상태가 과연 경제적으로 효율적인지 아닌지를 판단하는 단계이다.

그런데 이러한 법 문제의 경제적 분석과정에서 연구자가 법을 중시해야 하는 이유가 무엇일까? 그 이유는 법이 제정되는 방식에 따라 관련 경제주체들의 모든 행위에 각기 상이한 가격(비용)이 결정되기 때문이다. 행위방법에 따라 지불해야 하는 가격이 변하면 경제주체들의 최적 행위조합도 바뀌게 마련이다. 결국 법경제학은 법이 창출한 암묵적인 가격의 변화에 대해서 경제주체가 어떻게 반응하고, 그 결과는 어떤 특성이 있는가를 밝히는 데 그 목적이 있다.

법경제학은 17~18세기 스코틀랜드의 도덕철학에서 비롯했다. 당시는 윤리학, 법학, 정치경제학이 각기 자기완결적인 학문으로 분화되기 전이었기 때문에 도덕철학의 체계 내에 윤리 · 법 · 경제를 통합하여 근대시민사회의 발전원리를 구하고자 하였다. 요컨대 '보이는 손'으로서 법질서가 전제되어야 비로소 '보이지 않는 손'인 시장기구가 작동할 수 있고, 동시에 시장기구를 제대로 이해해야 법질서를 바르게 세울 수 있다. 따라서 법질서와 시장질서를 통합함으로써 국부의 증대와 정의를 실현할 수 있다.

사실 법과 경제학이 접목될 수 있다는 사실은 이미 1930년대에도 인식되었다. 양자가 모두 가치와 교환이란 주제를 다루고, 또 공히 계약이나 재산이란 소재에 대하여 논의하기 때문에 접목이 가능하다고 생각하였다. 더 근본적인 이유는 이전에 법과 사회학의 결합인 법사회학이 큰 성공을 거두지 못한 사실에서 연유한 것으로 이해된다. 사회학은 학문적 분석모형을 형성하지 못했기 때문에 법에 대한 일관된 분석을 기대할 수 없었다.

그러나 법경제학은 법에 경제학을 접목시킴으로써 과학적이고 비정
치적인 결론을 도출할 수 있으며 또 실증적으로도 검증이 가능한 분석
도구라는 사실을 인식하게 되었다. 특히 오늘날 법경제학은 시장기구와
법률을 각기 독자적인 제도가 아니라, 하나의 통합된 사회체계 안에서
상호작용하는 것으로 본다. 결국 법경제학은 시장질서와 법질서의 상호
관계에 초점을 맞추어 시민사회의 질서 및 발전원리를 밝히는 데 그 목
적을 둔다.

법경제학운동의 흐름

19세기가 법학과 경제학이 분화된 시기라면, 20세기는 양자가 재통합
된 시기이다. 법질서와 경제질서의 재통합과정은 20세기 초부터 1930년
대 말까지의 제1기와 1960년대부터 현재까지의 제2기로 구분할 수 있
다. 호벤캄프(Herbert Hovenkamp)에 따르면, 전자를 제1차 (구)법경
제학운동으로, 또 후자를 제2차 (신)법경제학운동으로 지칭한다.

구법경제학의 시기는 1880년경부터 1930년대 말 진보주의시대가 끝
날 때까지이다. 20세기 초 구법경제학의 시기는 격변기로서 고전파 또
는 신고전파에 대한 회의와 반발의 결과였으나, 아직 이론적 대안을 제
시하지는 못하였다. 당시의 연구대상은 직접 경제현상을 규율하는 독점
금지법, 산업규제법 및 회사법과 노동법 분야에 집중되었다. 특히 근본
적인 문제인 법과 소득분배의 관계에 대해서 관심이 컸다. 이러한 운동
은 대개 시장기구의 완전성과 관습법의 복리증진 기능에 대해서 회의적
이었고, 이 때문에 경제적 효율성과 형평성을 위하여 국가의 경제질서
개입을 허용하자는 견해가 지배적이었다. 즉 이들은 고전파 경제학이
기대한 바와 같이 시장질서가 최소한의 법질서인 관습법만으로 자유경
쟁을 유지하고 본래 예상한 국부증대와 정의를 실현할 수 있는가에 대

구법경제학의 대표적 인물인 베블렌. 구법경제학운동은 시
장질서에 대한 국가개입을 지지하고 경제적 약자를 고려하
는 운동이었다.

하여 회의적인 입장이었다.

구법경제학은 경제에 대한 국가의 적극적인 개입, 시장질서에 대한 법
적 규제를 지지했다. 이는 국가의 시장개입에 대하여 호의적인 입장에
기초하여 관습법보다는 성문법을 더욱 선호하며, 법 진화에 대해서도 관
습법이 사회문제의 해결에 점진적인 과정에 있다는 문제의식으로부터
신속한 대응을 위하여 성문법을 대안으로 내놓았다. 구법경제학에 속하
는 인물로는 찰스 애덤스(Charls F. Adams), 헨리 애덤스(Henry C.
Adams), 셀리그먼(Edwin R. A. Seligman), 베블렌(Thorstin Veblen),
엘리(Richard T. Ely), 커먼스(John R. Commons) 등이 있다.

요컨대 구법경제학은 법과 경제가 상호작용하는 부문에 국가의 직접
규제를 중심으로 규제강화론 또는 규제옹호론이 주류를 이루었다. 그리
고 사회경제적 약자와 소득분배개선에 대한 관심이 강하고, 역으로 경
제적 강자에 대한 비판이 강하였다.

제1차 법경제학운동은 1930년대 커먼스와 베블렌 이래로 일단 쇠퇴
하였다. 그후 법과 경제에 대한 연구는 하예크(F. Hayek), 오이켄
(Walter Eucken), 아르막(Müller Armack) 등 독일의 질서주의 또는
신자유주의학파에 의하여 지속적으로 추구되었으나, 법경제학은 1960년
대 초까지 침체상태에 있었다. 다만 그 기간에 사회법과 경제법 분야에

서 법과 경제의 학제간 연구가 지속되었다.

1960년대의 신법경제학은 코즈(R. Coase)의 사회적 비용에 관한 연구(1960), 캘러브레시(G. Calabresi)의 불법행위에 관한 연구(1961), 알치안(A. Alchian)과 뎀세츠(H. Demsetz)의 재산권에 관한 연구(1961, 1967) 등에 의해서 등장하게 되었다. 이는 구법경제학과는 분석방법과 연구영역에서 차이가 난다. 분석방법은 기본적으로 '합리적 선택 모델'을 기초로 하여 법현상을 분석한다는 점에서 신고전파의 방법론을 취하지만 신고전파의 완전정보와 영(zero)의 거래비용을 전제하지 않고, 불완전정보와 정(正, positive)의 거래비용을 전제로 하는 점에서 차이가 난다. 더구나 연구범위도 본래 법학의 영역까지 확대하여 범죄 · 가족관계 · 인종차별 등의 시장 외적 행위에 대하여 가격이론을 적용하고, 형사정책이나 입법정책에도 경제분석을 도입했다.

그러나 신법경제학은 경제학의 근본문제를 상대적으로 소홀히 하면서, '작은 문제' 혹은 '지엽적인 문제'에 과도한 연구노력을 기울인다는 비난을 받았다. 즉 경제적 정의와 법적 정의의 문제, 복지와 소득분배의 문제를 법질서의 영역에서 다룰 것인지 혹은 시장질서의 영역에서 취급할 것인지 또는 법 혹은 시장이라는 택일이 아니라 양자의 협력과 분업에 의하여 해결할 것인지의 근본문제를 소홀히 한다는 것이다.

법경제학의 새로운 방법론

홈스(Holmes), 프랭크(Frank), 르웰린(Llewellyn) 등 법실천주의자들은 19세기 후반과 20세기 초에 미국 법학교육에서 과도한 법실증주의(positivism) 경향을 비판하고 그 대안으로서 법경제학을 주목하였다. 같은 시대에 프랑스, 독일 및 영국에서도 사비니(Savigny), 제니(Geny), 살레르(Saleilles) 등은 당시 논리학에 기초한 관념법학을 비판하고 새로운 학파를 제시하였다. 여기서 법경제학의 방법론은 법에 경제적 개념과 이론을 적용하여 새로운 영감을 얻는 데 목적을 두었다. 법경제학은 방법론적 개인주의에 기초하여 모든 분석에서 개인의 행위에 초점을 두고 있다. 물론 개인의 의사결정이 예견한 비용을 초과하여 이익을 극대화하는 것이 합리적이라고 판단한다.

법경제학의 이론은 뎀세츠, 프르봉(Furubotn), 페조비치(Fejovich) 등을 중심으로 한 재산권학파, 시카고 신고전파의 제도경제학(Austrian and Institutional School), 시카고 학파의 방법론과 동일하지만, 시장실패의 문제를 포함하여 경제문제의 해결을 위해서 국가의 간섭을 널리 인정하는 입장에 해당하는 켈러브레시와 에커먼(S. Rose Ackerman) 등의 예일대 뉴헤이븐학파(New Haven School)가 있다. 또한 독일의 프라이부르크학파도 법경제학과 동일한 계열에 속한다. 이는 1930년에 창립되었으며, 그 학자로 오이켄, 뢰프케(Roepke), 에르하르트(Erhard), 뵘(F. Boehm) 등이 있다.

한편, 법학교육에서 법경제학의 중요성에 관해서 1981년 예일대학 심포지엄에서 에커먼, 포스터, 프리스트 등의 논문이 발표되었고, 또 1991년에는 미국 밖에서 '민법에서의 경제적 분석 : 과거, 현재, 미래'란 심포지엄이 개최된 바 있다. 현재 미주와 유럽 및 일본, 대만, 오세아니아에 걸쳐서 약 40여 국가의 법학교육에서 법경제학은 중요한 교육 및 연구방법으로 응용되면서 종래의 법제도 개선에 이론적·실무적으로 크게 기여하고 있다. 예컨대 법경제학은 먼저 독점금지법과 회사법 그리고 불법행위법·부동산법(예로 공용수용)·계약법·민사소송법에까지 적용되어 활성화되고 있다. 특히 현재 유럽과 미주 등 전 세계 주요 법과대학에서는 법경제학을 필수과목으로 개설하여 경제학과 법학의 학제간 전문학위를 인정하고 있다. 현재 운영되고 있는 주요 대학에서의 법경제학 사례를 살펴보면 다음과 같다.

오스트리아 : 인스부르크 대학 법학부에서는 필수교과로서 '법경제 분석'(Economic Analysis of Law)을 개설하고 있다.

벨기에 : 루뱅에 있는 가톨릭대학 법학과에서는 경제학 전공학생들에게 법경제분석을 강의하고 있다. 또한 겐트(Ghent)대학도 법학과 경제학 공동교과목으로 법경제학을 필수교과로 정하고 있다.

프랑스 : 1994년 이후에 법경제학의 관심이 높아지면서 몽펠리에대학교에서 법경제학 강의를 개설하고 있다.

독일 : 1984년부터 바크하우스(Backhaus)가 공동편집하는 『유럽 법경제학 저널』(European Journal of Law and Economics)을 발행하고 있다. 현재 튀빙겐 등의 다수 대학에서 법경제학 강의를 개설했다.

이탈리아 : 트렌토대학에서 법학도의 선택과목으로 법경제학을 개설했다.

네덜란드 : 다수 대학들이 학부와 대학원에서 법경제학 박사학위를 운영하고 있다. 특히 로테르담 소재 에라스무스대학과 유트레히트대학원은 법률가나 경제학자들에게 학위과정을 운영하고 있다.

아시아의 법경제학은 중국과 일본 및 한국 모두가 매우 유사한 시기에 시작되었다. 먼저 중국은 1987년 포즈너의 『법의 경제분석』(Economic Analysis of Law)이란 책을 번역하여 강의교재로서 호평을 받았고, 또한 스티븐 정(Steven Cheung, 1987)이 그의 계약법과 재산권이론에 관하여 대학에서 강의하고 있다. 아시아에서는 중국이 가장 많은 연구성과와 전공자들을 배출하고 있다. 일본은 1990년대부터 법경제학의 번역서와 입문서들이 출간되고 있다. 그리고 한국에서도 1990년대 중반부터 법경제학 교재(박세일)와 번역서가 출간되었으나, 아직 대만과 일본에 비해서 연구수준과 교육이 체계화되지 못한 형편에 있다.

사회규범은 합리적 선택의 결과

법의 경제적 분석이란 법의 형성, 구조, 과정과 효과 그리고 법제도를 분석하기 위한 경제학 이론과 경제방법의 적용이라고 정의할 수 있다. 법제도는 경제외생 요소가 아니라, 경제내생 변수로서 경제체제의 다양한 요소에 변화를 일으킨다. 법경제학에서 법제도는 경제체제의 외생변수가 아니라, 설명되어야 하는 독립변수로 이해된다. 법경제학은 시카고 법경제학, 공공선택이론, 제도 법경제학 및 신제도 법경제학을 포함하고 있다. 법경제학은 법에 대한 경제적 분석 또는 법에 대한 합리적 선택의 적용이라고 정의할 수 있다. 이러한 법은 성문법, 판례법, 관습법 및 조약을 포함한다.

코즈(1994)에 의하면, 법경제학은 법에 관한 연구에서 경제학의 중요성을, 또 신제도경제학은 경제체제의 이해에서 중요한 기업, 시장, 법이라는 제도의 중요성을 강조한다. 법경제학에서 분석의 기본단위는 개인의 행위이며, 기업이나 국가와 같은 집단의 행위도 분석한다. 법경제학의 연구방법론은 개인주의에 입각하여 개인의 이익을 극대화한다는 의미에서 비윤리적인 것이다. 법경제학은 사회규범이 합리적 선택의 결과라는 점을 보여준다.

정영화 서울대학교 법과대학 및 대학원을 졸업(법학박사)하고 현재 서경대학교 법학과 교수로 있다. 『헌법학』『전자상거래법』『사이버법』 등의 저서와 「인터넷에서 표현의 자유의 규제」「프라이버시 권리」「개인정보침해와 권리구제」 등 헌법 및 정보법 분야에 관한 다수의 논문이 있다.

BDS검정법

표본의 수가 무한대로 감에 따라 BDS 통계량의 기대값이 0으로 수렴할 경우 시계열이 i.i.d.과정을 따른다고 간주한다. 반면 BDS 통계량이 0과 괴리를 보일 경우 시계열이 시계열적 의존성을 갖는다고 간주한다.

TQM Total Quality Management

최근의 기업환경 변화는 현장 위주, 제품 위주의 품질관리체제에서 product, process, person 등 총체적인 품질향상으로 고객만족, 인간성 존중, 사회에의 공헌을 추구해가는 품질경영체제를 절실히 필요로 하고 있다. 이러한 변화의 근본에는 패러다임의 변화가 내재되어 있다고 하겠다. 고객만족을 위하여 최고경영자의 적극적인 리더십 아래 모든 구성원의 참여와 교육훈련, 조직체계를 갖추고 과학적 기법을 통한 품질향상으로 기업의 장기적 성장을 추구하는 지속적인 개선활동 또는 경영체계라 할 수 있다. TQM적 사고와 전통적 사고의 근본적인 차이는 인적 자원의 관리방식에 있다고 할 수 있다.

가족의 위기

최근 가족이 핵가족화되고, 이혼 등으로 가족이 파괴되어 가족의 부양 기능이 약화되고 있는 현상을 가족의 위기라고 부른다. 이전의 대가족 제도에서는 노인과 아동을 많은 가족 구성원들이 서로 도와가면서 부양하였다. 그러나 가족이 소규모로 쪼개지면서 노인이나 아동의 부양을 소수의 가족들이 책임지기가 점점 더 어려워져가고 있다. 더욱이 농업사회와는 달리 일터가 삶터와 분리되어 일터에서 노약자를 보살필 수 없음에 따라 노약자의 부양 문제는 더욱 커진다. 한편 이혼 등으로 가족 자체가 파괴되면 문제는 매우 심각해진다.

가치(문화)다원주의

드워킨의 자유주의에서 다원주의는 주로 문화다원주의 혹은 가치다원주의를 의미한다. 그것은 삶을 가치 있게 만드는 것, 혹은 살 만한 가치가 있게 만드는 선(善)들이 다양하다는 것을 의미하며, 특히 궁극적인 선들이 다양하다는 것을 의미한다. 다원주의는 자유주의 국가의 중립성을 요구한다는 점에서 현대 자유주의의 중요한 사회학적·규범적 배경을 이룬다.

거래비용 transaction cost

광의의 거래비용은 시장이란 자발적 교환의 장을 활용하기 위하여 소요되는 일체의 비용을 말한다. 예컨대 교환의 전제로서 재산권의 확정 및 확정된 재산권 관계의 유지비용, 거래의 상대방을 찾고 그의 거래조건을 인지하는 데 소용되는 정보비용, 거래를 최종적으로 확정하는 과정에서의 교섭비용, 계약체결비용, 계약내용을 충실히 이행시키기 위해서 소요되는 제반 비용, 감독비용(사법비용 포함)의 총합이다. 그런데 이들 거래비용의 합이 교환 및 거래의 이익보다 커지면 시장실패가 발생한다. 실제로 계약법과 재산법이 이 거래비용을 감소시키는 데 의의가 있다. 본래 외부효과는 거래비용이 과다한 경우에 발생하는 현상이다. 그러나 거래비용이 과다한 경우는 외부효과가 내부화되지 못하고, 시장기구의 작동도 어렵기 때문에 이러한 상황에서 사법판단은 자원배분, 즉 국민총생산에 직접 영향을 미친다.

거미집 모형 cobweb model

수요량과 가격은 순간적인 반응이 가능하지만 공급량은 한 기간이 지난 다음에야 반응하는 경제에서, 균형의 시간경로가 거미집과 같은 형태를 나타내는 모형.

거버넌스 governance

조직 또는 집단에서 어떤 문제에 관해 결정을 내리는 과정과 그 결정을 집행하는 과정을 총칭하는 개념. 거버넌스는 풀뿌리 수준의 작은 공동체로부터 국가, 국제사회 등 거대한 공동체까지 모든 조직이 해당되며, 극히 사적인 문제로부터 극히 공적인 문제까지 모든 이슈 영역을 포괄한다. 거버넌스는 형식적 권위를 가진 주체가 일방적인 결정을 내리고 그것을 하향식으로 집행하는 것이 아니라, 의사결정의 영향을 받게 되는 모든 이해당사자들의 의견과 영향력이 결정과정과 집행과정에 반영되는 과정을 모색한다. 이때, 더욱 민주적이고 융통성 있고 효과적인 의사결정과 집행이 가능해진다고 본다.

결정론적 카오스 과정
deterministic chaotic process

어떤 외생적인 충격 없이 몇 개의 결정론적인 힘들에 의해 생성되는 매우 복잡하고 변동성이 심한 시간경로. 외관상으로는 확률과정과 비슷하게 보이지만 내재된 확정적인 법칙을 따른다. 카오스가 시스템에 확률적 요인이 없고 단지 몇 개의 결정론적 법칙에 의해 생성된다고 하지만 장기예측은 여전히 불가능한데, 그 이유는 카오스 동학에서 발생한 작은 오차는 초기조건의 민감성(SDIC)으로 인해 시간이 지날수록 증폭되기 때문이다.

결정지역 Area of Decision
미국의 세버스키(Alexander P. Seversky)는 테크놀로지의 발전에 주목하여, 공군력의 잠재력을 감안하지 않는 맥킨더이론을 비판했다. 그는 공중패권(air supremacy)을 장악하는 쪽이 항공, 우주시대 세계의 운명을 좌우하는 결정지역을 장악한다고 보았다.

경성권력 hard power
군사력, 경제력 등으로 표출되는 국력의 측면.

경제주체들의 이질성 heterogeneity
시장참여자들이 서로 다른 거래전략, 투자계획기간, 기대형성방식을 갖고 있음을 나타낸다. 특히 이질적 금융시장 모형에서는 투자자를 기초여건 분석가(fundamentalist)와 기술적 분석가(chartist)로 구분한다.

계량경제모형 econometric model
모형 내에서 그 값이 결정되는 내생변수들과 모형에 영향을 주지만 모형으로부터는 영향을 받지 않는 외생변수들을 포함하는 일종의 방정식 체계.

계약주의
정치질서의 기원과 목적을 개인들 사이의 동의와 계약이라는 관점에서 이해하는 정치사상사의 한 흐름이다. 멀리는 홉스, 로크, 루소로부터 가까이는 존 롤즈에 이르기까지 오랜 전통을 지니고 있다.

공공디자인 Public Design
난개발과 재개발로 인하여 급속히 비장소화하는 현대 도시의 과잉상태와 기호학적 공해를 해소하고 가로와 광고판의 정비, 도시미관의 합리화를 통하여 걷기와 생명이 부활하는 지속가능성의 공간(Space of Sustainability)을 창출하려는 도시 디자인운동을 지칭한다.

공리주의 utilitarianism
도덕적 가치판단의 기준을 어떤 행위나 규칙의 효용성에서 찾는 철학적 사고이다. 행위의 옳고 그름을 동기가 아닌 결과에서 찾기 때문에 결과주의적 윤리설을 대표한다. 서구에서는 벤담 이래 가장 지배적인 공공철학으로 군림해왔으나 20세기 후반부터 칸트의 도덕철학에 입각한 의무론적 윤리설의 강력한 도전을 받고 있다.

공화주의 republicanism
가정으로 대표되는 개인의 사적인 영역(res privata)과 대비되는 공적인 일의 영역을 의미하는 라틴어 'res publica'에 연원을 둔 사조이다. 근대에 들어 그 의미가 다소 변했지만 그 어원적 의미는 여전히 남아 있다. 고전적 의미로는 사적인 이익보다 공공선을 더 중요시하고, 공적인 일에 적극 참여하는 덕이 있는 시민에 의해 유지되는 공화국을 지향하는 운동과 사조를 의미한다. 일각에서는 자유주의를 극복하거나 보완할 수 있는 가장 중요한 사상적 원천으로 이해하기도 한다. 그러나 미국에서는 대표자들에 의해 관리되는 정치질서라는 의미로, 간접민주주의와 혼용되는 경향이 있다.

괴리 disjuncture
사람 · 기술 · 자본 · 이미지 · 이념의 세계적 흐름이 각각 다른 속도와 상이한 기원과 종착점을 갖는 이질적인 궤적을 보임으로써 이들 흐름 간에 모순과 긴장이 발생하는 현상을 가리키며, 아파두라이는 이를 세계화 과정의 특징적인 모습으로 제시하고 있다.

국제레짐 international regime
국가 간에 존재하는 제도로서 원칙, 규범, 규칙, 공동의 의사결정과정 등을 일컫는다.

균형 경기변동이론
equilibrium business cycle theory
합리적 기대가설과 시장균형접근법에 의해 경기변동현상을 설명하려는 이론체계. 균형 경기변동이론은 경기변동현상이 시장기능의 실패에 의한 것이 아니라, 경제주체들이 합리적 기대 하에서 최적경제행위를 하는 과정에서 어떠한 경제적 교란이 발생하는 경우 그러한 교란이 확산되어 가는 과정에서 발생한다고 보고 교란의 원인 및 확산경로를 설명하는 데 초점을 두고 있다.

근본생태학 deep ecology
1973년 아르네 네스(Arne Naess)가 주창한 생태사상 내의 한 유파로, 생태위기의 원인을 근대과학과 철학에서 기원하는 신념체계(이원론, 인간중심주의, 그리고 유물론)에서 찾는다. 이후 이 유파는 로키 산맥을 중심으로 하는 미국의 서부지역 그리고 호주 등에서 확산되고 있다. 미국에서 근본생태학과 사회생태학의 논쟁은 1987년에 폭발되어 나왔다.

금융시장의 진화론적 동학
금융시장에서도 투자자들의 이질성, 거래전략 변경행위 등으로 인해 생물학에서와 유사한 진화론적 동학(evolutionary dynamics)이 나타남을 말한다. 특히 브락 등이 제안한 적응적 기대 시스템 모형(ABS)에서 시장균형가격과 다양한 거래전략의 비율은 시간에 걸쳐서 공진화(co-evolution)를 하게 된다.

긍정 피드백효과
positive feedback effect
발생한 한 사건이 원인이 되어 또 다른 사건이 연쇄적으로 발생하는 현상. 이러한 특성을 가진 시스템에서는 초기에 아주 작은 차이가 자기강화와 자기조직화를 통해 이후 커다란 차이로 귀결된다.

기술적 분석가 chartist
자산가격이 펀더멘탈 가치에 의해 결정되지 않고 추세나 순환과 같은 과거 가격에서의 패턴에 기반하는 기술적 거래규칙에 의해 예측될 수 있다는 기대 하에 변수의 과거 움직임에 근거해 자신의 거래전략을 취하는 거래자.

기초여건 분석가 fundamentalist

가격이 펀더멘탈 가치로 회귀할 것이라는 기대 하에 경제의 기초여건에 기반한 거래전략을 취하는 거래자.

나비효과 butterfly effect

초기조건에 대한 민감성을 나타내는 개념으로 나비 한 마리가 북경에서 날개짓하여 대기상태에 조그만 변화를 주면 다음날 뉴욕에서는 폭풍이 일어날 수 있다는 것을 말함. 이러한 나비효과에 의하여 국지적인 기상에 대한 어떠한 예측도 시간이 흐름에 따라 그 정확도가 급격히 떨어지게 된다.

내생적 성장이론
endogenous growth theory

경제성장을 추동하는 기술변화가 외생적으로 주어진다는 기존의 이론과 달리 지식이나 기술 등의 인적자본의 내생적 축적에 의해 경제성장이 촉진된다고 설명하는 경제성장이론.

내재가치 fundamental value

자산수익률과 배당률 등 자산가격 중 경제적 기초에 의해 결정되는 부분. 주식의 경우 배당수익의 현재가치가 주가의 내재가치이다.

노동유연성, 노동유연성 전략

노동유연성은 노동과 관련된 각종 보호장치가 제거되거나 약화된 상태를 말한다. 노동유연성은 수량적 유연성, 기능적 유연성, 시간적 유연성, 임금유연성 등의 다차원적 개념이다.

수량적 유연성은 노동자의 규모를 탄력적으로 조정할 수 있는 상태를 말하며, 정리해고나 파견근로제, 각종 임시직이나 파트타임제 등은 수량적 유연성을 증대시키는 조치들이다.

기능적 유연성은 노동자가 단순반복적인 기능 한 가지만 보유하는 것이 아니라 적어도 두세 가지의 기능을 동시에 보유하는 상태를 말한다. 다능공이 바로 기능적으로 유연한 노동자의 표현이다.

시간적 유연성은 법적으로 정해진 근로시간의 범위 안에서 탄력적으로 노동시간을 조정할 수 있도록 허용하는 것을 의미한다. 일이 없을 때는 노동시간을 줄이고, 그렇게 줄였던 노동시간을 일이 많을 때 사용하는 변형근로시간제가 대표적이다.

임금유연성은 노동자의 임금과 보상이 연공서열에 기초하는 것이 아니라 성과에 연계되는 방식을 말한다.

다차원 리더십모형
Multidimensional Model of Leadership

이 모형은 리더십을 다양한 상호작용의 과정으로 설명한다. 상황요인, 리더특성, 성원특성이 리더행동에 미치는 영향과 리더행동이 수행결과와 선수의 만족에 미치는 영향이 모형에 포함되어 있다. 다차원 리더십 모형의 핵심내용은 세 가지의 리더십 행동(규정행동: 조직 내에서 리더가 해야만 하는 행동, 선호행동: 선수들이 선호하거나 바라는 리더행동, 실제행동: 리더가 실제로 행하는 행동)이 일치할수록 수행

결과와 선수만족에 긍정적인 영향을 미친다는 것이다. 즉 리더의 실제행동이 선수들이 선호하는 행동, 주어진 상황에서 요구되는 행동과 더욱 가까울수록 팀의 수행이 더 좋아지고 선수들의 만족도가 더 높아진다.

다활동기반사회
multi-acitivity based society
노동기반사회의 반대다. 다활동사회는 시간의 정치를 통해 모든 개개인이 자신의 시간에 대한 통제를 다시 획득하는 데서 출발한다. 이 사회는 자율적이고 풍요로운 인격체들이 그들의 생산적 기능을 초월하고 기능으로 환원되지 않으려는 열망에 의해 스스로 활동을 부과하는 사회이다. 이 사회의 시간과 공간은 모든 사람들이 다양한 활동에 참여하도록 조직화되어야만 한다. 이 사회에서 규범은 모든 사람들이 자기공급적 협동조합, 서비스-교환 네트워크 등 다양한 활동에 속해야 하는 것이다. 그래서 이 사회는 문화기반사회이다.

대중적 세계화 vernacular globalization
세계화 과정이 일반 대중의 일상과 의식을 변화시키는 한편, 새로운 상상력을 얻게 된 이들의 실천적 행위가 현대 세계를 변화시키는 사회적 힘으로 작동하는 현상을 가리키는 개념이다.

대중정당 mass party
보편선거 실시를 계기로 하여, 정당은 많은 유권자를 대상으로 하여 득표경쟁을 하게 되었고 그에 따라 대중정당으로 발전하였다. 사회주의 정당이 가장 먼저 대중정당으로 등장했으며 이후 보수정당들도 그 뒤를 이었다.

두터운 꼬리 fat tail
주가와 환율 등 자산의 수익률 분포곡선에서 극단적인 수익이 발생할 확률이 정규분포의 경우보다 높게 나타나는 이상현상.

러기 John Gerard Ruggie
1974년 버클리대학에서 정치학 박사학위를 받고 하버드대학교 정치학교수를 거쳐 현재 컬럼비아대학교 국제대학원 교수 겸 대학원장으로 재직 중이다. 코헤인을 잇고 뛰어넘을 자유주의 이론가로 촉망받고 있으며, 본문에서 언급한 저작은 「Continuity and Transformation in the World Polity: Toward a Neorealist Synthesis」로, 이 논문은 그의 최근 논문집 『Constructing the World Polity』(1998)에 「Political Structure and Dynamic Density」라는 제목으로 수록되었다.

루카스 공급함수 Lucas supply curve
공급함수가 추세변동 부분과 경기변동적인 부분으로 구분되며 경기변동적인 부분이 실제가격과 기대가격간 차이의 함수형태로 나타나는 것을 말함. 즉 실제가격이 기대가격보다 높을 경우 경제주체들은 산출공급을 증가시킨다. 가격변화에 대한 산출변화는 총체적 교란과 상대적 교란의 상대적 크기에 의존한다. 즉 총수요가 상대적으로 안정적인 국가에서는 가격의 변화가 거의 상대가격의 변화이므로 민간 경제주체는 가격교란에 반응하여 실질산출량을 증대시킨다. 반대로 총수요가 상대적으로 불안정한 국가에서는 가격의 변화가 거의 총체적 물가수준의 변화이므로 공급자는 가격변화에 거의 반응하지 않고 실질산출량은 불변이 된다.

문명충돌 Clash of Civilizations

헌팅턴(Samuel Huntington)은 세계를 여덟 개의 문명권역으로 나누고 상호 간의 충돌이라는 관점에서 냉전 이후의 국제정치를 조망했다. 냉전종식 이후 미국은 냉전시대의 지정학에 기초한 봉쇄전략을 대신하는 새로운 국가전략을 필요로 했고, 이러한 요구에 부응하여 헌팅턴의 문명권역에 기초한 지정학이 개진되었다.

문헌중심연구 textualism

정치사상가가 남긴 문헌 속에 정치현상에 관한 참된 지식이 존재한다고 보고, 그 문헌을 중심으로 정치적 지식을 찾아내려는 가장 전통적인 정치사상사 연구방법론이다.

법경제학 law & economics

거래비용이론, 조직이론, 계약이론, 행태주의이론 등으로 분과를 구분할 수 있다. 대표적인 학자들로는 전 세계 약 50여 국가에 약 1,000여 명의 법경제학 교수와 연구자들이 활동하고 있다.

법실증주의 legal positivism

법의 본질에 관한 이론으로서 다음과 같은 두 가지 내용이 핵심을 이룬다. 첫째, 법과 도덕 사이에는 필연적인 연관성이 존재하지 않는다. 둘째, 법적 타당성은 궁극적으로 주권자의 명령과 같이 확인할 수 있는 사회적 사실에 의거하여 결정된다. 자연법사상은 법실증주의의 가장 오래된 경쟁적 전통이다.

베버리지 William Henry Beveridge

베버리지는 인도의 랑푸르에서 출생하여 옥스퍼드대학에서 공부하였다. 1919년부터 런던 정치경제대학 학장을 지내고, 1937년에는 유니버시티 칼리지의 학장에 선출되었으며, 왕립 경제학회 회장 등을 역임하였다.

베버리지는 1942년 사회보장제도에 관한 베버리지 보고서를 제창하였다. 베버리지의 보고서는 이후 영국에서 제정된 각종 복지입법들, 가령 가족수당법(1945), 국민보험법(1946), 국민업무재해보험법(1946), 국민보건서비스법(1946), 국민부조법(1947), 아동법(1948) 등이 성립하는 초석이 되었다. '요람에서 무덤까지'라는 복지국가의 사회보장원리도 그로부터 시작되었다. 베버리지 보고서의 이념은 첫째, 안정된 직장에 다니는 사람뿐만 아니라 누구나 사회보장의 범위에 들어야 한다. 둘째, 사회보장기금 조성이 일관되게 이루어져야 한다. 셋째, 의료 서비스는 모든 시민의 권리로 생각되어야 한다. 넷째, 실업과 싸우기 위해 강한 노동정책이 뒷받침되어야 한다. 다섯째, 국가가 최소한의 소득을 보장해야 한다. 베버리지의 주요 저서로는 『실업 : 산업의 문제』(Unemployment : A Problem of Industry), 『자유사회에서의 완전고용』(Full Employment in a Free Society) 등이 있다.

베커 Gray S. Becker
현재 시카고 로스쿨에서 강의하고 있는 인물로, 범죄의 법경제학 분야를 개척하여 노벨 경제학상을 수상하였다.

변동성 집중화 volatility clustering
자산 수익률의 변동성(분산)에서 시계열적 의존성(지속성)이 나타나는 것을 말함.

변증법적 자연주의 dialectical naturalism
북친은 생태적 변증법이라 칭하기도 한다. 변증법적 자연주의는 아리스토텔레스와 헤겔의 변증법에 진화론과 생태학의 자연주의를 결합하면서 동시에 전자의 연역적인 사고방식을 추론적인 사고방식으로 대체한 것이다. 또한 전자로부터 그는 위계적인 존재의 사다리를 제거하고 이를 진화론의 수평적인 풍요의 연속체와 분화의 연속과정으로 채워넣은 것이다. 전자에서 자연을 살아 있게 하는 것, 자연에 변화/발전을 부여하는 것으로서의 목적(telos)이 자연의 위에 외재해 있는 것이라면, 북친의 변증법적 자연주의는 이를 생태학의 유기체 내적인 천이로서의 변화·발전 과정으로 대체시켜 목적론적인 성향을 제거한다.

복합적 상호의존 complex interdependence
국가와 비국가 행위자들이 군사·정치·경제·사회 등 다양한 이슈영역에서 서로에게 영향을 미치며 의존하는 상황.

불 Hedley Bul
이른바 '국제사회론'의 영국학파를 대표하는 학자로 1984년에 비교적 젊은 나이로 타계했다. 런던정경대학 및 호주국립대학교에서 오래 강의했으며 대표적인 저작은 『The Anarchical Society』(1977)이다.

브랜드 Brand
미국 마케팅 학회의 정의에 따르면, 브랜드는 '경쟁사 제품, 서비스 및 타사와 차별화되는 자사 제품과 서비스의 정체성을 담을 수 있는 명칭, 용어, 기호, 상징, 디자인 또는 이런 요소들의 조합'을 통칭한다. 브랜드 이미지는 브랜드에 담긴 형태, 색, 로고, 슬로건, 광고영상, 포장지 등의 내적 이미지로 실체화되며, 유일성과 역동성 및 명료성, 각인성을 통해 인지도를 제고한다.

비선형성 non-linearity
어떤 변수의 작은 변화가 다른 변수에 비례하지 않고 전혀 새로운 상태로 발전되는 현상. 비선형적 과정에서는 사건이 진행됨에 따라 특정한 시점에서 일단의 분기점(bifurcation)을 지난 후 여러 가능성 중에 어느 쪽으로 진행할지 예측할 수 없게 되고 이러한 일련의 과정을 통하여 시스템은 이전과는 다른 새로운 구조를 자발적으로 조직하게 된다.

비정부기구

NGO: non-governmental organization
비정부기구의 개념규정은 이 용어의 축자적 의미와 실질적 의미의 차이 때문에 흔히 혼동을 일으키곤 한다. 축자적으로 볼 때 비정부기구는 국가, 정부, 공적 기구에 속하지 않는 모든 형태의 결사체에 적용될 수 있는 말이다. 이런 뜻으로 쓴다면 주말 등산모임도 비정부기구라고 할 수 있다.

그러나 실질적으로 비정부기구는 공익, 주창, 캠페인, 로비 등의 목적을 위해 구성된 특정한 민간조직을 지칭한다. 비정부기구라는 말은 원래 유엔헌장에서 최초로 공식화되었고 그후 20세기 후반에 전 세계적으로 파급되었다. 국제결사체연맹(UIA)의 통계에 따르면 2004년 현재 국제 NGO만 약 32만 4,000개가 있다. 국내 차원의 비정부기구는 이보다 훨씬 많을 것으로 추산된다.

사이먼 Herbert A. Simon

미국의 경제학자로 경제학 모델 내에서 제한된 합리성에 관한 이론적 공헌으로 1978년 노벨 경제학상을 수상하였다.

사전적 기회주의

precontractual opportunism
사전적 기회주의 또는 역선택(adverse

selection)의 문제는 계약 상대방에게는 그 개인에 대한 사적 정보가 평균치의 정보만을 가지고 있을 때 발생한다. 예컨대 보험에 가입하는 개인과 보험회사 간에 그 개인에 대한 정보의 비대칭성이 존재한다. 따라서 보험회사는 그 개인의 집단평균치(연령, 직업 등)에 의존하여 보험료를 책정하므로 병약한 사람들이 대부분 보험에 가입하게 되면, 보험금의 지급건수와 금액이 증가하게 되어서 결과적으로 보험료의 인상이 불가피하게 된다. 이처럼 사전적 기회주의가 존재하면 가격변화가 수입의 변화뿐 아니라 생산비용에도 영향을 미치게 된다.

은행융자에서 대출신청자와 은행 간의 사적 신용정보의 비대칭성 때문에 이자율을 인상하는 경우에 고수익-고위험을 선호하는 대출신청자들이 보다 많이 대출신청을 할 것이고, 은행은 이들을 저수익-저위험을 선호하는 대출신청자들과 구별하기 어렵게 된다. 이리하여 은행은 양자에게 동일한 조건으로 대출을 한 결과 은행수지의 악화, 이자율의 재인상을 초래한다. 그러나 현실적으로 역선택의 가능성에 대하여 대처하는 계약적 대응조치를 취하기 때문에 보험시장이나 금융시장이 문을 닫지는 않는다.

이처럼 사전적 기회주의의 발생을 극소화하기 위한 계약 제도는 각종 인허가 또는 자격제를 통하여 사적 정보의 비대칭성을 감소시키는 것이다. 또한 각종 상품판매나 구매시의 브랜드 명성, 기업의 인지도, 품질보증서 등도 사전적 기회주의의 가능성을 줄이기 위한 노력의 일환이다.

사회구조분석

마르크스주의자들의 정치사상사 방법론으로 정치사상가가 속했던 시대의 사회구조적 특징과 그 안에서의 정치사상가의 특수한 위치를 밝히면 그의 정치사상의 특징을 이해할 수 있다고 보는 방법론이다.

사회균열 social cleavage

사회구성원 간의 경제적, 지역적 및 종교적 차이와 갈등에 따른 발생하는 대립기반. 흔히 계급균열은 노동–자본 간의 갈등을 의미하며 근대사회의 보편적, 기능적 균열이고 종교적 및 지역적 균열은 각 사회의 역사적 조건에 따라 그 강약에서 차이가 난다.

사회복지사회

사회가 개인의 의식주와 정신적 만족과 같은 복지를 위해서 노력하는 것을 말한다. 통상적으로 각자의 복지는 자기 스스로나 가족이 책임을 진다. 자본주의 사회에서 사람들은 돈을 벌어서 자기 자신과 가족에게 필요한 재화와 용역을 시장의 원리에 따라 구입하여 생활한다. 그러나 사회복지에 의하면 사회(주로 국가)가 이런 시장의 원리나 사적인 이해 관계를 떠나서 생계가 곤란한 사람 등에게 생계비를 지급하거나, 무료 서비스로 그들을 보살펴 준다.

사후적 기회주의

postcontractual opportunism

사후적 기회주의 또는 도덕적 위험(moral hazard)의 문제이다. 원래 도덕적 위험은 보험가입자가 보험가입 후에 사고방지에 대한 노력을 덜 하는 경향이 있음을 의미한다. 사실 이러한 사고방지의 노력 정도와 내용을 측정할 수 있다면 계약규정으로 성문화하겠지만, 이를 측정하기는 불가능하다. 일반적으로 도덕적 위험은 한편으로는 계약당사자의 이해가 일치하고, 반면에 다른 한편에서는 이해가 대립상충하는 경우에, 또한 공동이익을 위한 행위와 일방이익을 위한 행위가 최소비용으로 구별하거나 쉽게 측정할 수 없을 때에 발생한다. 이와 같이 도덕적 위험도 역선택과 마찬가지로 사적정보의 비대칭성에서 기인한다. 이런 사적정보의 비대칭성을 행위 당사자가 공동이익을 희생하여 사적이익을 위하여 이용할 때 발생하는 현상이 사후적 기회주의다.

사후적 기회주의를 감소시키기 위하여 다음 몇 가지 방법을 고려할 수 있다. 첫째, 감시나 감독을 강화하는 방법이 있다. 계약의 상대방 또는 대리인의 행위에 대한 감시와 감독을 강화하여 사적정보의 비대칭성을 축소하는 방법이다. 둘째, 계약상대방의 개별 행위를 감시나 감독하기 어려운 경우에도 그 행위의 결과에 대하여 금전적 보상을 강화함으로써 공동이익의 증대를 위한 행위를 유도하는 유인계약을 활용할 수 있다. 이런 유인계약의 목표는 개인이익과 공동이익을 일치시키는 것이므로 그 내용과 형태는 다양할 수 있다.

셋째, 미리 보증금이나 담보물의 제공을 요구하여 계약불이행시에 그 보증금이나 담보물의 반환을 거부하여 계약이행의 유인을 제고하는 방법이 있다.

넷째, 합병은 대리인과 주인의 관계를 청산하는 방법이다.

상관차원 추정법
correlation dimension estimation

상관차원은 프랙탈 차원의 근사치를 말한다. 내재차원을 증가시킴에 따라 상관차원이 내재차원보다 작은 어떤 값으로 수렴하면 결정론적 구조를 가진 시계열로 간주하고, 내재차원이 증가함에 따라 상관차원이 계속해서 증가한다면 시계열이 확률과정을 따르는 것으로 간주한다.

상상 imagination

대중매체나 상품의 소비를 통해 체득된 이미지, 담론, 취향 등이 구성하는 집단의식이며 정서의 구조를 가리키는데, 아파두라이는 세계화시대에 이러한 상상이 국민국가의 경계를 넘어서서 새로운 현대적 주체성을 구성하는 주요한 요인이 되고 있음을 강조한다.

상징자본 Symbol Capital

브랜드는 '경제 체계 안에서 사물, 사회 및 시간 차원의 모든 커뮤니케이션 조치들을 융합하는 현상'이다. 일단 브랜드는 경제 체계 속에서 스스로를 하위 분화하는 가운데 자신의 상대가치를 접하면서 고유의 장(場: champ)을 창출한다. 각 장은 고유의 아우라를 지닌 경제적 · 문화적 · 사회적 자산이 된다.

상호의존 interdependence

체제의 다른 부분에 있는 행위자나 사건이 서로에게 영향을 미치는 상황.

상호작용모형 interaction-based model

자산가격이 경제적 기초뿐 아니라 다양한 투자전략을 가진 경제주체들의 상호작용에 의해 결정된다고 보고 그에 따른 자산가격 동학의 특징을 분석하는 모형.

생물해적질

생물해적질이란 부유한 자들이 토착적인 민간지식과 자원을 특허와 지적재산권으로 빼앗아가는 것을 말한다. 1993년 경 국제농업진흥기금(RAFI) 회장 무니(Par Mooney)가 가장 먼저 사용하기 시작한 용어이다. 그후 선진국과 다국적 기업에 반대하고 저항하는 세력들에 의해 주로 사용되고 있는데, 특히 "부유한 자들에 의해 가난한 자들의 지식과 (생물)자원이 약탈되는 것"을 칭한다. 전통적으로 생물다양성과 민간지식은 공동체로부터 공동체로 자유롭게 교환되고, 이런 자유교환이 모두를 지적으로 물질적으로 부유하게 만들었다. 그런데 경제적 세계화는 '생물해적질' 현상을 증가시키면서 진행되고 있다.

생태사회주의 ecosocialism

80년대 초를 전후하여 등장한 생태사

상의 한 유파로 생태위기가 자본주의에서 기원한다는 데는 동의하지만, 기존 사회주의와 달리, 자본주의의 핵심을 경제합리성에서 찾고 있다. 그래서 이들은 포스트마르크스주의 시각에서 생태학과 사회주의의 접합을 시도한다. 특히 고르에게 생태학에 기반한 사회주의 운동은 경제적인 합리성이 스스로를 전개해나가는 영역에 대해 투쟁하는 가운데 형성되는 운동이며, 그 의미와 목적은 자본주의의 시장, 경쟁 그리고 이윤논리가 개인들로 하여금 스스로 활동할 가능성과 발전가능성을 몰수하고 자신의 가치증식이라는 절대과제에 종속시키는 영역에서 개개인에게 해방과 자치결정권을 제기하는 것이다.

생태합리성 ecological rationality

이것은 '더 적게 그러나 더 낫게'라는 표어로 축약될 수 있다. 이 합리성은 덜 노동하고 덜 소비하는 반면, 우리가 더 잘 살 수 있는 사회를 지향한다.

생활세계의 식민지화
Kolonialisierung der Lebenswelt

하버마스는 현대화 과정을 생활세계와 체계가 분리되는 과정으로 서술한다. 예컨대 화폐와 권력이라는 자본주의적 매체의 제도화를 통하여 점차 생활세계로부터 분리되는 과정이 현대화라는 것이다. '생활세계'는 본래 자유롭고, 상호주관적이고, 왜곡되지 않았을 뿐만 아니라 타당성 청구에 의해 합의에 이를 수 있다는 점에서 의사소통적 성격을 띠고 있다면, 경제나 국가 행정과 같이 보다 복합적이고 형식적으로 조직된 '체계'는 억압적이고 명령적이며 강제적이고 타당성 청구를 허용하지 않는다. 이런 관점에서 '생활세계의 식민지화'는 경제와 행정을 지배하는 논리와 이성이 점차 생활세계에 침투해 들어감으로써 생활세계의 의사소통적 성격이 축소되거나 파괴되는 것을 의미한다.

세계주의 cosmopolitanism

국민국가로 이루어진 국제질서를 뛰어넘어 전 지구적 차원에서 새로운 형태의 민주주의 이론을 수립하려는 시도. 국가 단위보다 시민 한 사람 한 사람을 중시하며, 시민들이 타인의 시각으로 사고할 줄 알게 될 때 중첩되는 국제적 운명공동체를 만드는 초경계적 이슈를 공평하게 해결할 수 있다고 가정한다. 이런 점에서 세계주의적 민주공동체는 시민들이 다중적 시민자격과 권리를 향유할 수 있는 새로운 세계의 청사진이라 할 수 있다. 이를 위해 세계주의적 기획은 전통적인 정치경계인 국가와 국가를 가로지르는 민주주의의 의식과 실천을 모색한다.

소중화주의 小中華主義

조선왕조의 위정자들이 문명의 중심이었던 명나라가 야만족인 청나라에 의해 무너진 뒤 현실적으로 존재하지 않는 명을 대신해 자국을 중화문명의 계승·수호자로서 자처한 것이다.
―허동현, 「동북아 문화교류사 개관―

21세기 동북아 문화공동체 모색을 위한 역사적 배경 고찰을 중심으로」, 21세기 동아시아 사회와 문화 국제학술회의, 1996, 142~143쪽.

슬로베니아 라캉 학파
지젝이 주도하고 있는 슬로베니아의 라캉 학파로서 류블리아대학 및 사회과학연구소의 동료, 제자들로 구성되어 있다. 슬로베니아 라캉 학파는 고전철학(플라톤, 데카르트, 칸트, 헤겔, 마르크스)에 대한 새로운 독해를 바탕으로 라캉 정신분석학을 재해석하며, 특히 라캉 이론의 사회·정치적 측면, 이데올로기론, 권력이론을 새롭게 조명했다. 사회주의 붕괴 이후 등장한 가장 독창적인 '포스트마르크스주의' 이론가 그룹으로 평가되고 있다.

시간의 정치 politics of time
시간의 정치는 시간 위에 군림하는 권력을 사회의 다양한 활동들로 재분배하는 정치이다. 이 정치는 우리 삶 위에 군림·강제하는 노동시간으로부터 삶을 해방시키는 것을 목적으로 한다. 이를 통해 모든 개개인이 스스로의 시간에 대한 통제력(시간권력)을 다시 획득하고 처분할 능력을 재분배받는다.

시민사회 civil society
그리스어로 'politike koinonia', 라틴어로 'societas civilis'라고 한다. 원래는 야만상태와 대비되는 문명사회 또는 정치공동체를 의미했다. 즉 고대의 '시민사회'는 오늘날의 '국가'와 거의 같은 개념이었다. 그러나 근대 이후 시민사회는 국가의 공식영역이 아닌 민간의 모든 활동을 포괄하는 영역이라는 의미로 변화했고 알렉시스 드 토크빌은 민간의 자유로운 결사체(시민사회적 활동)를 미국 민주주의의 특징으로 지적하였다. 오늘날 흔히 시민사회는 국가의 지배나 시장의 영리활동으로부터 개념적으로 구분되는 시민들의 자발적인 활동영역으로 정의된다. 안토니오 그람시의 영향을 받은 급진적인 시민사회론은 지배계급의 헤게모니가 관철되거나 피지배계급의 대항헤게모니가 발생하는 영역으로 시민사회를 접근하기도 한다.

시카고학파 Chicago school
제2차 세계대전 이후 케인즈 학파의 정부개입주의 철학과 이론체계에 대해 전면적으로 도전하면서 최소정부론(theory of minimum state)과 개인적 자유의 중요성을 강조한 학파로, 프랭크 나이트, 헨리 사이먼, 밀튼 프리드만 등으로 대표된다.

실물적 경기변동이론
real business cycle theory
롱, 플롯서, 키들랜드, 프레스컷 등 화폐충격과 같은 총수요 측면의 교란요인이 아니라 기술충격과 같은 총공급 측면의 교란요인을 경기변동의 주요 원인으로 보는 이론.

심장지역 Heartland
영국의 지정학자 핼포드 매킨더(Hal-

ford J. Mackinder)는 "동부유럽을 지배하는 자가 심장지역을 지배하고, 심장지역을 지배하는 자가 세계섬(World-Island)을 지배하며, 세계섬을 지배하는 자가 전 세계를 지배한다"고 보았다.

아세안
ASEAN, Association of South-East Asian Nations, 동남아시아 국가연합
1961년 창설된 동남아시아연합(ASA)의 발전적 해체에 따라 1967년 8월 8일 설립되었다. 설립 당시 회원국은 필리핀, 말레이시아, 싱가포르, 인도네시아, 타이 등 5개국이었으나, 1984년 브루나이에 이어 1995년 베트남이 정식으로 가입하고, 그후 라오스, 미얀마, 캄보디아가 가입하여 10개국으로 늘어났다. 이 기구는 동남아시아 지역의 경제적 · 사회적 기반 확립과 각 분야에서의 평화적이며 진보적인 생활수준의 향상을 목적으로 한 NGO다.

악개발
서구의 발전과정은 유기적이고 상호연관적이며 상호의존적인 체계들의 온전성을 파괴하였고 착취와 불평등, 불의와 폭력의 과정을 유발하였다. 자연에게서 스스로 재생하는 성질을 파괴하였고, 여성과 공동체에서 기본생명유지에 필요한 생계생산의 지식문화를 빼앗았다. 결국 발전이란 자연과 토착공동체와 여성을 서구문명과 남성지배에 종속시키는 악개발이다.

알튀세 Louis Althusser
프랑스의 마르크스주의 철학자이다. 프로이트, 라캉 정신분석학 이론을 원용해 반휴머니즘적, 반역사주의적 마르크스 이론을 수립했다. 주저로는『마르크스를 위하여』『자본론 읽기』『인문학과 정신분석학』『철학 및 정치 논고』등이 있다. 알튀세의 이론, 특히 이데올로기론은 지젝의 이데올로기론 형성에 결정적인 영향을 미쳤으며, 영미권의 문화분석에 광범위하게 원용되고 있다.

애슐리 Richard K. Ashley
1977년 매사추세츠공과대학에서 정치학 박사학위를 받고 1981년 이래 애리조나주립대학교에서 재직 중이다. 비판적 국제정치이론가의 대표적인 인물로 본문에서 언급한 저작은『The Political Economy of War and Peace: the Sino-Soviet-American Triangle and the Modern Security Problematique』(1981)이다.

여성적 원리로서의 프라크라티
시바의 여성적 원리는 마치 뫼비우스의 띠와 같다. 여성적 원리를 여성(성)으로만 국한시키는 설명을 따라가다보면 곧 남성성을 포함한 생태적 원리로 전치되고, 포괄적인 생태원리로 기술된 설명을 따라가다보면 곧 여성(성)이 강조되는 국면으로 접어든다.
생태원리로서의 여성적 원리에 대해 기술한 대목은 이렇다. "프라크라티는 창조성, 활동성, 생산성, 형태 및 형상

의 다양성, 인간을 포함하는 모든 존재
사이의 연결성과 상호관련성, 인간적
인 것과 자연적인 것 사이의 연속성,
그리고 자연 속의 생명의 신성함이다."
또한 여성성으로 국한된 프라크라티는
다음의 기술 속에서 찾아볼 수 있다.
"자연은 샤크티, 즉 우주의 이성적이고
창조적인 원리의 표현인데 프라크라티
는 남성적 원리(류샤)와 결합하여 이
세상을 창조하게 된다."

연성권력 soft power
이념, 문화, 제도 등으로 표출되는 국
력의 측면.

오류와 일치 error and match
이 두 개념은 애쉬비(Ashby)의 사이버
네틱스(Cybernetics)로부터 주로 영감
을 받았다. '오류'란 잘못을 저질렀다
는 의미가 아니라 어떤 한 시스템의 현
재 작업수준이 기대된 영역(desired
area)을 벗어났다는 뜻이다. 예를 들
면, 다리미에 부착된 온도조절장치를
들 수 있다. 다리미는 천의 종류에 따
라 각각 적정 온도의 범위가 설정되어
있고 바이메탈은 과열되면 전기를 끊
고, 허용 최저 온도에서 내려가면 다시
전기를 통하도록 되어 있다. 이런 관점
에서 보면 다리미는 매우 단순한 1차학
습 시스템이다. 이 예에서 일치(match)
는 곧 설정된 온도 영역 내로 들어오는
것을 말한다.

완전예측 perfect foresight
모든 사람들이 전지전능하여 미래변수

에 대한 모든 정보를 갖고 있고, 따라
서 경제주체들이 예측한 미래의 변수
값이 미래에 실제로 실현된 변수값과
정확히 일치함을 말함.

외부적 선호 external preferences
자기 자신의 처지나 상황에 관계되는
선호가 아니라 타인의 처지나 상황에
관계되는 선호를 의미한다. 예를 들어
"나는 여성들이 선거에 참여하는 것이
싫다"라고 말했다면 그것은 여성의 정
치적 지위에 대한 나의 입장을 밝힌 것
이기 때문에 외부적 선호로 간주된다.
그러나 내부적 선호와 외부적 선호의
구분이 모호한 경우가 많기 때문에 민
주적 권리를 '외부적 선호'를 차단하기
위한 장치로 이해하는 것이 얼마나 유
용할지는 미지수다.

월츠 Kenneth N. Waltz
1954년 컬럼비아대학교에서 정치학
박사학위를 받고 캘리포니아대학교 버
클리 캠퍼스 정치학과에서 오랫동안
교편을 잡아왔다. 『Man, the State
and War: A Theoretical Analysis』
(1959)는 이미 고전이며, 『Theory of
International Politics』(1979)는 현재
미국 정치학과 대학원과정에서 가장
널리 읽히는 교과서로 군림하고 있다.

위험사회 risk society
예측 불가능성과 불확실성으로 가득
찬 현대 산업사회의 특징을 나타내기
위해 독일의 사회학자 백(Ulich Beck)
이 사용한 개념이다. 백은 그의 저서

『위험사회』에서 인류가 과학적 합리성에 대한 믿음에 기초하여 정치·경제·사회체제를 만들어왔으나, 그것이 오히려 수많은 위험을 만들어냈다고 주장한다.

벡에 따르면 위험사회로서 근대 산업사회의 위험성은 다섯 가지로 정리된다. 첫째, 근대사회의 위험은 방사선과 같이 인간의 통상적인 지각능력을 벗어난다. 둘째, 본질적으로 위험 앞에 타인이 없지만, 위험의 분배는 차별적으로 이루어진다. 셋째, 위험의 확산과 상업화는 근대 산업사회의 종말을 가져오는 대신에 자본주의를 새로운 단계로 고양시킨다. 넷째, 위험은 소유의 대상이 아니라 그것으로부터는 그저 영향을 받을 수 있을 뿐이다. 다섯째, 사회적으로 공인된 위험은 특수한 정치적 폭발력을 지닌다. 지금까지 비정치적이었던 것들이 정치적인 것으로 변하고, 따라서 중앙의 제도정치보다 하위정치가 중요해진다.

의무론 deontology

의무와 허용(permission)에 중심적인 지위를 부여하는 윤리론으로 공리주의와 대립된다. 결과와는 상관없이 반드시 요청되는 의무가 있을 수 있다는 것을 인정하고 있다. 공리주의에 대한 롤즈의 공격 이후 가장 중요한 윤리적 입장으로 부상하고 있다.

이데올로기

실제로 존재하는 세계—실재—를 은폐하는 상상적 체험 혹은 상상적 표상을 말한다. 알튀세는 이데올로기의 인식 능력이 증가하면 곧 사라지게 되는 단순한 착각이나 오류가 아니라 인간의 인식 속에 필연적으로 내재하는 것으로 보았다. 이는 자아의 인식은 곧 오해를 바탕으로 성립된다는 라캉의 상상계 개념에 상응한다.

이러한 알튀세의 이데올로기 개념은 이데올로기로부터의 해방 혹은 탈출을 허용하지 않는 비관적인 이론이라는 이유로 비판을 받기도 했다. 상상적 혹은 이데올로기적 표상으로도 완전히 은폐할 수 없는 외상적 핵, 즉 실재 개념을 갖고 있는 라캉, 지젝의 이데올로기 이론은 이러한 비관적인 알튀세 이데올로기의 한계를 극복할 수 있게 한다.

이데올로기로서의 성도착증

프로이트가 「물신」이라는 글에서 명확히 설명했듯이 성도착자는 어머니가 팔루스(남근)를 갖고 있지 않다는 것을 알고 있음에도 불구하고 마치 어머니가 팔루스를 가지고 있는 것처럼 믿고 행동하는 주체이다. 라캉주의 분석가인 옥타브 마노니는 이러한 성도착자의 논리를 '나는 알고 있다. 그럼에도 불구하고'라는 공식으로 간결히 표현한 바 있다.

지젝은 마노니의 공식을 이데올로기적 행동양식에 적용한다. 예컨대 '나는 저 법이 정당성을 갖고 있지 않다는 것을 알고 있다. 하지만…….' 지젝에 따르면 이데올로기는 잘못된 믿음 혹은 착각이 아니라 믿음의 여부와 상관없이 주체의 구체적인 행위에 체현된 객관적, 물질적 힘 혹은 사회적 실천이다. 라캉 정신분석학을 바탕으로 지젝이 개념화한 이러한 이데올로기 개념은 알튀세가 「이데올로기와 이데올로기적 국가장치」에서 논한 바 있는 사회적 실천으로서의 이데올로기 개념을 더욱 정교히 발전시킨 것이다.

이미지 Image

이미지란 '참여자들 사이에서 공명(共鳴)하는 허구이자 인지도식(Schema)'이다. 이 과정은 한편으로 판단력의 부담을 덜어 지각의 단순화에 기여하며, 다른 한편으로 모호한 관념을 사회적인 입장으로 정착시킨다. 브랜드의 시각화에 동원된 이미지는 소극적 묘사를 넘어서 브랜드가 무엇이어야 할지를 요구하는 명령구호가 된다.

인지도 Awareness

'특정한 기호체에 대한 가식성(可識性)의 정도'를 나타낸다. 이때 매체는 각종 브랜드의 이미지를 나르는 운반자이자 그 인지도 자체를 높이기 위한 시대정신을 반영한다. 각종 매체는 스타와 저명인사를 허구에서 실체로 번역하는 가운데 인지도를 높인다.

일차원적 사회

Die eindimensionale Gesellschaft
마르쿠제(Herbert Marcuse)는 그의 대표저작인 『일차원적 인간』(1964)에서 고도로 발전된 자본주의 사회에 내재하고 있는 억압적 경향을 '일차원적 사회'라는 개념으로 서술하고 있다. 마르쿠제에 의하면 개인들의 욕구를 조직하고 충족시키는 산업사회의 기술논리는 정치적, 정신적 획일화를 수반한다. 일차원적 사회는 기존 현상을 유지하는 범위 안에서만 정치적 반대를 허용하기 때문에 '비판의 마비', '반대가 없는 사회', '억압적 관용', '순응주의' 등으로 특징지을 수 있다.

임의보행모형 random walk

특정 시점의 변수값이 한 시점 전의 과거값과 확률적 오차항의 합으로 구성되는 모형. 확률적 오차항은 시계열적으로 독립적으로 발생하기 때문에 미래변수에 대한 최선의 예측치는 현재 시점의 변수값이 된다.

자기유사성 self-similarity

시스템의 일부를 확대시킬 경우 전체의 구조와 유사한 구조가 발견됨을 말한다. 금융시장에서 자기유사성의 존재는 단기의 가격움직임이 장기움직임의 일부가 됨을 의미하는 것이다. 즉, 금융시장에서 자산가격은 커다란 가격 흐름에 대해 차원과 특징에서 대응하는 작은 가격 흐름들로 구성되어 있다.

자기회귀과정

autoregressive process
시계열의 시차변수들이 선형적 의존성을 갖는 과정.

자유를 극대화한 자치주의

libertairian municipalism
정치를 특성상 윤리적으로 만들고 조

직상 민초지향적으로 만들려는 정치기획이다. 동시에 이 자치주의는 새로운 사회의 제도적 외형이면서 새로운 정치를 급진적으로 진작시키는 기제이기도 하다. 새로운 사회란 인간의 필요들을 충족시키는 것, 생태적으로 긴급한 과제들에 반응하는 것, 그리고 공유와 협력에 기반한 새로운 사회윤리를 발전시키는 것을 지향하는 공동체주의 사회이다.

자유주의 liberalism
국제정치이론의 한 갈래로서, 국가간 협력과 국제제도의 역할을 강조하고, 비국가행위자의 역할에 주의를 기울여 국제정치를 설명하는 이론.

자율활동 autonomous activity
자유롭게 수행하는 활동으로 그 자체가 목적이 된다. 목적에 도달하려는 행동이 목적 그 자체의 달성뿐만 아니라 동시에 만족의 원천이 된다. 이 활동에는 예술, 철학, 과학, 교육, 자선, 호혜적 원조, 관계적 활동, 그리고 자기생산활동 등이 포함된다.

자활노동 work for oneself
이 노동은 필요노동이면서 동시에 자율활동의 성격을 가지고 있고, 상호호혜성이 그 목적 가운데 하나이다. 생활의 기본필요들을 보장하는 재생산노동, 즉 가사노동이 대표적인 예다.

잔여형 복지국가
복지국가를 처음으로 분류한 티트머스의 용어로, 시장기능이 강한 반면 공공복지의 수준이 낮은 영미형 자유주의 복지국가를 말한다.

잔차검증법 residual based test
BDS검정법을 적용하기 전에 적절한 선형필터(linear filter)를 사용하여 기본 선형구조를 제거한 후, BDS통계량이 비선형구조만을 검정하는 방법.

장기기억 long memory
과거 충격의 효과가 곧바로 사라지지 않고 오랫동안 지속되는 것을 말함.

장소(목적지) 마케팅 Destination Marketing
장소와 공간은 지리적 속성을 넘어서 가치를 가진 대상체가 된다. 이에 따라 관광지와 도시는 관광책자와 기내잡지 및 다양한 매체를 통해 테마여행과 이벤트, 지역 마케팅을 활성화하여 특유의 스토리텔링(이야깃거리)을 담은 매력적인 목적지가 될 수 있다.

적응적 기대 adaptive expectation
과거의 예측치와 실제치와의 예측오차를 감안하여 여기에 임의의 가중치를 부여함으로써 현재의 예측치를 유도하려는 것을 말함.

전략적 상호작용 strategic interaction
전략은 의사결정과 행동에 영향을 미치는 가이드라인의 집합으로 이해될 수 있다. 전략적 상호작용은 경제주체의 전략이 시스템의 구조와 다른 시장

참가자의 전략변화에 대한 예측에 의 존하는 것을 말한다.

정당체제의 결빙 freezing
새로운 정당의 진입이 없어 기성정당이 지속적 지지도를 유지할 때의 상황을 말하며, 초기의 정당체제가 이후에도 큰 구조적 변화 없이 지속되는 것을 뜻한다.

정당체제의 유동성
정당체제의 변화를 가리키는 용어. 새로운 정당이 생겨 선거에서 지지층을 확보한다면 유동성이 증가했음을 의미한다. 유동성 증가로 인해 양당체제가 3당 체제로 바뀐다면 이는 새로운 정당체제로의 변화를 뜻한다.

정보제약 information constraints
경제주체들이 시간, 비용, 물리적 한계 등으로 인해 모든 정보를 이용하지 못하는 불완전 정보(imperfect information) 상황을 지칭한다.

정책무용성 명제
policy ineffective-ness proposition
경제주체들은 예측하지 못한 상대적 교란에만 반응하기 때문에 민간 경제주체들이 인지하고 있는 예측되어진 정부당국의 어떠한 경제정책도 산출증대의 효과가 없다는 합리적 기대학파의 주장을 말한다.

제로섬 게임
영합(零合) 게임이라고도 한다. 게임의 결과 잃은 사람과 얻은 사람의 수확을 모두 합했을 때 합이 0이 되는 게임이다.

제한합리성 bounded rationality
경제주체의 기대형성 방식의 특성을 말하는 것으로, 모든 주체들이 완전히 합리적이지는 않지만 그렇다고 완전하게 비합리적이지도 않다는 것을 뜻한다.

조직학습과 학습조직
최근 이 두 용어가 큰 구분 없이 사용되고 있으나 조직학습은 대체로 이론적인 배경에서 학습에, 그리고 학습조직은 실천적인 배경에서 조직에 초점을 두고 사용된다. 그러나 굳이 차별화해서 써야 할 필요까지는 없다고 본다. 현실적으로는 본문(329쪽)에서 언급한 연구 외에 현재 여러 흐름이 생겨났다. 예를 들면, 조직의 개념에서 조직화를 둘러싸고, 구성원들이 환경을 인식하는 대로 그것이 구조에 반영된다, 즉 학습이 구조에 의미를 주는 바이크(Weick)의 'sensemaking'에 관한 논의가 있다(Weick, *Sensemaking in organizations*, 1995). 또 다른 예로는 생게의 시스템적 사고(systemic thinking)에 관한 논의를 들 수 있다(Senge, *The Fifth Discipline*, 1990).

조합주의 corporatism
조합주의 이론은 1970년대 슈미터(P. C. Schmitter)가 국가와 이익집단 간의 관계를 설명하는 하나의 이론모형으로 체계화되었다. 조합주의는 이익

대표와 국가개입의 과정이 제도적으로 분리된 의회주의 국가형태와 달리, 이 과정들이 제도적으로 통합된 국가형태를 특징으로 한다. 즉 각 이익집단이 단일적이고 위계적인 전국 규모의 이익대표 체계를 형성한 뒤 그 대표자가 소속 집단의 대표성의 바탕으로 일면 국가이익을 대변하면서 그 대가로 특정한 범주에 한하여 소속된 이익공동체의 이익을 독점적으로 정책과정에 투입하는 이익대표 방식을 가리킨다. 조합주의에는 국가조합주의와 사회조합주의가 있다.

국가조합주의는 국가가 통치력을 강화하기 위해 강제적으로 편성한 이익대표체계를 말한다. 여기서 조합은 국가의 보조기관에 불과하며 압력단체로서의 성격보다는 압력을 받는 집단의 성격이 더 강하다. 반면, 사회조합주의는 선진복지국가에서 나타나는 유형으로 국가의 통치력 약화에 대한 반작용으로 생성된다. 이것은 국가가 통치력 보강과 사회경제적 위기를 해소하기 위해 이익집단에 의존하는 것이 특징이며, 이익집단과 국가와의 협력관계를 중시하면서도 이익집단의 자율성을 본질로 한다.

국가조합주의와 사회조합주의의 차이점은 국가조합주의가 국가에 의한 강제적인 동원과 통제에 의존하는 데 반해, 사회조합주의는 국가의 통치력 약화와 사회경제적 위기에 대처하려는 이익집단의 자발적인 노력에 근거한다는 점이다. 국가조합주의에 대해 사회조합주의는 신조합주의(neo-corpo-ratism)라고 불리기도 한다.

주변지역 Rimland

유럽에서 미국으로 이주하여 활동했던 스피크먼(Nicholas J. Spykman)은 매킨더가 강조한 심장지역의 취약점들을 열거하면서, 전시나 평시를 막론하고 심장지역과 주변지역의 결합을 막는 것이 미국의 전략적 목표가 되어야 한다고 주장했다. 스피크먼은 "유럽의 역사를 영국을 중심으로 한 주변지역 국가군과 내륙의 러시아와의 대립과 지배권 다툼의 역사"라고 규정하고 "주변지역을 장악하는 자는 유라시아를 지배하고, 유라시아를 지배하는 자는 세계운명을 지배한다"고 보았다.

주체기반모형 agent based model

경제주체들의 완전합리성 등과 같은 특정 가정을 기반으로 논리적 연역과정을 통해 해를 도출하는 모형이 아니라, 동태적 과정 속에서 시스템의 특성을 학습하고 적응하는 기업이나 개인을 대상으로 시뮬레이션을 통해 시스템의 진화과정을 귀납적으로 찾아가는 모형.

지구시민사회 global civil society

국경을 초월하여 초국적인 범위와 영역에서 발생하는 모든 형태의 민간활동을 지칭한다. 초국적 사회운동, 국제 NGO, 국제 구호·개발활동단체, 자발적 민간기구, 세계사회포럼, 인터넷 네트워크 등이 추동하고 활동하는 영역이다. 지구시민사회는 20세기 후반 들어 강도 · 범위 · 속도 · 영향력 등의 차원에서 계속 증가추세에 있다. 지구화, 특히 신자유주의적 지구화가 낳은 여러 형태의 수요(예: 전 지구적 빈부격차, 환경훼손)에 대응하여 여러 형태의 사회적 공공재를 공급하려는 흐름 속에서 지구시민사회가 형성되고 있는 것이다.

지구적 현대 global modern
현대적인 것은 지구적인 것이고 지구적인 것은 현대적이라는 의미로서, 국민국가가 현대성을 규정하던 것과 대비하여 오늘날의 현대성이 갖는 특성을 보여주는 개념이다.

지역성의 생산 production of locality
지역성은 공간적으로 구획된 집단이나 공동체에서 보이는 사회적 삶의 현상적 특질을 가리키는데, 아파두라이는 지역성이 지역집단, 국가, 그리고 지구적 네트워크가 복잡하게 개입하는 맥락 속에서 새롭게 구성되는 측면에 주목하고 있다.

지형 地形, -scape
지구적 흐름의 상호 연관된 영역을 가리키는데, 아파두라이는 민족지형, 기술지형, 금융지형, 미디어지형, 이념지형을 다섯 가지의 핵심적인 영역으로 제시하였다. 지형이란 용어는 이들 영역들이 고정된 모습을 지니지 않고 끊임없이 변모하는 유동적인 양태임을 지시한다.

초기조건에 대한 민감성 SDIC
입력(input)의 미세한 차이가 출력(output)에서 급격하게 큰 차이로 나타나는 현상. 이러한 초기조건에 대해 민감한 의존성을 갖게 되는 주요 원인은 시스템의 불안정성 때문으로 볼 수 있는데, 이러한 불안정성은 초기값의 극히 미세한 차이가 시간이 지남에 따라 그것의 영향이 기하급수적으로 증폭되어 먼 미래의 상태를 전혀 예측할 수 없게 만든다.

카 E. H. Carr
영국의 외교관, 언론인, 역사학자, 정치학자. 소련혁명사에 대한 대작으로 유명하지만, 우리에겐 『역사란 무엇인가?』(*What Is History*)로 친숙하다. 이 책에서 거론한 교과서는 『The Twenty Years' Crisis』이며 국내에 『20년의 위기』(2000)로 번역, 출판되어 있다.

카오스 chaos
어떤 시스템이 결정론적 법칙에 의해 변화하고 있음에도 불구하고, 매우 복잡하고 불규칙하면서 동시에 불안정한 행태를 보이고 있어서 먼 미래의 상태를 전혀 예측할 수 없는 현상. 즉, 결정론적 시스템에서 발생하는 확률적 운동을 말함.

케인즈
John Maynard Keynes
마르크스가 사망한 해(1883년)에 태어난 케인즈는 이튼과 케임브리지의 킹스칼리지에서 수학하였고, 그뒤 케임브리지대학에서 마셜(Alfred Marshall)의 『경제학 원리』(*Principles of Economics*)를 중심으로 강의하였다. 또 케인즈는 1911년 28세의 나이에 경제학계에서 최고 권위를 자랑하는 『이코노믹 저널』(*Economic Journal*)의 편집자가 되었다.

1929년부터 시작된 세계대공황은 공급은 스스로 수요를 창출한다는 세이의 법칙(Say's law)을 완전히 허물어뜨렸다. 케인즈는 이같은 생산과잉에 의한 공황에 직면하여 공급 중심의 경제학 대신 수요 측면의 경제학을 제창하였다. 이러한 사고를 담은 저서가 『고용, 이자 및 화폐에 관한 일반이론』(*The General Theory of Employment Interest and Money*)이다.

이 책이 출간되었을 때 대공황과 그에 따른 폭발적인 인플레와 실업률로 인해 세계경제는 엄청난 고통을 당하고 있었다. 그는 일반이론에서 장기적인 높은 실업률에 대해 설명하였고, 국가의 재정 및 금융정책으로 유효수요를 자극함으로써 공황을 극복하는 데 커다란 공헌을 하였다. 당시 미국의 루스벨트 정부는 케인즈 유효수요이론에 입각하여 뉴딜 정책을 입안하고 추진함으로써 대공황을 극복하였다.

케인즈학파 Keynesian school

케인즈의 일반균형에서 시작되어 힉스, 한센, 틴버겐 등에 의해 발전된 학파로 시장실패를 해결하고 유효수요를 증대시키기 위해 거시경제정책을 통한 정부의 개입이 필요하다고 주장했다.

코즈 Ronald H. Coase

시카고 로스쿨에서 강의하고 있으며, 기업의 본질과 시장의 거래비용이론을 논문으로 발표하여 노벨 경제학상을 수상하였다. 코즈의 거래비용이론은 기업의 본질을 시장을 대체하는 것으로 이해한다는 점에서 후기사회주의 제도개혁에서 매우 유용한 분석도구인 동시에 많은 점을 시사하고 있다.

코헤인 Robert O. Keohane

1966년 하버드대학교에서 정치학 박사학위를 받고 하버드대, 듀크대 등에서 교편을 잡아왔다. 월츠의 신현실주의 이론에 맞서 신자유주의적 제도론을 주창한 미국 국제정치학계의 거장이다. 대표작은 『Power and Interdependence』(1977, Joseph S. Nye와 공저)가 있다.

타율노동 heteronomous work

지불받음을 목적으로 하는 노동이다. 즉 이 노동은 일차적 목적이 경제적인 것(돈)에 있으므로 노동을 통해 기쁨이나 만족을 얻을 수 있는가는 부차적인 고려조건이다.

탈국가 post-national

국민국가의 주권적 지배력이 약화되고, 세계화 과정에 의해 촉발된 초국가적인 정치·경제·문화적 네트워크가 더욱 결정적인 영향력을 갖게 된 현대의 상황을 가리키는 개념이다.

탈상품화

복지국가는 시민을 시장으로부터 보호하는 국가를 의미한다. 개인 또는 가족이 시장에 참여하지 않고 사회적으로 수용할 만한 생활수준을 유지할 수 있는 정도를 의미하는 것으로 복지국가가 발달할수록 상품화 정도는 낮아지고 탈상품화 수준은 높아진다.

탈영토화 de-territorialization

현대 지구화 과정에서 특징적으로 발생하는 현상. 정치학에서 전통적으로 정치권력은 영토적으로 명확히 구분된 국민국가 내에서 일어나는 권력행위, 의사결정, 권리-의무 대응, 시민권 개념 등을 다루었다. 하지만 지구화가 진전되면서 영토적으로 한정되지 않고 권력행사의 책무성 메커니즘이 국내에만 집중되지 않는 초국적 현상이 급증하였다. 예컨대, 초국적 자본이나 먼 외국의 어떤 사건, 또는 지구온난화와 같은 현상이 시민에게 직접적인 영향을 미칠 때 이것을 국민국가 내의 통상적인 책무성 논리로만 다룰 수 없으며, 일국적 방법으로만 해결할 수도 없다는 것이다.

탈지역화된 문화
deterritorialized culture

지역적 또는 국가적 경계를 넘어서서 움직이는 문화로 세계화시대의 문화적 역학을 보여주는 특징적인 측면이며, 문화와 특정한 지리적 공간 사이의 기원적 연계나 동형(同形)관계가 상실되어 있음을 가리키는 개념이다.

텐트맵 tent map

오퍼커브(offer curve)는 상대가격비율 또는 수익률이 변화함에 따라 선택 가능한 1기 소비와 2기 소비의 배합점을 나타낸다. 텐트맵은 오퍼커브가 텐트와 같은 형태를 나타내는 것을 말한다.

포드주의 Fordism

포드주의란 명칭은 20세기 초반 미국의 자동차왕 헨리 포드(Henry Ford)가 모델 T라는 자동차를 생산하면서, 컨베이어벨트 시스템을 도입하고 노동자들에게는 일당 5달러라는 당시로서는 파격적으로 높은 임금을 지불한 생산방식에 기원을 두고 있다. 따라서 포드주의는 대량생산 기술과 설비, 대규모의 미숙련 및 반숙련 노동자, 강력한 노동조합, 상대적으로 높은 임금과 고용안정성, 표준화된 제품의 대량생산과 대량소비 등을 특징으로 한다. 이러한 생산체제는 제2차 세계대전 이후 복지국가의 황금기를 이끄는 물질적 토대로 작용하였다.

그러나 1973년 오일쇼크 이후 기업들의 이윤율이 급격히 떨어지면서 포드주의 축적체제는 위기에 빠진다. 이 시기부터 강력한 노동조합에 대한 기업들의 공세가 시작되고, 대량생산기술 대신 시장의 수요와 경쟁의 환경변화에 탄력적으로 적응할 수 있는 유연한 생산기술과 유연한 노동력이 등장한다. 포스트포드주의는 이처럼 포드주의가 위기에 빠진 이후 등장한 여러 가지 유연한 축적체제를 의미한다.

포즈너 Richard A. Posner

미 연방 제7항소법원 법관이며, 시카고 로스쿨에서 강의하고 있다. 『법경제학의 입문서』와 『사법의 경제학』(*The Economics of Private Law*) 등 중요한 저서를 썼다. 특히 『사법의 경제학』에는 그가 그동안 불법행위법, 계약법, 가족법, 프라이버시의 경제학에 관해서 발표한 논문들이 수록되어 있다.

포지셔닝 Positioning

포지셔닝이란 '하나의 브랜드에 일정한 의미를 부여하여 브랜드 담화에 가치를 지정하는 메커니즘'이다. 가치부여와 조정의 원리로서 브랜드 포지셔닝은 다음과 같은 질문을 던진다. 첫째, 특정한 브랜드 및 상품은 어떤 역능을 사용하는가? 둘째, 이 브랜드는 누구를 지향하는가? 셋째, 사용자는 이 브랜드를 언제 어떻게 투입해야 하는가? 넷째, 이 브랜드를 구매한 소비자는 구체적인 이익을 얻는가? 다섯째, 이 브랜드는 사용자에게 심리적 장점을 제공하는가? 여섯째, 상응하는 브랜드 영역에서 경쟁하는 타 브랜드는 무엇인가? 일곱째, 고유 브랜드는 경쟁 브랜드보다 무엇을 더 잘 해낼 수 있는가?

푸덴버그 Drew Fudenberg

하버드대학 경제학과 교수이며, 티롤(Jean Tirole)과 공저로 『게임이론』(*Game Theory*)을 출간하였다. 그의 게임 이론은 제3세대의 게임 이론으로서 진화론의 게임 이론을 발전시킨 것이다. 오늘날 미국의 경제학에서 게임 이론은 계약이론과 함께 미시경제학의 핵심(core) 영역으로 인식되고 있다. 게임 이론은 법경제학에서 중요한 연구분야이기 때문에 게임 이론의 연구업적으로 노벨경제학상을 수상한 사람들이 계속 나오고 있다.

푸코 Michel Foucault

1926년에 태어나 1984년에 58세의 짧은 생애를 마감할 때까지 전 세계의 인문사회과학 분야에 가장 큰 영향력을 미친 20세기 최고의 지성으로 꼽힌다. 파리고등사범학교에서 철학을 전공한 후 심리학과 정신병리학에 관심을 갖고 그 이론과 임상 및 역사를 연구하였으며 1959년에 「고전주의 시대에 있어 광기의 역사」로 박사학위를 받았다. 그 이후 왕성한 학문적 활동을 펼치면서 현대 프랑스 구조주의 철학의 대표로 떠올랐다.

각 시대의 앎(知)의 기저에는 무의식적 문화의 체계가 있으며, 무의식적인 심적 구조와 사회구조 그리고 언어구조가 서로 결합되어 인간의 의식과 행동을 결정한다고 보는 구조주의 사조에 입각하여, 그는 주체로서의 인간이라든가 자율적인 자아라고 하는 관념은 허구에 불과한 것이라고 하는 반인간주의적 철학을 전파하여 세계의 큰 반향을 얻었다. 1984년에 후천성면역결핍증(AIDS)에 의한 패혈증으로 사망하였다.

프랑크푸르트 학파

1914년 프랑크푸르트대학의 사회연구에서 호르크하이머(Max Horkheimer), 아도르노(Theodor W. Adorno), 마르쿠제(Herbert Marcuse) 등이 주축이 되어 형성된 사회철학적 방향을 가리킨다. 프랑크푸르트학파는 마르크스의 정치경제학적 접근방식을 프로이트의 정신분석학과 결합시킴으로써 자본주의 사회를 고찰할 수 있는 비판이론을 발전시켰다. 프랑크푸르트학파는 실천적 관점에서는 자본주의 논리에 의해 전체적으로 관리되고 있는 사회를 자유로운 사회주의의 방향으로 변혁하려고 하였으며, 방법론적 관점에서는 전통적 형이상학과 실증주의를 모두 배척하였다.

프랙탈 fractal

프랙탈이란 자기유사성(self-similarity)을 갖는 전체의 일부분으로 프랙탈차원에서는 유클리드 기하학의 차원과는 달리 물질은 불연속적이라고 보며 1차원, 2차원 등의 정수차원 뿐 아니라 0.67차원, 1.58차원 등 분수차원을 가질 수 있다.

프루던스 prudence

구체적인 현실 속에서 생존과 안전을 확보하는 데 필요한 실용적인 지혜를 찾는 인간의 능력이다. 일찍이 아리스토텔레스는 지식을 이론적 지식(theoria)과 실천적 지혜(phronesis)로 구분한 바 있는데, 던은 아리스토텔레스의 프로네시스 개념을 현대화시켜 이

해하려고 한다.

필립스 곡선 Phillips curve

성장과 안정의 상충관계(trade-off relationship)를 나타내는 것으로 구체적으로 실업률과 명목임금상승률의 역(-)의 관계를 말한다. 명목임금상승률은 종종 물가상승률로 대체되기도 한다. 1861년부터 1957년 사이의 영국의 통계자료를 사용하여 이를 발견한 필립스의 이름을 붙였다. 케인지안의 한 명인 틴버겐은 3퍼센트의 물가성장률을 감수하면 5~6퍼센트대의 완전고용성장을 달성할 수 있다고 주장하였다. 이에 반해 프리드만 등 시장주의자들은 필립스 곡선의 존재가 단기적인 현상에 불과하며, 경제주체들이 경제변수들의 변화를 예측하는 것이 가능해짐에 따라 단기 필립스 곡선이 상향이동하게 되어 결국 통화정책이 산출은 변화시키지 못한 채 물가만 상승시키게 된다고 반박하였다. 루카스 교수는 합리적 기대이론에 근거해 특정한 조건이 만족되지 않으면 단기에서조차 필립스 곡선의 상충관계가 존재하지 않는다고 주장하였다.

하트 Oliver Hart

미국 하버드대학 경제학과와 영국 런던 이코노믹스쿨의 경제학 교수로 있다. 법경제학의 계약이론에 관한 탁월한 학자이다. 현대 경제학에서 계약이론은 법학과 경제학을 접목하여 미국의 판례와 기업경영 전반에 걸쳐서 매우 중요한 이론으로 주목받고 있다.

한계주의 marginalism

신고전학파 이론에서 개별 경제주체의 합리성을 구성하는 중요한 개념으로서 극대화를 달성하는 방법을 알려주는 핵심개념이다. 효용극대화의 예를 들면, 목표함수가 있을 때 경제주체는 자신의 효용에 영향을 주는 변수가 무엇인지 알고 있다고 하자. 한 단위의 추가적인 소비와 그에 의한 효용증가를 동시에 비용증가와 비교했을 때 효용의 순증가가 정(正)인 영역에서는 소비증가가 바람직하고, 부(否)의 영역에서는 소비를 줄이는 것이 합리적이다. 따라서 순증가가 0이 되는 점이 최적점이 되는 것이다. 이 개념은 이윤극대화, 즉 생산에 따른 수익증가와 비용증가 사이에도 똑같이 적용된다. 소비자 혹은 생산자가 자신의 효용구조, 비용구조를 정확하게 알고 있다는 것이 전제 조건이지만 이를 만족하기는 쉽지 않을 것 같다. 한계주의는 경제체제를 힘의 균형을 통한 시스템의 안정성 측면에서 바라보는 물리학적 세계관에 닿아 있다.

한류우드 Hallyuwood

한류우드는 '한류'(韓流)와 '할리우드'(Hollywood)를 합성해 만든 말로 아시아 퓨전문화의 중심지를 꿈꾸며 경기도 고양시 장항동과 대화동 일대 30여 만 평에 추진하는 문화관광산업단지이다. 이곳에서는 한류를 중심으로 한·중·일 3국과 동남아 각국의 대중문화와 관광산업, IT산업의 한 축을 이루는 컴퓨터게임 산업 등이 한데 어우러진다. 한류 문화콘텐츠의 개발과 생산, 유통이 한꺼번에 이뤄지는 문화산업 클러스터의 역할을 하게 되는 것이다.

—『조선일보』, 2005년 12월 18일.

합리적 기대 거시경제모형 rational expectation macroeconomic model

경제주체들이 합리적 기대를 형성한다는 가정 하에서 물가와 산출 등의 거시경제 변수들이 결정되는 과정을 모형화하는 것을 말한다.

합리적 기대학파
rational expectation school

합리적 기대모형에 근거해 이론적으로는 거시경제학의 미시경제학적 기초를 강조하고 정책상으로는 시장기능의 중요성과 정책개입주의에 대해 반대하는 학파로 대표적인 학자로는 루카스, 사전트, 왈라스, 배로 등이 있다. 시장기능에 의한 자유경쟁균형을 강조하기 때문에 새고전학파(new classical school)로도 불린다. 또한 합리적 기대학파의 영향을 1930년대의 케인즈혁명에 비교하여 합리적 기대혁명(rational expectation revolution)이라고 부르기도 한다.

해방적 관심
Emanzipatorisches Interesse

하버마스의 초기 대표작인 『인식과 관심』에서 개진된 개념으로 전체적으로 비판이론의 실천적 방향을 대변한다. 하버마스는 모든 인식은 '인식을 주도하는 관심'과 필연적으로 결합되어 있다는 전제에서 출발한다. 인류가 스스로를 구성하고 재생산하는 가장 기초적인 조건들은 하버마스에 의하면 '노동'(Arbeit)과 '상호작용'(Interaktion)이다. 이 두 가지 행위를 수반하는 인식관심은 유기체로서 주위환경에 적응하는 것이거나 아니면 순수 이성존재로서 행하는 삶을 반성적으로 성찰하는 것이다. 하버마스는 인식을 위한 인식이 자기반성을 통해 해방에 대한 관심과 일치한다고 말한다. 즉 이성은 '해방적 인식관심'을 따른다는 것이다.

해양권력 Sea Power
미국의 지정학자 알프레드 머핸(Alfred T. Mahan)의 이론이다. 머핸은 지구의 4분의 3을 덮고 있는 바다를 순항할 수 있는 해양권력을 국가의 성장과 번영, 그리고 안전에 필수적인 요소로 보았다.

현실주의 realism
국제정치이론의 한 갈래로서, 무정부상태적 국제정치환경 속에서 합리적 이기주의자로서의 주권국가를 단위로 국제정치를 설명하는 이론.

호네트 Axel Honneth
호네트는 독일의 공업지역인 에센에서 태어나 본, 보쿰, 베를린대학에서 철학, 사회학, 독문학을 공부하였고, 1983년 베를린대학에서 훗날 『권력비판』이라는 제목으로 출간된 논문으로 박사학위를, 1990년 프랑크푸르트대학에서 교수자격을 취득하였다. 호네트는 1992년 위르겐 하버마스에게서 프랑크푸르트대학 철학과 교수직을 물려받고, 2001년부터 사회연구소(Institut für Sozialforschung) 소장으로 활동함으로써 1세대인 호르크하이머와 아도르노, 2세대인 하버마스의 뒤를 이어 3세대 프랑크푸르트학파의 대표자로 부각되고 있다.
그는 사회존재론, 체계이론, 자유주의와 공동체주의처럼 오늘날 등장하고 있는 새로운 이론들과 비판적으로 대결함으로써 비판적 사회이론을 창조적으로 계승하려는 노력을 하고 있다. 이 과정에서 호네트는 1세대 비판이론가들에 의해 '노동'으로 축소되어 이해되었던 인간의 '행위'를 철학적 인간학의 관점에서 재조명함으로써 사회이론의 규범적 토대를 구축하였다.

화폐적 경기변동이론
monetary business cycle theory
프리드만, 슈바르츠, 루카스 등에 의해 제안된 것으로 화폐공급의 변화나 화폐승수의 변동과 같은 화폐적 교란을 경기변동의 주요원인으로 보는 이론. 특히 루카스 교수는 합리적 기대이론에 근거해 민간 경제주체들의 예측을 벗어난 화폐의 급격한 변화가 실물경제에 영향을 주게 되고 이것이 경기변동의 원인이 된다고 주장하였다.

확률과정 stochastic process
어떤 변수가 외부의 충격에 의해 확률적으로 변화하는 과정을 따르는 것을 말함. 충격이 시계열적으로 독립적인 백색잡음과정(white noise)을 따를 경우 다음 시점의 시계열에 대한 최적 예측은 시계열의 현재값과 일치하게 된다.

효율적 시장가설 EMH

자산가격의 수익률 간에 아무런 상관관계가 존재하지 않으며 시장에서 이용가능한 모든 정보들이 현재가격에 완전히 반영되어 있다는 가설. 따라서 현재의 가격변동은 예기치 못한 정보 충격의 결과라고 해석된다.

휴먼서비스 Human Service

휴먼서비스 또는 인간서비스라고도 하며 사회복지 개념보다 포괄적인 의미를 갖고 있다. 공중보건, 정신건강, 사회서비스, 여가활동, 문화활동, 주택, 법적인 정의를 위한 사법활동 등을 포함한다. 따라서 휴먼서비스는 사회복지를 포함하여 인간의 복지증진을 위하여 행해지는 포괄적인 활동이라고 할 수 있다.

■ 더 읽을 만한 책과 자료들

제1부 세계화시대는 우리의 운명인가

지정학의 르네상스 | 21세기 지정학적 관심사 · 22쪽

김명섭, 『대서양문명사: 팽창, 침탈, 헤게모니』, 한길사, 2001.

김현일, 「시간과 서양문명」, 『역사비평』, 2000년 봄호.

프랑수아 제레, 고선일 · 유재명 옮김, 『인류의 영원한 굴레, 전쟁』, 부키, 2005.

콜린 플린트, 한국지정학연구회 옮김, 『지정학이란 무엇인가』, 길, 2007.

투키디데스, 박광순 옮김, 『펠로폰네소스전쟁사』 상 · 하, 범우사, 1999 · 2001.

헤로도토스, 박광순 옮김, 『역사』 상 · 하, 범우사, 1996.

Alex Callinicos, "Does Capitalism Need the State System", *Cambridge Review of International Affairs vol. 20*, no. 4, 2007.

Saul Bernard Cohen, *Geopolitics of the World System*, Maryland: Rowman & Littlefield Publisher, 2003.

N. Elias, *Time: An Essay*, London: Blackwell, 1992.

John K. Fairbank, Edwin O. Reischauer and Albert M. Craig, *East Asia: Tradition and Transformation*, Boston/Tokyo: Houghton Mifflin Company/Charles E. Tuttle Company, 1976.

Myongsob Kim and Horace Jeffery Hodges, "On Huntington's Civilizational Paradigm: A Reappraisal", *Issues & Studies c41*, no. 2 (June), 2005.

Henri Lefebvre, *La production de l'espace*, 4ème ed, Paris: Economica, 2000.

미국의 힘이 영속되리라는 보장은 없다 | 탈냉전기 국제정치 · 40쪽

Joseph S. Nye, *The Paradox of American Power: Why the World's Only Superpower Can't Go It Alone*, New York: Oxford University Press, 2002.

_____, *Understanding International Conflicts: An Introduction to Theory and History*, 4th ed., New York: Longman, 2002.

_____, *Bound to Lead: The Changing Nature of American Power*, New York: Basic Books, 1990.

Joseph S. Nye and Robert O. Keohane, *Power and Interdependence: World Politics in Transition*, Boston: Little Brown and Company, 1977; 3d edition with additional materia, New York: Longman, 2000.

Joseph S. Nye and John D. Donahue, *Governance in a Globalizing World*, Washington, D. C.: Brookings Institution Press, 2000.

Joseph S. Nye, Philip D. Zelikow and Davic C. King, *Why People Don't Trust Government*, Cambridge: Harvard University Press, 1997.

Joseph S. Nye and Robert O. Keohane, *Transnational Relations and World Politics*, Cambridge: Harvard University Press, 1970.

지구화는 이미 뿌리내린 현실이다 | 세계주의적 민주주의 · 54쪽

데이비드 헬드, 『민주주의의 모델』, 이정식 역, 인간사랑, 1989.

데이비드 헬드 · 스튜어트 홀, 김수진 · 전효관 옮김, 『모더니티의 미래』, 현실문화연구, 2000.

데이비드 헬드 · 강수돌 외, 『다시 그리는 세계지도 – 우리가 알아야 할 세계화의 쟁점』, 해냄, 2000.

데이비드 헬드 · 앤서니 맥그루 · 데이비드 골드블라트 · 조너선 페라턴, 조효제 옮김, 『전지구적 변환』, 창작과비평사, 2002.

귄터 그라스 · 데이비드 헬드 외, 이승협 옮김, 『세계화 이후의 민주주의』, 평사리, 2005.

David Held, *Introduction to Critical Theory: Horkheimer to Habermas*, London: Hutchinson, 1980.

Anthony Giddens and David Held (Eds), *Classes, Power, and Conflict: Classical and Contemporary Debates*, Basingstoke: Macmillan, 1982.

David Held, *States and Societies*, Oxford: Blackwell Publishing, 1983.

David Held, *Political Theory and the Modern State*, Cambridge: Polity Press, 1989.

David Held (Ed.), *Political Theory Today*, Cambridge: Polity Press, 1991.

David Held, *Democracy and the Global Order: From the Modern State to Cosmopolitan Governance*, Cambridge: Polity Press, 1995.

Daniele Archibugi, David Held and Martin Kohler (Eds), *Re-Imagining Political Community: Studies in Cosmopolitan Democracy*, Cambridge: Polity Press, 1998.

David Held, Anthony McGrew, David Goldblatt and Jonathan Perraton, *Global Transformations: Politics, Economics and Culture*, Cambridge: Polity Press, 1999.

David Held, and Anthony McGrew (Eds), *Governing Globalization: Power, Authority and Global Governance*, Cambridge: Polity Press, 2002.

David Held and Mathias Koenig-Archibugi (Eds), *Taming Globalization: Frontiers of Governance*, Cambridge: Polity Press, 2003.

David Held, *Global Covenant: The Social Democratic Alternative to the Washington Consensus*, Cambridge: Polity Press, 2004.

David Held, *A Globalizing World? Culture, Economics, Politics*, London: Routledge, 2004.

Anthony Barnett, David Held and Caspar Henderson (Eds), *Debating Globalization*, Cambridge: Polity Press, 2005.

David Held, *Models of Democracy*, 3rd Edition, Cambridge: Polity Press, 2006.

David Held and Ayse Kaya (Eds), *Global Inequality: Patterns and Explanations*, Cambridge: Polity Press, 2007.

David Held and Anthony McGrew, *Globalization/Anti-Globalization: Beyond the Great Divide*, 2nd Edition, Cambridge: Polity Press, 2007.

David Held and Anthony McGrew, *Globalization Theory: Approaches and Controversies*, Cambridge: Polity Press, 2007.

David Held and David Mepham (Eds), *Progressive Foreign Policy*, Cambridge: Polity Press, 2007.

David Held and Herietta L. Moore (Eds), *Cultural Politics in a Global Age: Uncertainty, Solidarity and Innovation*, Oxford: Oneworld Publications, 2008.

• www.lse.ac.uk/collections/government/

런던정경대학교(LSE) 정치학과 홈페이지
- www.polity.co.uk/global/default.asp 전지구적 변환 웹사이트
- www.polity.co.uk/modelsofdemocracy/ 민주주의의 모델 웹사이트
- www.polity.co.uk 폴리티 출판사

우리는 지구시민사회를 꿈꾼다 | 시민사회의 이론과 현실 · 66쪽

헬무트 안하이어 · 슈테판 퇴플러 편, 이형진 옮김, 『재단이란 무엇인가』, 아르케, 2002.

헬무트 안하이어 외, 노연희 옮김, 『제3섹터란 무엇인가』, 아르케, 2002.

헬무트 안하이어 외 편, 조효제 · 진영종 옮김, 『지구시민사회』, 아르케, 2004.

H. Anheier and Y. R. Isar (Eds), *Cultures and Globalization*, Sage, 2007.

H. Anheier and Regina A. List, *A Dictionary of Civil Society: Philanthropy and the Third Sector*, Francis & Taylor, 2007.

H. Anheier and D. Diana, *Creative Philanthropy*, Routledge, 2006.

H. Anheier, *Non-Profit Organizations: Theory, Management, Policy*, Francis & Taylor, 2007.

H. Anheier and D. Leat, *From Charity to Creativity*, COMEDIA, 2002.

H. Anheier, *When Things Go Wrong-Organizational Failures and Breakdowns*, Sage, 1999.

L. Salamon and H. Anheier, *Defining the Nonprofit Sector: A Cross-national Analysis*, Manchester University Press, 1997.

L. Salamon and H. Anheier (Eds), *The Nonprofit Sector in Developing Countries*, Manchester University Press, 1998.

H. Anheier, *The Emerging Sector-An Overview*, Manchester University Press, 1996.

전문학술지 편집
Journal of Civil Society
Voluntas
Nonprofit Management and Leadership

- www.sppsr.ucla.edu 캘리포니아대학 공공정책대학원
- http://www.tandf.co.uk/journals/journal.asp?issn=1744-8689&link-type=5 시민사회저널(*Journal of Civil Society*)
- www.civicus.org 시비쿠스

• www.lse.ac.uk/Depts/global/researchgcspub.htm
지구시민사회연감(*Global Civil Society Yearbook*)

탈지역화가 새로운 지역화를 만든다 | 현대세계의 문화 현상 · 80쪽
Arjun Appadurai, *Worship and Conflict Under Colonial Rule: A South Indian Case*, Cambridge: Cambridge University Press, 1981.
_____, (Ed.) *The Social Life of Things: Commodities in Cultural Perspective*, Cambridge: Cambridge University Press, 1986.
_____, (Ed.) *Gender, Genre, and Power in South Asian Expressive Traditions*, Philadelphia: University of Pennsylvania Press, 1991.
_____, *Modernity at Large: Cultural Dimension of Modernity*, London & Minneapolis: University of Minnesota Press, 1996.

제2부 고뇌하는 현대인에게 말한다

불확실성의 고통과 인정투쟁 | 다원주의 시대의 비판이론 · 92쪽
Axel Honneth, *Kritik der Macht: Reflexionsstufen einer kritischen Gesell-schaftstheorie*, 1985.
_____, *Die zerrissene Welt des Sozialen*, 1989.
_____, *Kampf um Anerkennung: Zur moralischen Grammatik sozialer Konflikte*, 1992.(문성훈 · 이현재 옮김, 『인정투쟁: 사회적 갈등의 도덕적 형식론』)
_____, *Desintegration: Bruchstucke einer soziologischen Zeitdiagnose*, 1994.
_____, *Das Andere der Gerechtigkeit*, 2000.
_____, *Leiden an Unbestimmtheit: Eine Reaktualisierung der Hegelschen Rechtsphilosophie*, 2001.
_____, Urs Jaeggi, *Axel Honneth, Theorien des Historischen Materialismus*, 1977.
Axel Honneth, Hans Joas, *Soziales Handeln und menschliche Natur*, 1980.
Axel Honneth(Hrsg.), *Pathologien des Sozialen: Die Aufgaben der Sozial-philosophie*, 1994.
Axel Honneth und Hans Joas, *Kommunikatives Handeln*, 2002.

머레이 북친, 문순홍 편저, 『생태학의 담론』, 1999.

문순홍, 『생태위기와 녹색의 대안』, 1992.

Murrary Bookchin, *Our Synthetic Environment*, 1963.

_____, *Crisis in our City*, 1965.

_____, *Post-Scarcity Anarchism*, 1971.

_____, *The Limit of the City*, 1973.

_____, *The Spanish Anarchists*, 1976.

_____, *Toward an Ecological Society*, 1980.

_____, *The Ecology of Freedom*, 1982.

_____, *The Modern Crisis*, 1986.

_____, *The Rise of Urbanization and the Decline of Citizenship*, 1987.

_____, *Remaking Society*, 1989(박홍규 옮김, 『사회생태주의자란 무엇인가』, 1998).

_____, *The Philosophy of Social Ecology*, 1990, 1995 개작.

_____, *Defending the Earth*, 1991.

_____, *Urbanization Without City*, 1992.

_____, *Reenchanting Humanity*, 1995.

_____, *The Spanish Anarchists: The Heroic Years 1868~1936*, 1997.

_____, *Social Anarchism or Lifestyle Anarchism: An Unbridgeable Chasm*, 1996.

_____, *The Third Revolution: Popular Movements in the Revolutionary Era I, II, III*, 1996.

_____, *To Remember Spain: The Anarchist and Syndicalist Revolution of 1936*(edited by Bookchin), 1996.

_____, *The Politics of Social Ecology: Libertarian Municipalism*(with Janet Biehl), 1997.

_____, *Anarchism, Marxism and the Future of the Left: Interviews and Essays*, 1993~1998, 1999.

Janet Biehl (Ed.) with Murray Bookchin, *The Murray Bookchin Reader*, 1997.

Sam Dolgoff (Ed.), *The Anarchist Collectives: Workers' Self-Management in the Spanish Revolution 1936~1939*, 1996.

Robyn Eckersley, *Environmentalism and Political Theory*, Ch.7, 1992.

Koula Mellos, *Perspecives on Ecology*, Ch.4, 1988.

David Pepper, *Eco-socialism*, Ch.4, 1993.

Andrew Light (Ed.), *Social Ecology after Bookchin*, 1998.

근대형 노동에 종말을 고하라 | 노동기반사회를 넘어선 다활동기반사회 · 114쪽

앙드레 고르, 조홍섭 편역, 「에콜로지스트 선언」, 『현대의 과학기술과 인간해방』, 1984.

앙드레 고르, 이병천 · 박형준 편저, 「노동사회에서 문화사회로의 이행」, 『후기 자본주의와 사회운동의 전망』, 1993.

문순홍, 『생태위기와 녹색의 대안』, 1992.

_____, 「앙드레 고르: 현대자본주의 비판과 사적 영역의 재탈환 정치」, 『문화 과학』 27, 2001.

김나희, 「앙드레 고르의 한국적 수용」, 『학회평론』 17호, 2000.

Andre Gorz, *The Traitor*(*Le Traitre*, 1958), 1959〔1989년에 개정판〕.

_____, *Strategy for labor: a radical proposal*(*Strategie ouvriere et neo-capitalisme*, 1964), 1965.

_____, *Socialism and Revolution*(*Le Socialisme difficile*, 1967), 1975.

_____, *Division of Labour: The Labour Process and Class-Struggle in Modern Capitalism*, 1977.

_____, *Ecology As Politics*(*Ecologie et liberte*, 1975), 1979.

_____, *Farewell to the Working Class*(*Adieux au Proletariat*, 1980), 1982.

_____, *Paths to Paradise: On the Liberation from Work*(*La Chemins du Paradis: L'agonie du capital*, 1983), 1985.

_____, *Critique of Economic Reason*(*Metamorphoses du Travail. Quete du sens. Critique de la raison economique*, 1988), 1989.

_____, *Und Jetzt Wohin?*, 1991.

_____, *Capitalism Socialism Ecology*(*Capitalisme Socialisme Ecologie*, 1991), 1994.

_____, *Reclaiming Work: Beyond the Wage-Based Society*(*Miseres du present: richesse du possible*, 1997), 1999.

F. Bowring, *Andre Gorz and the Sartrean Legacy: Arguments for a Person-Centered Social Theory*, 2000.

B. Frankel, *Post-Industrial Utopianism Madison*, Uni. of Wisconsin Press, 1987.

D. Goldblatt, *Social Theory and the Environment*, London: Polity Press,

1996.

H. Kraemer & C. Leggwie, *Wege Ins Reich der Freiheit*, Berlin: Rotbuch Verlag, 1989.

A. Little, *The Political Thought of Andre Gorz*, London: Routledge, 1996.

C. Lodziak & J. Tatman, *Andre Gorz: A Critical Introduction*, London: Pluto, 1997.

P. Wehling, *Sozial-Okologische Orientierungen in der Okologiebewegung*, 1989.

자본주의는 인간의 몸까지 정복하고 있다 | 생태위기를 극복하는 여성적 원리 · 124쪽

Vandana Shiva, *Staying Alive: Women, Ecology, Developmet*, 1987(강수영 옮김, 『살아남기: 여성, 생태학, 개발』, 솔, 1998).

_____, *Ecology and the Politics of Survival: Conflicts over Natural Resources in India*, 1991.

_____, *Biodiversity: Social & Ecological Consequences*, 1992.

_____, *The Violence of the Green Revolution: Third World Agriculture*, Ecology and Politics, 1992.

_____, *Close to Home: Women Reconnect Ecology*, Health and Development Worldwide, 1993.

_____, *Monocultures of the Mind: Perspectives on Biodiversity and Biotechnology*, 1993.

_____, *Biopolitics: A Feminist and Ecological Reader on Biotechnology*, 1995.

_____, *Biopiracy: The Plunder of Nature and Knowledge*, 1997(한재각 외 옮김, 『자연과 지식의 약탈자들』, 당대출판사, 2000).

_____, *The Internet Publicity Guide: How to Maximize Your Marketing and Promotion in Cyberspace*, 1997.

_____, *Stolen Harvest: The Hijacking of the Global Food Supply*, South End Press, 2000.

_____, *Tomorrow's Biodiversity. Prospects for Tomorrow*, Thames & Hudson, 2001.

_____, *Water Wars: Privatization, Pollution, and Profit*, South End Press, 2002.

_____, *Protect or Plunder?: Understanding Intellectual Property Rights (Global Issues Series)*, Zed Books, 2002.

Vandana Shiva and Maria Mies, *Ecofeminism*, 1993(손덕수 · 이난아 옮김, 『에코페미니즘』, 창작과비평사, 2000).

일상의 문화에서 변혁의 가능성을 찾는다 | 정신분석학 · 철학 · 사회이론 · 대중문화의 만남 · 132쪽
슬라보예 지젝, 주은우 옮김, 『당신의 징후를 즐겨라』, 한나래, 1997.
슬라보예 지젝, 김소연 · 유재희 옮김, 『삐딱하게 보기』, 시각과언어, 1995.
슬라보예 지젝, 이만우 옮김, 『향락의 전이』, 인간사랑, 2001.
슬라보예 지젝, 김소연 옮김, 『항상 라캉에 대해 알고 싶었지만 감히 히치콕에게 물어보지 못한 모든 것』, 새물결, 2001.
홍준기, 「지제크의 라캉 읽기 : 『이데올로기의 숭고한 대상』을 중심으로」, 『문학과 사회』, 2000년 겨울호, 문학과지성사.
홍준기, 「라캉과 알튀세르 : 정신분석학과 마르크스주의」, 『라캉과 현대철학』, 문학과지성사, 1999.
S. Zizek, *The Sublime Object of Ideology*, London/New York : Verso, 1989.
_____, *Tarrying with Negative : Kant, Hegel, and the Critique of Ideology*, Durham : Dukt University, 1993.
R. Saclecl/S. Zizek(ed.), *Gaze and Voice as Love Object*, Durham and London : Duke University Press, 1996.
S. Zizek(ed.), *Cogito and the Unconsciousness*, Durham and London : Duke University Press, 1998.
S. Zizek, *The Ticklish Subject : The Absent Centre of Political Ontology*, London : Verso, 1999.

• http://www.mii.kurume-u.ac.jp/~leuers/Lacan.htm
이 사이트로 들어가면 지젝의 홈페이지에 접근할 수 있다.

제3부 가장 자신 있는 것으로 소통한다

한 · 중 · 일의 화해와 교류를 꿈꾼다 | 미디어와 문화로 소통하는 동북아 공동체 · 142쪽
김명섭, 「동북아 시대 구현을 위한 사회문화적 협력 구상」, 동북아시대 위원회 발표, 2006. 8. 29.
김영작 · 김기석 엮음, 『21세기 동북아 공동체 형성의 과제와 전망』, 한울아카데미, 2006.

백영서 외, 『동아시아의 지역 질서』, 창비, 2005.

장수현 외, 『중국은 왜 한류를 수용하나』, 학고방, 2004.

최원식, 『문학의 귀환』, 창작과 비평사, 2001.

최혜실, 「한국 문화산업 육성을 위한 이론적 토대로서의 문화콘텐츠」, 인문콘텐츠 3호, 인문콘텐츠학회, 2004. 6.

최혜실(과제 책임자), 「문화원형 창작소재 개발 중.장기 로드맵 수립」, 한국문화콘텐츠진흥원, 2006.

최혜실, 『한류 드라마의 스토리텔링』, 새문사, 2007.

이와부치 고이치, 히라타 유키오 · 전오경 옮김, 『아시아를 잇는 대중문화』, 또하나의 문화, 2004.

우리에게는 캐치프레이즈가 필요하다 | 국가 브랜드 전략 · 162쪽

김동윤, 「도시 시학과 호모 파불라토르」, 『비평』 제15호, 2007.

김성도 · 박상우, 「서울의 공간적 의미작용에 대한 기호학적 시론」, 『기호학연구』 제19집, 2006.

김성도, 「도시 브랜딩의 기호학적 접근」, 『텍스트언어학』 제23집, 2007.

박여성, 「브랜드 기호학의 체계이론적 정초」, 『기호학연구』 제17집, 2005.

_____, 「기호학적 공해. 생태기호학을 위한 예비고찰」, 『기호학연구』 제21집, 2007.

백선기, 『미디어 그 기호학적 해석의 즐거움』, 서울: 커뮤니케이션북스, 2007.

안드레아 셈프리니, 『브랜드』, 이은령 옮김, 커뮤니케이션북스, 2004.

손일권, 『브랜드 아이덴티티. 100년 기업을 넘어서는 브랜드 커뮤니케이션 전략』, 서울: 경영정신, 2004(A. Semprini, *La Marque*, 2001).

안장혁, 「독일의 대표적 언론에 나타난 한국의 국가이미지에 대한 문화기호학적 접근」, 『카프카연구』 15, 2006.

양성혜, 「스페인 미디어를 통해 본 한국문화 이미지」, 『스페인어문학』 39, 2006.

사이먼 안홀트, 김유경 옮김, 『국가 브랜드-국가 이미지』, 커뮤니케이션북스, 2003(S. Anholt, *Brand New Justice. The Upside of Global Branding*, 2003).

오장근, 「광고언어의 호소적 기능에 대한 텍스트언어학적인 연구: 인쇄광고 헤드카피의 텍스트화용론적 분석」, 『텍스트언어학』 14, 2003.

오정숙, 「프랑스에서 한국의 문화이미지, 문화브랜드—『Le Monde』에 나타난 한국 관련 기사의 문화기호학적 분석」, 『프랑스학 연구』 37, 2006.

오양진, 「한국 미(美)의 특성에 관한 기호학적 시론」, 『민족문화연구』 46,

2006.

염성원·오경수, 「한국의 국가 이미지 제고활동 현황과 인식에 관한 연구」, 『홍보학연구』 7-2, 2003.

이윤진, 「영국에서의 한국 국가 이미지와 문화브랜드」, 『영미문화』 16-2, 2006.

전형연, 「기호학적 포지셔닝을 통한 명품 브랜드의 정체성 유형 연구」, 『기호학연구』 16, 2004.

중앙일보사, 『아! 대한민국』, 랜덤하우스 중앙, 2005.

최용호, 『텍스트의미론 강의』, 인간사랑, 2004.

「문화가치 포지셔닝을 위한 건설 광고 읽기」, 2005(비공개).

장 마리 플로슈, 『기호학, 마케팅, 커뮤니케이션』, 김성도 옮김, 나남출판, 2003.

강창우 외, 한국텍스트언어학회, 『텍스트언어학의 이해』, 박이정, 2004.

피에르 부르디외, 『구별짓기: 문화와 취향의 사회학』 상권, 최종철 옮김, 새물결, 1995(P. Bourdieu, *La distinction: Critique sociale du jugement*, 1979).

홍석경, 「세계화와 문화산업의 새로운 정체성 논리: 할리우드 영화의 아시아 스타 수용에 대한 분석」, 한국기호학회 2005-춘계 학술대회 자료집.

S. Anholt, *How the World sees the World*, 2005(http://www.gmi-mir.com).

Businessweek, *The Global Brand Scoreboard 02*. Aug. 2004(http://www.interbrand.com).

Kai-Uwe Hellmann, *Soziologie der Marke*, Frankfurt: Suhrkamp, 2003.

D. B. Holt, *How Brands become Icons: The Principles of Cultural Branding*, Harvard Business School Press, 2004.

Ph. Kotler & D. Gertner, "Country as a brand, product and beyond: A place marketing and brand management perspective", *The Journal of Brand Management Vol 9*, no. 4-5, April 2002.

OECD PISA-Report, 2006(http://www.oecd.org/home/).

OECD PISA-Test(http://www.oecd.org/home/).

Panel 2000-Consultation Document, Foreign and Commonwealth Office(FCO: http://www.fco.gov.uk).

S. J. Schmidt, *Unternehmenskommunikation*, Münster/Hamburg: LIT, 2004.

_____, (hg.), *Handbuch-Werbung*, Münster/Hamburg: LIT, 2004.

S. J. Schmidt & B. Spieß, *Kommerzialisierung der Kommunikation: Fernsehwerbung und sozialer Wandel 1956~1989*, Frankfurt:

Suhrkamp, 1997.

S. J. Schmidt & G. Zurstiege, *Kommunikationswissenschaf: Systematik ud Ziele*, Rowohlt Enzyklopädie, 2007.

G. Zurstiege, *Werbeforschung*, UTB, 2007.

주요 학자

S. Anholt: GMI-브랜드평가

J. Fontanielle: Limoges-응용기호학

K. U. Hellmann: Duisburg-브랜드 사회학

D. Baecker: Zeppelin-문화이론, 체계이론

S. J. Schmidt: Münster-매체이론

A. J. Greimas: 텍스트기호학

Ch. Metz: 영화기호학

Ph. Kotler: 브랜드 경영학

J. M. Floch: 명품브랜드 기호학

A. Semprini: 브랜드 기호학

주요 학술지

The Journal of Brand Communication

Foreign Affairs

『기호학연구』

『텍스트언어학』

『광고학연구』

『홍보학연구』

주요 기관

여론조사기관: Emnid, GfK, Grey, ICON 등.

컨설팅 기업: Interbrand, Sinus, Businessweek 등.

학회: 한국기호학회, 한국텍스트언어학회, 한국광고학회, 한국방송학회, 한국광고기호학회.

국가기관: 외교통상부, 국정홍보처, 문화관광부, 한국생산성본부, 한국미디어콘텐츠진흥원, 한국관광공사, 한국무역진흥공사, 한국능률협회, 한국소비자포럼, KMA 마케팅 위원회, KIET 등.

소비자에게 상품에 대한 관심을 유발시켜라 | 새롭게 부각되는 관심의 경제학 · 176쪽

David E. Bell, Howard Raiffa and Amos Tversky (Eds.), *Decision Making : Descriptive, Normative, and Prescriptive Interactions*, Cambridge : Cambridge University Press, 1988.

Esther Dyson, *A Design for Living in the Digital Age*, Broadway Books, 1997.

Philip Evans and Thomas S. Wurster, *Blown to Bits : How the New Economics of Information Transforms Strategy*, Boston Consulting Group, 1999(필립 에번스 외, 보스턴 컨설팅 그룹 옮김, 『기업 해체와 인터넷 혁명』, 세종서적, 2000).

Kevin Kelly, *New Rules for the New Economy : 10 Radical Strategies for a Connected World*, Brockman, 1998(케빈 켈리, 오재섭 옮김, 『디지털경제를 지배하는 10가지 법칙』, 황금가지, 2000).

Herbert A. Simon, "Knowledge and the Time to Attend to It", *Working Paper No. 96-2*, 1995(Carnegie Bosch Institute for Applied Studies in International Management, Carnegie Mellon University, Graduate School of Industrial Administration).

Herbert A. Simon, "Designing Organizations for an Information-Rich World", *The Economics of Communication and Information*, Donald M. Lamberton (ed.), Cheltenham : Edward Elgar, 1997.

H. A. Simon, "Knowledge and the Time to Attend to It," *Working Paper No. 96-2*, 1995.

• http://www.psy.cmu.edu/psy/faculty/hsimon/hsimon.html
허버트 사이먼의 연구 사이트

스포츠를 마케팅하라 | 스포츠 경영학 · 184쪽

Chelladurai, *Managing Organizations for Sport & Physical Activity: A Systems Perspective*, 2001.

_____, *Human Resource Management in Sport and Recreation*, 1999.

_____, *Sport Management: Macro Perspectives*, 1985.

_____, *The Volunteer Sport Administrator*, 1982.

_____, *Group Cohesion and sport*, 1978.

_____, *Leadership*, 1978.

_____, "Mentoring in intercollegiate athletic administration", *Journal of*

Sport Management, 2002.

_____, "Cascading transformation leadership, organizational commitment, and citizenship behavior: A case study in intercollegiate athletics", *Journal of Sport Management*, 2001.

_____, "Targets and standards of quality in sport services", *Sport Management Review*, 2000.

_____, "Perceptions of goals and processes of intercollegiate athletics: a case study", *Journal of Sport Management*, 2000.

_____, "Managing cultural diversity in sport organizations: a theoretical perspective", *Journal of Sport Management*, 1999.

_____, "Total quality management in sport industry", *Journal of Japan Society of Sports Industry*, 1995.

_____, "Dimensions of coaching performance: development of a scale", *Journal of Sport Management*, 1995.

스포츠는 통계학이다 | 인간운동의 분석과 심리측정 · 192쪽

C. Janssen & R. Schutz, *The Great Gretzky*, Chance 4, 1991, pp. 16~21.

H. J. Eom & R. W. Schutz, "Statistical Analysis of Volleyball Performance", *Research Quarterly for Exercise and Sport 63*, 1992, pp. 11~18.

_____, "Transition Play in Team Performance: A Log-linear analysis", *Research Quarterly for Exercise and Sport 63*, 1992, pp. 261~269.

R. W. Schutz, The systematic study of "Statistics in Sports": Do we need a framework? Proceedings of the Joint Statistical Meetings, *Alexandria*, VA: ASA, 1995, pp. 16~20.

Y. Liu & R. W. Schutz, "Overtime in the National Hockey League: Are Shootouts Needed? Proceedings of the Joint Statistical Meetings", *Alexandria*, VA: ASA, 1995.

J. T. McGarry & R. W. Schutz, "Analysis of the World Cup Soccer Tournament Structure: Proceedings of the Joint Statistical Meetings", *Alexandria*, VA: ASA, 1995.

R. W. Schutz, "The Stability of Individual Performance in Baseball: An Examination of Four 5-year Periods", *1928~32, 1948~52, 1968~72 and 1988~92*, "Proceedings of the 1995 Joint Statistical Meetings: Statistics in Sports", *Alexandria*, VA: ASA, 1996, pp. 36~42.

T. McGarry & R. W. Schutz, "Efficiency of Traditional Sport Tournament Structures", *Journal of the Operational Research Society*, 1997, pp. 48, 65~74.

제4부 새로운 권력, 새로운 복지

사회복지와 가족 부양 사이의 딜레마 | 가족의 위기와 사회복지정책 · 204쪽

박승희, 『한국사회복지정책론: 아름다운 세상 가꾸기』, 성균관대 출판부, 2005.

박승희 · 채구묵 외, 『스웨덴 사회복지의 실제』, 양서원, 2007.

시몬느 드 보부아르, 홍상희 · 박혜영 옮김, 『노년 1 · 2』, 책세상, 1994.

오쿠마 유키고 저, 노명근 · 노혜란 옮김, 『노인복지혁명』, 예영커뮤니케이션, 1998.

헬레나 노르베리 호지, 김종철 · 김태언 옮김, 『오래된 미래: 라다크로부터 배운다』, 녹색평론사, 2003.

• http://koreapeople.co.kr   사단법인 대한노인회

• http://www.ppfk.or.kr   인구보건복지협회

세계화가 국가복지의 축소를 요구한다 | 복지국가 위기론과 대안의 모색 · 212쪽

김태성 · 성경륭, 『복지국가론』, 나남출판, 1993.

송호근 편, 『세계화와 복지국가』, 나남출판, 2000.

김영순, 『복지국가의 위기와 재편: 영국과 스웨덴의 경험』, 서울대학교출판부, 1996.

김종일, 『복지에서 노동으로: 노동중심적 복지국가의 비판적 이해』, 일신사, 2001.

고세훈, 『복지국가의 이해: 이론과 사례』, 고려대학교출판부, 2000.

Ramesh Mishra, *Globalization and the Welfare State*, 1999(이혁구 · 박시종 옮김, 『세계화와 복지국가의 위기』, 성균관대학교출판부, 2002).

Christopher Pierson, *Beyond the welfare state? : the new political economy of welfare*, Polity Press, 1998.

Neil Gilbert, *From welfare state to enabling state*, 2000(김영화 · 임성옥 · 공정원 옮김, 『복지국가에서 능력개발국가로』, 한울, 2001).

Gøsta Esping-Andersen, *Welfare states in transition : national adaptations in global economies*, Sage Publications, 1996(한국사회복지학연구

회 옮김, 『변화하는 복지국가 : 글로벌 경제에의 적응』, 인간과복지, 1999).

- http://www.ilo.org
  국제노동기구(ILO)의 홈페이지. 유엔 산하의 국제노동기구로 각종 국제적
  차원의 노동관련 자료를 찾아볼 수 있다.
- http://www.nodong.org
  전국민주노동조합총연맹의 홈페이지. 한국의 진보적인 노동조합연맹으로,
  세계화 및 사회복지의 문제에 대한 한국 노동자들의 인식을 엿볼 수 있다.
- http://position21.jinbo.net/index2.htm
  신자유주의의 극복을 위한 대안정책연대회의의 홈페이지. 신자유주의와 그
  에 입각한 세계화에 반대하여 정책적인 대안을 모색하기 위한 학자들의 연대
  모임이다.
- http://www.jpic.org
  한국기독교사회문제연구원의 홈페이지. 기독교적 시각이라는 특징이 있지
  만, 종교적 차원에서 진보적인 사회운동과 학술운동을 병행하는 역사 깊은
  연구원이다.
- http://www.socialistinternational.org/main.html
  세계 사회주의 정당 연합의 공식 사이트로, 지구적 수준에서 제기되는 다양
  한 쟁점에 대한 진보주의자들의 견해를 파악할 수 있다.

사회복지는 근대권력의 한 장치이다 | 사회복지학의 새로운 관점 · 222쪽

미셸 푸코 외, 정일준 편역, 『미셸 푸코의 권력이론』, 새물결, 1994.
_____, 박홍규 옮김, 『감시와 처벌』, 강원대학교 출판부, 1991.
_____, 홍성민 옮김, 『임상의학의 탄생』, 인간사랑, 1994.
_____, 박정자 옮김, 『성과 권력』, 인간사, 1989.

- http://www.foucault.info

복지국가는 탈상품화로부터 | 복지체제의 새로운 인식 · 234쪽

G. Esping-Anderson, *Politics Against Markets*, Princeton: Princeton University Press, 1985.
_____, *The Three Worlds of Welfare Capitalism*, Cambridge: Polity Press, 1990.
_____, "After the Golden Age? Welfare State Dilemmas in a Global Economy", in Esping-Anderson (ed.), *Welfare States in Transition*,

London: Sage, 1996.

_____, *Social Foundations of Postindustrial Economies*, Oxford: Oxford University Press, 1999.

_____, "Who is harmed by Labour Market Regulations?: Quantative Evidence", in Esping-Anderson and Regini (eds.), *Why Deregulate Labour Markets?*, Oxford: Oxford University Press, 2000.

G. Esping-Anderson (ed.), *Welfare States in Transition*, Sage, 1996.

G. Esping-Anderson and Marino Regini, (eds.), *Why Deregulate Labour Markets?*, Oxford: Oxford University Press, 2000.

제5부 인간은 정치적 동물인가

카멜레온처럼 변해야 살 수 있다 | 영국학파의 국제사회론 · 248쪽

Barry Buzan, *An Introduction to Strategic Studies: Military Technology and International Relations*, London: Macmillan, 1987.

_____, *People, States, and Fear: An Agenda for International Security Studies in the Post-Cold War Era*, 2nd edition, Boulder: Lynne Rienner, 1991 (김태현 옮김, 『세계화시대의 국가안보』, 나남, 1995).

Barry Buzan, Charles Jones and Richard Little, *The Logic of Anarchy: Neorealism to Structural Realism*, New York: Columbia University Press, 1993.

Barry Buzan and Eric Herring, *The Arms Dynamic in World Politics*, Boulder Co.: Lynne Rienner, 1998.

Barry Buzan, Ole Waever and Jaap de Wilde, *Security: A New Framework for Analysis*, Boulder Co.: Lynne Rienner, 1998.

Barry Buzan and Gerald Segal, *Anticipating the Future: Twenty Millennia of Human Progress*, London: Simon and Schuster, 1998.

Barry Buzan and Richard Little, *International Systems in World History: Remaking the Study of International Relations*, Oxford: Oxford University Press, 2000.

"From International System to International Society: Structural Realism and Regime Theory Meet the English School", *International Organization Vol. 47*, No. 3, 1993, pp. 327~352.

자기 언어를 가지는 정당만이 존립할 수 있다 | 대중민주주의와 정당체제 · 264쪽

Peter Flora (ed.), *State Formation Nation-Building and Mass Politics in Europe: The Theory of Stein Rokkan*, Oxford.

S. M. Lipset and Stein Rokkan, "Cleavage Strucure, Party Systems and Voter Alignments: An Introduction", in Lipset and Rokkan (eds.), *Party Systems and Voter Alignments*, New York: Free Press, 1967.

Henry Valen and Stein Rokkan, "Norway: Conflictg Structure and Mass Politics in a European Periphery", in Richard Rose (ed.), *Electoral Behavior*, New York: Free Press, 1974.

C. Tilly (ed.), "Dimensions of State Formation and Nation-Building", *The Formation of States in Western Europe*, Princeton: Princeton University Press, 1972.

Stein Rokkan, "Towards a Generalized Concept for Verzuiling", *Political Studies*, 25: 4, 1977.

R. A. Dahl (ed.), Stein Rokkan, "Norway: Numercial Democracy and Corporate Pluralsim", *Political Opposition in Western Democracies*, New Haven: Yale University Press.

모든 시민에 대한 평등한 관심과 존중 | 자유주의 정치이론 · 276쪽

Ronald Dworkin, *Taking Right Seriously*, Cambridge, MA: Harvard University Press, 1978.

_____, "Liberalism", in Dworkin, *A Matter of Principle*, Cambridge: Cambridge University Press, 1985. 1978년에 처음 발표되어 다음 책에 수록되었음. S. Hampshire (ed.), *Public and Private Morality*, Cambridge University Press, 1978.

_____, "What is Equality? Part 1: Equality of Welfare", *Philosophy and Public Affairs, vol. 10*, 1981, pp.185~246.

_____, "What is Equality? Part 2: Equality of Resources", *Philosophy and Public Affairs vol. 10*, 1981, pp.283~345.

_____, "What is Equality? Part 3: The Place of Liberty", *Iowa law Review vol 73*, 1987, pp.1~54.

_____, "Liberal Community", in S. Avineri and D. Avner (ed.), *Communitarianism and Individualism*, Oxford: Oxford University Press, 1992, pp.205~23.

_____, *Life's Dominion: An Argument about Abortion and Euthanasia*,

London: Harper CollinsPublishers, 1993.

_____, *Freedom's Law: The Moral Reading of the American Constitution*, Cambridge, MA: Harvard University Press, 1996.

S. Guest, *Ronald Dworkin*, Edinburgh: Edinburgh University Press, 1992.

머릿속으로 정치적 유토피아를 그리지 말라 | 현실주의 정치사상 · 288쪽

John Dunn, *The Political Thought of John Locke*, Cambridge, 1969.

_____, *Modern Revolutions: An Introduction to the Analysis of a Political Phenomenon*, Cambridge, 1972.

_____, *Western Political Theory in the Face of Future*, Cambridge, 1979.

_____, *Political Obligation in its Historical Context*, Cambridge, 1980.

_____, *The Politics of Socialism*, Cambridge, 1984.

_____, *Locke*, Oxford, 1984.

_____, *Rethinking Modern Political Theory*, Cambridge, 1985.

_____, *Interpreting Political Responsibility*, Cambridge, 1990.

_____, (ed.), *Democracy: The Unfinished Journey*, Oxford, 1992.

_____, *Contemporary Crisis of the Nation State*, Oxford: Blackwell, 1995.

_____, *The History of Political Theory*, Cambridge, 1996.

_____, *The Cunning of Unreason: Making Sense of Politics*, London: Harper Collins Publishers, 2000.

제6부 더 합리적으로, 더 인간적으로

경제의 동력은 인적자본이다 | 합리적 기대 거시경제모형 · 302쪽

R. E. Lucas Jr., *Lectures on Economic Growth*, Cambridge: Harvard University Press, MA., 2002.

_____, *Studies in Business-Cycle Theory*, Cambridge: MIT Press, MA., 1983.

_____, "Expectations and the Neutrality of Money", *Journal of Economic Theory 4*, no.2, April 1972, pp.103~124.

_____, "Some International Evidence on Output-Inflation Tradeoffs", *American Economic Review 63*, no.3, June 1973, pp.326~334.

_____, "An Equilibrium Model of the Business Cycle", *Journal of Political Economy 83*, no.6, December 1975, pp.113~144.

_____, "Econometric Policy Evaluation: A Critique", *Journal of Monetary Economics 1*, no.2, Supplementary Series 1976, pp.19~46.

_____, "Understanding Business Cycles", in K. Brunner and A. A. Meltzer (eds.), *Stabilization of the Domestic and International Economy*, Carnegie-Rochester Conference Series on Public Policy 5, 1977.

_____, "Methods and Problems in Business Cycles", *Journal of Money, Credit and Banking*, November 1980.

_____, "On the Mechanics of Economic Development", *Jorunal of Monetary Economics 22*, 1988, pp.3~42.

R. E. Lucas Jr. and N. L. Stokey, *Recursive Methods in Economic Dynamics*, Cambridge: Harvard University Press, MA., 1989.

R. E. Lucas Jr. and L. A. Rapping, "Real Wages, Employment, and Inflation", *Journal of Political Economy 77 no.5*, Sept./Oct. 1969, pp.721~754.

R. E. Lucas Jr. and T. J. Sargent, "After Keynesian Macroeconomics", *FRB of Minneapolice Quarterly Review*, 1979.

R. E. Lucas Jr. and N. Stokey, "Optimal Fiscal Policy and Monetary Policy in an Economy without Capital", *Journal of Political Economy*, 1983.

시장을 움직이는 카오스를 읽어낸다 | 이질적인 경제주체들의 상호작용 · 314쪽

William A. Brock and David Gale, "Optimal Growth Under Factor Augmenting Progress", *Journal of Economic Theory 1*, 1969.

William A. Brock and Leonard J. Mirman, "Optimal Economic Growth and Uncertainty : The Discounted Case", *Journal of Economic Theory 4*, 1972.

William A. Brock and Jose A. Scheinkman, "Global Asymptotic Stability of Optimal Control Systems with Applications to the Theory of Economic Growth", *Journal of Economic Theory 12*, 1976.

William A. Brock, "Distinguishing Random and Deterministic Systems", *Journal of Economic Theory 40*, 1986.

William A. Brock and L. Sayers, "Is the Business Cycle Characterized by Deterministic Chaos?", *Journal of Monetary Economics 22*, 1988.

William A. Brock and E. Back, "Some Theory of Statistical Inference for Nonlinear Science", *Review of Economic Studies 58*, 1991.

William A. Brock, J. Lakonishok and B. LeBaron, "Simple Technical Trading Rules and the Stochastic Properties of Stock Returns", *The Journal of Finance 47*, 1992.

나는 전문가들이 왜 실패하는가를 문제삼는다 | 조직학습 이론 · 328쪽

Chris Argyris, *Integrating the Individual and the Organization*, New York: John Wiley & Sons, 1964, p. 330.

_____, "Single-Loop and Double-Loop Models in Research in Decision Making", *Administrative Quarterly Review Vol. 21*, 1976, pp.363~375.

_____, *Reasoning, Learning, and Action: Individual and Organizational*, San Francisco: Jossey-Bass, 1982, p.499.

_____, "Problems in Producing Usable Knowledge for Implementing Liberating Alternatives", *Decision Making*, 1988, pp.540~61.

_____, *Overcoming Organizational Defenses: Facilitating Organizational Learning*, Boston: Allyn & Bacon, 1990, p.169.

_____, "Teaching Smart People How to Learn", *Harvard Business Review*, May-June, 1991, pp.99~109.

_____, *On Organizational Learning*, Oxford: Blackwell, 1993a.

_____, *Knowledge for Action: A Guide to Overcoming Barriers to Organizational Change*, San Francisco: Jossey-Bass, 1993b, p.309.

_____, "Good Communication That Blocks Learning", *Harvard Business Review*, July-August, 1994, pp.77~85.

_____, *Flawed Advice and the Management Trap*, Oxford: Oxford University Press, 2000, p.262.

Chris Argyris et Donald A. Schön, *Theory in Practice: Increasing Professional Effectiveness*, San Francisco: Jossey-Bass, 1974, p.224.

Chris Argyris et Donald A. Schön, *Organizational Learning: A Theory of Action Perspective*, Reading (MA): Addison-Wesley, 1978, p.344.

Chris Argyris et Donald A. Schön, *Organizational Learning II: Theory, Method and Practice*, Reading (MA): Addison Wesley, 1996, p.305.

경제인은 결코 능수능란한 행위자가 아니다 | 경제주체의 의사결정 과정 · 338쪽

J. G. March & H. A. Simon, *Organizations*, New York, NY: Wiley, 1958.

A. Newell, J. C. Shaw & H. A. Simon, "Chess-playing programs and the problem of complexity", *IBM Journal of Research and Development 2*, pp.320~335, 1958.

_____, "Computer science as empirical inquiry: Symbols and search", *Communications of the ACM*, 19(3), 1976, pp.113~126.

_____, *Human Problem Solving, Englewood Cliffs*, NJ: Prentice-Hall, 1972.

H. A. Simon, *Administrative Behavior*, New York, NY: Macmillan, 1947.

_____, "A behavioral model of rational choice", *Quarterly Journal of Economics 69*, 1955, pp.99~118.

_____, "Bounded rationality and organizational learning", *Organization Science 2*, 1991, pp.125~134.

_____, "From substantive to procedural rationality", *Method and Appraisal in Economics*, Cambridge: Cambridge University Press, 1976, pp.129~148.

_____, *Models of Man*, New York, NY: Wiley, 1957.

_____, *Models of Bounded Rationality Vols. 1 & 2*, Cambridge: MA: The MIT Press, 1982.

_____, *Models of Bounded Rationality Vol. 3*, Cambridge: MA: The MIT Press, 1997.

_____, "Organizations and markets", *Journal of Economic Perspectives 5*, 1991, pp.25~44.

_____, "Rationality as process and as product of thought", *American Economic Review*, 68(2), 1978, pp.1~16.

_____, *Reason in Human Affairs*, Stanford, CA: Stanford University Press, 1983.

_____, *The Sciences of the Artificial*, 2nd ed., Cambridge: MA: The MIT Press, 1981.

_____, "Theories of decision making in economics and behavioral science", *American Economic Review 49*, 1959, pp.222~83.

법으로 개인의 경제적 이익을 극대화한다 | 법경제학—법적 문제의 경제학적 분석 · 348쪽

Richard A. Posner, *Economic Analysis of Law*, Boston : Little Brown.

Gordon Tullock, *The Logic of the Law*, New York : Basic Books, 1971.

J. M. Oliver, *Law and Economics*, London : Allen and Unwin, 1979.

A. Phillips, *Market Structure, Organization and Performance,* Cambridge : Harvard University Press, 1962.

Werner Z. Hirsch, *Law and Economics: Introductory Analysis, Academic Press,* 1979.

David W. Barnes and Lynn A. Stout, *Economics of Constitutional Law and Public Choice,* West Publishing, 1992.

_____, *Economics of Property Rights and Nuisance Law,* West Publishing, 1992.

Robert D. Cooter and Thomas S. Ulen, *Law and Economics,* Scott Foresman, 1988.

Steven N. S. Cheung, *The Words of an Orange Seller*(in Chinese), Taipei, 1987.

Yoram Barzel, *Economic Analysis of Property Rights,* Cambridge University Press, 1989.

Gary S. Becker, *The Economics of Discrimination,* University of Chicago Press, 1957.

_____, *The Economics of Approach to human Behavior,* University of Chicago Press, 1976.

Guido Calabresi, *The Costs of Accidents : A Legal and Economic Analysis,* Yale University Press, 1970.

Guido Calabresi and Philip Bobbitt, *Tragic Choices : The Conflicts Society Confronts in the Allocation of Tragically Scare Resources,* W. W. Norton, 1978.

Steven N. S. Cheung, *The Myth of Social Costs : A Critique of Welfare Economics and Implications for Public Policy,* London : Institute of Economic Affairs, 1978.

Jules L. Coleman, *Markets, Morals and Law,* Cambridge University Press, 1988.

Thrainn Eggertsson, *Economic Behavior and Institutions,* Cambridge University Press, 1990.

Thomas H. Jackson, *The Logic and Limits of Bankruptcy Law,* Harvard University Press, 1986.

Water Olson (ed.), *New Directions in Liability Law,* The Academy of Political Science, 1988.

Svetozar Pejovich, *The Economics of Property Rights: Towards A Theory,*

Kluwer, 1990.

Sam Peltzman, *Regulation of Pharmaceutical Innovation*, American Enterprise Institute for Public Policy Research, 1975.

Douglass C. North, *Institutions, Institutional Change and Economic Performance*, Cambridge University Press, 1990.

James M. Buchanan and Gordon Tullock, *The Calculus of Consent*, University of Michigan Press, 1962.

Ronald H. Coase, *The Nature of the Firm*, Economoica, 1937; *The Firm the Market and the Law*, The University of Chicago Press, 1988.

Thrainn Eggertson, *Economic Behavior and Institutions*, Cambridge University Press, 1990.

Bruce A. Ackerman, *Economic Foundations of Property Law*, Little, Brown and Company, 1975.

Walter W. Powell and Paul J. DiMaggio, *The New Institutionalism in Organizational Analysis*, The University of Chicago Press, 1991.

Herbert Gintis, *Game Theory Evolving*, Princeton University Press, 2000.

박세일, 『법경제학』, 박영사, 1999.

박진근 외, 『경제학대사전』, 박영사, 1999.

- http://www.journals.uchicago.edu/JEL/home.html
  The Journal of Law and Economics: 시카고 대학교 법경제학 저널
- http://www.aler.oupjournals.org
  American Law and Economics Association : 미국 법경제학회
- http://www.law.rug.ac.be/grond/EALE
  European Association of Law and Economics : 유럽 법경제학회

강명세 1956년 서울에서 출생하여 고려대학교 및 대학원 졸업 후 미국 UCLA에서 정치학 박사학위를 취득했다. 현재 세종연구소 연구위원으로 재직 중이다. 1995년 이후 선진국의 노동정치, 노동시장에 대한 관심을 가지고 이를 원용하여 한국문제를 분석하는 데 주력해왔고, 최근에는 복지국가와 체제의 기원과 변화에 대하여 연구하고 있다. 「한국복지국가의 형성, 확대와 재편」「한국복지국가의 기원: 비스마르크와 박정희」「지역주의는 언제 시작되었는가: 역대 대선을 중심으로」 등 다수의 논문을 발표했다. 저서로 『세계화와 탈산업화 시대의 노동과 복지의 정치』『한국의 노동시장과 정치시장』『한국 복지국가의 동학』 등이 있으며, 『1780년 이후의 민족과 민족주의』 등의 역서를 펴냈다.

김명섭 파리 8대학에서 DEA를 마치고 파리 1대학 팡테옹 소르본에서 정치학 박사학위를 받았다. 한국국제정치학회 연구이사를 역임했고, 현재 연세대학교 정치외교학과에서 '전쟁과 평화', '국제정치사', '지정학' 등을 강의하고 있다. 저서 및 편저로 『해방전후사의 인식 4, 6』『대서양문명사』『동아시아의 전쟁과 평화』『Northeast Asia and the Two Koreas』 등이 있고, 역서로는 『거대한 체스판』『제국의 선택』 등이 있다. 최근 국제학술지에 게재된 논문으로 「The Politics of Troop-Dispatch」「Increasing Distrust of the USA in South Korea」「On Huntington's civilizational Paradigm」「Korea as a clashpoint of civilizations」 등이 있다.

김비환 성균관대학교 정치외교학과와 같은 학교 대학원을 졸업한 후 케임브리지 대학에서 로크 사상의 대가로 알려진 존 던 교수의 지도 아래 석사와 박사학위를 받았다. 저서로는 『데모크라토피아를 향하여: 민주주의, 정의, 그리고 행복』『축복과 저주의 정치사상: 20세기와 한나 아렌트』『맘몬의 지배: 사회적 가치분배의 철학』『포스트모던 시대의 정치와 문화』『자유지상주의자들 자유주의자들 그리고 민주주의자들』등이 있다. 현재는 성균관대학교 정치외교학과 교수로 재직하면서 서구정치사상사와 현대정치이론을 강의하는 한편 부의 분배에 관한 원리 및 포르노그래피, 낙태와 같은 사회윤리 문제에 대한 철학적 이해에 관심을 두고 있다.

김태현 서울대학교 외교학과와 같은 대학원을 거쳐 1991년 미국 오하이오주립대학교에서 냉전기 제3세계 지역에서의 미·소의 경쟁에 관한 논문으로 박사학위를 받았다. 미국 플로리다대학교 정치학 조교수, 미국 일리노이대학교 미리암연구소 연구위원, 세종연구소 연구위원 등을 거쳐 1998년부터 중앙대학교 국제대학원 교수로 재직 중이다. 국제정치, 특히 외교안보 분야와 남북관계 분야에서 많은 논문을 썼으며, 『외교와 정치』(편저서), 『신동아시아 안보질서』(편저서) 등의 저서와 『세계화시대의 국가안보』『20세기의 위기』등의 역서가 있다. 주요 논문으로는 「동북아질서의 변동과 한반도」「상호주의와 국제협력: 한반도 핵문제의 경우」를 들 수 있다.

문순홍 베이비붐 시대에 태어나 한강과 그 언저리 모래둑을 놀이터 삼아 자랐다. 성균관대학에서 정치학을 공부했지만, 동양철학, 자연과학 그리고 여성학 관련 서적에 더 흥미로워 했다. 배우고자 하면 어디든지 가며 누구에게든지 배울 수 있다고 생각한 그는, 결국 생태사상 분야로 학위를 받았고 1990년대 이후 김지하, 울리히 벡, 존 드라이젝과의 대화 캠프에 머물렀다. 대화문화아카데미 바람과물연구소의 소장으로 일하며 대안 전문가의 양성에 힘썼다.

박승희 성균관대 사회학과를 졸업하고 같은 학교 대학원에서 사회학 석사·박사 학위를 받았다. 현재 성균관대 사회복지학과 교수로 있다. 주요 저서로는 『한국 사회복지 정책론: 아름다운 세상 가꾸기』와 『스웨덴 사회복지의 실제』가 있으며, 주요 논문으로는 「농촌 노인들의 욕구충족 및 욕구생성의 실태에 관한 연구」「사서에 나타난 유교의 사회복지사상」「사회복지와 가족 간의 근대적 관계에 대한 성찰」 등이 있다.

박시종 충남대학교 사회학과를 졸업하고, 성균관대학교 대학원에서 사회정책학을 전공하여 석사와 박사학위를 받았다. 주요 연구분야는 사회복지정책, 복지국가론, 노동복지론 등이며, 박사학위 논문으로 「한국의 신자유주의 세계화 전략과 생산적 복지정책」을 썼다. 역서로 『복시체제의 위기와 대응』『복지 자본주의의 세 가지 세계』『복지국가는 해체되는가』『역사를 보는 눈』 등이 있다. 성균관대학교 사회복지학과 겸임교수를 거쳐 현재 열린사이버대학교 사회복지학과 교수로 있다.

박여성 고려대학교 독문과 및 같은 대학원을 졸업하고 독일 뮌스터대학교에서 언어학 박사학위를 받았다. 현재 제주대학교 독일학과 교수로 있다. 『몸 또는 욕망의 사다리』『기호학과 철학 그리고 예술』『몸과 몸짓 문화의 리얼리티』『문화와 기호』『지식의 최전선』(공저)『월경하는 지식의 모험자들』(공저)『책으로 읽는 21세기』 등의 저서와 『구성주의』『미디어인식론』『로티』『생명의 황금나무야 푸르러라』『괴델, 에셔, 바흐』『구성주의 문학체계이론』『칸트와 오리너구리』『궁정사회』『사회체계이론』 등의 역서가 있다. 기호학과 번역학 및 텍스트과학 분야의 여러 논고를 썼다.

엄한주 성균관대학교 체육학과를 졸업하고 캐나다 브리티시컬럼비아대학에서 측정평가 석사와 같은 대학 교육통계학/체육통계 박사학위를 취득했다. 국민체육진흥공단 체육과학연구원 선임연구원, 대한 배구협회 국제이사 등을 역임하였으며, 현재 성균관대학교 스포츠과학부 교수(스포츠통계/스포츠분석학 담당)로 재직 중이다. 대한민국 체육훈장 백마장을 수상하였으며, 미국 체육학회에서 우수연구자로 선정되기도 하였다. 주요 연구분야는 체육측정평가와 스포츠 분석학 분야로 다수의 논문을 한국체육측정평가학회지, 한국체육학회지, 체육과학연구 등에 게재하였다.

오명석 호주 모나시대학에서 인류학 박사학위를 받고 말레이시아에서 현지조사를 했으며, 동남아시아의 문화, 종족관계, 소비문화, 역사인류학에 관심을 갖고 있다. 저서로『동남아의 화인사회』(공저),『처음 만나는 문화인류학』(공저), 논문으로「이슬람 경제의 시각에서 본 말레이시아의 경제위기」「이슬람, 아닷, 근대화 속에서의 말레이 여성의 정체성 변화」등이 있다. 현재 서울대 인류학과 교수로 재직 중이다.

이진우 1956년생으로 연세대학교 독문과를 졸업했다. 1981년 독일 아우크스부르크대학으로 유학을 떠나 독문학을 주전공으로, 철학과 사회학을 부전공으로 택하여 공부하던 중 '독문학자로서의 삶'에 회의를 느끼게 되었고, 주전공을 철학으로 바꾸게 된다. 1985년「마키아벨리 정치 사상에 나타난 권력과 이성」으로 철학석사학위를, 1988년「허무주의의 정치철학: 정치학과 형이상학의 관계에 관한 니체의 재규정」이라는 논문으로 박사학위를 취득했다. 1989년 이래 계명대학교 철학과 교수로 재직하고 있으며, 현재는 총장직을 맡고 있다. 지은 책으로는 독일어로 출판된 석사 및 박사학위 논문 외에『탈이데올로기 시대의 정치철학』『탈현대의 사회철학』『도덕의 담론』『녹색 사유와 에코토피아』『이성은 죽었는가』『한국인문학의 서양 콤플렉스』『이성정치와 문화민주주의』『도덕의 담론』등이 있으며, 옮긴 책으로는『책임의 원칙』『현대성의 철학적 담론』『인간의 조건』『도덕의 상실』등이 있다.

이혁구 성균관대학교 사회학과를 졸업하고 텍사스주립대(오스틴) 대학원에서 석사·박사학위를 받았다. 현재 성균관대학교 사회복지학과 교수이자 성균관대학교 사회복지대학원 원장으로 있다. 저서로『사회과학의 동향과 전망』(공저)이 있으며, 논문으로「권력의 장치로서의 사회복지 : 푸코의 권력이론에 입각한 '권한부여' 비판」「탈근대사회의 가족변화와 가족윤리 : 21세기 가족복지의 실천방향」「중년의 위기와 개인적 반응유형에 관한 연구」등 다수가 있다.

장경로 서울대학교 사범대학 체육교육과를 졸업하고 뉴욕대학교에서 스포츠경영·마케팅 석사를, 오하이오주립대학교에서 스포츠 경영마케팅 박사를 취득했다. 미국 아이오와주립대학교 스포츠 경영학마케팅 교수를 역임했으며, 현재 성균관대학교 스포츠과학부 교수로 재직하고 있다(스포츠마케팅 담당). 저서로『스포츠 조직경영』『스포츠조직 구성원의 조직시민행동』(공저)이 있으며, 다수의 논문을 한국스포츠 산업경영학회지, 한국체육학회지, 『한국마케팅저널』『체육과학연구』『Sport Managment Review』『Journal of Professional Services Marketing』 등에 발표했다.

전재성 서울대 외교학과를 졸업하고, 미국 일리노이주 노스웨스턴대학교에서 「Classical Realists as Skeptics : Reinhold Niebuh, E. H. Carr, Hans Morgenthau」로 정치학 박사학위를 취득하였다. 현재 서울대학교 외교학과 부교수로 재직하고 있다. 주요 연구논문으로는 「E. H . 카아의 비판적 현실주의 국제정치이론」「현실주의 국제제도론을 위한 시론」「19세기 유럽협조체제에 대한 국제제도론적 분석―현실주의와 구성주의 제도론의 시각에서」 등이 있고, 공저 『거버넌스의 정치학』 등이 있다.

정영화 서울대학교 법과대학 및 대학원을 졸업(법학박사)하고 현재 서경대학교 법학과 교수로 있다. 『헌법학』『전자상거래법』『사이버법』 등의 저서와 「인터넷에서 표현의 자유의 규제」「프라이버시 권리」「개인정보침해와 권리구제」 등 헌법 및 정보법 분야에 관한 다수의 논문이 있다.

조하현 연세대학교 경제학과와 같은 대학원을 졸업하고 미국 시카고대학교에서 노벨 경제학상 수상자인 루카스의 지도 아래 「Comovements of Business Cycles in Open Economies」라는 논문으로 경제학 박사학위를 받았다. 현재 연세대 경제학과 교수로 재직 중이며 거시경제정책, 경기변동이론, 금융리스크, 카오스와 금융시장의 연구에 관심을 가지고 있다. 주요 저서로는 『카오스와 금융시장』『금융리스크 측정과 관리』『거시경제이론』『고급거시경제이론』『한국경기변동의 원인』 등이 있다. 카오스와 경기변동에 관한 다수의 논문을 발표했다.

조효제 성공회대학교 사회과학부 겸 NGO대학원 교수이다. 저서로 『인권의 문법』『Human Rights and Civic Activism in Korea』가, 역서로 『직접행동』『세계인권사상사』『전 지구적 변환』『지구시민사회』 등이 있다. 옥스퍼드대학교 비교사회학 석사, 런던정경대학교(LSE) 사회정책학 박사이며 하버드대학교 인권펠로우를 역임했다.

최혜실 서울대 국어교육과를 졸업하고 같은 대학원에서 석사, 박사 학위를 받았다. 카이스트 인문사회과학부 및 문화기술 학제전공 교수를 거쳐 현재 경희대 국어국문학과 교수로 있다. 현재 인문콘텐츠학회 부회장, 문화콘텐츠기술학회 부회장, 사회비평 편집위원, 기업도시 위원회 위원, 간행물 윤리위원회 심의 위원을 맡고 있다. 저서로 한길사에서 나온 『문자문학에서 전자문화로』를 비롯하여 『문화콘텐츠 스토리텔링을 만나다』 『호모 비르투엔스 루덴스』 『문학과 대중문화』 『디지털 시대의 영상문화』 『디지털 시대의 문화읽기』 『모든 견고한 것들은 하이퍼텍스트 속으로 사라진다』 등이 있다.

홍준기 서울대 법대, 총신대 신학대학원을 졸업한 후 독일 브레멘대학교에서 철학박사 학위를 받았다(정신분석학 전공). 박사과정 중 에라스무스 교환학생 프로그램으로 파리 10대학에서 수학하였다. 현재 한국정신분석상담연구소 소장으로 있다. 저서로 『라캉과 현대철학』 『오이디푸스 콤플렉스 남자의 성, 여자의 성』이, 역서로는 '아난케 정신분석 총서'를 비롯하여, 『욕망의 전복 : 자크 라캉 또는 제2의 정신분석학 혁명』 『노아의 외투 : 아버지에 관한 라캉의 세 가지 견해』 등이 있으며, 주요 논문으로 「불안의 정신분석 : 라캉과 프로이트」 「프로이트 라캉 정신분석학 : 이론과 임상」 「라캉의 성적 주체 개념: 세미나 제20권: 앙코르를 중심으로」 「라캉의 예술론」 등이 있다.

황희영 서울대학교 국제경제학과를 졸업하고 같은 대학원에서 석사학위를 받았다. 그후 프랑스 사회과학고등연구원(EHESS)에서 제도경제학으로 박사학위를 받았다. 주로 제도경제론, 디지털 경제에 관심을 갖고 있으며, 현재 영산대학교 국제무역학과 교수로 있다.